GOUVERNANCE HOSPITALIERE ET APPROPRIATION DES SERVICES AUX USAGERS

Cas des centres hospitaliers de Douala

HENRI WAMBA
CHRISTIAN KENNE

Éditeur: Upway Books
Auteurs: HENRI WAMBA, CHRISTIAN KENNE
Titre: GOUVERNANCE HOSPITALIERE ET APPROPRIATION DES SERVICES AUX USAGERS, Cas des centres hospitaliers de Douala
ISBN: 978-1-917916-78-3
Couverture réalisée sur Canva: www.canva.com

contact@upwaybooks.com
www.upwaybooks.com

« A mes parents »

M. KENNE NJEANGOU JEAN CHARCOT

&

Mme KENNE Née NGUETSOP Marie-Thérèse

Retournés au repos éternel l'un après l'autre, en l'espace de 6 mois, pendant la rédaction du présent travail.

REMERCIEMENTS

La recherche doctorale est un travail de longue haleine qui mobilise le soutien de nombreuses personnes, car comme l'atteste fort bien l'intelligence ancestrale africaine via le canal d'un proverbe, « *une seule main n'attache pas un fagot* ». Ce travail n'aurait donc jamais vu le jour sans la contribution de certaines personnes à qui nous tenons à exprimer toute notre gratitude à travers ces lignes.

De prime abord, notre reconnaissance va à l'Institution Universitaire pour notre admission en thèse pour la réalisation de ce travail. Il s'agit en particulier de ceux qui la représentent : Monsieur le Recteur de l'Université de Douala, le Pr. Magloire Ondoa et M. le Doyen de la FSGA, le Pr. Claude Bekolo.

Au nombre des personnes qui ont été indispensable à a bonne marche du présent travail, notre gratitude va premièrement au directeur de recherche Monsieur le Professeur Henri WAMBA qui, malgré ses multiples responsabilités a accepté de diriger cette thèse. Nous le remercions particulièrement pour ses remarques et suggestions pertinentes, mais aussi et surtout pour sa disponibilité exceptionnelle, ses encouragements incessants et son sens de perfection.

Nous remercions ensuite tous les membres des Jurys de doctoriales qui ont suivi et évalué progressivement l'avancement du présent travail.

Nos gratitudes vont également à l'endroit des les responsables des Centres Hospitaliers qui ont autorisé les enquêtes en leur sein, en particulier le Directeur de l'Hôpital Laquintinie de Douala qui, très sensible à la recherche, a donnée des instructions afin que toutes les informations nécessaires soient mises à notre disposition. La même gratitude va à l'endroit des usagers de ces Centres Hospitaliers pour avoir accepté de répondre aux multiples questionnaires qui leur ont été adressées.

Nous remercions tout de même le Dr. Ndongmo Bertrand Magloire qui a bien voulu prendre un peu de son précieux temps pour la relecture de ce travail ; mais également nos amis, ainsi que les personnes qui de près ou de loin nous ont encouragé dans ce travail.

Enfin, nous remercions toute notre famille qui n'a ménagé aucun effort pour nous aider à réaliser cette œuvre exceptionnelle !

SOMMAIRE

RESUME

Un nouveau mouvement de transformation de la politique hospitalière a vu le jour ces dernières décennies à travers la mise en place d'un ensemble de concepts managériaux qui vont progressivement prendre place de façon diffuse dans le milieu hospitalier public. Selon les termes de J. Vallejo (2018), il s'agit d'une tentative d'industrialisation des soins pour maîtriser les coûts tout en améliorant la qualité des prestations offertes aux usagers des services hospitaliers. Ainsi, depuis la décennie dernière, les pouvoirs publics camerounais ont orienté leurs efforts de gouvernance vers l'instauration de nouveaux mécanismes de gouvernance issus de l'univers des firmes au sein des établissements de santé, dans l'objectif d'assurer une gestion efficiente de leurs activités stratégiques et opérationnelles (Kervasdoué, 2004). La transposition de cette problématique de la gouvernance d'entreprise à la gouvernance hospitalière conduit à étudier les éventuels liens de causalité entre les systèmes de gouvernance visant à réguler les comportements des dirigeants de l'hôpital et la performance de ce type d'organisation. Analysant cette problématique au sein des centres hospitaliers de Douala, la présente thèse soulève le questionnement suivant : « Comment et en quoi la gouvernance hospitalière impacte-t-elle l'appropriation par le personnel médico-social des services aux usagers des centres hospitaliers de Douala ? ». Pour répondre à ce questionnement, nous avons mobilisé une méthode d'analyse quali-quantitative, postulant qu'à travers l'application des nouvelles normes de la gouvernance hospitalière, les managers des centres hospitaliers de Douala conduisent le personnel médico-sanitaire à une plus grande efficacité dans l'appropriation des services aux usagers. De ce fait, nous avons conjugué des entretiens et des questionnaires administrés à plus de 1000 personnes (administration, personnel médical, usagers, etc.), grâce aux outils information de collecte des données (stat-enquête). Les données chiffrées et qualitatives ainsi collectées ont été analysées grâce au logiciels SPSS et interprétées à la lumière des théories de l'agence et des parties prenantes. Les résultats obtenus montrent que les centres hospitaliers de Douala ont connu des réformes administratives profondes, lesquelles ont facilité la motivation du personnel médical qui en retour a considérablement amélioré la qualité des soins aux usagers. C'est pourquoi nos analyses débouchent sur une amélioration significative de la satisfaction des usagers des Centres hospitaliers de Douala.

Mots clés : Gouvernance Hospitalière, appropriation des services aux usagers, Personnel médico-social, patients, Centre Hospitalier de Douala.

ABSTRACT

A new movement to transform hospital policy has emerged in recent decades through the implementation of a set of managerial concepts that are gradually taking hold in the public hospital environment. In the words of J. Vallejo (2018), it is an attempt to industrialise care in order to control costs while improving the quality of services offered to users of hospital services. Thus, since the last decade, Cameroonian public authorities have directed their governance efforts towards the introduction of new governance mechanisms from the world of firms within health establishments, with the aim of ensuring efficient management of their strategic and operational activities (Kervasdoué, 2004). The transposition of this problem from corporate governance to hospital governance leads to the study of possible causal links between the governance systems aimed at regulating the behaviour of hospital managers and the performance of this type of organisation. Analysing this issue within the Douala hospitals, this thesis raises the following question: "How and in what way does hospital governance impact on the appropriation of user services by medical and social staff in the Douala hospitals? To answer this question, we used a qualitative-quantitative analysis method, which postulates that through the application of new hospital governance norms, the managers of Douala hospitals lead medical and social personnel to greater efficiency in the appropriation of services to users. Therefore, we combined interviews and questionnaires administered to more than 1000 people (administration, medical staff, users, etc.), thanks to information tools for data collection (stat-survey). The numerical and qualitative data thus collected were analysed using SPSS software and interpreted in the light of agency and stakeholder theories. The results obtained show that the Douala hospitals have undergone profound administrative reforms, which have facilitated the motivation of medical staff, which in turn has considerably improved the quality of care for users. This is why our analyses lead to a significant improvement in user satisfaction in Douala hospitals.

Key words: Hospital governance, appropriation of services to users, medical and social staff, patients, Douala Hospital Centre.

LISTE DES SIGLES ET ABREVIATIONS

ASSC : Assistant en Soins et Santé Communautaire
C2D : Groupement d'Initiative Commune
CA : Conseil d'Administration.
CAPP : Centres d'Approvisionnement Pharmaceutique Provinciaux
CDD : Contrat de Désendettement et de Développement
CDMT : Cadre des Dépenses à Moyen Terme
CE : Comité Exécutif.
CENAME : Centre National d'Approvisionnement en Médicament Essentiels
CEPCA : Conseil des églises protestantes du Cameroun
CH : Centre Hospitalier.
CHD : Centre Hospitalier de Douala
CHD : Centre Hospitaliers de Douala
CHSCT : Comité d'Hygiène, de Sécurité et des conditions de Travail.
CHU : Centre Hospitalier Universitaire.
CNE : Comité National d'Epidémiologie
CPC : Centre Pasteur du Cameroun
DIP : Dossier Informatique du Patient
DOSTS : Direction de l'Organisation des Soins et de la Technologie Sanitaire
DSRP : Document de Stratégie de Réduction de la Pauvreté
DSV : District de Santé Viable
ENAM : Ecole Nationale d'Administration et de Magistrature
FMI : Fonds Monétaire Internationale
GAVI : Global Alliance for Vaccines and Immunization
GAVI : Global Alliance for Vaccines and Immunization
GIC : Groupement d'Initiative Commune
HLD : Hôpital Laquintinie de Douala
HPST : Hôpital, Patients, Santé, Territoires
IADM : Initiative d'Allégement de la Dette Multilatérale
ICUS : Infirmier-ère Chef-fe d'Unité de Soins
IDE : Infirmier Diplômé d'Etat
IMPM : Institut de Recherche Médicale et d'Etudes des Plantes Médicinales
IRU : Initiative de Recherche Aux Urgences
LANACOME : Laboratoire National de Contrôle de Médicaments
MINSANTE : Ministère de la Santé
MSP : Ministère de la Santé Publique
NGH : Nouvelle Gouvernance Hospitalière.
NGOP : Nouvelle Gouvernance des Organisations Publiques
NGP : Nouvelle Gouvernance Publique
NHS : National Health Service
NPM: New Public Managment
NTBR: Not To Be Reanimated

OCASC : Organisation Catholique pour la Santé au Cameroun
OCDE : Organisation de Coopération et de Développement Economiques
OMD : Objectif du Millénaire pour le Développement
OMS : Organisation Mondiale de la Santé.
OSC : Organisation de la Société Civile
PCA : Paquet Complémentaire d'Activités
PIB : Produit Intérieur Brut
PMA : Paquet Minimum d'Activités
PP : Parties Prenantes.
PPTE : Pays Pauvre Très Endettés
PPTE : Pays Pauvres Très Endettés
RU : Représentant des Usagers.
SAMU : Service d'Aide Médicale d'Urgence
SF : Sage-Femme
SIGIPES : **S**ystème Informatisé de Gestion Intégrée du Personnel de l'Etat et de la Solde
SSP : Soins de Santé Primaire
SSS : Stratégie Sectorielle de la Santé
TCT: Théorie des Coûts de Transaction
TMS : Technicien Médico-Sanitaire
TPP : Théorie des Parties Prenantes

LISTE DES TABLEAUX

LISTE DES FIGURES

INTRODUCTION GÉNÉRALE

1. CONTEXTE ET JUSTIFICATION DE LA RECHERCHE

A partir des années 1980, la question hospitalière est devenue très préoccupante pour les pouvoirs publics, la bête noire des ministères de tutelle (Arliaud, 1987). A l'origine de cette préoccupation, il y a un ensemble de dysfonctionnements qui ont obligé les gouvernements à mettre en place des réformes hospitalières pour aider les établissements hospitaliers à mieux soigner et à mieux dépenser dans un contexte complexe et spécifique caractérisé par une demande illimitée et des ressources limitées (Ezziadi & Gharrafi, 2019 ; Baptiste, 2003).

Dans cette optique, les pouvoirs publics ont orienté leurs efforts vers l'instauration de certains outils managériaux issus de l'univers des firmes, au sein des établissements de santé dans l'objectif d'assurer une gestion efficiente de leurs activités stratégiques et opérationnelles (Kervasdoué, 2004). Ainsi, un nouveau mouvement de transformation de la politique hospitalière a vu le jour ces dernières décennies à travers la mise en place d'un ensemble de concepts managériaux qui vont progressivement prendre place de façon diffuse dans le milieu hospitalier public. Selon les termes de J. Vallejo (2018), il s'agit d'une tentative d'industrialisation des soins pour maîtriser les coûts tout en améliorant la qualité des prestations offertes aux usagers des services hospitaliers.

Pour ce qui est du cas précis du Cameroun, c'est depuis les années soixante-dix, sous l'inspiration de l'O.M.S. et plus récemment sous l'impulsion de la Banque mondiale, que le pays s'est engagé dans un processus de réforme quasi permanente de son système de santé. Suite à la conférence d'Alma Ata en 1978, le Cameroun avait ratifié la Charte de développement sanitaire de l'Afrique, charte qui faisait des soins de santé primaires, la stratégie essentielle en vue d'atteindre l'objectif de la « Santé pour tous en l'An 2000 ». Ce fut un échec. Le Cameroun s'est associé par la suite à un certain nombre d'initiatives prises ultérieurement en Afrique, avec les conférences de Lusaka (1985), d'Hararé (1987) et surtout celle de Bamako (1987) qui a jeté les bases du recouvrement des coûts.

La politique actuelle de Réorientation des Soins de Santé Primaire, officiellement adoptée en 1992, vise à restructurer le système de santé national à partir du district de santé. Pour la période de 1998 à 2008, le Ministère de la Santé

Publique (MSP) a mis sur pied un Plan National de Développement Sanitaire (PNDS). Les principales orientations stratégiques retenues sont de réduire la morbi-mortalité des groupes les plus vulnérables d'un tiers, de mettre en place une structure sanitaire délivrant le Paquet Minimum d'Activités (PMA) à une heure de marche pour 90 % de la population, et de pratiquer une gestion efficace et efficiente des ressources dans 90 % des structures sanitaires, jusqu'en 2008.

Plus récemment en 2018, une nouvelle dynamique a été impulsée à la gouvernance des centres hospitaliers camerounais, suite à ce qu'il convient de nommer « *affaire Monique Koumatekel* » qui a défrayé la chronique au Cameroun et mobilisé les médias nationaux et internationaux. Monique Alivine Koumatekel était l'ainée d'une famille de quatre enfants (trois filles et un garçon) et mère de trois filles. Cette femme de 31 ans vivait au quartier PK 14, à Douala, avec son compagnon. Après l'arrêt de ses études en classe de quatrième année au Collège d'Enseignement Technique Industrielle et Commerciale de Yabassi, elle s'installe à Douala, où, sans emploi stable ni profession, elle se débrouille, comme il est dit dans le langage courant au Cameroun (Ordre National des Médecins du Cameroun 2016). Elle gagne alors sa vie grâce au petit commerce : vente de nourriture, de vêtements et de chaussures. Le destin de Monique bascule alors qu'elle attend des jumelles. Arrivée à terme, Monique est transportée dans les services de l'hôpital Laquintinie pour attention médicale le douze mars 2016, après être passée à l'hôpital de District de Nylon et au centre médical de PK13 (Ordre National des Médecins du Cameroun 2016).

L'hôpital Laquintinie est l'un des centres hospitaliers de référence au Cameroun. Cet hôpital est supposé être une institution sanitaire de qualité où les services thérapeutiques sont garantis, l'accueil est convivial ; et les services génèrent des formes de solidarité et réduisent les risques liés à la marginalisation, à l'exclusion et au mépris (Nkoum, Socpa 2015). Après avoir attendu plus de cinq heures sans soins médicaux, Monique et sa famille seront refoulées du pavillon d'urgence où elles se présentent à leur arrivée à la maternité où elles reçoivent un accueil glacial. Sans avoir préalablement fait une consultation, les infirmiers concluent que la patiente ne vit plus et qu'il faut la conduire à la morgue (Dita 2016). Sans certificat de décès ni de déclaration du type de mort, le morguier ne peut recevoir un corps. La patiente, est-elle inconsciente ou morte ? Des mouvements dans le ventre de celle-ci attireront l'attention du morguier et de la famille. De retour à la maternité et face au refus catégorique du personnel d'intervenir, la nièce de Monique s'érige en chirurgienne pour extraire les jumelles du ventre de Monique. Les images de cet acte feront le tour des réseaux sociaux. La mort de Monique, le 12 Mars 2016, devant la maternité de Laquintinie défraie la chronique et choque l'opinion publique nationale et internationale. Au lendemain de ces évènements, plusieurs voix se lèveront soit pour dénoncer ce qui s'est passé ou pour dédouaner les autorités de l'hôpital de toute responsabilité. La mère de Monique affirme qu'elle était encore en vie avant son arrivée à Laquintinie (Dita 2016). Quelques personnes parmi lesquelles la nièce de Monique, le morguier, le major de la maternité et la sage-femme du même hôpital sont arrêtées (Jacquineau Azétsop, et al., 2018).

2. PROBLEMATISATION DE LA RECHERCHE

Au cours des dernières années, le secteur de la santé de nombreux pays africains a subi plusieurs bouleversements, notamment en raison de la mise en application de différentes mesures gouvernementales visant à maîtriser les coûts. Les hôpitaux sont confrontés à l'heure actuelle à de très fortes évolutions qui leur imposent de mieux maîtriser leurs performances. Dans ce contexte, le contrôle de gestion constitue une opportunité pour mettre en œuvre les outils et les méthodes permettant de réaliser cet objectif. Toutefois, le système de contrôle de gestion à l'hôpital doit s'articuler autour d'objectifs spécifiques tels que l'allocation optimale des ressources, et non le dégagement d'un profit (Cauvin, 1999). L'un des principaux problèmes auxquels font face les administrateurs des soins de santé est le contrôle des coûts. Ainsi, l'utilisation des besoins de santé peut changer en fonction de l'offre et de la demande. Pour plusieurs raisons, ces deux facteurs augmentent plus rapidement dans les pays riches que dans les pays à ressources limitées. Du point de vue de l'offre, les gouvernements des pays riches ont des revenus plus élevés avec lesquels ils peuvent payer pour les services, et les innovations techniques élargissent la gamme de ces services. En outre, les habitants des pays riches sont mieux informés en raison des messages sur la santé qui les incitent à consulter leurs professionnels de la santé. En revanche, depuis la fin du 20e siècle, les progrès scientifiques et techniques ont eu pour effet, entre autres, une augmentation de l'espérance de vie dans le monde entier. Le Cameroun, en dépit de ces progrès, a toujours fait l'objet de nombreuses préoccupations quant à sa capacité à mettre en place une politique de santé efficace. L'hôpital, établissement public par essence, est le lieu par excellence qui traduit au mieux la politique de santé d'un pays. Sa finalité première étant de dispenser des soins de qualité et de nature humanitaire.

Par ailleurs, une analyse du système de soins camerounais fait ressortir le problème fondamental du « faible accès des populations aux soins de santé de qualité ». Ces populations, en l'occurrence les plus nanties, se tournent vers les cliniques privées ; par ailleurs, celles n'ayant pas assez de moyens et qui constituent la majorité se rabattent, soit vers les méthodes traditionnelles, soit vers le secteur informel, avec tous les risques sanitaires que cela comporte. Ce problème résulte de quatre causes majeures : l'accès inéquitable aux soins par les populations, les formations dispensées au personnel sont parfois incomplètes et inadaptées aux besoins du secteur, la qualité des soins dispensés est très moyenne, la gouvernance dans ces formations est très peu satisfaisante. Cependant, force est de constater de nos jours et, plus particulièrement dans les centres hospitaliers, que les acteurs du secteur hospitalier ne perçoivent toujours pas l'importance du Contrôle de gestion qui pourrait participer à améliorer considérablement la qualité des soins dispensés aux usagés. Ceci peut néanmoins s'expliquer par le fait que, de par son essence, le contrôle de gestion se justifie plus facilement au sein des organisations à but lucratif car il s'assure que ces dernières utilisent les ressources mises à leur disposition de manière efficace pour obtenir des bénéfices et pérenniser ainsi leur existence ; le retrouver au sein de l'hôpital qui fonctionne avec les ressources de l'État et qui n'a aucune obligation de résultat, semble absurde. Or, il faut noter que, l'hôpital, organisation humanitaire à but non lucratif, reçoit ses fonds de l'État mais, ceci n'exclut en rien le fait qu'il doit les utiliser (convertis en ressources financières et matérielles) de manière efficace sinon efficiente pour pouvoir assurer les meilleurs soins aux patients aux prix les plus bas, ce qui inclut donc la nécessité d'un contrôle de gestion en son sein pour assurer la meilleure utilisation de ses ressources. Par ailleurs, la gouvernance hospitalière a pour mission principale de mener des efforts dans le but de garantir l'équilibre financier, de maintenir le taux de rotation du personnel, d'optimiser l'occupation des lits, d'éviter des durées de séjour trop longues, de respecter les normes du personnel soignant, d'obtenir un pourcentage élevé de patients satisfaits de leur séjour, de réduire le temps d'attente dans les consultations, d'assurer un accueil chaleureux aux patients et de réduire le nombre de décès tout en assurant une meilleure qualité des soins etc. Ces différents éléments relèvent à notre avis de la performance hospitalière, contrepartie de la gouvernance hospitalière.

D'autre part, au cœur du long processus de réforme, a été lancée une politique de décentralisation de plus en plus poussée qui, si elle parvenait à son terme, devrait transformer le système de santé d'une façon radicale. Cela s'est traduit par toute une série de mesures légales et réglementaires encore incomplètes. Plus récemment, en juillet 1999, lors de la mission conjointe Banque Mondiale-FMI de revue du cadre de politique économique et financière, le gouvernement camerounais s'est entendu avec ses partenaires pour élaborer un document de stratégie sectorielle pour la santé. Un comité de pilotage réunissant tous les partenaires, a été mis en place par le MSP, pour élaborer cette stratégie. Ce document s'inscrit dans le contexte de l'accord triennal au titre de la Facilité d'Ajustement Structurel Renforcée signée avec le F.M.I. le 20 Août 1997. Par ailleurs, le Cameroun est devenu éligible à l'Initiative Révisée de l'Allégement de la Dette des Pays Pauvres, et le Gouvernement a décidé d'inscrire, l'élaboration des stratégies sectorielles dans les secteurs de la santé, de l'éducation, de l'agriculture et des infrastructures, au cours de la 3ème année de son programme d'ajustement structurel. Comme mesure préalable à la remise des dettes extérieures, les allégements consentis devront être consacrés aux réformes structurelles et au développement des secteurs sociaux.

Cependant, étudier le processus de décentralisation du système de santé au Cameroun pose un problème particulier, puisqu'il ne s'agit pas de faire le bilan d'une réforme déjà réalisée mais d'étudier, à un moment donné, la dynamique d'une réforme en cours de gestation, et qui ne sera peut-être jamais achevée. L'élaboration législative et réglementaire est en cours et les textes d'application ne sont pas tous sortis. Une pratique est pourtant en train de s'esquisser à partir de directives et d'initiatives non coordonnées, sans s'appuyer toujours sur une base juridique précise. Cette confusion est aggravée de surcroît par la balkanisation des aides internationales qui se partagent le territoire. Les bailleurs de fonds ont déjà lancé, à l'intérieur des provinces qu'ils se sont réparties, chacun de leur côté et sans coordination, des projets qui vont dans le sens de la décentralisation. Il en résulte une situation dont il est impossible de faire le point exact. Il n'en reste pas moins que se développe une dynamique de réforme qui fait de la décentralisation son principe directeur, et dont il est intéressant de mettre à jour la logique.

La décentralisation est introduite dans le système de santé public au Cameroun comme un ensemble de techniques visant, par l'autonomisation des structures de santé, à transformer profondément le comportement dysfonctionnel du personnel sanitaire, médical et paramédical, qui est considéré comme étant à la source de la crise du système de santé. Le secteur public de la santé, souffre, comme toutes les administrations au Cameroun, des effets additionnés et combinés du bureaucratisme et du patrimonialisme. Le bureaucratisme, expression qui vise à recouvrir l'ensemble des effets pervers de la bureaucratie, a pour effet, par un déplacement des buts, une appropriation corporative et collective de l'administration par son personnel. C'est une situation que nous connaissons bien en France. Le patrimonialisme, qui se caractérise par la confusion du public et du privé, a pour effet une appropriation privée et personnelle de l'administration par son personnel. Il se manifeste par une corruption systémique et généralisée. Il résulte de ces deux maux cumulés et combinés un dysfonctionnement structurel du système de santé, car c'est le personnel et non le malade qui devient la raison d'être de l'organisation. On espère par la décentralisation, parvenir à modifier le comportement du personnel sanitaire et recentrer le système de santé sur son objectif, la santé publique, c'est-à-dire la santé de la population. L'idée fondamentale qui se dégage c'est que le problème, avant d'être une simple question de financement, une question de « gros sous », et d'abord un problème de ressources humaines. L'objet de ce travail est donc de mettre en exergue les mécanismes de gouvernance qui devraient impacter le système de gouvernance des hôpitaux camerounais en vue de l'appropriation des services aux usagers, en s'appuyant sur le cas des centres hospitaliers de la ville de Douala.

En somme, globalement, le bilan négatif de la situation sanitaire au Cameroun sur lequel s'accordent tous les observateurs reflète une crise profonde du système de santé camerounais. Suite à ces multiples constats et ce paradoxe relevé, il ressort un certain nombre d'interrogations qui constitueront le fil conducteur de cette recherche.

1) <u>Les questions de recherche</u>

Question principale : Comment et en quoi la gouvernance hospitalière impacte-t-elle l'appropriation par le personnel médico-social des services aux usagers des centres hospitaliers de Douala ?

Question Spécifique 1 : Comment l'administration hospitalière fait-elle face aux multiples crises de gestion que traversent les centres hospitaliers de Douala ?

Question Spécifique 2 : Quelles sont les attentes des usagers des centres hospitaliers de Douala face à la nouvelle dynamique de gouvernance hospitalière ?

Question Spécifique 3 : Quel est l'impact de l'adoption des mécanismes de participation du personnel médicosocial à la dynamique de gouvernance hospitalière à Douala ?

Question Spécifique 4 : Quels types de relations le contrôle hiérarchique entretient-il avec la qualité des services destinés aux usagers des centres hospitaliers de Douala ?

Ces questions suscitent les hypothèses de recherche suivantes :

3. HYPOTHESES DE LA RECHERCHE

La principale proposition de recherche à vérifier dans cette investigation est la suivante : A travers l'application des nouvelles normes de la gouvernance hospitalière, les managers des centres hospitaliers de Douala conduisent le personnel médico-sanitaire à une plus grande efficacité dans l'appropriation des services aux usagers.

De cette proposition majeure découlent quatre autres dont le but est de rendre plus opérationnelle cette dernière :

Hypothèses spécifiques :

Hypothèse spécifique 1 : Pour répondre aux multiples crises de gestion hospitalière, les centres hospitaliers de Douala ont adopté les nouvelles normes de gouvernance hospitalière.

Hypothèse spécifique 2 : Une médecine de proximité de qualité et à moindre coût constitue le moteur des aspirations des patients des centres hospitaliers de Douala.

Hypothèse spécifique 3 : L'adoption des mécanismes de participation par l'administration hospitalière engendre une nouvelle dynamique d'implication du personnel médico-social dans les services aux usagers.

Hypothèse spécifique 4 : Le contrôle hiérarchique génère l'amélioration de la qualité des services destinés aux usagers des centres hospitaliers de Douala.

4. METHODOLOGIE DE LA RECHERCHE

Il est question ici de présenter la méthodologie de recherche, il s'agit de présenter l'organisation de notre travail, le choix de la méthode de recherche, la définition de l'échantillon et de présenter le déroulement de l'enquête.

La difficulté d'une recherche en sciences de gestion tient à la fois de la richesse et de la faiblesse de la nature même de cette discipline[1]. En effet, en tant que science molle, l'objectivité relative des sciences de gestion ne peut se construire qu'à travers la rencontre des subjectivités qui composent la recherche, subjectivité du chercheur, subjectivité de la réalité qui est fortement empreinte de

---

[1] Séminaire doctoral, « recherche en sciences de gestion », Graphos, 2007.

la « prophétie auto réalisatrice »[2], lien entre les sciences sociales et la morale du seul fait que cette dernière implique la notion de jugement de valeurs, etc.

C'est donc par la rencontre des subjectivités, que les sciences de gestion acquièrent leur objectivité. La rencontre des subjectivités a pour objectif de produire une meilleure objectivité, car elle offre un cadre de discussion des lois et théories. Les épistémologues parlent ainsi de construire l'objectivité dans l'intersubjectivité. Pour construire l'objectivité dans l'intersubjectivité, les scientifiques doivent poser les bases d'un meilleur cadre de discussion. Ce cadre, c'est celui de la transparence méthodologique, c'est-à-dire l'explicitation des méthodes qui ont permis d'aboutir aux résultats à débattre à travers la présentation d'un cadre méthodologique ancré en général dans un paradigme épistémologique précis. L'ordonnance est une prescription qui fait « force de loi ». Les usagers acteurs demeurent soumis à cette ordonnance tant que l'usager sera patient et que le professionnel sera prescripteur. Néanmoins, il s'agit de la relation dans le colloque singulier qui si elle influe la relation de partenaires ne peut s'appliquer comme postulat. Séminaire doctoral, « recherche en sciences de gestion », Graphos, 2007. En sciences sociales, le fait de dire une loi peut la provoquer ou l'empêcher par des contestations, c'est la « prophétie auto régulatrice ». Etudiée par Watzlawick en1988, la « prophétie auto réalisatrice » est une prédiction qui se vérifie d'elle-même. Si comme l'expliquent Gavard-Perret et ali. (2008)[3], le questionnement épistémologique est incontournable au départ de toute recherche, différents paradigmes de moins en moins uniformes (Coutelle, 2005)[4] permettent de poser le problème. En sciences sociales, trois paradigmes dominants permettent d'appréhender la connaissance comme réalité objective et « acontextuelle » (positivisme), comme réalité subjective et contextuelle (interprétativisme et constructivisme). Néanmoins, cette exigence tend à être relativisée car c'est en réalité le design de recherche (formulation de la recherche) qui détermine le paradigme, la méthode et la logique d'ensemble (Coutelle, 2005 : 3). La formulation de la ***question de recherche*** dépend du

---

[2] En sciences sociales, le fait de dire une loi peut la provoquer ou l'empêcher par des contestations, c'est la « prophétie auto régulatrice ». Etudiée par Watzlawick en1988, la « prophétie auto réalisatrice » est une prédiction qui se vérifie d'elle-même.

[3] Gavard-Perret M.-L., Gotteland D. et alii. (2008), Méthodologie de la thèse, réussir son mémoire ou sa these en sciences de gestion, Edition Pearson Education, 383p.

[4] Coutelle P., (2005), « Introduction aux méthodes qualitatives en sciences de gestion », cours du CEFAGséminaire d'étude qualitatives, 20p.

caractère déductif, inductif ou abductif de la recherche envisagée, c'est-à-dire de la logique d'inférences[5] utilisée pour raisonner. La déduction permet de confronter des hypothèses à une théorie. L'induction permet de vérifier une régularité à partir de cas différents. L'abduction permet de tirer du terrain des conceptions, explications, conjectures qui n'ont pas valeur de loi. Le schéma suivant synthétise les différents designs ainsi que les liens théorie-empirie qu'ils traduisent.

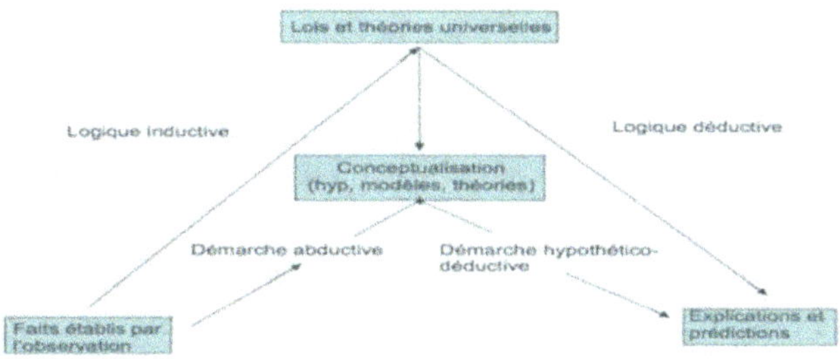

Figure 1 : Design de recherche en sciences de gestion

Source : *Mercier (2001)*

Pour ce qui est de la stratégie de la preuve adoptée ici, c'est-à-dire du procédé scientifique de collecte et d'analyse de nos données d'enquête, cette recherche entend s'articuler autour d'une approche méthodologique qui se traduit par la méthode qualitative. Mais au préalable, il convient d'indiquer que cette recherche met un accent majeur sur les acteurs, leurs interactions et leurs stratégies dans le champ de la gouvernance hospitalière. Ceci se fait dans une double approche qui intègre à la fois ces rationalités d'acteurs, mais aussi les contraintes du champ dans lequel ils émergent, notamment en contexte de prééminence de la tutelle.

De ce fait, la méthodologie adoptée répond à ces exigences du métissage méthodologique[6] et met en exergue une méthode qui permet de ressortir le point de vue de l'acteur dans un contexte social précis. Cette double source

---

[5] Les inférences sont en sciences de gestion les modes de raisonnement qui permettent de développer la connaissance en reliant théorie et empirie.

[6] D. Martuccelli, *Sociologie de la modernité,* Paris, Gallimard, 1999.

méthodologique répond aussi à la diversité des catégories d'acteurs (la tutelle, les dirigeants, le personnel médical et les patients) et des informations que nous entendons collecter pour la vérification de nos hypothèses et la construction de notre objet d'étude. La logique de recherche est donc inductive, et tente de saisir la réalité sociale ici construite à partir des points de vue des acteurs sociaux impliqués dans le processus de prise de décision.

Quant à la stratégie d'accès au réel, trois principales techniques de collecte des données sont retenues ici, dans le but de mobiliser le maximum de données appropriées pour la vérification de nos hypothèses qui au bout du compte devaient être soit corroborées soit réfutées, selon la logique de la découverte scientifique de Karl Popper[7]. Il s'agit premièrement de la recherche documentaire dont l'objet est d'extraire des documents officiels des rapports des organisations internationales sur le Cameroun, du Ministère de tutelle, des centres hospitaliers de Douala, etc. Il s'agit ensuite de l'observation qui peut être directe ou indirecte porter sur la participation aux actions, formations ou conférences sur la gouvernance hospitalière, ou encore sur le suivi de ces initiatives à travers une simple visite, les médias, etc.

Notre méthodologie ici se déroule en un certain nombre d'étapes selon les indications méthodologiques proposées par Benézé (1954) qui soutient : « *Schématiquement, la recherche et la vérification d'une loi (sociale) commencent par une observation relativement initiale, qui donne naissance à une conjoncture, transformée par l'induction à une hypothèse (loi supposée universelle)* »[8]. Ainsi apparaissent les différentes étapes de l'enchainement d'opérations qui constituent le cycle expérimental de cette recherche.

Enfin, les enquêtes nous permettent, à travers des questionnaires et des guides d'entretiens adaptés à chaque catégorie d'acteurs (selon les catégories ci-dessus définies) de collecter les informations nécessaires à la compréhension de leurs points de vue, de leurs stratégies d'action ou de leur collaboration dans le champ hospitalier.

De ce fait, nos guides d'entretiens ont été administrés à un échantillon (constitué par la technique d'échantillonnage raisonné) de 10 enquêtés, regroupant les cadres de l'administration hospitalière impliqués dans la

---

[7] K. Popper, (1973) *Logique de la découverte scientifique* (titre original : Logik der Forschung, Logique de la recherche ; The Logic of Scientific Discovery), Paris, Payot.
[8] G. Benézé, *La méthode expérimentale*, Paris, PUF, 1954, pp 1-4.

gouvernance des soins de qualité dans les centres ici en analyse. Quand à nos questionnaires, ils ont été administrés à un échantillon de 1000 usagers des CHD ici étudiés, selon la répartition suivante :

- 250 personnes au sein du personnel des CHD ont été enquêtées par questionnaire.
- 750 patients de ces centres hospitaliers ont été enquêtés par questionnaire.

Ces enquêtes se sont effectuées les mois de Novembre et Décembre 2021 et ont été rendues possibles par l'application stat enquête, une application en ligne permettant d'acceler les coller de donnée via le téléphone ou tout autre outil informatique approprié.

Auprès de ces derniers, nous avons mené des entretiens semi-directifs, d'une durée moyenne de trente minutes chacun et administrés des questionnaires. Les enquêtes ont été menées sous la garantie de l'anonymat des personnes et parfois des lieux. Les entretiens ont été conduits dans un contexte particulier, rendu davantage plus nécessaire dans le cadre des recherches sur la gouvernance hospitalière ; car les voies d'accès au réel du secteur hospitalier sont particulièrement entravées d'embûches, tant le champ est traditionnellement caractérisé par une opacité particulière : le droit du silence, le secret professionnel, la protection de la vie privée du patient, mais surtout l'asymétrie des informations. Il y a dans ce secteur des stratégies pour voiler les informations, quel que soit les camps d'acteurs abordés par les chercheurs. De la tutelle aux patients, passant par les médecins, tous jettent un large soupçon sur les chercheurs, les journalistes ou tout autre quêteur d'informations sur le secteur. La méfiance à l'égard de ceux-ci est telle que les dirigeants veillent à limiter ce qui est publié à leur sujet en limitant l'accès à toute personnelle étrangère aux centres hospitaliers, notamment à leurs staffs de direction.

5. CADRE THEORIQUE DE L'ETUDE

Tel que nous avons problématisé la gouvernance hospitalière au Cameroun, la théorie de l'agence semble le mieux se prêter à l'analyse des mutations multi-acteurs qui affectent le secteur hospitalier, notamment les centres hospitaliers dans la ville de Douala.

5.1. De la théorie de l'agence

La théorie de l'agence s'intéresse à la mise au point de contrats bilatéraux destinés à résoudre de nombreux problèmes de coordination se posant entre un individu (le principal) et un autre (l'agent), sur le marché ou dans l'organisation, lorsque :

- L'agent a le loisir de choisir un comportement parmi plusieurs possibilités ;
- L'action de l'agent affecte le bien-être des deux parties ;
- Les actions entreprises par l'agent sont difficilement observables par le principal :
  - Soit parce que le contrôle des actions ou la vérification des informations s'avère coûteux (coût de supervision prohibitif),
  - Soit parce que l'observateur est incompétent.

La théorie de l'agence adhère à une hypothèse d'imperfection de l'information et met en évidence la divergence d'intérêts qui se manifeste entre les membres de la firme. L'introduction du comportement des membres de la firme remet en question l'objectif unique de maximisation du profit et permet d'envisager la possibilité qu'existent pour une même firme différents objectifs reflétant les intérêts divergents des parties en présence.

Le postulat de la théorie de l'agence est que toute relation contractuelle est une relation d'agence : '"Nous définissons une relation d'agence comme un contrat par lequel une ou plusieurs personnes (le principal) engagent une autre personne (l'agent) pour exécuter en son nom une tâche quelconque qui implique une délégation d'un certain pouvoir de décision à l'agent"' (M. C. JENSEN, W. H. MECKLING 1976, p. 312). Cette relation d'agence traduit une situation de dépendance entre deux agents : la situation d'un agent dépend de l'action d'un autre agent, c'est-à-dire qu'un individu agit sous la direction d'un autre qui subit. La théorie de l'agence va s'intéresser aux relations principal-agent[9](P. MILGROM, J. ROBERTS 1997) [10].

---

[9] Cette relation d'agence est, au départ, utilisée dans le domaine des assurances (K. J. ARROW 1971). Le principal est l'assureur, l'agent l'assuré. Des problèmes de coordination surviennent car l'assuré peut choisir parmi plusieurs comportements, celui retenu affectera son bien-être mais également celui de l'assureur, et il est difficile de contrôler les actions de l'assuré. Cette relation d'agence est néanmoins très répandue : le médecin est l'agent du patient -le malade (principal) compte sur le médecin (agent) pour le soigner- ; le gestionnaire est l'agent de l'actionnaire -l'actionnaire (principal) compte sur le gestionnaire (agent) pour faire fructifier ses capitaux- ; le PDG est l'agent du propriétaire -le propriétaire (principal) compte sur le dirigeant (agent) pour que l'entreprise soit performante et se développe-...

[10] Le problème de l'agence a été analysé au travers de deux catégories de travaux :

Dans le modèle néoclassique traditionnel, les agents prennent des décisions compatibles et parviennent à un équilibre grâce à un vecteur de prix (commissaire-priseur). Mais, quand le système des prix est imparfait (qu'il ne résume pas toute l'information), les agents vont devoir consacrer une partie de leurs ressources à échanger[11].

L'exposé des problèmes rencontrés par les agents est en quelque sorte un point de départ vers de nouveaux problèmes de coordination à partir du moment où les hypothèses deviennent plus réalistes. Deux raffinements sont proposés :

- une nouvelle source de coût peut apparaître, elle est liée au risque : entre la décision et l'échange effectif, le temps passe et des événements intentionnels ou accidentels peuvent survenir. On est dans une situation d'action cachée *ex post* : le principal ne peut observer sans erreur l'action (ou l'effort) de l'agent, alors que ce dernier connaît la nature de son action (ou de son effort). Dès lors il faut prévoir des ressources pour permettre l'exécution des contrats. Quand ce risque est d'origine intentionnel, on parle de "*risque moral*" ou d'"*aléa moral*" ou encore de "*passager clandestin*"[12] ;

- la théorie positive de l'agence s'intéresse aux mécanismes réellement mis en œuvre par les agents économiques quand ils sont confrontés à des relations d'agence ;
- la théorie normative étudie la nature des contrats pareto-optimaux entre individus disposant de stocks d'informations et de préférences différents, le tout dans un univers plus ou moins stochastique. Les exigences de modélisation impliquent de retenir des hypothèses assez restrictives.

Notre présentation s'inscrit plus particulièrement dans le cadre de l'approche positive, en raison de sa plus grande aptitude à proposer une analyse des formes de coordination interne.

[11] L'échange a donc un coût qu'il va falloir minimiser. Le coût correspond d'une part aux ressources dépensées pour retirer de l'information sur les coéchangistes (dépenses en terme de temps, transport, communication, etc.), d'autre part aux ressources dépensées pour atteindre l'équilibre, "*(...) munis de ces informations, les agents procèdent à des échanges, soit fictifs, soit réels, qui ne correspondent pas aux vrais prix, c'est-à-dire au vecteur de prix garantissant un optimum. Ces premiers échanges à « prix faux » les conduisent à réviser leurs plans et le système devrait converger vers un équilibre, s'il existe.*" (E. BROUSSEAU 1993, p. 13).

[12] Le problème à résoudre connu sous le nom d'"*aléa moral*" apparaît quand l'agent et le principal ont des objectifs individuels différents et que le principal ne peut pas déterminer aisément si l'agent s'est comporté et a agi en fonction des objectifs fixés ou cherche à servir ses propres intérêts (P. MILGROM, J. ROBERTS 1997).

Par exemple, l'agent sera tenté d'entreprendre une action inefficace ou de fournir une information inexacte, parce que ses intérêts individuels ne sont pas compatibles avec les intérêts collectifs, et parce que les actions entreprises ne peuvent être contrôlées. Ainsi les agents sont tentés de ne pas respecter un contrat si cela leur permet d'améliorer leur situation personnelle. La théorie de l'agence emploie le terme d'opportuniste pour qualifier ces agents, suffisamment rationnels, pour exploiter les défauts des arrangements contractuels établis.

Dans tous les cas, ceux qui prennent des décisions ne prennent pas en considération tous les gains et les coûts découlant de leurs choix : le médecin qui prescrit une longue liste d'examens ne subit ni les coûts, ni les désagréments de ces examens ; de même, les employés sont payés quel que soit le travail qu'ils

- une autre source de coût survient, relative au problème d'"*anti-sélection*" relevée par G. A. AKERLOF (1970), qui apparaît quand un individu informé traite avec un autre qui ne l'est pas, le second ne connaît pas les caractéristiques du bien (ou service), éventuellement échangé (ou promis). On est dans une situation d'information cachée *ex ante* : le principal reçoit l'information de l'agent mais il ne sait pas si elle est appropriée aux circonstances ; l'agent observe la réalisation de l'état de la nature après la signature du contrat, mais avant de choisir son action (ou son niveau d'effort). Ainsi les asymétries informationnelles dans le rapport offre/demande conduisent à des effets pervers[13]. Des ressources sont donc dépensées pour s'informer sur la vraie qualité des biens.

La théorie de l'agence reste attachée à une problématique relative à la définition de contrats efficients, de sorte que l'agent soit incité à avoir un comportement favorisant les intérêts du principal. Autrement dit, étant donné l'avantage informationnel de l'agent et la divergence d'intérêts entre principal et agent, il s'agit de définir un système d'incitation (au bénéfice de l'agent) qui préserve la maximisation de la fonction d'utilité du principal. '"Le principal peut limiter les divergences d'intérêts en proposant un système d'incitations approprié pour l'agent ainsi que des moyens de surveillance visant à limiter les comportements aberrants des gens."' (M. C. JENSEN et W. H. MECKLING 1976, p. 312).

On l'a déjà dit, la mise en place d'un tel système de contrôle et d'incitation fait apparaître des coûts appelés "*coûts d'agence*". La forme organisationnelle qui s'impose est celle qui assure la survie de la firme par la minimisation de ces coûts d'agence.

---

fournissent, leur salaire n'est pas amputé du montant de la valeur perdue relative à leur manque de zèle (dans le cas où ni le travail, ni les résultats ne sont contrôlables).
En raison des difficultés de contrôle, il est parfois impossible de faire supporter les coûts des abus par ceux qui en sont responsables. Par exemple, le dirigeant d'une entreprise peut difficilement savoir si son employé donne le meilleur de lui-même ; F. TAYLOR (1911) avait repéré ce problème : "*Il n'est pas rare qu'un ouvrier compétent découvre, en peu de temps, comment travailler moins tout en donnant l'impression à son employeur qu'il travaille beaucoup.*"

[13] K. J. ARROW (1971) montre que lorsqu'une assurance accroît ses primes pour sélectionner ses clients, elle risque de n'avoir que ceux qui ont les plus fortes probabilités d'avoir un sinistre. On dit alors que les agents à haut risque chassent les agents à faible risque. La solution consiste à moduler les tarifs afin d'éviter la "*sélection adverse*" et la disparition de l'activité d'assurance qui résulterait de l'assurance des seuls agents, ou biens, à haut risque.

La théorie de l'agence propose alors une analyse des modalités de réduction de ces coûts d'agence par la définition de contrats efficients *ex ante*. La vocation du contrat est de spécifier les droits de chaque agent au sein de la firme, les critères de performance sur lesquels chacun est jugé et les rémunérations auxquelles ils peuvent prétendre (E. F. FAMA et M. C. JENSEN 1983). La passation d'un contrat doit permettre de limiter les risques encourus par chaque membre apporteur de capital (humain ou financier).

Pour résumer, le problème soulevé par la théorie de l'agence est relatif à la nécessaire délégation du pouvoir au sein de l'entreprise dès lors que le propriétaire n'est plus le seul apporteur de capitaux, ni le seul à prendre les décisions de gestion. L'entreprise efficiente sera celle qui, grâce à la spécification des pouvoirs centraux (propriété, management et contrôle) et grâce à des incitations adéquates (rétributions en fonction de l'intérêt même du principal ou mandant) parviendra à minimiser les coûts d'agence. Cette perspective a fortement contribué à l'approfondissement de l'analyse des relations entre apporteurs de capitaux et entreprises.

La théorie de l'agence, à la différence de la théorie des droits de propriété, met très largement l'accent sur les contrats. Ces derniers sont vus comme un moyen de coordination permettant d'atténuer les divergences d'intérêt entre les membres de la firme. Cette théorie a également fortement contribué à l'approfondissement de l'analyse des relations de dépendance entre deux agents (la situation d'un agent dépend de l'action d'un autre).

Lorsque l'on s'intéresse aux activités de conseil en management, on peut repérer *a priori* un certain nombre de relation principal-agent dans le cabinet de conseil : entre les associés (principal) et les gestionnaires (agent), entre les associés (principal) et les juniors (agent), ou encore, entre les gestionnaires (principal) et les juniors (agent).

Des problèmes de coordination surviennent car :

- L'agent (le consultant par exemple) a le choix entre différents comportements : acquérir le maximum d'expériences avant de partir ailleurs, privilégier la qualité du travail, du service...
- L'action de l'agent affecte le bien-être des deux parties : par exemple, l'investissement d'un consultant dans son travail détermine l'acquisition de savoir-faire professionnel, et dans le même temps affecte la réputation de l'entreprise et aussi celle de son représentant;

- Les actions entreprises par l'agent sont difficilement observables : en effet, la qualité du travail effectué comme la qualité du service sont des variables difficilement mesurables (et sur quels critères ?).

Des questions émergent du côté des dirigeants : Les consultants font-ils un travail satisfaisant totalement le client ? Font-ils des efforts pour insérer au maximum le client dans la relation, pour lui donner pleine satisfaction ? Cherchent-ils à améliorer la réputation de l'entreprise ou cherchent-ils à bénéficier d'une solide expérience avant de partir dans une autre entreprise ? S'investissent-ils dans de nouvelles expertises ou plutôt vivent-ils sur leurs acquis ? Ici, le dirigeant d'une entreprise de service ne peut observer sans erreur l'action de l'un de ses consultants puisque, ni le travail, ni les résultats ne sont *a priori* observables. Il y a donc "*aléa moral*".

On retrouve également le problème de "*sélection adverse*", car il est difficile d'appréhender *ex ante*, par exemple lors d'un recrutement, les capacités du consultant. Sur le marché de l'emploi on retrouve de "bons" et de "moins bons" consultants. Le recruteur devra détecter les meilleurs éléments, déceler les potentialités de l'individu. Le problème provient du fait qu'il reçoit des informations des candidats mais il ne sait pas si elles sont appropriées aux circonstances, d'où des asymétries informationnelles dans le rapport offre/demande. Aussi, comme le souligne D. MAISTER (1996, p. 14), ''Les tests de sélection et les entretiens ne permettent pas toujours de séparer le bon grain de l'ivraie au moment de l'embauche. Il importe de disposer d'un moyen susceptible de déceler les éléments prometteurs''.

Un des éléments de réponse des cabinets de conseil au problème de la "*sélection adverse*" a été donné au travers du système junior, senior, associé. En effet, l'individu qui ne grimpe pas les échelons est dans l'obligation de quitter l'entreprise. Aussi, l'agent "pas très bon" n'a aucun intérêt à rentrer dans l'entreprise car il sera viré. C'est également un moyen de freiner l'"*aléa moral*" : le plan de carrière proposé incite les individus à donner le meilleur d'eux-mêmes.

Toutes ces incertitudes "internes" concernant les acteurs de la relation vis-à-vis de la contribution "réelle" de l'autre et vis-à-vis des effets obtenus, sont reprises dans le tableau récapitulatif suivant, construit par J. GADREY (1994 b).

Bien que sur beaucoup d'aspects (problème de coordination, relation principal-agent, hypothèses retenues, etc.), la théorie de l'agence aide à avancer un peu plus dans notre questionnement sur les mécanismes de coordination de la firme, certaines de ces conclusions sont à relativiser. Les critiques adressées à la théorie de l'agence, sont relatives soit aux coûts d'agence, soit aux contrats, soit à la conception de l'organisation, soit à la concurrence ; en voici quelques-unes.

5.2. La théorie de l’agence dans l’univers hospitalier

Depuis les années 1980, la théorie d’agence influence amplement la transformation des politiques hospitalières. Elle a favorisé l’émergence d’une théorie néo-libérale réaliste de la gouvernance hospitalière pour remplacer les approches néo-classiques originelles qui occultent les asymétries d’information et les problèmes de structure (Béjean, 1999 ; Domin, 2015). D’après M. Mougeot (1986), la théorie de l’agence est la seule approche capable de prendre en considération les dysfonctionnements d’un système hospitalier caractérisé par l’existence d’un ensemble d’acteurs, de logiques et d’objectifs divergents en situation d’information imparfaite.

Malgré la diversité et la complexité des relations entre les agents hospitaliers, la théorie d’agence est omniprésente dans la sphère managériale de l’hôpital, elle s’applique à tous les niveaux hiérarchiques et à toutes les relations dressées dans l’univers hospitalier : Médecin-Malade, Assuré-Assureur, Médecin-Directeur, Tutelle-Hôpital, … (Sebai, 2016).

Pourtant, toutes ces relations sont caractérisées par l’asymétrie de l’information entre le principal et l’agent. De ce fait, J. Sebai (2016) met l’accent sur la nécessité de mettre en place certains mécanismes d’incitation pour limiter les comportements opportunistes, source d’inefficacité, et pour maitriser les effets négatifs de cette asymétrie d’information.

J. P. Domin (2014), de sa part, affirme que les interactions entre les acteurs internes et externes de l’hôpital peuvent être considérées comme des relations d’agence. Il précise que la relation entre la tutelle et l’hôpital est une relation d’agence avec anti sélection (ou sélection adverse) et aléa moral (ou risque moral) ce qui entraine des difficultés au principal (tutelle) dans la prise de décision et dans le contrôle des activités effectives de l’agent (hôpital). Pareillement, la relation entre le directeur (principal) et le corps médical (agent) est considérée comme une relation d’agence, sauf que cette relation est souvent « parasitée » par l’incertitude, l’asymétrie d’information et les comportements opportunistes des agents qui cherchent à maximiser leur utilité pour accroître les budgets alloués à leurs services (Domin, 2014). La relation Directeur/Médecin peut être ainsi considérée comme une relation d’agence avec antisélection (opportunisme ex ante) et aléa moral (opportunisme ex post) puisque le principal (directeur) ne peut pas mesurer le niveau d’effort effectué par l’agent et le poids des coûts engagés pour la production des soins, implicitement il ne peut pas mesurer le degré de respect du contrat par le corps médical (Domin, 2015).

En somme, nous pouvons avancer que l'hôpital peut être décrit comme est un nœud de relations contractuelles qui s'adhère parfaitement à la théorie d'agence. En se référant aux deux approches de la théorie d'agence (la normative et la positive), S. Béjean (1999) identifie deux modélisations différentes du fonctionnement de l'hôpital. La première modélisation normative, inspirée des travaux de B. Fermon (1991), est relativement limitée, elle est centrée sur l'administrateur-gestionnaire (directeur) qui est à la fois « Agent » des pouvoirs publics et « Principal » des médecins de l'hôpital (Béjean & Gardeau, 1992). Or, la deuxième, inspirée de l'approche positive d'agence, est une modélisation plus complexe qui permet de prendre en considération plusieurs relations et étages d'interactions, et par conséquence combler les lacunes de la normative notamment le problème d'identification du principal et de l'agent parce que chaque acteur peut être à la fois agent et principal dans deux relations d'agence différentes (Béjean & Gardeau, 1992).

Pour conclure, nous soulignons que la théorie d'agence constitue le cœur de la vision néoclassique actuelle des firmes et que son application dans l'univers hospitalier comporte des apports importants en particulier la prise en considération de l'asymétrie de l'information et les comportements opportunistes qui règnent dans les hôpitaux (Béjean, 1999). Sauf que ce type de relations débouche souvent sur des problèmes liés essentiellement à la mise en œuvre des dispositifs d'incitation et de contrôle nécessaires pour amener l'agent à respecter le contrat et à se comporter conformément aux intérêts du principal (Zerbo, 2016). Il engendre également des coûts très importants pour réduire les asymétries d'information : les coûts de surveillance, les coûts d'obligation et les coûts d'incitation pour orienter les comportements (Jensen & Meckling, 1976 ; Claveranne et al., 2009).

Rappelons que l'objectif de cette recherche est de rendre compte des processus par lesquels la gouvernance hospitalière appliquée aux centres hospitaliers de Douala amène le personnel médico-sanitaire à une plus grande efficacité dans l'appropriation des services aux usagers. La théorie de l'agence permettra donc d'analyser les relations qu'entretiennent les acteurs de la gouvernance à différentes échelles de décisions. Distinguant à chaque fois l'agent du principal, selon la ligne hiérarchique sur laquelle l'on se positionne, et analyse les jeux d'acteurs qui en découlent.

Cependant, il y a des limites à mobiliser la théorie d'agence dans le milieu hospitalier. En effet, nous avons signalé plus haut que la relation de l'agence a un coût. Force est donc de reconnaitre que la réduction de ces coûts s'avère très difficile parce que l'asymétrie de l'information ne dépend pas seulement des intérêts et des capacités des cocontractants, elle est liée strictement au contexte de la relation : secret professionnel, exigences règlementaires, crédibilité, coût de l'information, ... (Kirmi, 2007). Dans le milieu hospitalier, les dispositifs de contrôle ne sont pas suffisamment efficaces et donc les coûts d'agence sont souvent élevés (Vallejo et al., 2018).

En conséquence, nous pouvons avancer que les critiques adressées à l'application de la théorie de l'agence nous permettent de la considérer comme une théorie est partiellement compatible avec les valeurs et les particularités de l'univers hospitalier surtout qu'elle considère la direction, les médecins et les autres personnels comme « des tricheurs en puissance » (Domain, 2015) et limite de ce fait la capacité de perception des dynamiques d'implication d'agents hospitaliers dans l'appropriation des soins aux usagers. Ce qui nous autorise à mobiliser une seconde grille théorique d'analyse des jeux d'acteurs hospitaliers dans une dynamique de participation multi acteurs.

5.3. De la théorie des parties prenantes

Développée dans les années quatre-vingt en réponse à la suprématie des intérêts actionnaires préconisée par Jensen et Meckling (1976), la théorie des parties prenantes a pris son envol autour du concept de responsabilité sociale des entreprises, notamment dans le secteur de l'environnement.

Pour Gérard Charreaux et Peter Wirtz (2006), les limites de l'approche actionnariale pour rendre compte de la complexité formelle et processuelle des systèmes de gouvernance sont également aux fondements du développement de la théorie des parties prenantes.

La Théorie des parties prenantes repose sur différents postulats notamment la valeur partenariale intrinsèque à l'ensemble des parties dont aucun intérêt ne peut dominer les autres. De ce fait, Samuel Mercier (2006) nous explique que *« au-delà de maximisation du profit* (minimisation des coûts en santé !), *il convient d'inclure dans la gouvernance de l'entreprise les intérêts et les droits des non actionnaires »*[14].

La théorie des parties prenantes a introduit une nouvelle approche de la gouvernance des entreprises, notamment une nouvelle manière de formuler et de traiter les problèmes de gouvernance (Charreaux, Wirtz, 2006), en considérant que l'ensemble des intérêts des intéressés doivent être pris en compte.

La théorie des parties prenantes propose également une conception différente des organisations, en ce sens qu'elle rejoint l'approche organisationnelle de l'action collective

(Crozier et Frideberg, 1977 ; Piotet et Sainseaulieu, 1994…) et l'approche institutionnaliste (Di Maggio, 1988 ; Scott, 1987) en concevant *« l'organisation comme un acteur social »*[15]. Par ailleurs, la notion d'*« acteur organisationnel »* repose sur l'idée que l'interaction des acteurs intéressés de l'entreprise reproduit une vie collective et produit une valeur.

Dans ce cadre philosophique, l'organisation est intégrée dans un environnement sociopolitique inséparable de la réalité économique. De ce fait, le développement de l'entreprise ne peut se faire en se limitant aux critères de type maximisation des intérêts financiers des actionnaires.

En effet, la théorie des parties prenantes accepte comme l'explique Maria Amparo Jimenez (2004) que « le marché ainsi que les institutions politiques et sociales s'interpénètrent et s'influencent mutuellement »[16].

En rejetant l'idée d'une approche centrée sur l'intérêt des actionnaires, seuls détenteurs de la créance résiduelle, la TPP remet en question l'exclusivité de l'intérêt non pas la prise en compte. C'est en effet en réaction à la domination de la théorie de l'agence (depuis Jensen et Meckling, 1976) qui érige la priorité des intérêts actionnaires que Freeman (1984) propose la *Stakeholder Theory* pour une prise en compte égale (à leur investissement) des intérêts de l'ensemble des parties prenantes.

---

[14] Mercier S. (2006), in Bonnafous-Boucher M., Pesqueux Y., Op.cit.
[15] Jimenez, A.M., (2004*)*, « La pertinence de la perspective des intéressés dans la gestion stratégique des ressources humaines (GSRH) : leçons d'une étude de cas », Actes de colloque du XVème Conférence de l'AGRH à Montréal, septembre 1-3 2004, pages 401-424.
[16] Jimenez, Amparo Maria (2004*)*, Op.cit.

Pour Stéphane Trébucq (2005), les théories de l'agence et des parties prenantes se positionnent sur des clivages idéologiques et philosophiques divergents. La théorie de l'agence s'inscrit dans une tendance libérale et de maximisation de l'intérêt personnel, tandis que la théorie des parties prenantes, elle, s'inscrit dans l'idéologie marxiste et de préservation de l'intérêt général.

5.4. De la théorie des parties prenantes appliquée à la gouvernance hospitalière

En tant qu'elle est une théorie de l'intérêt général comme nous venons de le voir, cette théorie sied bien à la gouvernance hospitalière qui envisage de mettre l'hôpital au service de bien-être social comme nous l'avons présenté de fond en comble au niveau du chapitre 3.

Ainsi, Patrick Mordelet (2006) défend l'hypothèse d'une applicabilité exclusive du modèle Stakeholder à l'hôpital et nous explique que *« l'application des principes de la corporate governance à l'hôpital se traduit par le remplacement des actionnaires (shareholders) par les parties prenantes (stakeholders)*[17].

Pour l'auteur, lorsque l'on se situe au niveau du modèle *Shareholder*, qui propose la maximisation de la valeur actionnariale, il est évident que la transposition à l'organisation hospitalière n'est ni aisée ni recommandée du fait de la prédominance des aspects financiers comme critère d'efficience.

Dans une certaine mesure, l'identification des actionnaires n'est pas facile, parce que l'hôpital est la propriété de multiples partenaires publics ou privés ; en revanche, ce modèle présente de nombreux avantages notamment en ce qui concerne la conceptualisation des relations d'agence et la compréhension des enjeux de pouvoirs dans une organisation.

Le modèle *Stakeholder*, par la prise en compte de toutes les parties prenantes, semble également pouvoir s'articuler autour des problématiques hospitalières de mise en cohérence des activités des différents corps professionnels présents dans l'organisation. La relation de confiance qui s'installe entre les parties prenantes[18], parce que « parties prenantes » est également semblable à celle qui existe historiquement entre le médecin et son patient.

---

[17] Mordelet P. (2006), Op.cit., p.45.

[18] Etude de Jones, 1972 : selon Rubinstein, op.cit., Jones base son étude sur la théorie de l'agence, la théorie des coûts de transaction et la théorie du travail en équipe ; et démontre que le management de

En somme, notons qu'elle nous permettra de rendre compte de la participation du personnel médical à l'atteinte des objectifs des CHD, à savoir offrir des services satisfaisants aux usagers.

6. OBJECTIFS DE LA RECHERCHE

Objectif principale : L'objectif de cette recherche est de rendre compte des processus par lesquels la gouvernance hospitalière appliquée aux centres hospitaliers de Douala amène le personnel médico-sanitaire à une plus grande efficacité dans l'appropriation des services aux usagers.

Objectif spécifique 1 : Analyser les mécanismes d'adoption de la gouvernance hospitalière et les transformations organisationnelles subséquentes dans les centres hospitaliers de Douala.

Objectif spécifique 2 : Montrer en quoi l'émancipation croissante des usagers et l'adoption des nouvelles normes de qualité dans le secteur sanitaire, participent à l'amélioration des services dans les centres hospitaliers de Douala.

Objectif spécifique 3 : Analyser les impacts du management participatif sur l'engagement du personnel médico-sanitaire dans le processus d'appropriation des services aux usagers des centres hospitaliers de Douala.

Objectif spécifique 4 : étudier l'impact du contrôle hiérarchique sur l'amélioration de la qualité des services aux usagers des centres hospitaliers de Douala.

7. INTERETS DE LA RECHERCHE

Le choix de ce sujet a été motivé par plusieurs ordres d'intérêts, précisément des questionnements à la fois empiriques et théoriques.

Les enjeux sont tout d'abord importants dans le secteur de la santé, qui est confronté depuis quelques années à une augmentation des dépenses de santé, liée notamment aux changements démographiques (vieillissement de la population) et technologiques, ainsi qu'à des demandes accrues de qualité et de sécurité des soins, et d'équité dans l'accès aux soins. Les hôpitaux publics sont donc poussés par des impératifs exigeants, à la fois en termes d'efficience économique et de qualité des soins fournis aux usagers. Dans cette dynamique, les systèmes de santé sont réformés, ce qui s'est traduit par des grandes réformes, dont la mise en place

---

type *Stakeholder* permet d'atteindre la solution la plus coopérative grâce à l'amélioration de la confiance.

d'une nouvelle gouvernance interne visant à responsabiliser les acteurs au plus près du soin et à décloisonner les sphères administratives, médicales et soignantes, par la création de pôles cliniques et médicotechniques – pools de services avec à leurs têtes des professionnels médicaux et soignants. Les hôpitaux sont en outre fortement encouragés à se doter d'instruments de contrôle de gestion, avec l'ambition de diffuser une logique médico-économique nouvelle et ainsi mettre en œuvre une gestion plus efficiente des ressources. Alors que le financement à l'activité est pleinement effectif depuis 2008 et a davantage révélé les difficultés financières du secteur, les études empiriques s'intéressant à la mise en œuvre effective des réformes de la nouvelle gouvernance et aux conséquences de l'introduction d'instruments de contrôle de gestion montrent que les résultats attendus ne sont pas nécessairement atteints. L'adoption de rôles de gestionnaires par les professionnels du soin n'est pas toujours évidente (Valette & Burellier, 2014), les directions fonctionnelles tardent à déléguer aux pôles (Fellinger & Boiron, 2012 ; Bérard, 2013a) et les instruments de gestion implantés n'impactent que modestement les pratiques et les modes d'organisation (Moisdon, 2010 ; Bérard, 2011 ; Crémieux, Saulpic, & Zarlowski, 2013 ; Bonnier, Saulpic, & Zarlowski, 2013). Ainsi, en étudiant la façon dont les nouveaux rôles de professionnel-gestionnaires se constituent, et dont les rôles des administratifs sont questionnés, ce travail a pour avantage de rendre compte de la traduction concrète des réformes de la nouvelle gouvernance dans les centres hospitaliers de Douala, mais aussi d'entamer une réflexion sur les raisons de ces résistances qu'on y constate.

8. PLAN DE LA RECHERCHE

La présente recherche se structure à travers un agencement progressif de deux parties, articulées chacune autour de deux chapitres. Une telle architecture de rédaction tente autant que possible de respecter le principe quinaire de l'équilibre des formes mais aussi de la cohérence et de l'enchainement progressif de la trilogie de parties ici consacrée[19].

La première partie est consacrée à l'introduction dans le système de santé camerounais des mécanismes de gouvernance, comme gage d'une meilleure appropriation par le personnel médico-social des services aux usagers des

[19] Au sujet de l'équilibre des parties, voir les séminaires doctoraux de G. Biyogo, Université de Douala, 2014 et 2015 ; voir également G. Biyogo, *Traité de méthodologie et d'épistémologie de la recherche. Introduction aux modèles quinaires,* Paris, L'Harmattan, Coll. « Recherche et Pédagogie », 2006, Rééd. 2009.

centres hospitaliers de Douala. Sa première articulation **(Chapitre1)** analyse le Cadre conceptuel de la nouvelle gouvernance hospitalière, les mécanismes d'adoption de la gouvernance hospitalière et les transformations organisationnelles subséquentes dans les centres hospitaliers de Douala. Sa seconde articulation **(chapitre 2)** analyse théoriquement l'impact de la gouvernance hospitalière sur l'amélioration des services aux usagers des centres hospitaliers. Pour cela il mobilise une revue de la littérature permettant de mettre en exergue les relations théoriques entre la gouvernance hospitalière et l'amélioration de la qualité des services hospitaliers, tout en gardant en perspective le rôle du personnel médical dans cette dynamique.

Elle permet de ce fait l'analyse de la bureaucratie professionnelle puisque l'hôpital est considéré comme un modèle type de la bureaucratie professionnelle (Mintzberg, 1982 ; Cremadez, 1992), afin de nous pencher sur le modèle Agent – Principal, cadre théorique de la théorie d'agence, qui a favorisé l'émergence d'une théorie néo-libérale de la gouvernance hospitalière pour remplacer les approches néo-classiques originelles (Domin, 2015).

Ensuite, la deuxième partie de cette thèse est consacrée à la mobilisation des outils d'analyse et aux résultats de recherche. En son premier moment **(chapitre 3),** d'une part, présente le cadre théorique de la recherche, en argumentant sur une approche managériale par l'agence dans le domaine de la santé. Il fait ainsi de la théorie de l'agence le soubassement de l'analyse de la gouvernance hospitalière ici en question. D'autre part, il présente le cadre méthodologique de la recherche, en abordant la méthode de recherche, les outils de collecte des données, le modèle d'analyse, etc.

Enfin, le dernier moment de ce travail **(chapitre 4)**, est consacré aux résultats de la recherche. Il présente d'une part les résultats de recherche, aussi bien en son aspect qualitatif qu'en celui quantitatif. D'autre part, il procède à l'interprétation desdits résultats et aux discussions.

PREMIERE PARTIE : DE LA PROBLEMATISATION DE LA NOUVELLE GOUVERNANCE HOSPITALIERE : UNE REPONSE A LA CRISE DU SYSTEME DE SANTE PUBLIQUE

Introduction partielle

La crise généralisée du modèle de management public dans les pays africains n'a pas épargné le secteur hospitalié. Ouverts à la dynamique planetaire du New public managment, les hôpitaux camerounis sont confrontés à l'heure actuelle à de très fortes évolutions qui leur imposent de mieux maîtriser leurs performances. Ainsi, les reformes de la gouvernance hospitalière constituent une opportunité pour mettre en œuvre les outils et les méthodes permettant de réaliser cet objectif. Dans ce contexte, cette partie a pour objet d'analyser la problématique dans cette nouvelle gouvernance en milieu des soiens ; telle qu'elle est mise en œuvre pour répondre à la complexité et à l'incertitude qui caractérisent l'hôpital public camerounais. Aussi elle consiste en une analyse transversale des mécanismes de gestion et de management de la performance à travers une revue de la littérature, visant à identifier les facteurs susceptibles d'influencer la performance hospitalière camerounaise. Ceci, dans le but de bien assoir les bases de la présente recherche.

Ainsi, la présente partie est organisée autour de deux principaux chapitres: le premier (chapitre1) analyse le Cadre conceptuel de la nouvelle gouvernance hospitalière, les mécanismes d'adoption de la gouvernance hospitalière et les transformations organisationnelles subséquentes dans les centres hospitaliers de Douala. Le second quant à lui (chapitre 2) analyse les incidences théoriques de la nouvelle gouvernance hospitalière sur l'amélioration des services aux usagers des centres hospitaliers.

CHAPITRE I : CADRE CONCEPTUEL DE LA NOUVELLE GOUVERNANCE HOSPITALIERE

Les hôpitaux de Douala comme toute autre organisation sont soumis à des contraintes qui leur imposent de développer leur gestion. Ils sont confrontés à l'heure actuelle à de très fortes évolutions qui leur imposent de mieux maîtriser leur performance.

Dans ce contexte, l'adoption de la gouvernance constitue une opportunité pour mettre en œuvre les outils et les méthodes permettant de réaliser cet objectif. Conformément à ce scenario, le système de santé du district a été retenu par le Cameroun comme le niveau où doivent se dérouler les opérations de mise en œuvre des stratégies nationales de santé.

Ce chapitre a pour objectif de développer dans ce sens quelques éléments de réflexion, ainsi après avoir précisé dans une première section la particularité que présente l'organisation hospitalière, une deuxième section présente les problèmes de gestion au sein des centres hospitaliers de Douala afin de montrer comment se mettent en place les mécanismes de gouvernance dans ce secteur.

SECTION I : LE MANAGEMENT DE L'HOPITAL PUBLIC AUJOURD'HUI : DE L'HOPITAL-BUREAUCRATIE A L'HOPITAL-ENTREPRISE.

Par rapport aux autres types d'organisations, l'organisation hospitalière est généralement plus complexe à analyser en égard aux particularités qui marquent ce système.

1. LES SPECIFICITES DE L'HOPITAL : UNE ORGANISATION A PART.

En premier lieu, pour répondre la classification d'un spécialiste du management, en l'occurrence Henry Mintzberg[20] (1986), l'hôpital fait partie selon nous des organisations dites à but et agents multiples, c'est une structure complexe qui doit répondre à des fonctions diverses: soins, enseignement, recherches, prévention, éducation sanitaire, etc.... Cette structure à un caractère médical et social dont la mission consiste à assurer à la population des soins médicaux complets, curatifs et préventifs et dont ses services extérieurs iraient jusqu'à la

[20] Henry Mintzberg: « Le pouvoir dans les organisations », Paris, édition d'organisation, 1986, P 53.

cellule familiale ; considérée dans son milieu. C'est aussi un centre d'enseignement de la médecine et de la recherche scientifique et sociale.

Au-delà de sa véritable vocation, l'hôpital gère une série d'autres missions obligatoirement liées à la première en vue d'en assurer la bonne fin, ses taches à caractère hôtelier, ménages ou techniques sont devenues d'une complexité croissante, ainsi sont-elles de l'hôpital une machine dans laquelle l'accessoire risque de prendre le pas sur l'essentiel.

On considère alors l'hôpital comme un système complexe de production multiple, il offre pour chaque malade des produits divers en quantité et de types spécifiques, ces produits qu'ils soient des diagnostics ou thérapeutiques, constituent ce qu'on appelle l'acte médical, ceci se distingue fondamentalement de biens dont traite la théorie économique , sa consommation ne suppose pas toujours un comportement rationnel, il est affecté de multiples incertitudes, incertitude qui pèse d'abord sur la nature même de la maladie, incertitude quant au cout des traitements médicaux que les malades ne peuvent pas les prévoir, demeure enfin une grande incertitude individuelle sur la compétence du médecin et l'efficacité aléatoire de ses actes qu'il parait exclus de rémunérer selon leurs résultats[21].

Il n'y a pas d'autres moyens de réduire ces types d'incertitudes que de faire confiance à l'ensemble des praticiens exerçant dans le système de santé, puisque le patient n'est pas en mesure d'évaluer la nature de sa demande, ni son volume, donc la décision du patient seul, mais celle du couple patient/médecin, il s'agit donc d'une décision jointe.

1.1. La structure organisationnelle de l'hôpital

Henri Mintzberg (1982) distingue dans toute entreprise cinq éléments dont Michel Cremadez[22] (1992) a appliqué à l'hôpital dont cette approche permet de décrire certaines réalités de l'organisation hospitalière qualifiée de bureaucratie professionnelle.

---

[21] Colli J-C: « économie et pouvoir médical » édition économica, 1998, p142.
[22] M. Cremadez et F. Grateau : « le management stratégique hospitalier » édition Interéditions, 1992, p.21.

1.1.1. Le sommet stratégique

II veille à ce que la mission hospitalière de pilotage soit remplie efficacement. Il peut s'agir des autorités de tutelles (direction de santé ...), du chef d'établissement et de son équipe dont le directeur des soins coordonnateur général des soins. Celui-ci « ...est nommé par le chef d'établissement. Il exerce, sous l'autorité de ce dernier, des fonctions de coordination générale des activités de soins infirmiers, de rééducation et médicotechniques. Il est membre de l'équipe de direction et dispose par délégation du chef d'établissement de l'autorité hiérarchique sur l'ensemble des cadres de santé ».

On évoque que le sommet stratégique dans un hôpital se caractérise par une certaine ambiguïté expliqué Mintzberg (1982) par le fait que le directeur d'un hôpital est supposé empêcher le gouvernement ou les administrateurs d'interférer dans le travail des médecins, ainsi qu'il est nommé par la direction de santé mais responsable de gestion devant un conseil d'administration.

1.1.2. Le centre opérationnel

II est constitué par les unités de soins et les services médicotechniques. Composé d'un nombre important de services relativement indépendants les uns des autres, le centre opérationnel fonctionne de manière pratiquement autonome et il a une relation directe avec leur environnement: client dont il est le patient.

Pour la direction des soins le centre opérationnel rassemble des professionnels infirmiers, de rééducation et médicotechniques.

1.1.3. La ligne hiérarchique

Elle assure le relais entre le sommet stratégique et le centre opérationnel. Elle est composée de l'encadrement qui assure la gestion des centres opérationnels. La notion de hiérarchie sous-tend celle de subordination et donc d'autorité. Pour la direction des soins les médecins et les infirmiers rendent compte de leurs actions aux cadres supérieurs dont il est le chef service qui participent à leurs évaluations. Ainsi que tous les chefs de service exercent leurs fonctions sous l'autorité du directeur général.

Au sein de l'organisation hospitalière la ligne hiérarchique se caractérise par interruption entre le directeur général et les chefs de services médicaux à cause des objectifs contradictoires dont ce point il sera développé par la suite. Cela mène les chefs de services a contesté la non intervention directe des directeurs sur l'objectif de base dont il est la satisfaction de clientèle.

1.1.4. La technostructure

La technostructure sert à assurer la coordination par des personnes qui agissent sur l'organisation du travail des centres opérationnels grâce à la standardisation des procédures, au choix qualitatif du matériel, à l'élaboration de normes pour le rendre efficient et elle prend de l'importance lorsque l'organisation grandit et se complexifie.

A l'hôpital cette fonction se limite à la dimension économique et financière puisque la standardisation par le résultat est trop difficile cela est due à la différenciation existante au niveau des services, donc la technostructure est réduite.

Le directeur général agirait plus sur la standardisation des qualifications par le recrutement et la formation continue en collaboration avec le directeur des ressources humaines.

1.1.5. Les personnels de support logistique

Ils remplissent les fonctions annexes nécessaires à la réalisation de la mission du centre opérationnel : service postal, nettoyage, restaurant. Puisque la logistique sert à la collaboration avec les centres opérationnels est essentielle.

1.2. La différenciation : un processus de différenciation prononcé

La notion de différenciation a été développée par LAWRENCE et LORSCH qui entendent ainsi rendre compte du fait que la structure même de l'hôpital induit pour chaque service des relations avec un sous environnement qui lui est propre (patient, sociétés savantes...) de même pour la technostructure (tutelles). Les caractéristiques des relations avec le sous-environnement définissent des modes d'organisations spécifiques à chaque service.

La différenciation est nécessaire car elle est la traduction de la spécialisation des services et permet une véritable adéquation avec un environnement spécifique. Mais elle est aussi un obstacle à la communication et à la coopération au sein de l'institution qui s'en retrouve encore davantage fragmentée.

Il existe plusieurs types de différenciation à l'hôpital :

1.2.1. La différenciation monde administratif / monde médical :

Alors même que l'équilibre de l'institution dépend de la coopération entre le centre opérationnel et le sommet stratégique, les antagonismes dominent trop souvent. C'est l'opposition entre d'un côté un monde professionnel qui a des objectifs qualitatifs, une déontologie et une grande liberté dans l'exercice des fonctions, et de l'autre côté un monde administratif qui a des objectifs quantitatifs et répond à un cadre réglementaire stricte.

De plus, ces deux mondes ont une conception divergente de l'environnement. Ainsi, les médecins gèrent de façon autonome leurs rapports avec les patients, les professionnels de santé extérieurs. Alors que les directeurs dans leurs relations avec la tutelle administrative, politique, les organismes de financement sont liés par des impératifs réglementaires mais aussi par le devenir de l'institution.

Le groupe des médecins et celui des directeurs n'ont pas la possibilité d'affirmer l'un sur l'autre un leadership. Ils mènent alors des luttes d'influence dans laquelle les autres groupes d'acteurs constituent un enjeu. D'ailleurs, les acteurs de ces deux groupes peuvent avoir une vision très critique de leurs « opposants ».

Cette différenciation forte est très défavorable à l'hôpital car elle ne permet pas l'unicité de l'institution, l'élaboration d'une stratégie globale, et provoque des dysfonctionnements quotidiens.

1.2.2. La différenciation services logistiques/opérationnels

Comme l'indique M. CREMADEZ « les services logistiques traditionnels (cuisines, buanderie...) appartiennent à l'univers administratif » Ils se situent donc dans une dynamique de recherche de la rentabilité, ce qui les séparent des centres opérationnels, alors même qu'au quotidien des liens étroits sont nécessaires pour garantir une qualité optimale au patient.

Quant à la logistique technique (plateau technique), elle se situe au cœur des tensions nées de cette différenciation. En effet, ces services se situent dans le centre opérationnel et sont essentiels pour les médecins et le rayonnement de leur spécialité.

Alors que pour la technostructure la logistique technique représente un investissement important et qu'elle se doit de contrôler. De plus en plus, le secteur logistique se heurte au secteur médical, qui avec le développement des nouvelles technologies, accroît sa demande d'équipements nouveaux.

1.2.3. La différenciation au sein du centre opérationnel

Il s'agit surtout d'une différenciation entre le corps médical et paramédical. En effet, le rôle des soignants auprès des malades a pris de plus en plus d'importance.

D'autre part, la hiérarchie soignante échappe souvent à l'autorité du chef de service.

Ainsi, le cadre soignant prend des décisions pour l'organisation des soins avec le soutien de la Direction des soins.

1.3. Une intégration insuffisante

Afin de réduire les effets néfastes d'un trop fort degré de différenciation, l'hôpital met en place des modalités d'intégration qui ont ainsi été énumérées par Cremadez.

1.3.1. L'intégration par la voie hiérarchique

Ce processus d'intégration ne s'applique qu'au sommet stratégique dans ses relations avec la technostructure et la logistique puisqu'entre ces rôles de véritables rapports hiérarchiques existent.

1.3.2. L'intégration par les procédures et les standards

C'est à nouveau le sommet stratégique qui est concerné par ce mode d'intégration. En effet, le domaine des procédures s'applique particulièrement aux relations opérationnelles et notamment au niveau financier, comptable et gestion du personnel. Cependant, le développement de l'informatique médical ainsi que de la démarche qualité permet un élargissement de cette intégration au niveau des services de soins surtout par l'intermédiaire du chef de service et du cadre de santé.

1.3.3. L'intégration par des ajustements mutuels

C'est le mode d'intégration le plus fréquent au sein du centre opérationnel. La difficulté réside dans le fait que rien ne soit formalisé et qu'ainsi aucune stratégie sur le long terme ne soit envisageable.

Les comités et commissions permanentes (Comité de direction, CME...) permettent aussi cette intégration en favorisant le dialogue entre les acteurs de l'organisation mais cela reste insuffisant pour contre balancer le poids de la différenciation à l'hôpital.

L'organisation de l'hôpital subit donc de nombreuses forces centrifuges qui mettent en péril ses projets voire même l'élaboration d'une stratégie.

Les caractéristiques explicitées jusqu'ici créent une certaine dynamique de l'organisation hospitalière que nous allons maintenant décrire.

1.4. Une dynamique peu axée sur la stratégie

Après avoir étudié les grands traits de l'organisation interne de l'hôpital, il est important d'en étudier les conséquences sur sa dynamique. Ceci permet de démontrer que la scission entre le sommet stratégique et les centres opérationnels ainsi que le fort degré de différenciation dela structure ont un impact négatif sur son dynamisme.

1.4.1. Des décisions et une stratégie réactive

A l'hôpital, les décisions prises ne sont que le résultat d'une coalition précaire. Les différenciations entre acteurs et en particulier entre directeurs et médecins ne permettent pas d'élaborer des décisions en fonction d'une stratégie établie, la décision n'est que le produit d'un équilibre momentané des forces en présence. Le directeur général, qui a ce pouvoir de décision, recherche avant tout un consensus à court terme afin de satisfaire les tutelles et le centre opérationnel. La manipulation est le maître mot dans cette pratique décisionnelle : il s'agit de faire pression de manière assez forte et convaincante afin d'obtenir une décision favorable à son unité. C'est une attitude réactive et non réflexive qui met en péril la cohésion globale de l'hôpital.

1.4.2. Un processus stratégique de type « émergent »

La stratégie de l'organisation hospitalière n'est pas voulue, elle est le fruit de décisions, d'allocations de ressources qui ont un but plus opérationnel que stratégique. La stratégie est dépréciée au profit d'une politique faite d'ajustements quotidiens et non de prospections sur le long terme.

1.4.3. Les choix stratégiques hospitaliers

Les choix stratégiques de l'hôpital s'appuient sur une modélisation désormais considérée comme universelle. Elle obéit à la démarche logique présentée dans la figure suivante :

Figure 2: Démarche de choix stratégique

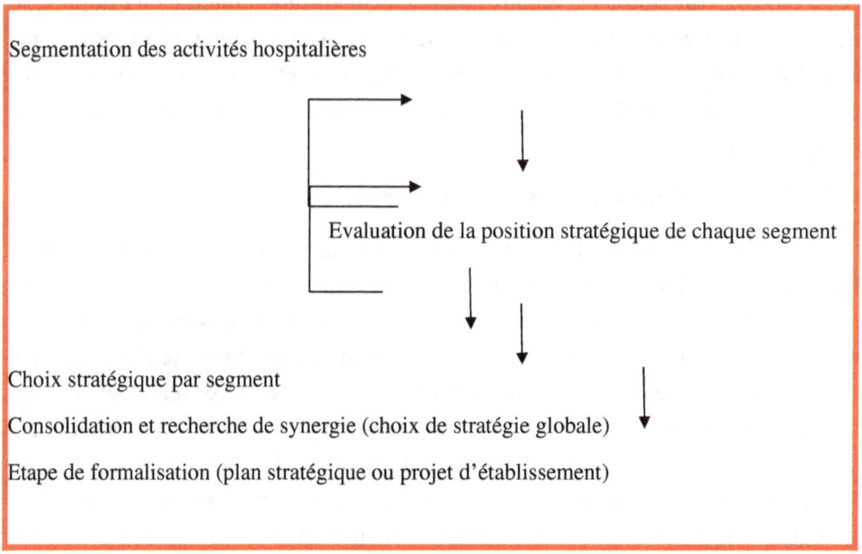

- ***La segmentation des activités hospitalières :***

La démarche de segmentation des activités est fondamentale pour l'hôpital qui est un lieu où, traditionnellement, l'organisation en départements et en services amène à regrouper artificiellement plusieurs domaines d'activité différents (consultation de médecine interne à orientations très différentes) ou, au contraire, à éclater un même domaine d'activité en plusieurs centres de responsabilité autonomes (lutte contre le sida, cancérologie...).

- ***Les critères de segmentation stratégique :***

Comme évoquent M. Cremadez et F. Grateau, (1992), la segmentation des activités hospitalières peut se faire selon les critères[23] suivants :

- Les pathologies présentées par les patients : degré de complexité, intrications.
- Les caractéristiques des processus de prise en charge : nécessité d'hébergement, programmation, nécessité d'infrastructure spécifique (lits d'isolement, par exemple).
- Les caractéristiques des technologies mises en œuvre : nécessité de disposer d'un plateau technique spécifique, taille de l'investissement compétitif,

---

[23] M. Cremadez et F. Grateau, op cit , p 132

recours au plateau technique général.

- Les compétences requises : degré de sophistication dans la spécialité, pluridisciplinarité (recours aux compétences de divers spécialistes).
- La structure des coûts variables spécifiques par acte technique ou par patient, les coûts fixes spécifiques et les coûts fixes partagés.
- La nature de la concurrence rencontrée : type de concurrent, attractivité pour les acteurs de santé (cotation Sécurité sociale). Le type (ou le circuit) de prescription : généraliste libéral, spécialiste libéral, médecin appartenant à une structure hospitalière publique ou privée.
- Le type de patient concerné : âge, sexe, catégorie socioprofessionnelle-spécifique, actif ou non actif.
- Le besoin satisfait : urgence, diagnostic, soin, suivi, éducation sanitaire, prévention.

Il est ici préconisé une approche stratégique par la pathologie qui reste l'offre de soins primaires, les autres critères permettant d'amorcer une évaluation de la position stratégique par segment.

Tableau 1 : L'évaluation de la position stratégique de chaque segment

Critère d'analyse Etablissements comparés	Zone d'attraction	Image/notoriété (population de la zone)	Satisfaction des clients (questionnaires de sortie)	Parts des marchés actuels	Rentabilité du segment
Hôpital faisant l'analyse stratégique					
Concurrent 1					
Concurrent 2					
Critère d'analyse Etablissements comparés	Matériel détenu Comparé aux évolutions technologiques prévisibles	Coût comptabilité analytique)	Synergie avec les autres segments	Compétences internes	Fragilité de l'offre (un seul spécialiste)
Hôpital faisant l'analyse stratégique					
Concurrent 1					
Concurrent 2					

La seconde étape de la démarche de choix stratégique permet d'analyser la position concurrentielle du segment d'activité identifié. Elle mobilise toutes les informations détenues sur l'environnement externe et interne du domaine d'activité considéré. Elle permet de parvenir au tableau d'analyse concurrentielle du type de celui présenté ci-après :

- ***Le choix stratégique par segment et consolidation :***

Le recours au tableau d'analyse concurrentielle permet de visualiser les avantages et les handicaps concurrentiels. Le croisement des critères permet d'affiner la comparaison. Ainsi, par exemple, une satisfaction forte des clients, croisée avec une notoriété faible, permet de conclure qu'une action marketing ciblée pourra permettre d'accroître la part de marché. De même, une part de marché qui reposerait sur un praticien qui, seul, garantit la compétence dans le segment d'activité reconnue et attractive fait peser un risque sur la domination sur le segment.

Enfin, un segment fortement concurrencé peut s'avérer essentiel en termes de synergie avec d'autres segments ou un segment peu rentable être déterminant pour l'activité d'un autre segment (obstétrique et réanimation néonatale).

C'est de plus à cette étape de la réflexion que l'hôpital, d'ailleurs fortement influencé par les orientations législatives, doit aborder la question des alliances. Celles-ci peuvent permettre à l'hôpital d'accéder à une nouvelle technologie ou à une technologie de pointe qu'il ne peut acquérir seul (partage de plateaux techniques), à une capacité de production moins coûteuse (blanchisserie inter hospitalière), à des marchés (nouveaux clients) ... Outre les avantages directs que peuvent apporter les alliances (échange de ressources et de compétences entre hôpitaux), celles-ci amènent aussi ce qu'il a été possible d'appeler « les bénéfices cachés »[24]:

L'approche morcelée par segment doit donc être complétée par une approche globale intégrative qui permet la définition d'une stratégie globale pouvant faire l'objet d'un plan stratégique ou d'un projet d'établissement.

1.4.4. Un management stratégique

Les solutions pour remédier à la complexité hospitalière passent par une évolution de la gouvernance c'est à dire la mise au point et le respect des règles qui guident et limitent la conduite de ceux qui agissent au nom de l'hôpital ; mais aussi par un management permettant à chacun de découvrir le domaine d'action de l'autre et de partager des problématiques est essentielle.

Il faut valoriser le fait que le directeur a un rôle stratégique de fond qui est d'accomplir les missions de santé publique dans le cadre du projet d'établissement.

Il est important que les directeurs mettent en avant la stratégie et en fassent un outil de coopération intra institutionnelle. La stratégie est avant tout l'art d'organiser les relations de la structure avec son environnement.

La construction stratégique peut avoir le sommet stratégique pour origine

---

[24] Innovations résultant de la présentation détaillée des compétences de l'entreprise à son partenaire; révélation des potentiels d'amélioration grâce à l'application des compétences existantes dans un environnement nouveau et amélioration des performances sous la pression d'un partenaire exigeant.

car celui-ci a une bonne connaissance de l'environnement. Mais, cela implique également une concertation des acteurs hospitaliers concernés car eux disposent d'une connaissance du terrain. La stratégie doit être le produit de la rencontre des expertises du sommet stratégique et du centre opérationnel. Ici encore la problématique de la coopération entre les différentes strates va se poser, mais la dynamique même de la stratégie et de la construction de projets permet de susciter un véritable dialogue. Le développement d'une stratégie à l'hôpital permet un changement de logiques en effet elle combine les stratégies individuelles dans une stratégie d'ensemble, et déplace l'attention des attributions aux contributions.

L'intérêt principal de la stratégie est qu'il s'agit d'une approche globale et transversale qui permet ainsi de surmonter les clivages qui séparent les acteurs de l'organisation. En effet l'appropriation de la dimension stratégique par les hospitaliers rend possible l'institution d'un management de proximité au plus proche des activités permettant de remédier à l'éclatement, l'atomisation traditionnelle de celle-ci.

Dès lors, la difficulté est de passer de l'individuel au collectif : tous les acteurs doivent apprendre à se rassembler autour d'un projet. Il revient au directeur d'instaurer cette dynamique de collaboration autour d'un projet.

Aujourd'hui, le management de l'hôpital relève de la capacité à réunir les compétences scientifiques, médicales, techniques, soignantes et managériales.

1.5. Les spécificités d'un hôpital

L'hôpital public est au cœur du système de soins, c'est autour de lui que s'organise la réponse aux besoins de santé de la population, il est un lieu d'excellence ouvert à tous concitoyens, un lieu dans lequel des personnels de qualité pour cela il se caractérise par les spécificités suivantes :

- L'extrême spécialisation en unités de production indépendantes entre elles, quoique dépendantes d'une coordination et d'une coopération.
- Coexistence conflictuelle de cultures et de logiques professionnelles différentes
- Résultats des actions très peu mesurables
- Présence du client dans l'organisation.
- Climat émotionnel de travail dû aux sentiments d'insécurité et de culpabilité devant la maladie et la morbidité.

1.5.1. L'hôpital et le facteur humain

L'hôpital comme tout groupe humain, est un lieu de tensions, de conflits et de patients, mais ce qui le distingue c'est d'être partagé entre trois pouvoirs légitimes :

- Le pouvoir des médecins.
- Le pouvoir des soignants.
- Le pouvoir de la direction.

Ces pouvoirs s'affrontent chacun défendant sa logique propre rationnelle et légitime de son point de vue, ces affrontements ont souvent suscité des situations de rivalité et de blocage, créant ainsi un contexte de bataille avec vainqueurs et des vaincus momentanés ou durables selon le cas, cet environnement conflictuel porte un grand préjudice à la qualité, au progrès , à la motivation,, et même dans certain cas à la sécurité du processus du travail qui est aussi capitale dans un grand aéroport ou une centrale nucléaire[25].

Dans la culture hospitalière, on trouve un type de management hyper-affectif[7] qui a pour moteur fondamental la recherche de l'affection des subordonnés, il privilégie les valeurs affectives par rapport aux valeurs professionnelles ; bien entendu, il est évident que l'intuition, la sensibilité aux sentiments des autres, le charisme… sont nécessaires au bon management, mais ce genre de management ne peut résoudre les tensions de groupes et les conflits interpersonnels.

1.5.2. Les missions d'un hôpital

L'hôpital est considéré comme le pivot du système de santé, doté de mission de service public, il est chargé de responsabilités très larges en matière sanitaire.

L'hôpital est le lieu de recours traditionnel et quasi obligé pour les affections graves, mais il accueille et soigne également de façon croissante des malades présentant des pathologies bénignes.

Le service hospitalier assure les examens de diagnostic, le traitement, notamment les soins d'urgence des malades, des blessés. De plus, l'hôpital assure la formation d'une grande partie des professionnels de la santé et constitue un lieu

---

[25]F. Gonnet. « Management hospitalier: un nouvel exercice du pouvoir » édition Masson, 2002, P125.

privilégié de la recherche médicale.

Par l'importance et la diversité des ressources qu'il mobilise l'hôpital assure également un rôle d'agent économique, c'est un grand consommateur de ressources et de technologies, il est la cible de grands marchés commerciaux, notamment ceux liés aux produits pharmaceutiques et à la technologie biomédicale.

Ainsi, l'hôpital public occupe une place centrale dans l'offre de soins, au fils du temps ses missions et ses fonctions se sont étendues, alors même que le fonctionnement de l'hôpital public est soumis à des contraintes économiques et réglementaires de plus en plus. L'hôpital public tente aujourd'hui de réconcilier sa tradition humaniste à l'approche économique qui vise à mieux gérer ses ressources financières et humaines, c'est ainsi que son rôle est organisé autour de trois principales missions :

1.5.3. Les missions de soins

Par nature, le droit aux soins recouvre pour tout malade la capacité d'obtenir les soins que son état nécessaire, il participe donc à la fois de l'égalité d'accès au service public et de l'obligation générale d'assistance due à toute personne en péril[26].

Il s'agit des soins curatifs dispensés aux malades hospitalisés ou immobilisés et des soins préventifs prodigués à l'occasion des consultations à titre externe dont ses soins doivent obéir au principe d'égalité concernant la prestation des services, ainsi qu'au principe de continuité d'offrir ses services de soins.

1.5.4. L'hôpital public : une mission de formation

Si les facultés de médecine et les différentes écoles de formation du personnel infirmier sont chargées de dispenser l'enseignement médical et paramédical, l'hôpital reste le lieu privilégié pour mettre en pratique les connaissances théoriquement acquises par la formation du personnel médical et paramédical durant le cursus de leurs études.

1.5.5. Mission de recherche médicale

La recherche menée dans les hôpitaux publics est à la fois un mode privilégié et anticipé d'accès à l'innovation pharmaceutique et au dispositifs

---

[26] Lin Daubech: « Le malade à l'hôpital, droits, garanties et obligation » action santé ères ,2000, p 157

médicaux pour le patient[27], et un vecteur de formation continue pour les personnels médicaux et soignants, elle participe à renommée, à l'évaluation et à l'excellence des soins dispensés dans les établissements hospitaliers.

1.5.6. L'hôpital entre la logique de service public et la logique d'entreprise

Si l'on évoque[28] souvent l'entreprise quand on parle de l'hôpital il n'en demeure pas moins que Celui-ci est marqué par des missions de service public :

- Il ne peut choisir son marché ni être maitre de ses dépenses et de ses recettes.
- Il obéit à des règles administratives : le personnel est soumis par exemple au statut de la fonction publique.
- Des lois et des décrets divers définissent très précisément ses modalités de fonctionnement.
- Il est soumis à un contrôle de la tutelle.

S'il est vrai que l'hôpital jouit d'une certaine marge d'autonomie, qu'il s'ouvre un peu aux techniques de gestion qui sont celles de l'entreprise, qu'il a de plus en plus le souci de considérer les patients comme de véritables clients, il ne saurait pour autant assimilable à celle-ci, pour une raison sociologique, à savoir, le caractère professionnel et publique de l'organisation.

Pour les responsables des hôpitaux publics, qui ne semblent pas toujours prêts à adopter des modes de gestion qui exigent de considérer l'hôpital comme entreprise à la recherche d'une efficience productive, estiment que l'hôpital devrait se préserver de tout logique de profit et de performance économique, pour eux c'est une structure dédiée aux soins pour malades et remplissant ainsi une mission de service public.

Pourtant, l'exemple de l'industrie peut être une source d'enseignement pour l'hôpital, par exemple l'amélioration considérable de la productivité et de la qualité au cours de ses dernières années dans l'industrie venant d'une formalisation de l'information et d'une mise en réseau de celle-ci , et on sait que l'hôpital a accumulé du retard à ce niveau, à l'inverse l'hôpital peut être aussi une source d'enseignement pour le monde industriel car il est aujourd'hui un champ

---

[27] Le livre blanc de la recherche clinique dans les CHU « des ambitions pour la recherche médicale française » conférence des directeurs généraux des centres hospitaliers régionaux et universitaires, décembre 2004, p 5.

[28] Stender François: « le management hospitalier de demain : approche sociologique » la revue hospitalière de France, juillet, 2000, P23.

où l'on peut réaliser des expériences répondant à des questions posées d'une approche de la qualité basée sur la promotion des techniques vers une approche visant la promotion des personnes[11].

L'hôpital pourrait aussi être l'inventeur de ses propre règles de gestion qui auront valeur d'exemple pour l'entreprise surtout que celui-ci avait toujours souffert d'une problématique spécifique qui est maintenant posée à l'entreprise à savoir « la gestion de la singularité à grande échelle »[12] :d'une part il faut admettre de traiter à grande échelle l'ensemble des processus pour assurer leur déroulement dans des délais raisonnables, d'autre part, respecter la singularité de chaque cas qui s 'exprime à travers les notions de diversité et d'incertitude.

Ce double mouvement de singularité et de production à grande échelle cerne ainsi le problème général auquel est confronté toute tentative de rationalisation, par conséquent celle-ci n'est possible qu'à condition de la considérer non strictement sous l'angle de la standardisation mais également sous celui de la coordination.

La gestion hospitalière est entrée dans une logique de résultats inspirés du management des entreprises, dont les maitres mots sont gouvernance et performance, cette logique a eu principe de nombreux effets positifs tels que l'évaluation et le partage des décisions au sein des directions hospitalières.

1.5.7. La performance hospitalière

Dans un contexte plus procédurier et de restrictions budgétaires, l'hôpital est contraint de s'interroger sur sa performance. Si la performance vise à un résultat, à une qualité de service rendu et à l'efficience, alors l'hôpital doit répondre de l'utilisation au mieux de ses ressources, de l'optimisation de leur gestion afin de limiter les dépenses tout en garantissant aux patients sécurité et qualité des soins. Les critères de performance hospitalière peuvent être définit comme suit :

- Des soins de qualité aux moindres coûts.
- Des ressources allouées aux soins utiles.
- Des soins accessibles à tous ceux qui en ont besoin.

La mesure de la performance hospitalière se trouve justifiée :

- Pour le ministère car elle permet de planifier et d'allouer équitablement les ressources en fonction des besoins.
- Pour l'hôpital car la mesure des résultats va permettre d'évaluer les actions entreprises, de les adapter si besoin et de justifier les

orientations stratégiques.

- Pour le personnel à travers de la reconnaissance du travail fourni qui devient un facteur de motivation.

Enfin pour les patients qui verront par cette évaluation continue des résultats, un facteur de crédibilité de l'hôpital.

Les gestionnaires hospitaliers se trouvent donc face à de nouvelles problématiques, déjà connues du monde de l'entreprise celles du pilotage de la performance dans un objectif de création de valeur. Ces derniers vont donc utiliser les mêmes outils de management de la performance que ceux utilisés par le monde de l'entreprise, qu'ils vont adapter à leurs besoins spécifiques.

2. DE LA GOUVERNANCE EN MILIEU HOSPITALIER

La nécessité d'adoption du modèle d'hôpital entreprise à Douala est venue de l'incapacité des hôpitaux agissant sous le modèle classique, notamment bureaucratique de satisfaire les patients des CHD. Habiba Garga, Ongolo-Zogo P. faisaient déjà un constat en 2013 : « *Au Cameroun, les usagers des services d'accueil des urgences (SAU) notamment dans les hôpitaux régionaux et nationaux (1°, 2° et 3° catégories) autant que les soignants se plaignent de la faible accessibilité et de la mauvaise qualité des soins qui y sont délivrés ; ces plaintes sont régulièrement relayées par les médias* »[29].

2.1. L'hôpital : Une bureaucratie professionnelle

2.1.1. La bureaucratie professionnelle dans le milieu hospitalier

En se basant sur des travaux réalisés sur les différents acteurs de l'hôpital (Pauly & Redisch, 1973 ; Harris & Huard, 1977 ; Pauly 1980 ; Mintzberg, 1982) considère l'hôpital comme une bureaucratie professionnelle au même titre que les universités ou les cabinets d'expertise comptable. D'autres auteurs confirment cette idée en précisant que l'hôpital est un modèle type de la bureaucratique professionnelle (Cremadez, 1987 ; Nobre, 1999 ; Glouberman & Mintzberg, 2001). D'après T. Nobre (1999), la structure organisationnelle de l'hôpital s'aligne strictement à la configuration de la bureaucratie professionnelle telle qu'elle est décrite par H. Mintzberg (1982). Il met surtout l'accent sur la

---

[29] Habib Garga, Ongolo-Zogo P. Améliorer l'accueil et la prise en charge des urgences dans les hôpitaux nationaux et régionaux au Cameroun. Note d'Information Stratégique SURE. Yaoundé, Cameroon : CDBPS, 2013, p.3

domination du centre opérationnel dans des hôpitaux où il y a une prégnance du corps médical sur l'ensemble de la structure (Nobre, 1999).

En 1992, M. Cremadez a procédé à une analyse de la structure organisationnelle de l'hôpital à travers les éléments de base de la bureaucratie professionnelle. Cette analyse a permis de dévoiler les principales caractéristiques structurelles des établissements hospitaliers :

Le sommet stratégique : Il veille à ce que la mission hospitalière de pilotage soit remplie efficacement. Il peut être constitué de l'autorité de tutelle (centrale, régionale ou locale), les instances de pilotage et la direction. D'après B. Chouam et F. Z. Benchikha (2018), ce sommet se caractérise par une certaine ambiguïté dans les structures hospitalières.

Le centre opérationnel : II comprend les unités de soins et les services médicotechniques. Il fonctionne de manière autonome et il est prédominant dans la structure ce qui fait de l'hôpital une organisation à culture professionnelle (Melbouci et al., 2015). Pourtant, le personnel hospitalier se caractérise par la diversité des profils et l'hétérogénéité des logiques qui ne permettent pas la constitution d'un bloc opérationnel homogène ayant les mêmes intérêts, objectifs et contraintes (Makhloufi et al., 2012).

La ligne hiérarchique : Elle a pour mission d'assurer le relais entre le centre opérationnel et le sommet stratégique. Ses activités sont souvent perturbées par des interruptions entre la direction et les chefs de services à cause des objectifs contradictoires (Chouam & Benchikha, 2018).

La technostructure : Ella a un rôle relativement faible dans la bureaucratie professionnelle (Mintzberg, 1982), elle prend de l'importance dans les grandes organisations qui s'appuient sur la standardisation des activités. A l'hôpital, cette fonction est très réduite, elle se limite à la dimension économique et financière surtout que la standardisation par le résultat est trop difficile (Chouam & Benchikha, 2018).

Les fonctions de support logistique : Ces fonctions jouent un rôle primordial dans le bon déroulement des activités hospitalières opérationnelles (Chouam & Benchikha, 2018). Elles se concrétisent par l'existence d'une hiérarchie de nature mécaniste qui va du haut vers le bas à l'encontre de la hiérarchie professionnelle « démocratique » qui va du bas vers le haut (Mintzberg, 1982 ; Vallejo, 2013).

2.1.2. Les limites de la bureaucratie professionnelle dans le milieu hospitalier

L'organisation bureaucratique ne constitue plus une solution pour les problèmes des administrations, elle est devenue un problème (Bezes, 2009). S. Zeghni (2014) précise que l'émergence du New Management Public dans le milieu hospitalier a pour but principal de lutter contre les effets pervers de la bureaucratie professionnelle.

S'agissant des critiques infligées à la bureaucratie professionnelle, H. Mintzberg (1982), lui-même, met l'accent sur les problèmes de coordination, de contrôle et d'innovation dans ce type de configurations structurelles. Il attire également l'attention sur : l'instabilité de l'environnement qui peut bouleverser cette configuration, l'insuffisance de la standardisation des qualifications comme moyen de coordination, l'inefficacité du processus de classement et le problème du contrôle. Il précise que les bureaucraties professionnelles ne peuvent pas contrôler les professionnels qui ne sont pas consciencieux ou qui sont incompétents (Mintzberg, 1982). Il affirme aussi que l'autonomie offerte aux professionnels peut les inciter à ignorer les besoins des clients et de l'organisation. Pire encore, cette autonomie peut entrainer une résistance à coopérer et à innover (Mintzberg, 1982).

D. Vinot (1999) affirme que le modèle de la bureaucratie professionnelle a été plus appliqué à l'hôpital par ses lecteurs que par H. Mintzberg qui a proposé un nouveau cadre conceptuel reposant sur « les quatre mondes » ou « les quatre C » (care, cure, control and community) pour combler les limites de sa configuration structurelle bureaucratique initiale. M. Cremadez (1987), de sa part, propose une extension du modèle de la bureaucratie professionnelle en introduisant les deux concepts de la différenciation et de l'intégration. Il précise que l'utilisation de ces deux concepts est indispensable pour comprendre la dynamique de l'organisation hospitalière surtout que l'environnement hospitalier peut être réparti en plusieurs sous-environnements distincts (Cremadez, 1987). Pourtant, I. Guerrero (1997) affirme que le modèle proposé par M. Cremadez (1987) ne permet pas de mieux cerner le fonctionnement de l'hôpital. Elle propose ainsi un autre modèle qui considère l'hôpital public comme une entité juridique unique, composée de 03 organisations : administrative, médicale et paramédicale.

D'après T. Nobre (1999), le modèle initial de la bureaucratie professionnelle ne permet pas de cerner le fonctionnement de l'hôpital. Il a introduit trois modifications majeures à ce modèle : la différenciation du centre opérationnel en deux catégories (le corps médical et le personnel soignant), la prise en considération des évolutions de l'environnement et du système technique, et enfin le renforcement du rôle stratégique du corps médical par sa participation à la définition et à la mise en œuvre des objectifs stratégiques de l'organisation (Nobre, 1999). En somme, il affirme que l'hôpital doit passer d'une bureaucratie professionnelle « despotique contrariée » à une autre « coopérative et éclairée » (Nobre, 1999).

Actuellement, l'hôpital passe progressivement d'une structure bureaucratique professionnelle vers une autre structure divisionnelle à forte composante professionnelle (Pouvourville & Tedesco, 2003) qui a bouleversé la réalité hospitalière surtout avec l'émergence de l'organisation polaire dans les hôpitaux publics (Vallejo, 2018).

2.2. Le passage forcé à « l'Hôpital – Entreprise »

2.2.1. Le concept « Hôpital – Entreprise » :

D'après G. Vallet (2012), l'hôpital est le lieu de confrontation de trois logiques différentes : une logique médicale, une logique universitaire et une logique gestionnaire qui s'intéresse essentiellement à répondre à ses préoccupations managériales. Actuellement, cette dernière logique passe inévitablement par l'obligation de faire des recettes, et par conséquent le directeur se trouve dans l'obligation de jouer le rôle d'un manager qui doit piloter l'hôpital public comme toute entreprise de service confrontée à la concurrence (Vallet, 2012 ; Caillie, 2014).

Le concept « hôpital – entreprise » vient donc pour renforcer cette vision managériale dans l'univers hospitalier à travers la transposition du modèle néoclassique de l'entreprise aux structures hospitalières publiques (Lévy, 1975). Ce nouvel concept, qui consiste à faire entrer la logique des entreprises dans l'hôpital public (Grimaldi, 2005), trouve ses origines dans les réformes hospitalières françaises instaurées au milieu des années 1980. Son père fondateur J. de Kervasdoué a insisté sur la dissémination de la culture des entreprises privées dans tous les hôpitaux publics français. Une nouvelle vision managériale s'est développée ainsi dans le milieu hospitalier à travers l'application des règles de jeu du secteur privé dans les hôpitaux publics censés se comporter comme une entreprise commerciale préoccupée par le développement de ses activités rentables (Grimaldi et al., 2017). Pour concrétiser cette vision, J. de Kervasdoué (1986) a mis en place des plans de formation en management destinés aux directeurs des h pour les transformer en « patrons » des hôpitaux publics.

Parallèlement, il a essayé d'acclimater dans les hôpitaux certaines techniques gestionnaires élaborées au sein des entreprises : DPO, tableaux de bord, plans prévisionnels, … (Granger & Pierru, 2012).

Pendant les années 1990, la diffusion du modèle « corporate » a renforcé la logique privée initiée par le concept hôpital-entreprise dans le milieu hospitalier public français. Le modèle avait pour objectif la transformation des hôpitaux publics en entreprises paraétatiques placées dans une situation de quasi-marché sous prétexte de se débarrasser de l'archaïsme organisationnel, de la lourdeur bureaucratique et de la paperasserie inutile des administrations hospitalières publiques (Granger & Pierru, 2012). En 1991, une autre réforme, pilotée par G. Vincent, a été préparée dans l'esprit de l'hôpital-entreprise pour obliger les hôpitaux publics à négocier un projet d'établissement pouvant fédérer toutes les logiques et les forces hospitalières antagonistes autour d'un seul projet commun (Domin, 2008). Dans la même logique, l'ordonnance du 2 mai 2005 (Hôpital 2007) s'aligne strictement au concept hôpital entreprise en exigeant l'application de certaines mesures issues de l'univers managérial des grandes entreprises pour améliorer le pilotage de l'hôpital public (Domin, 2008).

En 2009, le concept « hôpital-entreprise » connait une seconde jeunesse avec l'adoption de la loi HPST (Hôpital, Patients, Santé et Territoires) qui a préconisé la modernisation de la gestion hospitalière par l'introduction des outils de la gouvernance d'entreprise. Sauf que, ces mesures ont conduit à la naissance d'un mouvement de résistance (Mouvement de Défense de l'Hôpital Public) qui s'oppose à l'instrumentalisation des soins hospitaliers afin de remettre en valeur le rôle primordial de l'hôpital public dans le système de santé (Calvez, 2016). Concernant les fondements théoriques, J. P. Domin (2014) affirme que le désengagement de l'État du secteur hospitalier, proposé par J. de Kervasdoué (1987) comme solution optimale, s'inspire de la théorie néoclassique notamment de la théorie du « public choice », formulée par Buchanan et Tullock (1962), qui véhicule l'idée de la réduction du poids de l'État pour accroître les libertés publiques. F. Pierru (1999) n'est pas du même bord, il avance que les solutions proposées par cette théorie s'opposent aux fondements de la déontologie médicale. Il affirme également que le concept hôpital-entreprise est élaboré pour légitimer la transposition des outils managériaux de l'entreprise performante dans les hôpitaux qui doivent se comporter comme des simples entités ayant pour fonction principale la maximisation du profit (Pierru, 1999).

En somme, nous pouvons affirmer que l'hôpital actuel présente des caractéristiques très proches de celles des entreprises et il peut être assimilé à une entreprise sauf que la difficulté d'anticiper les flux irréguliers des patients rend très difficile les prévisions d'allocation des ressources nécessaires à son fonctionnement, et donc l'hôpital d'aujourd'hui peut être considéré comme une entreprise industrielle sous tension continue (Caillie, 2014).

2.2.2. Les limites du concept « Hôpital – Entreprise »

Le modèle « hôpital-entreprise » est trop critiqué par plusieurs auteurs (Pierru, 1999, 2012, 2017 ; Claveranne, 2003 ; Vallancien, 2015 ; Grimaldi, 2017). Ils affirment que ce concept considère l'hôpital comme une entreprise banale (Granger & Pierru, 2012) et il est très difficile à mettre en œuvre car il ne prend pas en considération toutes les composantes de la réalité hospitalière (Pierru, 1999 ; Grimaldi, 2017). A. Chemla-Lafay (2012) précise que la gestion publique n'est pas fongible dans les règles de la gestion privée surtout que les agents publics ne sont pas motivés par les valeurs de la logique privée. En plus, l'idéologie entrepreneuriale des entreprises privées et les valeurs du service public semblent difficilement compatibles (Granger & Pierru, 2012). Donc, l'application brutale des techniques et des principes de la gestion de l'entreprise à l'hôpital peut réduire la dimension sociale de l'hôpital et amplifier le risque de la diminution de la qualité des soins sous prétexte de son amélioration (Granger & Pierru, 2012).

Dans son article « L'hôpital-entreprise : Une self-fulfilling prophecy avortée », F. Pierru (1999) décrit plus en détail les insuffisances de l'industrialisation des prestations hospitalières en évoquant les principales divergences entre l'univers des entreprises et le milieu hospitalier public. Il met principalement l'accent sur le faible pouvoir concurrentiel des hôpitaux publics qui doivent supporter une concurrence déloyale et très redoutable face à des cliniques commerciales caractérisées par une gestion flexible du personnel, une grande réactivité face aux changements de l'environnement et des plateaux techniques très sophistiqués (Grimaldi, 2017). Pire encore, la majorité des directeurs des hôpitaux publics n'ont pas les capacités et les compétences nécessaires pour mener à bien cette concurrence acharnée sur le terrain. F. Pierru (1999) précise que ces directeurs sont attachés aux valeurs du service public et ils ont des compétences souvent déphasées au regard de l'évolution hospitalière ; ils deviennent donc incapables de défendre les hôpitaux publics contre la concurrence et contre les tendances rationalisatrices des tutelles.

Sur le plan pratique, le concept hôpital-entreprise n'a pas abouti à ses fins. Sa mise en œuvre dans les hôpitaux publics avait des répercussions négatives : insatisfaction des patients, affaiblissement du poids de la profession médicale, augmentation des activités de contrôle, surcharge de travail suite à la rationalisation des activités, résistance des personnels hospitaliers, renforcement du paradoxe mission sociale/contrainte budgétaire, apparition d'un malaise hospitalier, … (Pierru, 1999). Pire encore, cette approche accentue le cloisonnement à l'hôpital, elle privilégie une approche exclusivement instrumentale (techno centrée), elle a un caractère « hypocrite » et un aspect « obsolète », et donc elle nécessite une révision générale pour qu'elle soit en adéquation avec les exigences actuelles du milieu hospitalier (Abid, 2012).

Sur le plan social, J. P. Domin (2016) confirme les répercussions évoquées par F. Pierru (1999) en précisant que l'application des instruments managériaux issus des entreprises privées à l'hôpital se heurte souvent avec une communauté professionnelle qui refuse les actions préconisées par ce concept managérial imposé. Par ailleurs, J. P. Domin (2016) met la lumière sur les effets pervers de la taylorisation et de la rationalisation de l'activité hospitalière (normalisation de l'art médical, insuffisance de l'approche participative, déshumanisation du malade, …) qui génèrent de grandes déceptions chez les praticiens. Nous pouvons ainsi avancer que les réformes instaurées à l'hôpital public à travers le concept hôpital-entreprise sont fortement contestées. Elles ont provoqué une « schizophrénie » qui nécessite un traitement particulier basé sur la revalorisation des missions sociales de l'hôpital public (Grimaldi, 2017).

2.3. Vers une nouvelle gouvernance hospitalière : De la théorie à la pratique

2.3.1. La nouvelle gouvernance hospitalière : Aspects théoriques

D'emblée, nous tenons à noter que l''émergence de la Nouvelle Gouvernance hospitalière est légitimée par deux raisons principales : la nécessaire adaptation de l'hôpital à un contexte en plein bouleversement et le besoin de corriger les dysfonctionnements de la bureaucratie professionnelle qui constituait le modèle de référence de l'organisation hospitalière (Crémadez, 2003 ; Dechamp & Romeyer, 2006).

Dans la littérature managériale, la nouvelle gouvernance hospitalière est considérée comme un nouveau pilotage pragmatique du pouvoir dans les établissements hospitaliers (Domin, 2006). D'après J. M. Budet (2003), elle peut être définie par l'ensemble des systèmes et des pratiques qui permettent aux acteurs hospitaliers de développer une représentation plausible de leur devenir et de dresser des stratégies de changements efficaces. Donc, la nouvelle gouvernance hospitalière doit être stratégique et fondée sur des projets pertinents associant tous les acteurs hospitaliers (stakeholders et shareholders) pour permettre une amélioration durable des activités et des prestations hospitalières (Dechamp & Romeyer, 2006).

Deux modes de gouvernance peuvent être identifiés dans l'univers hospitalier public : une gouvernance externe pour gérer la relation entre l'hôpital et sa tutelle à travers une contractualisation efficace et une autre interne focalisée sur l'organisation du fonctionnement et sur le partage des responsabilités entre la direction et l'ensemble des sphères opérationnelles de l'hôpital (Dechamp & Romeyer, 2006). Nous pouvons donc avancer que la nouvelle gouvernance hospitalière interne se focalise essentiellement sur deux objectifs primordiaux : la maitrise des interactions entre le sommet stratégique et le centre opérationnel et la gestion les interactions au sein du centre opérationnel pour assurer à la fois une parfaite maitrise des coûts et une amélioration durable de la qualité de la prise en charge des patients. Or, la gouvernance hospitalière externe se penche principalement sur la maitrise des interactions entre l'hôpital et ses parties prenantes en particulier sa tutelle.

Reste à signaler que la mise en œuvre de cette nouvelle gouvernance se fait à travers l'instauration d'une logique contractualiste qui s'appuie essentiellement sur une confiance réciproque entre la direction de l'hôpital et ses différents services, pôles d'activités et centres de responsabilités (Pouvourville & Tedesco, 2003 ; Domin, 2006 ; Dayer, 2017 ; Vallejo, 2018).

2.3.2. La nouvelle gouvernance hospitalière : Aspects pratiques

Selon G. Dechamp et C. Romeyer (2006), la contractualisation (Pivot de la nouvelle gouvernance hospitalière) doit satisfaire certaines exigences pour réussir l'instauration d'une vraie gestion de proximité dans le milieu hospitalier. Elle doit ainsi :

- Refléter la volonté exprimée par les acteurs hospitaliers ;
- Permettre l'adaptation du système aux exigences de l'environnement ;
- Permettre la définition des objectifs et des ressources pour les atteindre ;
- Reposer sur un cadre législatif bien déterminé (Arsenal juridique).

La nouvelle gouvernance hospitalière s'appuie également sur d'autres concepts fondamentaux, qui doivent être pris en compte lors de son instauration, tels que le management participatif, la déconcentration, la délégation, la gestion par objectif, la décentralisation, la motivation du personnel et l'amélioration de la qualité des prestations offertes aux usagers des services hospitaliers. Aujourd'hui, elle s'intéresse particulièrement à la qualité des soins et à la satisfaction des patients qui sont devenus comme des clients dans les hôpitaux (Dayer, 2017).

Malgré les multiples effets positifs de cette nouvelle gouvernance, certains auteurs insistent sur les désorganisations et sur les effets délétères provoqués par son opérationnalisation. Ils affirment que la mise en œuvre de cette nouvelle réforme s'accompagne souvent par une dégradation des conditions de travail dans les établissements hospitaliers (Dechamp & Romeyer, 2006 ; Fray, 2009 ; Dayer, 2017 ; Domin et al., 2018). D'après S. Benallah et J. P. Domin (2017), cette dégradation est liée essentiellement à la pression temporelle qui nourrit chez les personnels hospitaliers un sentiment de « qualité empêchée » ce qui accentue la souffrance au travail. Pire encore, la nouvelle gouvernance hospitalière provoque une intensification du travail qui entraine des risques supplémentaires pour la santé des personnels hospitalier (Benallah & Domin, 2017). De ce fait, l'hôpital devient « inhospitalier » pour le personnel et pour les malades qui doivent supporter les conséquences de la réduction de leurs séjours à cause des exigences de la tarification à l'activité instaurée dans le cadre de cette nouvelle réforme (Domin et al., 2018). Pareillement, cette nouvelle gouvernance a un « coût managérial ». L'hyper-régulation gestionnaire des hôpitaux conduit à un déficit de management pouvant donner lieu à des situations conflictuelles (conflits et ambiguïtés de rôle), à une surcharge de travail, à un désengagement comportemental et à une baisse de l'innovation au travail (Grevin, 2011). En plus, la nouvelle gouvernance hospitalière favorise la mise en place des structures de « contre-pouvoir » en renforçant le pouvoir de la direction qui n'accepte pas une participation effective du corps médical à la gestion des activités de l'établissement hospitalier (J. P. Domin, 2010).

En somme, l'émergence de la nouvelle gouvernance hospitalière a permis la mise en évidence d'un ensemble d'incohérences et de dysfonctionnements liés principalement à la matérialisation inadaptée de ses principes de base. D'après B. Dehbi (2017), cette nouvelle gouvernance est encore entachée par des zones grises qui doivent être éclairées par des interventions urgentes à travers une vision holistique permettant de dresser un lien étroit entre les questions de la santé et l'ensemble des politiques publiques.

2.4. Les perspectives managériales

2.4.1. La vague « Post-New Public Management »

Les insuffisances des réformes engagées dans le cadre du NPM (New Public Management), y compris la nouvelle gouvernance hospitalière, ont poussé certains auteurs à développer de nouveaux modèles théoriques pour réussir le nécessaire changement dans les organisations publiques. A. Bartoli et C. Blatrix (2015) affirment que la réussite du changement dans le secteur public demande la satisfaction de certaines exigences souvent marginalisées par les réformes mises en œuvre dans le cadre du NPM. Ils insistent principalement sur : l'instauration d'un pilotage stratégique dans les organisations publiques, l'établissement d'un lien équilibré entre les initiatives locales et l'engagement central tout en respectant les spécificités de chaque entité publique, la prise en considération du facteur de temps et enfin la formation des acteurs pour faciliter l'émergence des nouvelles évolutions managériales (Bartoli & Blatrix, 2015)

Dans la même logique, Y. Chappoz et I. Tobin (2017) s'interrogent sur l'efficacité des réformes néolibérales instaurées dans le cadre du NPM surtout après l'apparition de plusieurs crises financières. Ils soulignent ainsi la nécessité de la mise en place d'une nouvelle génération de réformes « post-NPM » pour rectifier les dysfonctionnements du NPM. D'après ces auteurs, la correction de ces dysfonctionnements passe forcément par l'amélioration de la coordination horizontale inter-organisationnelle et par le renforcement de la collaboration entre les frontières politiques, administratives et organisationnelles des organismes publics (Chappoz & Tobin, 2017). Pareillement, T. Christensen et Y. Fan (2016) considèrent la vague « Post-NPM » comme une réponse systématique aux problèmes majeurs du NPM tels que la baisse de la qualité et la diminution de l'efficacité des organisations publiques (Boyne, 2003), l'augmentation des inégalités sociales surtout dans le secteur de santé (Fountain, 2001), l'affaiblissement du contrôle hiérarchique politique (Pollitt & Bouckaert, 2011) et l'instabilité de l'environnement qui nécessite un fort contrôle central antagoniste à la philosophie du NPM (Christensen & Fan, 2016). De ce fait, le courant « post-NPM » peut constituer un remède aux maux managériaux du NPM à travers une démarche de changement basée sur le renforcement de la capacité de coordination de l'État et sur la réduction de la fragmentation du secteur public préconisée par le NPM (Pollitt, 2003 ; Hansen et al., 2013 ; Christensen & Fan, 2016). Dans le champ de la santé, les principes fondamentaux de ce nouveau courant peuvent permettre la rectification des erreurs de son précédent (NPM) à travers un ensemble de mesures correctives adéquates. Entre autres, nous pouvons citer : la forte coordination horizontale, l'intégration des valeurs et des normes culturelles collectives pour une parfaite adhésion de tous les acteurs hospitaliers et aussi le recours à des pratiques pragmatiques et intelligentes pour mieux adapter les réformes établies à la réalité empirique du réseau hospitalier public (Christensen & Fan, 2016).

2.4.2. Le Lean Management, l'agilité et les démarches Qualité

Plusieurs spécialistes et auteurs proposent le recours au « Lean Management » pour combler les lacunes du NPM (Radnor, 2006 ; Zidel, 2007 ; Baker & Taylor, 2009 ; Curatolo, 2014 ; Demetrescoux, 2017). Ils avancent que ce dispositif managérial permet d'assurer constamment une excellence opérationnelle des organisations publiques, y compris les établissements hospitaliers, par la maximisation de la valeur pour leurs clients et par l'élimination de leurs gaspillages (Trilling et al., 2010 ; Fortineau et al., 2015). Selon T. Bourguignon (2018), le Lean est un système d'organisation qui cible la recherche de la performance en s'appuyant sur 03 axes fondamentaux : l'augmentation de la productivité, l'amélioration de la qualité et la réduction des coûts et des délais. De ce fait, nous pouvons affirmer que les principes du Lean peuvent assurer la rationalisation du fonctionnement des hôpitaux publics et améliorer la satisfaction de leurs usagers à travers des réformes socialement acceptables et conformes à leurs attentes. N. Curatolo (2014) confirme ce constat en affirmant que le Lean constitue une approche bien adaptée aux spécificités du contexte hospitalier. Mieux encore, il peut contribuer durablement à résoudre la problématique de la demande croissante des soins et à obtenir des résultats stratégiques et opérationnels positifs à l'hôpital.

Concernant le management agile, la forte utilisation des NTIC, l'imprévisibilité et la complexité de l'environnement socio- économique des administrations renforcent les arguments avancés par les apôtres de l'émergence de ce type de management dans les organismes publics (Highsmith, 2009 ; Charbonnier-Voirin, 2011 ; Shahzad, 2016 ; Falquérho, 2017). L'agilité est devenue ainsi un levier d'amélioration des capacités des organisations publiques pour faire face aux différents risques et changements de leurs environnements (Deharo, 2018). Donc, ce nouveau courant managérial s'avère l'outil approprié aux hôpitaux publics pour s'ajuster continuellement à un environnement turbulent, complexe et imprévisible à travers un ensemble de déclinaisons d'agilité : agilité organisationnelle, agilité stratégique, agilité du management de projet, agilité des ressources humaines, … (Deharo, 2018). Pour faciliter la mise en place de ce type de management, les organismes publics peuvent avoir recours au « modèle de changement agile » qui s'appuie sur 04 principes essentiels : la destination co-construite, la collaboration, l'expérimentation et l'ancrage pour s'assurer que tous les projets mis en œuvre s'insèrent dans la dynamique de transformation globale de l'organisme (Autissier et al., 2015).

Pour conclure, nous mettons l'accent sur le mouvement de la Qualité qui a envahi l'univers hospitalier à partir des années 1980. Ce mouvement a permis aux hôpitaux publics de s'approprier des techniques de management par la qualité pour combler leurs lacunes managériales et assurer une satisfaction sûre et durable de leurs patients. Aujourd'hui, la Qualité est devenue une exigence légale reconnue comme un principe du service public dans plusieurs pays, elle constitue un cadre général légal pour le management des fonctions publiques.

Dans les hôpitaux, l'implantation d'une démarche Qualité génère des transformations remarquables sur tous les plans, elle permet de décloisonner les structures et les métiers, de modifier les relations entre les différentes catégories professionnelles, d'induire une forte participation des personnels et de créer les conditions favorables pour un développement continu de l'établissement (François & Pomey, 2005). Les démarches Qualité peuvent donc produire des effets favorables dans les établissements hospitaliers publics surtout qu'elles permettent la modification de la culture des acteurs et l'amélioration des pratiques professionnelles et managériales (Chassin, 1996 ; Briand et al., 2001). G. Barouch (2017) précise que le management par la qualité génère souvent un changement décisionnel, organisationnel et culturel permettant de rendre compatible un ensemble d'attentes divergentes. Sauf que la réussite des changements par la qualité dans les hôpitaux publics nécessite la mise en place d'un ensemble de mesures d'appui et d'accompagnement. Elle demande en particulier l'adaptation de la démarche au contexte hospitalier, l'amélioration des dispositifs de formation et de communication, la motivation, l'implication du personnel et le pilotage opérationnel du changement par la qualité (Slimani & Boukrif, 2016 ; Barouch, 2017). Elle implique également la prise en compte des résistances qui peuvent freiner le changement surtout que l'implantation d'un SMQ peut être considérée comme une source de bureaucratie et de rigidité si elle n'est pas accompagnée par des mesures de motivation du personnel (Slimani & Boukrif, 2016).

Pour améliorer la gouvernance des hôpitaux publics, nous proposons le recours aux pratiques managériales du management de la qualité notamment les démarches de certification qui sont toujours considérées comme « un levier de changement » dans le milieu hospitalier malgré les multiples difficultés rencontrées sur le terrain (Duval, 2017).

Pour conclure, l'hôpital est avant tout un producteur de services. Il assure une prise en charge globale des patients : soins physiques ou psychologiques, suivi social, pour assurer le passage de l'administration à la gestion, poussant ainsi les hôpitaux à promouvoir la performance par des outils de pilotage interne. Doit être réaliser par l'adoption d'une vision de gouvernance large et communicante.

En somme, retenons que ce chapitre nous a permis de préciser le contexte dans lequel les hôpitaux publics camerounais s'insèrent afin de comprendre le cadre dans lequel s'inscrivent les réformes de la gouvernance hospitalière vont se situer. Celles-ci permettant de réduire les coûts dans le but d'améliorer la performance hospitalière camerounaise. Nous avons par ailleurs examiné quels sont les facteurs ayant amené les centres hospitaliers de Douala à s'ouvrir au modèle de la nouvelle gouvernance hospitalière, à savoir notamment, que l'émergence de la Nouvelle Gouvernance hospitalière est légitimée par nécessaire adaptation de l'hôpital à un contexte en plein bouleversement et le besoin de corriger les dysfonctionnements de la bureaucratie professionnelle qui constituait le modèle de référence de l'organisation hospitalière.

SECTION II : ADOPTION DE LA GOUVERNANCE DANS LES CENTRES HOSPITALIERS CAMEROUNAIS

1. BREF APPERCU DU CONTEXTE SOCIO-SANITAIRE

1.1. Évolution de la politique nationale de santé

La gouvernance hospitalière camerounaise a connu un long parcours. D'ailleurs, pour aboutir à l'organisation actuelle, le système de santé camerounais a connu plusieurs agencements qu'il convient d'analyser pour mieux comprendre le jeu de gouvernance hospitalière contemporaine.

Quatre étapes majeures ont marqué jusqu'en 2001, l'évolution de la politique sanitaire du Cameroun :

- La période coloniale ou l'apogée de la stratégie d'Eugène Jamot,
- La période post indépendance ou phase des expérimentations,
- La période post Alma Ata des Soins de Santé Primaires,
- La période de réforme du Secteur Santé à travers la réorientation des

Soins de Santé Primaires.

Cette réforme élaborée et rendue publique en 1989 a été officiellement adoptée à travers la Déclaration de Politique Sectorielle de Santé en 1992 et de la déclaration de la mise en œuvre de la « ***Réorientation des Soins de Santé Primaires*** » en 1993. Ce dernier concept repose sur les principes de base ci-après :

- La participation de la communauté dans le but de son auto-responsabilisation vis-à-vis de ses problèmes de santé ;
- La mise en évidence du lien étroit entre le développement et la santé ;
- Le respect des Droits de l'Homme, dont celui d'être informé et celui de l'intégrité, y compris son libre arbitre.

Dans le cadre de cette réforme, le centre de santé est appelé à jouer le rôle d'interface entre la communauté et les services de santé. De ce fait, il sert de cadre de dispensation de soins intégrés, continus et globaux avec pour premier recours, l'hôpital de district.

La réorientation des Soins de Santé Primaires va entraîner un certain nombre d'aménagements juridiques du secteur dont : la loi Cadre de la santé (janvier 1996) ;

- Les différentes lois et les textes règlementaires relatifs au recouvrement des coûts ;
- Les textes réorganisant le territoire national en Districts de Santé.

Ces dispositions vont entraîner la réorganisation du système national de santé en trois niveaux décrits au tableau ci-après.

Tableau 2 : Les différents niveaux du secteur santé

Niveau	Structures administratives	Compétences	Structures de soins	Structures de SYNAME	Structures de dialogue
Central	Services Centraux du Ministère de la Santé Publique	Elaboration des concepts, de la politique et des stratégies Coordination Régulation	Hôpitaux Généraux de référence, Centre Hospitalier et Universitaire, Hôpitaux Centraux, Les Organismes sous-tutelle	CENAME Grossistes répartiteurs privés Centrales d'achat du Secteur Privé à but non Lucratif	Conseils d'Administration ou Comités de gestion

Intermé diaire	Délégations Provinciales	Appui technique aux districts de santé	Hôpitaux Provinciaux et Assimilés	CAPP (Centre d'Approvisionnem ent Pharmaceutique Provincial) Pharmacies des hôpitaux Centraux et Généraux	Fonds spéciaux provinciaux pour la promotion de la santé
Périphé rique	Services de Santé de District	Mise en œuvre des programmes	Hôpitaux de District, Centres Médicaux d'Arrondissem ent, Centres de santé	Pharmacies des formations Sanitaires des autres niveaux Officines Privées de Pharmacies	COSADI COGEDI COSA COGE

Source* : *Cadre conceptuel du D/S viable révisé (MSP)

- Malgré ces aménagements, quelques insuffisances ont été relevées notamment :
- Absence de cadre juridique pour la participation communautaire ;
- Absence de cadre juridique pour le système national d'approvisionnement des médicaments essentiels, notamment les CAPP ;
- Absence de réformes en matière de formation de base et continue ;
- Inexistence de cadre de collaboration entre les intervenants du secteur ;
- Insuffisance de régulation, de supervision, de suivi et d'évaluation ;
- Forte centralisation de la gestion du secteur ;
- Faible utilisation des structures publiques de soins ;
- Insuffisance d'organisation des SSP en milieu urbain ;
- Faible disponibilité et accessibilité des médicaments essentiels ;
- Faible développement du système de référence/contre-référence ;
- Prédominance du payement direct des soins.

1.2. Élaboration et adoption de la SSS

L'adoption consensuelle en 2001 du document de stratégie sectorielle de la santé (SSS) marque une nouvelle ère dans l'évolution de la politique sanitaire du Cameroun. Cette SSS traduisait la vision du futur et proposait un ensemble de réformes à mener face aux problèmes de santé des populations. Elle avait pour objectifs de : (i) Réduire du tiers la charge morbide globale et la mortalité des groupes de population les plus vulnérables, (ii) Mettre en place une formation sanitaire délivrant le Paquet Minimum d'Activités (PMA), à une heure de marche et pour 90% de la population, (iii) Pratiquer une gestion efficace et efficiente des ressources dans 90% des formations sanitaires et des services de santé publics et privés, à différents niveaux de la pyramide. Ces objectifs se déroulaient en 17 axes stratégiques dont la mise en œuvre s'est faite en huit programmes et 39 sous-programmes.

1.2.1. Mise en œuvre de la stratégie sectorielle 2001-2010

L'adoption en Avril 2003 par le Gouvernement Camerounais du Document de Stratégie de Réduction de la Pauvreté (DRSP) a marqué une étape décisive dans la poursuite des réformes menées par les autorités camerounaises pour réduire sensiblement la pauvreté au moyen d'une croissance économique forte et durable. En effet, l'atteinte en Octobre 2000 du Point de Décision pour l'admission du Cameroun à l'Initiative renforcée d'allègement de la dette des Pays Pauvres Très Endettés (PPTE) et du Point d'Achèvement en Avril 2006 a permis un afflux de capitaux orientés prioritairement vers les secteurs sociaux dont la santé, pour la réalisation des Objectifs de Développement pour le Millénaire (OMD).

1.2.2. Structure et organisation du système national de santé

Dans le cadre de la mise en œuvre de la SSS 2001-2010, le système national de santé reste structuré en trois niveaux dont chacun dispose de structures administratives, formations sanitaires et structures de dialogue aux fonctions spécifiques. Il s'articule lui-même en trois sous-secteurs :

- Un sous-secteur public ;
- Un sous-secteur privé ;
- Un sous-secteur de la médecine traditionnelle.

Le sous-secteur public comprend également des structures sanitaires sous-tutelle d'autres Départements Ministériels à l'instar de ceux en charge de la Défense, du Travail et de la Sécurité Sociale (à travers la Caisse Nationale de la Prévoyance Sociale), des Enseignements Secondaires, de l'Enseignement Supérieur, de l'Administration Pénitentiaire, de la Sécurité Nationale, etc.

Le sous-secteur privé regroupe les structures sanitaires privées à but non lucratif (confessions religieuses, associations et diverses organisations non gouvernementales) et celles à but lucratif.

La médecine traditionnelle est une composante du système de santé que l'on ne saurait négliger ou ignorer.

1.2.3. Les intervenants dans le secteur santé

Les intervenants du secteur tout au long de la mise en œuvre de la stratégie sectorielle de santé 2001-2010 demeurent l'Etat, les ménages, les Organisations de la Société Civile (OSC), le secteur privé à but lucratif et non lucratif, les tradipraticiens, les partenaires techniques et financiers et les communautés.

Les lois 2004/018 et 2004/019 du 22 Juillet 2004 fixant les règles applicables aux collectivités territoriales décentralisées (régions et communes) ont conféré à celles –ci un rôle très important dans le développement sanitaire et social. Il s'agit entre autres de :

- La création, l'équipement, la gestion et l'entretien des centres de santé d'intérêt communal ou régional conformément à la carte sanitaire ;
- La participation à l'organisation et à la gestion de l'approvisionnement des médicaments, réactifs et dispositifs médicaux essentiels en conformité avec la politique nationale de santé ;
- L'organisation et la gestion de l'assistance au profit des nécessiteux.

Dans le but de promouvoir et rendre opérationnelle la complémentarité entre tous ces acteurs de santé, le MINSANTE a opté pour une dynamique de contractualisation des interventions. Ainsi, en 2007, il s'est lancé dans le renforcement du partenariat Public-privé à travers la signature des conventions cadres et des contrats d'exécution. A titre d'illustration, des contrats ont été signés avec trois grands partenaires du sous-secteur à but non lucratif OCASC, CEPCA.

2. GOUVERNANCE HOSPITALIERE ET OBJECTIFS DU MILLENAIRE POUR LE DEVELOPPEMENT AU CAMEROUN

Les OMD ont contribué de façon déterminante à la mise en place des nouveaux mécanismes de la gouvernance hospitalière au Cameroun. Dans le cadre de la mise en œuvre de la Déclaration de Paris sur l'efficacité de l'aide au développement, le Gouvernement, les Partenaires Techniques et Financiers et les Organisations de la Société Civile, ont saisi en 2006 les opportunités favorables pour s'engager dans la mise en place au Cameroun de l'Approche Sectorielle ou Sector Wide Approach (SWAp) en Anglais. Ce sont :

- La volonté politique ;
- La confiance mutuelle et l'intérêt partagé ;
- Le fort engagement du Gouvernement et son leadership ;
- Le processus de décentralisation en cours ;
- L'existence d'une masse critique de ressources humaines

- L'augmentation des flux financiers en faveur de la santé.

Pour y parvenir, ils ont convenu de procéder à l'évaluation à mi-parcours de la mise en œuvre de la Stratégie Sectorielle de Santé 2001-2010, en vue de son actualisation pour l'arrimer à l'horizon 2015 en conformité avec les OMD. La mise en œuvre de la SSS ainsi actualisée servira de base à l'élaboration du programme commun, élément essentiel de tout SWAp.

La méthodologie utilisée pour cette évaluation reposait sur deux volets :

- Le volet qualitatif qui consistait en la consultation des parties prenantes à savoir les bénéficiaires, les prestataires et les partenaires de coopération internationale ;
- Le volet quantitatif qui consistait en l'analyse des données collectées à partir des sources primaires (parties prenantes) et des sources secondaires (résultats des études et enquêtes réalisées depuis 2001).

Les résultats de cet exercice sont présentés comme suit :

2.1. Les objectifs relatifs à la mortalité des enfants

- **OMD 4 : Objectif :** Réduire le taux de mortalité des enfants de moins de 5 ans
- **Cible 5 :** Réduire de 2/3 entre 1990 et 2015, le taux de mortalité des enfants de moins de 5 ans
- **Indicateur 13 :** Taux de mortalité des enfants de moins de 5 ans
- **Indicateur 14 :** Taux de mortalité infantile
- **Indicateur 15** : Proportion d'enfants de 1 an vacciné contre la rougeole

Le taux de mortalité infantile (entre la naissance et 01 an) est passé de 65 à 77 et 74‰ entre 1991, 1998 et 2004. Pour l'année 2004, ce taux est plus élevé en milieu rural (91‰) qu'urbain (68‰). Ceci indique une grande disparité de l'état de santé entre les différents milieux de vie, la pauvreté étant plus accentuée en zones rurales.

S'agissant du taux de mortalité infanto-juvénile (entre la naissance et 5 ans), il est de 144‰ avec 119 en zone urbaine et 169 en zone rurale. Ce taux de mortalité infanto-juvénile se situait à 126,3‰ en 1991 et à 150,7‰ en 1998. Après la dégradation observée entre 1991 et 1998, on note une légère amélioration.

2.2. Les objectifs relatifs à la santé maternelle

- **OMD 5 : Objectif :** Améliorer la santé maternelle
- **Cible 6 :** Réduire de 3/4, entre 1990 et 2015, le taux de mortalité maternelle.
- **Indicateur 16 :** Taux de mortalité maternelle
- **Indicateur 17 :** Proportion d'accouchements assistés par du personnel de santé qualité.

Le taux de mortalité maternelle est resté constant à 430 pour 100 000 naissances vivantes entre 1991 et 1998 puis s'est dégradé jusqu'à 669 en 2004 (Données EDS I, II et III)

Le pourcentage d'accouchements assistés est estimé à 63,8% (EDS, 1991), 58,2% (EDS, 1998) et 61,8 % (EDS, 2004)

2.3. Les objectifs relatifs à la gestion des maladies épidémiques

- **OMD 6 : Objectif :** combattre le VIH/SIDA, le paludisme et d'autres maladies
- **Cible 7 :** D'ici 2015, avoir stoppé la propagation du VIH/SIDA et commencer à inverser la tendance actuelle
- **Indicateur 18 :** Taux de prévalence du VIH parmi les femmes enceintes âgées de 15 à 24 ans
- **Indicateur 19 :** Taux d'utilisation de la contraception[30]
- **Indicateur 20 :** Nombre d'enfants orphelins du SIDA

Les données de séroprévalence chez les femmes enceintes de 15 à 24 ans ne sont pas disponibles ; cependant, celles concernant les femmes en général de la même classe d'âge sont ainsi qu'il suit : 2,2 % et 7,9% respectivement pour les 15 à 19 ans et les 20 à 24 ans (EDS III)

S'agissant du taux d'utilisation des préservatifs, la proportion d'hommes de 15 à 24 ans ayant utilisé un condom au cours des premiers rapports sexuels est plus élevée que celle des femmes (27% contre 18% Données EDS III). Par ailleurs, le tableau ci-après donne des indications sur les rapports sexuels à haut

[30] Selon l'OMD-6, le taux d'utilisation des préservatifs parmi les utilisateurs de la contraception ne pouvant se mesurer que chez les femmes vivant en couple, il sera complété par un indicateur sur l'utilisation des préservatifs dans les situations à haut risque. Ensuite ces indicateurs seront complétés par un indicateur sur la connaissance et les fausses opinions des 15 à 24 ans concernant le SIDA.

risque et l'utilisation du condom au cours des derniers rapports sexuels à haut risque.

Tableau 3 : Pourcentage des sujets ayant encore des idées erronées à propos du VIH/SIDA chez les sujets de 15 à 24 ans

N° d'ordre	Indicateurs	Femmes	Hommes
1	Pourcentage d'enquêtés qui savent qu'une personne paraissant en bonne santé peut avoir le virus du sida	68	76
2	Pourcentage d'enquêtés qui savent que le sida ne peut pas être transmis par les moustiques	53	59
3	Pourcentage d'enquêtés qui savent que le sida ne peut pas être transmis par des moyens surnaturels	65	78
4	Pourcentage d'enquêtés qui savent que le sida ne peut pas être transmis en partageant les repas d'un malade du sida	71	79
5	Pourcentage d'enquêtés qui rejettent les deux idées courantes et qui savent qu'une personne paraissant en bonne santé peut avoir le virus du sida	35	42
6	Pourcentage d'enquêtés ayant une idée complète du sida	27	35

Source : EDS III, 2004

Ces données montrent qu'une frange importante de la population reste encore tributaire d'idées erronées sur le SIDA ; d'où la nécessité de continuer/intensifier l'information et la sensibilisation de ladite frange. Selon les données de l'EDS III, les jeunes hommes sont mieux informés que les jeunes filles. Les jeunes de 15 à 24 ans constituent une population à risque dans la mesure où, à cette période de la vie, les relations sexuelles sont généralement instables et le multi partenariat fréquent.

- **OMD 6 (suite) : Objectif :** combattre le VIH/SIDA, le paludisme et d'autres maladies
- **Cible 8 :** D'ici 2015, avoir maîtrisé le paludisme et d'autres grandes maladies et avoir commencé à inverser la tendance actuelle
- **Indicateur 21 :** Taux de prévalence du paludisme et taux de mortalité lié à cette maladie
- **Indicateur 22 :** Proportion de la population, vivant dans les zones à risque, qui utilise des moyens de protection et des traitements contre le paludisme.

Au Cameroun, le paludisme demeure l'endémie majeure et la première cause de morbidité et de mortalité dans les groupes les plus vulnérables, à savoir les enfants de moins de 5ans et les femmes enceintes. EDS III fait relever qu'il est responsable de 35 à 40% de l'ensemble des décès dans les formations sanitaires, 50% de morbidité chez les enfants de moins de 5 ans, 40 à 45% des consultations médicales et 30% des hospitalisations. Il est aussi la cause de 26 % des absences en milieu professionnel et de 40 % de dépenses de santé de ménages.

Tableau 4 : Couverture nationale des ménages ayant des enfants de moins de 5 ans par les moustiquaires imprégnées (2005-2008)

Région	Nombre de ménages avec enfants de moins de 5 ans à atteindre[31]	Nombre de ménages avec enfants de moins de 5 ans atteints	Taux de couverture (%)
Adamaoua	93 058	95 894	103,0
Centre	262 761	253 699	97,2
Est	82 602	82 508	99,9
Extrême-Nord	595 493	506 180	85,0
Littoral	196 066	20 000	10,2
Nord	242 299	256 474	105,9
Nord-Ouest	234 714	196 339	83,7
Ouest	219 414	10 000	4,6
Sud	58 556	60 678	103,6
Sud-Ouest	111 189	112 626	101,3
Total	2 096 152	1 594 398	76,0

[31] Chaque ménage ayant un enfant de moins de 5 ans ne reçoit qu'une MII quel que soit le nombre d'enfants de moins de 5 ans.

Tableau 5 : Couverture nationale des femmes enceintes par les moustiquaires imprégnées

Région	MII distribuées			Taux de couverture	Ecart/Objectif en 2005
	2003	2004	2005	2005	
Adamaoua	7 050	7 050	13 409	32,4%	-47,6%
Centre	8 728	22 000	44 014	31,9%	-48,1%
Est	2 123	7 324	19 292	44,7%	-35,3%
Extrême-Nord	5 405	26 540	20 850	13,4%	-66,6%
Littoral	5 961	19 350	60 419	53,5%	-26,5%
Nord	3 720	11 577	32 363	46,5%	-33,5%
Nord-Ouest	5 030	17 675	20 915	20,5%	-59,5%
Ouest	2 372	13 269	56 048	50,1%	-29,9%
Sud	3 366	3 658	24 890	79,7%	-0 ,3%
Sud-Ouest	3 200	12 000	53 340	76,2%	-3,8%
Total	46 955	140 443	345 540	38,4%	-41,6%

- **OMD 6 (suite) : Objectif :** combattre le VIH/SIDA, le paludisme et d'autres maladies
- **Cible 8 :** D'ici 2015, avoir maîtrisé le paludisme et d'autres grandes maladies et avoir commencé à inverser la tendance actuelle
- **Indicateur 23 :** Taux de prévalence de la tuberculose et taux de mortalité lié à cette maladie
- **Indicateur 24 :** Proportion des cas de tuberculose détectés et soignés dans le cadre de traitements de brève durée sous surveillance direct.

2.4. Les objectifs relatifs à l'accessibilité aux médicaments

- **OMD 8 : Objectif :** Mettre en place un partenariat mondial pour le développement
- **Cible 17 :** En coopération avec l'industrie pharmaceutique, rendre les médicaments essentiels disponibles et abordables dans les pays en développement
- **Indicateur 46 :** Proportion de la population ayant durablement accès à des médicaments de base d'un coût abordable

La disponibilité des médicaments a été évaluée dans les formations sanitaires sur un échantillon de 5 médicaments au cours de l'enquête sur le suivi des dépenses publiques, et la satisfaction des bénéficiaires, dans les secteurs de la santé publique et de l'éducation en Juillet 2006 par l'Institut National de la Statistique.

Cette étude révèle que le nombre moyen de jours de rupture de stock en médicaments essentiels varie de 7,3 à 10,2 jours au cours des trois derniers mois. Par ailleurs, l'analyse situationnelle du secteur pharmaceutique réalisée en septembre 2008 situe la durée moyenne de rupture de stocks des médicaments traceurs à 23,7 jours/mois tandis que la disponibilité moyenne des médicaments essentiels est de 86,2%

A titre d'illustration, le coût du traitement mensuel des PVVS avec les ARV de première ligne a considérablement baissé. Il est passé de 600 000 francs environ en 2001 à la gratuité en mai 2007. Quelques médicaments des infections opportunistes (MOI) sont désormais gratuits. La gamme des ARV pédiatrique est améliorée. Le coût de certains protocoles a également été revu à la baisse.

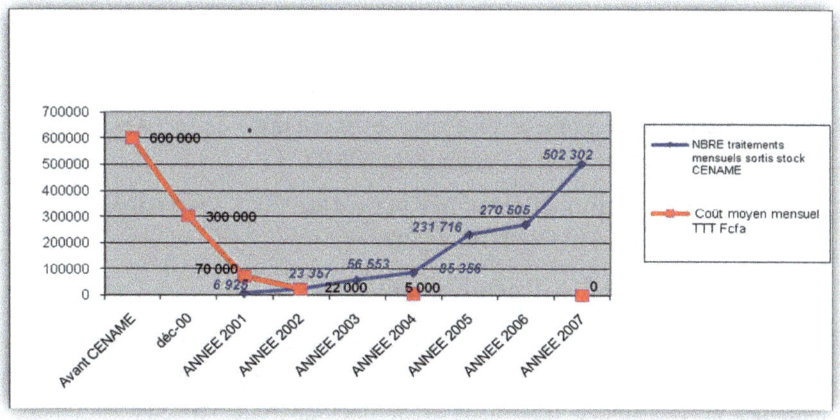

Figure 3 : Corrélation entre la baisse des coûts de traitement et le nombre de traitements mensuels sortis des stocks de la CENAME

Source : CENAME

Cette amélioration relative de l'accessibilité des médicaments aux populations a été rendue possible grâce à diverses subventions de l'Etat, à l'appui des partenaires au développement, à l'amélioration des techniques d'achat (mise à concurrence des fournisseurs, promotion du médicament générique, etc.). La mise à profit des flexibilités des accords ADPIC est en cours en vue de développer l'industrie pharmaceutique locale.

Tableau 6 : Relation entre l'objectif III de la SSS et les OMD 1 et 6

OMD	CIBLES DES OMD INCLUS DANS LA SSS
OMD N°1. **Réduction de l'extrême pauvreté et de la faim**	**Cible 2** : Réduire de moitié entre 1990 et 2015, la proportion de la population qui souffre de la faim
OMD N° 6. **Combattre le VIH/SIDA, le Paludisme et d'autres maladies**	**Cible 7 :** D'ici à 2015, avoir stoppé la propagation du VIH/SIDA et commencé à inverser la tendance actuelle **Cible 8 :** avoir maîtrisé le paludisme et d'autres grandes maladies, et avoir commencé à inverser la tendance actuelle
OMD N° 7. **Assurer un environnement durable**	**Cible 10 :** réduire de moitié, d'ici à 2015, le pourcentage de la population qui n'a pas accès de façon durable à un approvisionnement en eau de boisson salubre **Cible 11 :** réussir d'ici 2010 à améliorer sensiblement la vie d'au moins 100 millions d'habitants des taudis

Source : Document OMD.

Les objectifs spécifiques I et II relèvent du renforcement du système de santé, qui permettra à terme de dispenser les prestations de services et soins de qualité à même de contribuer à l'atteinte des OMD.

3. NOUVELLE GOUVERNANCE HOSPITALIERE AU CAMEROUN : DES REFORMES DU SYSTEME DE SANTE

3.1. Renforcement des structures sanitaires

L'accessibilité physique aux soins de santé demeure insuffisante malgré des grands efforts de création, de construction/équipement des formations sanitaires et l'existence désormais d'un document de stratégie national de technologie de la santé. Ceci est dû notamment à une inégalité de leur répartition, elle-même conséquente à l'inexistence d'une carte sanitaire nationale, à la vétusté de la plupart des infrastructures et équipements et à l'insuffisance de leur maintenance.

Les investissements effectués ont permis une amélioration du capital physique du secteur santé entre 2001 et 2006 comme l'indique le tableau ci-dessous.

Tableau 7 : Capital physique pour l'Offres des services et soins entre 2001 et 2006

Catégories de formation Sanitaires	Nombre en 2001	Nombre en 2006
Hôpitaux de 1ère catégorie	4	5 dont 4 fonctionnels[32]
Hôpitaux de 2ème catégorie	3	3 fonctionnels
Hôpitaux Régionaux et Assimilés	8	11 fonctionnels
Services de Santé de district	143	174 dont 172 fonctionnels
Hôpitaux de district		162 dont 154 fonctionnels
Centres Médicaux d'Arrondissement		159 dont 155 fonctionnels
Centres de Santé Intégrés	1689	1952 dont 1888 fonctionnels
Centres de santé privés à but non lucratif		579 dont 559 fonctionnels
Hôpitaux Privés à but non Lucratif		93 fonctionnels

Source* : *MINSANTE (DOSTS)

Sur l'ensemble des Centres de Santé fonctionnels des sous-secteurs public et privé à but non lucratif, 79 % sont du public, 21% sont privés à but non lucratif. Quant aux hôpitaux toutes catégories confondues, 65% sont du public et 35% du privé à but non lucratif. Il est à noter que ces résultats ne prennent pas en compte les formations sanitaires des ministères apparentés prestataires des soins de santé.

Le sous/secteur privé à but lucratif a connu depuis 2002 une augmentation significative du nombre des pharmacies d'officines privées, marquant la volonté du gouvernement d'améliorer l'accès des populations aux médicaments de qualité. De nombreuses structures de soins dénommées GIC santé ont malheureusement vu le jour sans obtention préalable d'un agrément du MINSANTE, échappant ainsi à son contrôle.

Malgré les efforts de sensibilisation du Ministère de la Santé Publique en direction des populations, les ménages restent vulnérables face aux écarts de comportement des personnels de santé (mauvais accueil, double payement, corruption, détournement des malades, ventes parallèles des médicaments, pratiques illégales de la médecine, etc.)

La participation communautaire dans la gestion des structures de santé demeure faible.

[32] Fonctionnels = présence de ressources humaines et matérielles (sans respect des normes)

3.2. Renforcement des capacités

3.2.1. Amélioration des ressources humaines

Tableau 8 : Ratio personnel de santé/population

Catégorie de personnel	Normes de l'OMS	En 1998	En 2000	En 2007
Médecins	1/1 000	1/9 164	1/10 083	1/13 468
Personnel médico-sanitaire	1/3 000	1/2 214	1/2 249	1/3 094

Personnel médico-sanitaire : Personnels paramédicaux (tous grades confondus)

Sur le tableau ci-dessus, on note que par rapport aux normes de l'OMS, la situation du personnel médical ne cesse de s'empirer.

Malgré les efforts de recrutement du Gouvernement avec l'appui de ses partenaires (Fonds PPTE, C2D, etc.), les besoins en personnel de santé d'une manière générale, comme le relève le recensement des personnels de santé de 2005, demeurent une préoccupation. Le ratio professionnel de santé/population est de 0,63 pour 1000 habitants au Cameroun contre 2,3 (norme internationale).

Suite à l'analyse de la situation des ressources humaines, même si l'on note des améliorations en termes de traitement des personnels des différents corps de la santé (attribution d'un statut particulier, revalorisation des salaires, démarrage du SIGIPES santé…), la plupart des problèmes identifiés en 2001 persistent.

3.2.2. Formations de base et continue

Le Cameroun compte aujourd'hui plusieurs facultés publiques de Médecine, de Pharmacie et de Chirurgie Dentaire dont 03 Facultés de Médecine (à Douala, Yaoundé et Buéa), 02 facultés de Pharmacie (Yaoundé et Douala) et 01 Faculté de Chirurgie Dentaire à Yaoundé, toutes déjà fonctionnelles.

Plusieurs initiatives de création des facultés privées sont en cours. Il existe une faculté privée de médecine et pharmacie déjà opérationnelle.

La formation spécialisée dans certaines disciplines paramédicales continue à faire défaut. Depuis le début de l'année académique 2007-2008, la filière de formation en

Administration de la santé a été réouverte à l'Ecole Nationale d'Administration et de Magistrature (ENAM).

Faute de structures de formations locales, les ingénieurs biomédicaux continuent à être formés exclusivement à l'étranger. Avec l'appui des partenaires techniques et financiers, le gouvernement a ouvert la filière de formation en maintenance hospitalière dans quelques lycées techniques.

La formation continue quant à elle, demeure peu organisée et insuffisante

3.3. Réformes institutionnelles

3.3.1. Cadre Organique

En 2002, l'organigramme du MINSANTE a été adapté aux exigences de la mise en œuvre de la SSS 2001-2010. La régulation du secteur de la santé a été renforcée par la création entre autres de trois inspections générales avec un accent sur l'inspection pharmaceutique. Toutefois, les insuffisances du cadre législatif et réglementaire restent une préoccupation pour la mise en œuvre efficace de cette stratégie.

3.3.2. Les Ressources Financières

Le Cameroun a bénéficié de financements innovants de la santé suite aux nombreuses initiatives internationales visant l'atteinte des Objectifs du Millénaire pour le Développement à l'horizon 2015. Il s'agit des financements de l'Alliance Mondiale pour la vaccination et l'immunisation (Global Alliance for Vaccines and Immunization ou GAVI), du Fonds Mondial de lutte contre le SIDA, la Tuberculose et le Paludisme, de la Facilité. Internationale de Financement pour la Vaccination, de l'UNIT AID, etc. Par ailleurs, l'allègement de la dette du Cameroun à travers les mécanismes de l'initiative PPTE a apporté des ressources additionnelles au secteur (C2D, PPTE, IADM).

Le processus de décentralisation offre une nouvelle opportunité de financement du secteur santé par les collectivités territoriales décentralisées. Dès lors, le SWAP est apparu comme un instrument clé d'optimisation de l'utilisation des ressources allouées à la santé pour la mise en œuvre de la stratégie sectorielle de santé.

Par ailleurs, la mise en œuvre de la SSS entre 2001 et 2006 a favorisé le lancement du processus de couverture du risque maladie à travers les mutuelles de santé. Celles-ci participent de la promotion des mécanismes alternatifs de financement de la santé. En 2006, 120 mutuelles de santé couvrant 2.348 ménages ont été mises sur pied. De même, le gouvernement est en train de peaufiner l'approche nationale de l'assurance maladie.

De fortes disproportions demeurent cependant entre les différentes sources de financement. En effet, selon le DSRP, la contribution des ménages au financement de la santé continue d'augmenter, passant de 73% du financement global (173 milliards) en 1996 à 83%[33] de 409 milliards en 2001.

Une bonne partie du financement du secteur par les ménages se fait encore dans l'informel (stocks parallèles de médicaments dans les formations sanitaires, payements directs aux praticiens, achat des médicaments et soins dans les structures illicites ...)

Quant aux dépenses totales en santé, elles représentaient 5,2%, 4,9% et 5,2% du PIB en 1996, 2001 et 2005 respectivement[34].

Globalement, la part du budget national alloué au secteur santé depuis 2001 a évolué de manière croissante (4,5% en 2006) mais elle demeure largement en dessous des 15% préconisés par les chefs d'Etat africains à Abuja en 2000. Au cours de la même période, le taux d'exécution du budget alloué à la santé a régressé (65,6% en 2006 contre 82,2% de moyenne nationale). Les tableaux et graphiques ci-dessous illustrent ces tendances.

Tableau 9 : Situation des allocations et exécution du budget de 1994 à 2006

Année	Prévisions			Exécution				
	Evolution du budget alloué			Evolution du budget exécuté			Taux d'exécution du budget (%)	
	National	MINSANTE	% budget national	National	MINSANTE	% budget national	National	MINSANTE
1994-1995	613 253 671 655	16 143 318 611	2,6	473 530 884 214	14 096 196 503	3,0	77,2	87,3
1995-1996	647 575 916 281	18 140 453 073	2,8	616 129 983 829	16 239 865 906	2,6	95,1	89,5
1996-1997	1 075 534 803 346	20 239 246 266	1,9	863 532 262 412	23 145 893 822	2,7	80,3	114,4
1997-1998	1 468 680 859 800	29 592 151 974	2,0	1 218 323 397 060	30 838 116 078	2,5	83,0	104,2

[33] Fonctionnels = présence de ressources humaines et matérielles (sans respect des normes) D, 2004

[34] WHO, National accounts series (1996-2005)

1998-1999	1 229 275 235 706	38 076 550 783	3,1	1 091 179 532 370	30 199 397 186	2,8	88,8	79,3
1999-2000	1 296 603 433 656	31 922 529 144	2,5	1 193 198 628 276	30 736 748 796	2,6	92,0	96,3
2000-2001	1 475 165 181 360	55 286 712 672	3,7	1 240 516 706 328	34 850 037 612	2,8	84,1	63,0
2001-2002	1 544 796 447 480	69 127 704 126	4,5	1 386 574 517 250	51 560 926 326	3,7	89,8	74,6
2003.	1 507 387 326 811	59 378 473 971	3,9	1 376 738 328 846	41 296 683 874	3,0	91,3	69,5
2004.	1 617 000 000 000	79 283 991 600	4,9	1 451 933 044 650	46 483 639 400	3,2	89,8	58,6
2005.	1 742 903 687 000	85 587 607 374	4,9	1 476 103 929 297	51 520 103 229	3,5	84,7	60,2
2006.	1 860 999 999 859	84 250 137 237	4,5	1 529 845 656 787	55 250 734 959	3,6	82,2	65,6

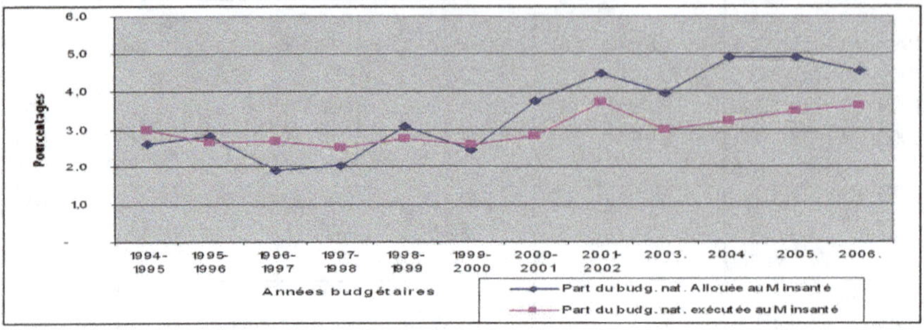

Figure 4 : Représentation graphique de l'évolution des parts de budget national allouée et/ou exécutée au MINSANTE

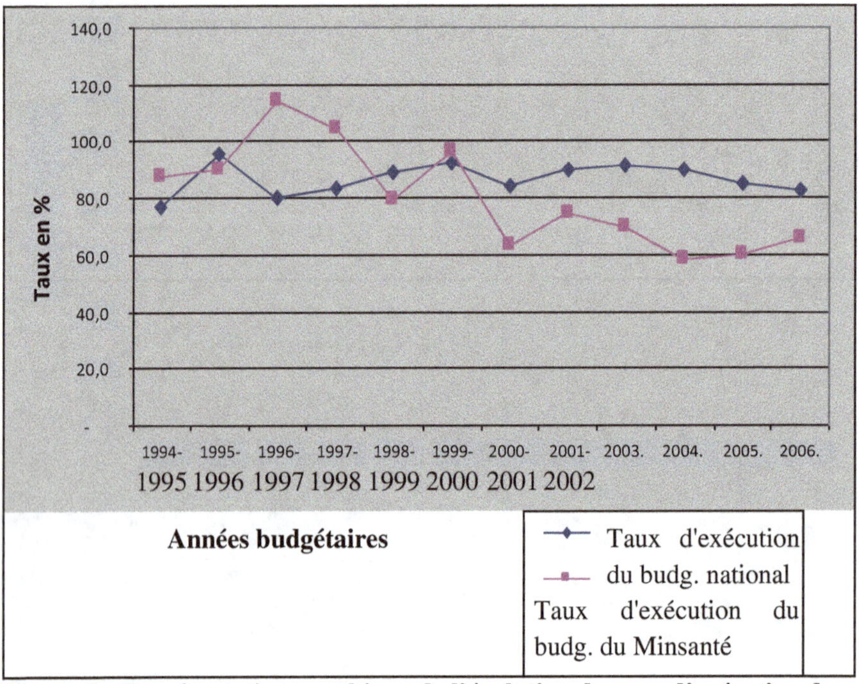

Figure 5 : Représentation graphique de l'évolution du taux d'exécution des budgets au niveau national et du MINSANTE

L'allocation des ressources longtemps non rationalisée en l'absence d'un outil d'arbitrage approprié, s'est améliorée avec le peaufinement du CDMT santé.

3.3.3. Equité et Justice Sociale dans le secteur sanitaire

Le Gouvernement mène des actions visant l'amélioration de l'accessibilité aux soins pour toutes les couches des populations sans exclusive. A ce titre, on peut relever :

- L'harmonisation des prix des médicaments sur l'ensemble du territoire national ;
- L'inscription d'une ligne pour les indigents dans le budget de certaines formations sanitaires ;
- La gratuité des antituberculeux ;
- La gratuité des antirétroviraux depuis 2007
- La gratuité des tests de dépistage du VIH/SIDA pour certains groupes vulnérables (femmes enceintes, détenus de prisons, étudiants, etc.) ;
- La baisse de l'ordre de 65% du prix de l'ensemble des médicaments dans les FS publiques ;
- La baisse de 14 000 à 3 000 FCFA du prix de l'insuline pour les malades du diabète;
- La subvention de la dialyse chez les insuffisants rénaux (coût passant de 60 000 à 5000 FCFA la séance) ;
- La substantielle baisse dans les secteurs public et privé, des prix des antipaludéens ;
- La subvention et la revue à la baisse du prix de certains anticancéreux ; la création, la construction, l'équipement et l'opérationnalisation (affectation du personnel) de nouvelles formations sanitaires.
- Le développement des mécanismes de partage du risque maladie à travers la mise en place progressive des mutuelles de santé.

Malgré ces efforts, des disparités subsistent quant à l'accessibilité aux soins de qualité, notamment pour les populations vulnérables.

3.3.4. Utilisation Rationnelle des Ressources

Les constats faits en 2001 sur les facteurs limitant l'utilisation rationnelle des ressources en santé demeurent et la tendance à la verticalisation des interventions de santé y a fortement contribué. Cependant, des avancées remarquables ont été enregistrées en ce qui concerne la collaboration Public-Privé. Le paquet minimum d'activités (PMA) ainsi que le paquet complémentaire d'activités (PCA) ont été définis, validés et diffusés.

3.3.5. Autres Capacités Institutionnelles

Dans le cadre de la mise en œuvre de la SSS 2001-2010, des résultats opérationnels remarquables ont été obtenus entre 2001 et 2006. L'on peut citer entre autres :

- La mise en place du secrétariat technique du Comité de pilotage et du suivi de la mise en œuvre de la stratégie sectorielle de la santé ;
- L'élaboration et la mise en œuvre des plans stratégiques pour plusieurs programmes prioritaires
- L'élaboration des plans de développement sanitaire des districts et des plans consolidés régionaux de développement sanitaire ;
- Le renforcement des institutions et structures dans le secteur santé ;
- Le déclenchement du processus de réforme hospitalière ;
- L'élaboration d'un CDMT et la mise en place progressive du Swap santé ;
- Le lancement des études sur les mutuelles de santé ;
- L'organisation de la recherche opérationnelle en santé et de la bioéthique ;
- L'élaboration et la mise en œuvre d'un plan de développement des ressources humaines assorties du plan d'urgence 2006-2007 ayant abouti en 2007 ;
- Le lancement des activités du SAMU ;
- La subvention des médicaments et des examens de dépistage et de suivi biologique du VIH/SIDA
- L'amélioration de la disponibilité et de l'accessibilité des médicaments et dispositifs médicaux pour certaines classes thérapeutiques ;
- Le renforcement de la gouvernance du secteur ;
- La construction, la réhabilitation et l'équipement de plusieurs formations sanitaires.

Tableau 10 : Indicateurs de développement humain en 2005.

Indicateurs	**Cameroun**	**Afrique Subsaharienne**	**Pays les moins développés**	**Tous les pays en développement**
Indicateur d'espérance de vie	0,414	0,410	0,492	0,685
Indicateur de niveau d'éducation	0,660	0,571	0,519	0,725
Indicateur de PIB, (selon la parité pouvoir d'achat)	0,523	0,500	0,452	0,662
Indicateur de développement humain	0,532	0,493	0,488	0,691
Scolarité Combinée (Secondaire et Supérieure)	62,3%	50,6%	48,0%	64,1%
PIB par habitant (USD)	2 299	1 998	1 499	5 282

Source : Rapport mondial sur le développement humain 2007

L'espérance de vie à la naissance a régressé en raison de la pandémie du SIDA et des endémies, et se situe autour de 53,3 ans (hommes : 52,54 ans ; femmes : 54.08 ans) en 2008[35].

En ce qui concerne l'emploi, la récession économique ayant rétréci les perspectives d'emploi, le secteur informel reste largement prédominant. Dans le secteur de la santé, cette situation s'exprime à travers l'intensification de la pratique illégale de la médecine et du trafic des médicaments. Néanmoins, les récents recrutements de personnels et les efforts de professionnalisation de la formation ont permis une amélioration des effectifs dans le secteur. Cette tendance est appelée à s'améliorer avec l'entrée en fonctionnement des facultés de Douala et de Buéa, comportant une variété de filières en médecine, odontostomatologie et sciences pharmaceutiques.

3.3.6. Nouvelle organisation du système de sante camerounais

"Le nouveau système de santé camerounais s'articule autour de trois sous-secteurs :

- **Un sous-secteur public** constitué des hôpitaux publics et des structures sanitaires sous tutelle d'autres départements ministériels (Ministères de la Défense, Ministère de l'Emploi, du Travail et de la Prévoyance Sociale, Ministère en charge de l'Education Nationale.

[35] Source : CIA World Factbook, 2008

- **Un sous-secteur privé à but non lucratif** (confessions religieuses, associations et diverses organisations non gouvernementales) et celles à but lucratif.
- **Un sous-secteur de la médecine traditionnelle** qui est une composante importante du système et que l'on ne saurait ignorer.

Ce système est par ailleurs structuré en trois niveaux de santé dont chacun dispose de structures administratives, formations sanitaires et structures de dialogue :

❖ **Niveau central (ou national)**

Il est constitué des structures de conception, de coordination et d'encadrement de la politique sanitaire ainsi que des actions de santé d'envergure nationale.

L'administration centrale est composée d'un Secrétariat général, autorité de coordination de l'action administrative du Ministère de la Santé, de Directions centrales, de Divisions spécifiques, des Projets et Programmes spécialisés.

On retrouve également à ce niveau des institutions d'appui et des établissements de soins de référence.

Les Institutions d'Appui se composent comme suit :

- La Centrale Nationale d'Approvisionnement en Médicaments Essentiels (CENAME)
- Le Laboratoire National de Contrôle de Médicaments (LANACOME) ;
- Le Comité National d'Epidémiologie (CNE)
- Le Centre Pasteur du Cameroun (CPC) ;

Les établissements de soins de référence nationale se répartissent en 3 catégories :

- Première catégorie : les hôpitaux généraux et le CHU ;
- Deuxième catégorie : l'Hôpital Central de Yaoundé, l'Hôpital Jamot de Yaoundé et l'Hôpital Laquintinie de Douala (HLD) ;
- Troisième catégorie : cette catégorie regroupe certaines institutions d'autres ministères, de niveau régional ou encore de type associatif appuyant les activités du Ministère de la santé publique.

❖ **Niveau intermédiaire (régional)**

Il est constitué de délégations régionales, structures d'appui technique et de coordination pour les districts de santé, des hôpitaux régionaux et assimilés et des structures de formations paramédicales. Chaque région sanitaire compte au moins une structure de formation paramédicale pour former soit des aides-soignants soit des infirmiers.

L'approvisionnement en médicament des infrastructures sanitaires est assuré à ce niveau par une structure plus ou moins autonome, le Centre d'Approvisionnement Pharmaceutique Régional (CAPR).

❖ **Niveau périphérique (District de santé)**

Il est composé des Districts de santé. Le District de santé est structuré comme suit :

- Un service de santé de district
- Un réseau d'aires de santé chargé de la couverture en soins de santé de base des populations desservies par ces aires de santé.

L'aire de santé constitue une zone bien définie comprenant un ou plusieurs villages ou quartiers, et desservie par une ou plusieurs infrastructures sanitaires (publiques et/ou privées) de base, encore appelées Centre de Santé Intégrés (CSI). La gestion de l'aire de santé repose sur des structures de dialogue (entre prestataires et bénéficiaires de soins), et de participation communautaire en matière de santé.[36]

Bref, l'hôpital est avant tout un producteur de services. Il assure une prise en charge globale des patients : soins physiques ou psychologiques, suivi social, pour assurer le passage de l'administration à la gestion, poussant ainsi les hôpitaux à promouvoir la performance par des outils de pilotage interne. Doit être réalisé par l'adoption d'une vision de gouvernance large et communicante.

En somme, retenons que ce chapitre nous a permis de préciser le contexte dans lequel les hôpitaux publics camerounais s'insèrent afin de comprendre le cadre dans lequel s'inscrivent les réformes de la gouvernance hospitalière vont se situer. Celles-ci permettant de réduire les coûts dans le but d'améliorer la performance hospitalière camerounaise. Nous avons par ailleurs examiné quels sont les facteurs ayant amené les centres hospitaliers de Douala à s'ouvrir au

---

[36] *Source : Cadre conceptuel du D/S viable révisé (MSP)*

modèle de la nouvelle gouvernance hospitalière, à savoir notamment, que l'émergence de la Nouvelle Gouvernance hospitalière est légitimée par nécessaire adaptation de l'hôpital à un contexte en plein bouleversement et le besoin de corriger les dysfonctionnements de la bureaucratie professionnelle qui constituait le modèle de référence de l'organisation hospitalière.

CHAPITRE II : UNE GOUVERNANCE D'IMPACT : DES REFORMES HOSPITALIERES A L'AMELIORATION DES SERVICES AUX USAGERS DES CENTRES HOSPITALIERS.

Les centres hospitaliers font face à des problèmes complexes dont les symptômes sont multiformes : surpeuplement des sales d'hôpital, longues files d'attente dans les services de consultations externes, qualité des soins contestable, pénurie de produits pharmaceutiques et de fournitures médicales de base, matériels de diagnostics et de traitements inexistants, démotivation du personnel médico-sanitaire, état des lieux souvent sales.

Tous ces problèmes sont dus à divers facteurs, dont l'absence de rôle bien défini et de rapports clairs avec les autres éléments du système de santé, les carences structurelles, l'absence d'écoute des patients et des communautés desservies et les lacunes gestionnaires, notamment au niveau de planification et de la surveillance.

Pourtant, les hôpitaux sont confrontés à l'heure actuelle à de très fortes évolutions qui leur imposent de mieux maîtriser leurs performances. Le contrôle de gestion constitue une opportunité pour mettre en œuvre les outils et les méthodes permettant de réaliser cet objectif. Dans ce contexte, le présent chapitre a pour objet d'analyser les systèmes de gouvernance hospitalière mis en œuvre pour répondre à la complexité et à l'incertitude qui caractérisent l'hôpital camerounais public aujourd'hui et la manière dont elle participe favoriser l'appropriation des services par le personnel médico-social. Aussi, il examine la problématique de la complexité de ce processus qui engendre à la fois cette meilleure prise en charge des patients mais également les souffrances du personnel dans un environnement caractérisé par la pression du travail et des fortes exigences procédurales.

Ainsi, le chapitre s'articule autour de deux principaux points : Le premier présente la dynamique d'appropriation des services par le personnel médical (section 1), et le second aborde la problématique de l'impact mitigé de la gouvernance hospitalière sur l'amélioration des services aux usagers (section 2).

SECTION I : DE L'APPROPRIATION PAR LE PERSONNEL MEDICO-SOCIAL DES SERVICES AUX USAGERS DES CENTRES HOSPITALIERS.

1. L'EXISTENCE D'IMPORTANTES CONTRIBUTIONS SUR LES SERVICES DU PERSONNEL DES CENTRES HOSPITALIERS

1.1. Les recherches sur le travail des infirmiers en milieu hospitalier.

A notre connaissance, les premiers travaux sur le rôle du personnels hospitaliers relève des années 1960. Il s'agit précisément de ceux de Strauss qui consacre une grande partie de ses études au milieu médical, dont un article aux infirmières médicales (Strauss, 1966), qui permettra à l'auteur de dégager des concepts qui inspirent des auteurs plus contemporains. Il s'agit de la théorie de la segmentation professionnelle et des ordres négociés (Strauss, 1959, 1966, 1992). Le concept de la segmentation professionnelle, repris par Freidson dans ses nombreux travaux sur l'hôpital (Freidson, 1970, 1971, 1985), apporte une lecture nouvelle sur les organisations médicales en observant une diversité des pratiques médicales, lui permettant de parler d'une « différenciation interne aux professions » (Champy, 2009, p. 107). Champy, quant à lui, parle d'un « fossé » qui existe entre les managers et les praticiens travaillant dans l'hôpital. Le second concept, l'ordre négocié, dont on doit la paternité à Strauss et qui s'inscrit dans le courant constructiviste, permet de concevoir les professions non plus comme un bloc monolithique, mais comme quelque chose d'hétérogène. Par ailleurs, l'hôpital est souvent cité en référence car de nombreuses études y ont été menées (Freidson 1971 ; Champy 2009).

L'évolution de l'environnement, notamment la « bureaucratisation » des organisations dans lesquelles de nombreux professionnels travaillent » (Champy, 2009 : 32), motive des auteurs comme Schön, Abbott et Freidson à disséquer la matière des professions en s'intéressant à leur contenu. Dans son livre *The System of Professions. An Essay on the Division of Expert Labour*, Abbott s'intéresse aux « territoires » des professions en analysant la manière dont les professions se répartissent les tâches ou, en d'autres termes, comment se divise le travail dans une institution. C'est dans cette veine que va émerger notamment la question de l'autonomie des professions.

La compréhension et les effets des réformes néo-managériales sur les acteurs de terrain au sein des organisations publiques constituent un terreau fertile à la question de l'autonomie des professions. Le « pouvoir discrétionnaire » des agents publics et leur contact direct avec le citoyen forment les deux propriétés qui sont à la base du concept de SLB, notion théorisée par Lipsky et reprise par de nombreux sociologues (Lipsky, 1980 ; Brodkin, 1997 ; Bovens, 1998, 2007 ; Maynard-Moody et al., 2003 ; Riccucci, 2005 ; Nielsen, 2006 ; Hupe et Hill, 2007). La NGP peut constituer une menace à la dimension discrétionnaire et à l'autonomie des acteurs de terrain du secteur public alors que celles-ci sont généralement reconnues comme nécessaires à la bonne implémentation des politiques publiques (Lipsky 1980 ; MaynardMoody et Musheno, 2003). Une abondante littérature renseigne sur cette dynamique en se rapportant aux réformes de l'État social et démontre que les SLB sont de véritables *policymakers* dans la livraison de services étatiques (Dubois, 2010 ; Keiser et al., 2004 ; Lipsky 1980 ; MaynardMoody et Musheno, 2003). D'autres auteurs expliquent le comportement des SLB plus par la culture professionnelle, par les normes de la profession (Riccucci, 2005), par des caractéristiques de l'acteur comme le genre et l'éducation (Scott, 1997) que par des facteurs managériaux.

L'intérêt scientifique pour les métiers paramédicaux, tels que ceux d'infirmière ou d'aide-soignante, est relativement récent. Cette volonté de « rendre visible le travail de savoir-faire [resté] invisible » jusqu'alors a été clamée par plusieurs auteurs comme Arborio, Acker, Bourret ou Molinier. Si Arborio traite de la question des aides-soignantes et de leur « sale boulot» (Arborio, 2001), Acker, dans un article publié dans la *Revue française des affaires sociales,* explique la « reconfiguration du travail d'infirmier à l'hôpital » (Acker, 2005) dans le contexte français des réformes hospitalières. Son étude montre que la modification des conditions de travail à l'hôpital change le contenu de l'activité des infirmières (Acker, 2005 : 161) et les oblige à hiérarchiser leurs tâches (Acker, 2005 : 176). Elle fait le constat que « les normes professionnelles fortes qui conduisent à mettre en avant des tâches d'écoute et d'accompagnement des patients semblent bousculées par le temps disponible à consacrer à chaque patient » (Acker, 2005 : 179). Par ailleurs, dans ses nombreuses publications consacrées à la profession d'infirmière (Acker 1997, 2000, 2003, 2005, 2009, 2011), l'auteur pointe le paradoxe suivant : l'indispensabilité de la dimension relationnelle et humaine dans l'action du personnel soignant alors que l'on « exige rarement que l'on rende compte de ce travail » (Acker, 2009 : 64).

La littérature anglo-saxonne est également riche sur la question du rôle des infirmières en rapport avec la NGP. Dans un ouvrage collectif sur la sociologie du *care* (Abbott et Mirabeau, 1998), les auteurs discutent du rôle de ces professions dans un contexte de réformes de l'État social. On citera ici la contribution de John Clarke qui traite de la question du *New Public Management*[37] (NPM) dans le secteur de la santé et qui souligne comment les logiques managériales, provenant du secteur privé, se heurtent aux professions du *care,* notamment à celle d'infirmière.

De nombreuses études soulignent les conséquences du NPM sur le statut et le rôle des infirmières en milieu hospitalier (Ackroyd, 1995, 1996, 1998 ; Bolton, 2004 ; Kowalczyk, 2002; Hogget, 1996 ; Noblet et Rodwell, 2009a ; Strong et Robinson, 1990). Il existe un accord quasi unanime au sein de la communauté scientifique sur le fait que la NGP conduit à une transformation de la culture des soins et, plus spécifiquement, de la profession d'infirmière dans les hôpitaux publics. Cependant, certaines de ces études (Bolton, 2004 ; Kowalczyk, 2002) soutiennent que les réformes managériales instaurées dans les structures hospitalières ont laissé intacte l'autonomie des infirmières (Bolton, 2004, p. 330) et permettent un *empowerment* des infirmières se situant en haut de l'échelon hiérarchique et ceci, grâce à une « managérialisation» de leur profession (Kowalczyk, 2002 : 128). Pour une exploration synthétique de la tension existant entre le NPM et les professions du secteur public, l'article collectif *New Public Management et profession dans l'Etat : au-delà des oppositions, quelles recompositions ?* (Bezes et al., 2011) fait office de référence. Plus spécifiquement, des contributions, à l'instar de celle de Fagermoen, étudient l'identité professionnelle des infirmières et mettent en exergue l'importance de la dimension humaine auprès du personnel soignant.

Les contributions académiques mobilisant le paradigme de la NGOP restent relativement marginales (Domin, 2006 ; Faure 2006 ; Crozet et al., 2008 ; Giauque et Emery, 2008 ; Klijn, 2012 ; Osborne, 2010). Le petit « clergé » de scientifiques qui évoque la question en termes de gouvernance publique reconnaît que la NGP est une phase de transition de l'administration publique qui, peu à peu, se profile dans la NGOP (Osborne, 2006). Sous l'angle conceptuel, la NGOP permet d'élargir le champ de vision de l'analyse, auparavant trop centré sur les fonctionnements internes des institutions et sur l'incidence des logiques privées sur le secteur public (Giauque et Emery, 2008 : 114). Si les auteurs s'accordent sur le fait qu'il n'est pas facile d'opérer une nette distinction entre ces deux modèles d'analyse, la plupart d'entre eux tentent néanmoins, comme le montre le

[37] Le New Public Management (NPM) est le concept anglo-saxon de la NGP. Dans le cadre de ce travail, il s'agit de synonymes.

tableau synthétique d'Osborne dans son papier (2006 : 383), à délimiter les frontières conceptuelles de la NGOP par rapport à la NGP.

La littérature hexagonale possède quelques contributions scientifiques sur la question de la nouvelle gouvernance hospitalière. Nous citerons l'article de Domin, *La nouvelle gouvernance ou le retour en force de l'hôpital-entreprise,* qui, après avoir donné une définition de la gouvernance, montre comment l'analyse de la NGOP s'inscrit dans la théorie d'agence (Domin, 2006 : 24). Aussi, il en ressort que la nouvelle organisation hospitalière passe par une politique de contractualisation interne (Domin, 2006 : 25 ; De Pouvourville et Tedesco, 2003).

Faure, qui étudie l'impact de la NGOP sur les hôpitaux français, évoque les différents paradoxes qui émaillent l'activité de l'hôpital, comme le manque de temps. L'article rapporte le point de vue du personnel soignant, mais également celui de la direction et de l'administration de l'hôpital (Faure, 2006).

Par ailleurs, l'article de Crozet et al. (2008) est l'un des rares à mobiliser le concept de NGOP dans le cadre d'une analyse d'une structure hospitalière qu'est le CHU d'Amiens. Dans la première partie de l'article, les auteurs montrent que la NGOP se traduit par un « découpage » de l'organisation en pôles, ainsi que par une contractualisation à l'interne. La deuxième partie du papier se focalise sur la question des ressources humaines et comment ce département transversal a subi une déconcentration.

1.2. L'hôpital comme milieu parfois hostile : une difficile appropriation de nouvelles directives par le personnel soignant.

L'étude sociologique entreprise par Belorgey (2010) dans son livre *L'hôpital sous pression* est particulièrement pertinente sur cette thématique, car elle cherche à connaître les effets de la NGP dans les hôpitaux français. Si, dans la première partie de son livre, l'auteur s'attache à identifier les processus de la NGP, la deuxième partie s'intéresse à l'appropriation et à la réception par le personnel soignant du NGP. Dans une autre contribution, Schweyer (2009) souligne la « confrontation brutale » qui existe entre le monde de la nouvelle gestion et le monde du personnel soignant de l'hôpital. Cette collision n'est pas sans conséquence sur la culture et les valeurs du personnel soignant. L'auteur va jusqu'à parler d'un « désenchantement » et d'un « mécontentement » (Schweyer, 2009 : 11) du personnel soignant.

Le malaise du personnel soignant au sein des hôpitaux a également été thématisé en France par I. Sainsaulieu dans ses ouvrages que sont *Le malaise des soignants : le travail sous pression à l'hôpital* (2003) et *L'hôpital et ses acteurs : appartenances et égalité* (2007). Dans son premier ouvrage, le sociologue apporte un éclairage intéressant sur les contraintes qui pèsent sur le personnel soignant en soins hospitaliers, tout en affirmant que la contrainte la plus fondamentale subie par les acteurs hospitaliers est le « productivisme », logique néo-taylorienne qui met l'hôpital sous pression et qui, de fait, « épuise » les infirmières.

Les recherches menées par I. Sainsaulieu (2006) abordent en outre la question des appartenances collectives au sein de l'hôpital. Loin de ressembler à une appartenance unique, l'hôpital est traversé par une multitude d'identités, allant de l'établissement dans sa globalité aux « filières de soins » (Sainsaulieu I., 2006 : 80). Pour l'auteur, ce sont les « cultures philanthropiques » propres à chaque spécialité (chirurgie, pédiatrie, psychiatrie) qui permettent l'activation d'un sentiment d'appartenance des membres. De plus, Sainsaulieu évoque la question d'une « culture de santé publique » (Sainsaulieu I., 2006 : 82-83) qui se « surajoute » aux autres identités. Cette valeur du service public transcendant les services et départements de l'hôpital « rencontre évidemment des distorsions multiples dues aux vicissitudes du quotidien» (Sainsaulieu I., 2006 : 83).

Dans sa thèse de doctorat, Robert Holcman décrit la manière dont le personnel soignant de l'hôpital se répartit en deux ordres : « l'ordre dirigeant et l'ordre soignant » (Holcman, 2006). Chacun d'entre eux reposant sur une légitimité concurrente : la légitimité de la connaissance *versus* la légitimité de l'intérêt général.

Dans le paysage scientifique suisse, on mentionnera l'ouvrage de Bolgiani qui étudie les risques et opportunités de la NGP dans les secteurs sanitaires et hospitaliers suisses (2002, Bolgiani). Plus récemment, l'article *Gouvernance et gestion décentralisée : l'expérience genevoise* traite des principes de la NGOP en analysant les trois phases successives du processus de réforme des CH (Rorive Feytmans B., Rosset N., Peyrot Perdrizet I. et Gruson B., 2012, in Nobre et Lambert, 2012*)*.

Nous terminons cet inventaire par l'enquête de Giauque, Resenterra et Siggen (2013), qui s'intéresse à la question du stress et à la satisfaction au travail des cadres intermédiaires employés dans les hôpitaux de Suisse romande. Les auteurs arrivent à la conclusion que le stress et la satisfaction sont moins des phénomènes individuels que des phénomènes « sociaux et culturels » (Giauque et al., 2013 : 18). L'article donne un aperçu synthétique et pertinent de la réforme hospitalière en Suisse en dégageant les principes et les nouveaux outils de gestion qui sont entrés en vigueur depuis 2012. Enfin, en mettant la focale sur les *middle-range managers* des hôpitaux de Suisse romande, les auteurs défrichent un nouveau champ d'étude et sortent enfin de l'invisibilité l'hôpital et ses acteurs dans le contexte helvétique.

En résumé, si, pendant longtemps, les sociologues ont réifié l'analyse de l'hôpital aux professions visibles et prestigieuses, aujourd'hui tout un pan de la sociologie des professions cherche à rendre visible l'activité de corps de métier comme ceux des infirmières et des aides-soignantes. L'introduction de la NGP a suscité un regain d'intérêt pour l'autonomie dans le travail, à l'instar des études sur les SLB. Une littérature abondante traite des impacts de la NGP sur les organisations publiques et leurs acteurs. Ces contributions, principalement anglo-saxonnes et françaises, mettent en lumière une détérioration de l'environnement de travail, une perte d'autonomie, une reconfiguration du contenu des tâches et une forte tension entre les logiques administratives et celles des soins.

Enfin, peu d'études scientifiques mobilisent le paradigme de la NGOP pour analyser les réformes de l'hôpital et ses effets sur le personnel soignant, un angle mort particulièrement perceptible dans le contexte académique camerounais, donnant à cette recherche, toute sa raison d'être.

2. LA NOUVELLE GOUVERNANCE HOSPITALIERE COMME CAGE D'ACIER DES NOUVELLES PRATIQUES DU PERSONNEL

Parvenu à ce stade de l'analyse des réformes hospitalières à Douala, il convient d'analyser les conséquences de l'introduction de la gouvernance au sein des hôpitaux publics sur la profession du personnel médico-social, en particulier des infirmiers. Ensuite, il convient de poser notre regard sur les relations entre ce personnel et leurs supérieurs hiérarchiques et, leur incidence sur l'univers des soins et le monde administratif des centres hospitaliers.

2.1. L'étouffante bureaucratie hospitalière

L'image d'un personnel infirmier passant le plus clair de son temps au chevet des patients semble de plus en plus dépassée. En effet, l'impératif de rentabilité et l'idéal d'une bonne gouvernance se cristallisent dans des outils de gestion dont le personnel soignant est le premier à prendre le pouls. La bureaucratisation touche directement le quotidien des infirmières dans la mesure où elles sont tenues de documenter sans cesse le dossier informatique du patient (DIP) en insérant, souvent par un clic, l'intégralité de leurs gestes techniques, lesquels sont au préalable ordonnés par les médecins sur l'écran d'ordinateur, comme le souligne cette infirmière :

« On doit tout informatiser, tout ce qu'on fait, la moindre piqûre ou prise de sang, le moindre geste auprès du patient, on doit l'écrire, et donc cela nous prend un temps fou. […] On croule sous la paperasse » (Alexandra, infirmière à l'Hopital de District de Deido).

On remarque clairement une inflation des tâches administratives dans l'activité de l'infirmière, phénomène déjà observé par Sainsaulieu dans ses enquêtes sur les hôpitaux français. Pour évoquer l'accroissement de la bureaucratisation, l'auteur parle d'une « avalanche de paperasse » (Sainsaulieu I., 2003 : 53).

La citation d'Alexandra met également en exergue le fait que les infirmières doivent toujours plus justifier leur travail, autrement dit, prouver que les soins qu'elles prodiguent sont nécessaires. La plupart d'entre elles nous ont confirmé, parfois hors micro, que les supérieurs hiérarchiques contrôlaient la qualité de ces retranscriptions. En effet, dans le jargon médical, chaque acte doit être reporté à une intervention groupée (IG) et, ce sont ces interventions groupées qui sont utilisées pour la facturation des séjours hospitaliers. La conséquence de cette logique est que le personnel soignant est incité à « soigner » les indicateurs, parfois au détriment des patients, car ceux-ci fournissent les preuves de leur travail. Une manière de se protéger, comme le précise cette infirmière.

Par ailleurs, les DIP de l'unité et, plus particulièrement les IG, sont censés évaluer la charge de travail des infirmières et ainsi déterminer si l'unité est en sous-effectif ou en surcapacité. Toutefois, cet outil, en plus d'être chronophage, peut s'avérer paradoxal, comme le souligne Géraldine[38] :

« Après, c'est à double tranchant, parce que si toutes nos interventions infirmières sont bien faites sur l'ordinateur et qu'on montre tout le temps qu'on passe avec le patient, c'est paradoxal. On nous demande dans les périodes où on est surchargé de tout bien retranscrire, cela nous compte des points en plus – cela montre la charge de travail – mais si on le fait mal, on ne sera pas écouté et, du

---

[38] Tous les noms ou prénoms utilisés ici dans la transcription des verbatiles sont des noms d'emprunt, utilisés pour garder l'anonyma des enquêtés, comme promis lors des entretiens.

coup, on n'a pas de personnel en plus » (Géraldine, infirmière à l'Hopital Laquintinie de Douala).

Le paradoxe que relève cette dernière citation démontre à quel point les instruments de gestion, ici du personnel soignant, ne prennent pas en considération les réalités du terrain et mettent les infirmières dans des situations complexes. Par ailleurs, l'accroissement des tâches bureaucratiques fait naître une contradiction chez les infirmières. Elles rendent compte de leurs actions en respectant le format des transmissions ciblées (Acker, 1997) mais, en même temps, ce recours à l'informatique active un sentiment de vertige du tout écrit (Acker, 2005 : 173).

La propension des patients à réclamer oblige les infirmières à documenter encore davantage leur DIP afin de fournir les preuves en cas de besoin (Annandale, 1996 : 435). Par ailleurs, on constate plus généralement que les infirmières se sentent envahies par la paperasse, emblème de la bureaucratisation de leur travail. Bien qu'unanimement conscientes que les lourdeurs administratives pèsent de plus en plus sur leur quotidien, elles reconnaissent toutefois que le DIP évite certaines erreurs et permet de trouver plus facilement les informations recherchées.

Cependant, il convient de nuancer quelque peu le rejet de la bureaucratie chez les infirmières. En effet, il semble que ce n'est pas tant l'informatisation des soins et sa bureaucratisation qui posent réellement problème que les injonctions émanant d'un ordinateur, lesquelles paraissent paradoxales ou éloignées des réalités du terrain. Par exemple, plusieurs interviewées nous ont avoué qu'elles passaient parfois beaucoup de temps au téléphone avec les familles des patients, mais que cette activité n'entrait dans aucune rubrique du menu déroulant du programme. Ce moment important, qui peut durer des dizaines de minutes, ne sera pourtant pas pris en compte par les indicateurs. Ainsi, le côté administratif serait en partie considéré comme un obstacle au travail lorsqu'il paraît absurde, inutile, perçu comme du « vent ». Toutefois, quand les tâches administratives paraissent utiles et fondées, les infirmières sont tout à fait disposées à faire preuve d'assiduité, ainsi que l'attestent les propos de Samuel au sujet des études universitaires :

« [C'est] utile pour les études, les avancées universitaires, pour faire des recherches et là, on s'efforce de remplir la paperasse du mieux que l'on peut pour ce qu'on appelle le « fast track » : c'est tout ce qui est en lien avec la chirurgie, chez des patients âgés, pour qui on va adopter un protocole très spécifique. [...]

Pour moi, ça, c'est très utile car ce qui est visé, c'est la réduction des coûts de la santé. Cela diminue les risques de complications liées à la période postopératoire. Je fais plus d'efforts pour remplir ces papiers que pour simplement essayer de s'institutionnaliser et de le faire joliment sur l'outil informatique » (Samuel, infirmier à l'Hopital général de Douala).

En résumé, la bureaucratisation de la profession d'infirmière, lorsqu'elle fait sens pour l'acteur, qu'elle paraît utile et concrète, est davantage acceptée par le personnel soignant. Dans cet état d'esprit, les tâches bureaucratiques peuvent même être réalisées avec soin. Cependant, «la violence de la quantification » (Ogien, *L'Esprit gestionnaire*, 1995, cité par Hibou, 2012 : 113) perturbe les infirmières dans leur activité professionnelle. En résulte, comme le fait justement remarquer Acker dans ces enquêtes, une « complexité des soins » qui se traduit par une surcharge de travail, laquelle affecte le mental du personnel infirmier (Acker, 2003).

2.2. À la recherche du temps perdu face aux fortes exigences administratives

Les infirmières manquent cruellement de temps pour réaliser l'ensemble des tâches qu'elles sont censées effectuer dans une même journée. En effet, toutes les personnes interviewées pointent cette carence. Cette véritable course contre la montre des infirmières n'affecte pas seulement la charge de travail des équipes de soins, mais influe aussi sur la qualité des soins à laquelle les infirmières aspirent. Le manque de temps est ainsi perçu comme un combat de tous les jours, comme nous le rappelle cette infirmière :

« On court après le temps. On doit se dépêcher de tout faire pour finir à l'heure, finir ce qu'on doit faire, et malheureusement le temps est un obstacle juste énorme, c'est notre conflit, notre duel de tous les jours, donc on se dépêche et je pense que la qualité s'en ressent » (Alexandra, infirmière à l'Hopital de District de Deido).

Le fait de ne pas avoir assez de temps grève non seulement la qualité des soins, notamment le côté relationnel avec le patient, mais aussi celle des gestes techniques, même si les règles d'hygiène et d'asepsie semblent respectées.

Il en ressort cependant de nos entretiens que l'aspect humain est laissé de côté au profit des gestes techniques. Par aspect humain, les infirmières entendent surtout prendre le temps de discuter avec le patient et sa famille. De plus, elles insistent sur le fait que la communication fait partie intégrante d'une bonne prise en charge du patient et de son bienêtre. Dans la plupart des entretiens, la toilette, autrement dit les soins corporels du quotidien, est un moment propice à l'échange, comme nous le fait remarquer cette infirmière :

« Par exemple, quand on fait une toilette, et qu'on est près du patient, on touche directement à son intimité, du coup on a le temps de discuter un peu » (Céline, infirmière).

Toutefois, par manque de temps, mais aussi, nous le verrons plus tard dans l'analyse, par une reconfiguration du travail d'infirmière, effectuer la toilette semble de plus en plus impossible pour elles, bien qu'elles attachent une importance particulière à ce soin. La conséquence de ce manque de temps se traduit surtout par une hiérarchisation des tâches à accomplir. Ce résultat confirme ainsi les recherches menées par Acker (Acker, 2005). Hiérarchiser, c'est opérer une sélection entre différentes éventualités. Les infirmières délaissent, à leurs dépens, le côté humain et relationnel, car les gestes techniques apparaissent comme une priorité nécessaire à l'aspect sécuritaire du patient. Les propos d'Emilie illustrent cette hiérarchisation des tâches :

« (…) mais malheureusement, comme on a énormément de soins aigus à faire et des médicaments intraveineux, des pansements, des trucs comme ça, malheureusement ces soins qu'on est obligé de faire pour le bien-être du patient, cela nous fait passer à côté de temps que l'on pourrait passer avec le patient. La communication, c'est quand même quelque chose dont les patients ont besoin » (Emilie, infirmière à l'Hopital Laquintinie de Douala).

Si le manque de temps oblige les infirmières à fixer des priorités dans leurs activités professionnelles, un autre paramètre se dégage de nos entretiens. Il s'agit de l'anticipation du manque de temps. En effet, lorsque le service est relativement calme et que les infirmières pourraient consacrer plus de temps au patient, elles continuent à prodiguer des soins dans un certain stress par peur de manquer de temps ultérieurement :

« Après, on a un mécanisme de réflexe, il y a des journées où on commence et on a le temps, mais on a peur que cela parte en live assez vite, c'est-à-dire que cela s'accélère, du coup on fait les choses vite, on anticipe le plus de choses, on les fait le plus rapidement possible dans l'éventualité que plus tard cela soit stress» (Samuel, infirmier à l'Hopital général de Douala).

Les résultats de notre travail corroborent ainsi ceux d'Acker qui relève que «si le mot d'ordre *aller vite, aller à l'essentiel,* caractérise le cadre dans lequel les infirmières et les aides-soignantes doivent déployer leurs actions de soins, une sorte de pression à travailler plus vite gagne l'ensemble des services » (Acker, 2005 : 168).

Toutefois, il convient de nuancer la perception de ce manque de temps. En effet, nos entretiens ont mis au jour l'importance du type d'unité ou de service sur cette perception. Le manque de temps n'est pas perçu de la même manière selon la spécialisation. Par exemple, une infirmière qui a d'abord travaillé en orthopédie explique qu'elle avait alors plus de temps et l'impression de mieux boucler ses journées :

« Le temps, non ! J'ai l'impression de ne pas avoir suffisamment de temps pour finir ma journée, surtout en chirurgie. En orthopédie, j'avais un peu moins ce sentiment, je pense que c'est inhérent à chaque spécialité » (Céline, infirmière).

Au final, les infirmières semblent ne pas avoir le temps de faire correctement leur travail. Ce résultat corrobore celui de l'enquête interne des CH, laquelle relève que le personnel ne jouit pas du temps nécessaire pour effectuer son travail. Si, à l'origine, on pouvait supposer que seul l'aspect relationnel serait sacrifié, il semble que les gestes techniques ne soient pas épargnés par cette course chronométrée. Par ailleurs, la pression à travailler vite gagne les infirmières qui, même en période d'accalmie, continuent à prodiguer les soins de manière rapide. La raison principale de cette précipitation repose sur un réflexe d'anticipation que les infirmières ont intériorisé pour se prémunir de l'imprévisible. En plus de ce mécanisme d'anticipation, nous avons montré que le personnel soignant hiérarchise ses tâches quotidiennes en fonction de l'aspect sécuritaire du patient, autrement dit, la technique avant le relationnel. Enfin, la recherche du temps n'est pas répartie de manière homogène entre les services. Les services de médecine aiguë apparaissent plus touchés par ce phénomène ; leur spécialisation semble donc une variable importante dans le temps à disposition ou son manque. Si le facteur temps apparaît nettement comme un élément affectant le quotidien des infirmières, d'autres éléments sont à prendre en considération comme les ressources humaines et matérielles de l'hôpital.

2.3. La nouvelle gouvernance le déficit de ressources

Après avoir exposé le processus de bureaucratisation des infirmières et la recherche du temps pour réaliser leur travail, il est désormais important de nous intéresser à la question des ressources et de l'environnement direct du travail. Par ressources, il faut non seulement entendre la dotation en personnel, mais aussi le matériel en tant que tel, c'est-à-dire les outils que manipule chaque jour le personnel soignant. L'environnement direct renvoie à l'unité de soins considérée comme l'espace d'interaction des infirmières.

Les infirmières se plaignent du manque de dotation en personnel, ce qui rend la gestion de l'unité difficile, comme le soulève cette infirmière :

« Les CH ont beaucoup d'objectifs financiers, il y a un rendement qui doit être fait et, du coup, nous, on en subit les conséquences car au niveau du personnel soignant, il y a eu un remaniement et on n'est pas doté suffisamment. On est souvent à la limite » (Géraldine, infirmière à l'Hopital Laquintinie de Douala).

Ces propos s'écartent de l'étude interne menée par les CH sur la culture du risque, selon laquelle près de trois professionnels sur quatre estiment qu'ils ont suffisamment de personnel pour faire face à la charge de travail. Cette discrépance s'explique très probablement par le fait que l'échantillon de l'étude se compose de plusieurs corps de métier comme les radiologues, médecins, infirmiers, aides-soignants, etc.

Toutefois, notre résultat correspond à l'étude de Bolton, qui montre que le travail des infirmières s'est intensifié rapidement sans pour autant faire correspondre le nombre de personnel à cette nouvelle charge de travail (Bolton, 2004 : 324).

L'étau financier qui se resserre sur l'hôpital impacte directement la dotation du personnel infirmier. Le gel des embauches, le fait de moins avoir recours à des intérimaires ainsi que l'appel des infirmières durant leurs vacances ou leurs jours de congé sont autant de facteurs qui épuisent les blouses blanches :

« On est pressées comme des citrons, il y a plein de fois où je rentre chez moi et je dis mais c'est quoi cette journée. Pas plus tard que lundi dernier, j'ai survécu, je suis arrivée chez moi en me disant, punaise ! j'ai survécu, j'ai tué personne… C'est tellement stressant, je suis sortie du boulot, j'ai ouvert les yeux et je me suis dit, punaise ! il fait jour, il y a de la vie » (Céline, infirmière).

La volonté affirmée de la direction de moins recourir aux ressources humaines force les services à une coopération transversale, autrement dit, à prêter leur main-d'œuvre soignante pour une journée ou plus. Cette tendance s'avère au sein des hôpitaux, comme nous le rappelle l'article d'un collectif de médecins français : « Alors qu'auparavant, chaque soignant était affecté à son propre service, désormais une part croissante va travailler au jour le jour dans telle ou telle spécialité » (Docteurs B., 2013 : 64).

L'ICUS tient des propos similaires : si elle évoque une baisse de la qualité des soins, elle relativise son discours en comparaison internationale et mentionne une détérioration des conditions de travail :

« Le temps…Vu qu'on est en dotation limite, on travaille au minimum. Les services sont dotés au minimum. Cela veut dire juste faire ce qu'il faut. Je pense qu'on a perdu tout ce côté plus qu'on pouvait donner en qualité. Cela veut dire par exemple rester discuter une demi-heure avec une dame, pouvoir creuser ce qui ne va pas, trouver des moyens. […] Mais par rapport à d'autres pays en Europe, je pense que l'on est bien. Par rapport à ce que j'entends de mes collègues qui ont travaillé en France, en Espagne ou au Portugal, on est bien » (Isabelle, ICUS).

En ce qui concerne le matériel utilisé par les infirmières pour effectuer leurs soins, on observe une baisse de qualité. Il arrive que la mise à disposition d'instruments de moins bonne qualité influe sur le travail du personnel soignant et complique les gestes techniques. Les infirmières doivent parfois s'y reprendre à plusieurs reprises pour réaliser leur geste technique, étant donné que le matériel, moins robuste, se casse facilement :

« La qualité du matériel a un peu diminué, les tubulures qu'on avait quand j'ai commencé étaient très bien. Ils ont sûrement trouvé une autre fabrique de tubulures qui doivent coûter moins cher, mais elles sont beaucoup moins bien. Plus difficiles à purger, ce qui pourrait mettre de l'air dans le sang, c'est important. Bref, elles sont moins pratiques à utiliser, elles se cassent facilement. Ah, elles se dévissent facilement, c'est pratique quand un patient doit bouger et qu'il y a du sang partout ! […] Si on a un matériel qui se casse plus facilement, on va donc en utiliser plus et on va perdre plus de temps. Ce n'est pas très cohérent, je trouve » (Emilie, infirmière à l'Hopital Laquintinie de Douala).

Un matériel de mauvaise qualité peut donc faire perdre du temps aux infirmières. Plus problématique encore, le manque de matériel de base, comme dans ce cas précis où le service ne compte temporairement pas assez de pompes à perfusion :

« L'autre jour, il nous manquait une pompe à perfusion pour compter les gouttes minute qu'on doit mettre. Il s'agit d'un liquide qu'on doit injecter durant une heure, et la petite machine qui compte les gouttes, on ne l'a pas. Et donc, on perd énormément de temps à faire cela avec notre montre. On pourrait faire cela avec une machine, mais les quatre machines qu'on a, deux sont à réparer, une est déjà utilisée et la dernière, on l'a prêtée à un autre service » (Alexandre, infirmière).

Cette pression sur les ressources résulte des coupes budgétaires imposées aux CH depuis quelques années pour rendre l'établissement efficient. La décentralisation des CH en pôles de gestion implique un engagement de la part des chefs d'unité qui sont également responsables du budget de leur service. Ces derniers reçoivent une enveloppe budgétaire pour faire tourner leur « petite entreprise ». Comme nous l'indique cette infirmière, certains chefs coupent le robinet pour « être dans les bons papiers de la direction », ce qui impacte négativement le travail des infirmières, parfois amenées à aller chercher le matériel manquant dans d'autres unités :

« On lui demandait de commander et il ne commandait pas, c'était un peu pour économiser, pour être dans les bons papiers du fait qu'on économisait, mais au final on était dépourvu de matériel, on devait aller voler de droite à gauche, c'était fou. [...] Les rouleaux de scotch pour des bandages, une fois sur deux, on n'en n'avait pas. On lui demandait d'en commander cinquante, il en commandait vingt, du coup, on en avait assez pour les trois premiers jours de la semaine. Mais en fin de semaine, on n'avait plus rien et, donc, on allait chercher à côté » (Juliette, Major au CDMA de Bonamoussadi).

Si les unités de soins sont soumises à la pression des chiffres, l'imposant complexe des CH n'est pas en reste. En effet, les infrastructures des CH datant de plusieurs décennies, les services de l'hôpital sont confrontés à des situations d'un autre temps, ainsi qu'en témoigne cette infirmière :

« En ce qui concerne les services hospitaliers, on a des chambres à sept lits, et cela, ce n'est plus possible en 2014. Sept lits, quand on a de plus en plus de patients, c'est huit lits, on colle quelqu'un contre le lavabo, on tire une sonnette avec une corde en condamnant une porte. C'est arrivé qu'on ajoute un neuvième lit en enlevant la table où les patients mangent. C'est clairement moyenâgeux, on ne peut plus faire cela » (Juliette, Major au CDMA de Bonamoussadi).

Cette configuration des soins choque les infirmières dans leur travail quotidien, car elle ne correspond pas, nous diront-elles, à une prise en charge respectueuse de l'intimité du patient et de l'aspect hygiénique. Il y a, pour reprendre Peneff, une « atteinte à la pudeur» (Peneff, 1992 : 75) du patient qui affecte la psyché des infirmières.

Enfin, on constate que la sous-dotation en ressources humaines épuise non seulement le personnel, mais le pousse à un certain désengagement. Toutefois, il est important de noter que cette démotivation ne touche pas directement le patient, mais concerne surtout le fait de coopérer ou non avec les CH en venant, par exemple, travailler un jour de congé ou en raccourcissant ses vacances. Au vu de la pression exercée par l'institution sur les infirmières, celles-ci sont de moins en moins enclines à collaborer avec les CH, à l'instar de Juliette :

« Du coup, c'est plein de choses qui font qu'on a moins envie de s'investir, qu'on a moins envie d'aider quand quelqu'un t'appelle pour changer d'horaire ; si cela m'arrange, je change, mais je ne vais plus faire d'efforts» (Juliette, Major au CDMA de Bonamoussadi).

L'hôpital d'aujourd'hui ne met pas à la disposition des infirmières les ressources adéquates pour réaliser leur travail convenablement, même si les règles d'hygiène et d'asepsie sont respectées. On constate qu'une partie du matériel a baissé en qualité, d'où une perte de temps pour les infirmières et, parfois, d'argent pour l'hôpital en raison d'un matériel déficient. De même, la pression des chiffres exercée sur les chefs d'unité se traduit parfois par des commandes incomplètes qui, d'un côté, permettent de respecter le budget mais, de l'autre, complexifient le travail des infirmières qui sont dès lors amenées à courir entre les services pour trouver le matériel nécessaire. Mais ce sont surtout les ressources humaines qui font défaut à l'hôpital et qui épuisent le personnel infirmier. Ce phénomène pousse les infirmières à se désinvestir, à faire la sourde oreille face aux demandes des CH. De manière générale, on peut dire que c'est le « productivisme » des soins dont parle Sainsaulieu qui fatigue mentalement les équipes hospitalières.

Les conclusions auxquelles nous arrivons dans cette section correspondent à l'enquête menée par Annandale dans les NHS. En effet, l'auteur met en exergue le manque de temps, de staff et de finances des hôpitaux britanniques (Annandale, 1996 : 430).

Par ailleurs, les contraintes qu'apporte la nouvelle gestion hospitalière concernent aussi les relations entre le personnel soignant et sa hiérarchie, notamment en termes de contrôle.

2.4. La direction : entre « surveiller et punir »

Les outils managériaux auxquels les infirmières sont confrontées quotidiennement sont perçus comme l'œil de Moscou. Cette surveillance semble s'être intensifiée à la suite d'un changement au sein de la direction des soins infirmiers, qui a instauré une sensation de devoir toujours tout justifier. Par ailleurs, les interstices de liberté se font de plus en plus rares. En effet, les infirmières perçoivent les instruments mis en place (DIP, tableau de bord, etc.) comme des moyens de contrôle sur leur travail et non des facilitateurs de tâche.

On observe, en lien avec ce contrôle toujours plus oppressant que les infirmières ressentent, un manque de confiance de la part de la hiérarchie, d'où un certain malaise avec ses représentants. Ainsi, l'instrument informatique cristallise très souvent ce contrôle qui devient le panoptique des soins, comme le mentionne cette infirmière :

« La hiérarchie plus haute a moins confiance en son personnel, elle a besoin de diriger, de tout minuter, de tout préciser, une sorte d'uniforme, on est comme des enfants, tous en rang, à la queue-leu-leu, et faites tout ce qu'on vous dit. Tous au pas. Ce n'est pas agréable, je voudrais qu'on ait plus confiance en moi. Cela passe par l'informatique, on peut faire le lien » (Céline, infirmière).

Toutefois, comme le montre bien Sainsaulieu dans ses recherches, la hiérarchie de terrain est moins critiquée que celle qui en est éloignée et suspectée de ne pas se rendre compte des problèmes (Sainsaulieu I., 2003 : 123). Nous arrivons au même constat que Sainsaulieu : les infirmières font davantage confiance à leur IRU qu'à leur direction générale.

L'extrait de cette exhortation d'une infirmière à sa direction vient conforter la suspicion de Sainsaulieu, selon laquelle la hiérarchie ne se rend pas compte des réalités du terrain :

« Mais viens voir le personnel ! On t'explique juste quel patient c'est et tu verras bien. Tu peux me faire confiance, si c'est du lourd, c'est que c'est lourd » (Juliette, Major au CDMA de Bonamoussadi).

De plus, cette surveillance s'effectue également de manière frontale avec les représentants de la direction des soins, qui sont perçus comme les gendarmes de l'hôpital :

« C'est la fameuse Madame untel. (…) Elle, c'est vraiment du flicage, elle est toujours là pour essayer de trouver la faute quelque part, son petit bonheur. Juste arriver dans le bureau pour voir si on fait des conneries. Mais cela n'arrive jamais car on travaille, on a une conscience professionnelle, on ne va pas commencer à s'allumer des clopes ou boire de la vodka dans le bureau » (Emilie, infirmière à l'Hopital Laquintinie de Douala).

Il est intéressant de constater que les propos d'Emilie soulignent que, face à ce contrôle hiérarchique, les infirmières ont une conscience professionnelle et que la direction des soins devrait leur faire pleinement confiance. Le regard que porte la direction sur les activités professionnelles des infirmières est associé à un manque de confiance émanant de la hiérarchie, qui entache la relation infirmière-direction.

La redevabilité, autrement dit, l'obligation des infirmières de rendre des comptes à la hiérarchie, s'effectue à travers des dispositifs désincarnés comme l'ordinateur, mais aussi par des contrôles inopinés de la direction des soins. En effet, les infirmières nous confieront qu'elles n'ont que très peu de contacts avec la direction, si ce n'est pour des problèmes ou des questions de réformes, comme celle de la réorganisation des services dans le sillage du virage ambulatoire. Cette redevabilité étant verticale, c'est-à-dire entre la hiérarchie et l'infirmière, elle correspond à la redevabilité « *public-administrative* » conceptualisée par Hupe et Hill. Empruntant la notion de *forum* à Bovens, nous avions vu que trois critères devaient être remplis pour parler de redevabilité dans une institution : les acteurs sont obligés de rendre des comptes, ils peuvent être interrogés sur les rendus, et des sanctions peuvent être prises à l'encontre des SLB. Au sein des CH, les trois obligations sont remplies dans la mesure où, tout d'abord, les infirmières sont tenues de rendre des comptes, c'est même une importante partie de leur journée de travail. S'agissant du deuxième critère, les infirmières sont parfois rappelées à l'ordre quant au fait qu'elles ne réalisent pas l'échelle de la douleur pour des patients en bonne santé. Par ailleurs, certaines d'entre elles nous disent que les contrôles sont de plus en plus fréquents. Enfin, en ce qui concerne le critère de la sanction, il apparaît que la direction en fait parfois usage. Dans le cas de figure rapporté, il s'agit d'une menace de sanction concernant la participation des infirmières à des formations e-learning :

« Mais ils demandent de faire cela pendant nos heures de travail alors qu'on est déjà débordé… Mais on doit le faire. Mais ce n'est pas de la mauvaise volonté, on n'a pas le temps. On a reçu un courriel il y a quelque temps qui disait que si on ne le faisait pas à telle date, ils nous enlèveraient cinquante francs de notre salaire. (…). On a été fliqué. On est fliqué à fond dans cet hôpital. On est fliqué pour tout !» (Emilie, infirmière à l'Hopital Laquintinie de Douala).

Le contrôle des infirmières, comme dans l'étude de Noblet et Rodwell consacrée à l'impact de la NGP sur les officiers de police (Noblet et Rodwell 2009b : 675), prétérite la motivation au travail. En effet, plusieurs infirmières montrent des signes de désinvestissement en réaction à la non-reconnaissance de la hiérarchie et au contrôle croissant de la direction, perçus comme une remise en cause de leur conscience professionnelle.

Le sentiment de contrôle est donc très fort chez le personnel infirmier qui conçoit les outils managériaux comme des instruments de surveillance. Par ailleurs, la direction des soins infirmiers est montrée du doigt dans la mesure où les rares contacts directs avec celle-ci consistent principalement à informer des plans de réforme. Les résultats montrent clairement que ce contrôle engendre un important déficit de confiance entre le personnel et sa hiérarchie, qui peut se traduire par une baisse de motivation. Enfin, ce n'est pas toute la hiérarchie qui est vilipendée.

En conclusion de Cette section, on remarque que les réformes hospitalières –introduction de la NGOP – modifient l'environnement de travail du personnel médical. Le déploiement d'un dispositif d'indicateurs de performance au sein des unités de soins, mais également les pressions hiérarchiques impactent directement l'activité de personnel. On constate une nette bureaucratisation de la profession des infirmières qui doivent désormais faire avec de plus en plus de paperasse administrative. Ce phénomène correspond en tous points à l'analyse de Faure selon laquelle la « nouvelle gouvernance » est vécue comme une « bureaucratisation accrue du rôle du praticien » (Faure, 2006 : 30). La contrainte du temps apparaît comme la première préoccupation des infirmières qui n'arrivent presque plus à être au chevet des patients et négligent ainsi le côté relationnel. Ce manque est davantage présent dans les services de soins aigus. En plus d'une charge de travail importante, les infirmières travaillent souvent en sous-effectif et avec un matériel de soin de moins bonne qualité qu'auparavant.

Le fait de devoir rendre des comptes à la haute hiérarchie engendre un sentiment d'être surveillé. Ce contrôle hiérarchique donne aux infirmières l'impression que la direction ne leur fait pas confiance et met ainsi en doute leur conscience professionnelle.

SECTION II : ANALYSE DE L'IMPACT MITIGE DE LA GOUVERNANCE HOSPITALIERE SUR L'AMELIORATION DES SERVICES AUX USAGERS DES CENTRES HOSPITALIERS.

1. DES VALEURS HUMANITAIRES AU CŒUR DES PRATIQUES DU PERSONNEL MEDICAL

Nous nous intéresserons ici à la conception que se fait le personnel de santé des soins de bonne qualité. Ce qui nous amènera à interroger l'épicentre de la profession que sont l'humanisme et le bienêtre du patient, objet du présent travail.

1.1. L'humain au cœur de la profession

Soigner ne peut se réduire à administrer des soins médicaux techniques, car l'action de soigner passe également par le fait de prendre soin des patients, autrement dit, d'être attentif à eux. Le côté relationnel, c'est-à-dire être au chevet du patient et pouvoir échanger avec lui, apparaît comme le leitmotiv de la profession d'infirmière. En évoquant la qualité au travail, Arborio reconnaît une « catégorisation spontanée » articulant « maîtrise technique » et « grande maîtrise relationnelle ».

On constate ici que le côté l'humain est au cœur des préoccupations du personnel soignant. Cette affirmation coïncide avec l'étude de Fagermoen qui arrive à la conclusion que « human dignity and altruism were the most prominent moral values [for nurse profession] (Fagermoen, 1997 : 434).

Aux yeux des infirmières, une bonne professionnelle fait preuve d'altruisme, d'empathie, de disponibilité et de don de soi. En effet, le côté humain apparaît nécessaire pour créer et développer une relation d'aide qui vise à accompagner le patient vers la guérison, ainsi que le précise cette infirmière :

« C'est aussi la communication, c'est la base, il faut créer du lien avec la personne en vue d'une guérison, en particulier en psychiatrie. C'est une qualité requise et nécessaire dans les soins » (Monique, infirmière).

Pour citer Acker: «Le souci du confort du patient se révèle dans une façon d'être présent à l'autre, de manifester une disponibilité, une écoute, une façon de créer un espace propice à l'expression des préoccupations, des angoisses. Il consiste à rassurer le patient en lui donnant à entendre que l'on sait ce qu'il y a à faire » (Acker, 2009 : 63). Cependant, comme le reconnaît le même auteur, les « tâches d'écoute et d'accompagnement », en d'autres termes l'éthique *care,* concordent très difficilement avec le temps des tournées des patients, le temps des « routines organisationnelles » et « le temps de l'horloge » (Acker, 2005 : 171).

En réponse à cette contrainte temporelle, les infirmières effectuent des heures supplémentaires afin de pouvoir échanger avec le patient.

Il ressort clairement que les infirmières attachent une très grande importance aux contacts humains. D'ailleurs, c'est très souvent la principale raison qui les a motivées à entamer une carrière dans les soins. L'éthique du *care* « affirme [ainsi] l'importance des soins et l'attention portée aux autres » (Laugier, 2012 : 113).

L'aspect relationnel est souvent incompatible, comme vu plus haut, avec les exigences du quotidien. Il en va ainsi des tâches d'écoute qui, selon Acker, sont « bousculées » par les impératifs administratifs (Acker, 2009). L'intérêt que porte le personnel infirmier à l'humain se cristallise dans le droit du patient, un droit au bien-être.

1.2. Le droit du patient : une redevabilité

Aujourd'hui, la nouvelle gouvernance hospitalière accorde une attention toute particulière à la qualité des soins et, plus particulièrement, à la satisfaction des patients considérés, dans ce cas, comme des clients. Ainsi, le droit du patient, une sorte de *vade-mecum* des soins, est de plus est plus « publicisé », comme l'atteste le site Internet des CH, qui consacre plusieurs pages à cette question[39]. Aussi, le droit du patient est une préoccupation majeure du personnel soignant, étant donné qu'il tend à une meilleure communication et à un respect des volontés des personnes hospitalisées. Deux éléments qui apparaissent primordiaux aux yeux des infirmières car «la culture soignante, les valeurs acquises pendant la formation professionnelle, notamment, font du souci du patient, de son confort, une des dimensions centrales, fondatrices des soins » (Acker, 2009 : 63).

Le droit du patient a d'ores et déjà été étudié par plusieurs auteurs, dont Annandale qui parle d'un véritable « refrain » que fredonnent les infirmières (Annandale, 1996 : 422). Ainsi, défendre bec et ongles le bien-être du patient et ses volontés, comme nous l'avons observé, constitue une confirmation empirique de recherches antérieures. Empruntant à nouveau le concept de redevabilité à Hupe et Hill – qui soutiennent que la «governance of and by street-level bureaucrats is practised in a variety of action situations, while street-level

[39] http://www.CH-ge.ch/vos-droits. Il existe un renforcement du droit au patient depuis 2013 suite à la révision du Code civil suisse.

bureaucrats are held accountable in various relations: bottom-up as well as topdown, but also sideways» (Hupe et Hill, 2007 : 295) –, on observe que la redevabilité au patient est plus importante pour les infirmières que la redevabilité envers leur hiérarchie (Annandale, 1996 : 421). Pour reprendre leur terminologie, la *participatory accountability* compte beaucoup plus pour le personnel infirmier que l'*administrative accountability* que nous avons développée plus haut.

Par ailleurs, lorsque les patients estiment qu'ils ne sont pas bien pris en charge, c'est régulièrement sur le personnel soignant que cela retombe, ainsi que le précise cette infirmière au sujet des formulaires de sortie :

Il est intéressant de remarquer que la redevabilité des infirmières est plus forte pour le patient et son bien-être que pour la hiérarchie de l'hôpital. Par ailleurs, défendre le droit du patient apparaît comme une priorité pour le personnel soignant qui s'attache à faire respecter l'éthique du *care* et, ainsi, à préserver un cadre agréable de travail. Le droit du patient se nourrit des valeurs et des croyances des infirmières, lesquelles entrent souvent en contradiction avec les logiques managériales.

1.3. La disjonction entre valeurs professionnelles et impératifs managériaux

Dans la section précédente, nous avons décrit comment le relationnel, l'aspect humain et le bien-être du patient alimentent l'éthique du *care,* qui est au cœur du travail du personnel médical. Cependant, l'orthodoxie de la NGOP, qui se déploie au travers des outils managériaux, entre en contradiction avec le système de valeurs des infirmières, comme le suggère Schweyer: «La confrontation brutale entre le monde du nouveau management public et le monde des soins et de la médecine à l'hôpital public est ressentie comme un conflit de valeurs par les personnels hospitaliers. Elle est source de désarroi, de désenchantement et souvent de mécontentement. Les préoccupations d'ordre économique, devenues omniprésentes à l'hôpital, obligent à compter, à évaluer les coûts, à se soucier d'efficacité, à se mobiliser pour l'efficience. Les dispositifs de gestion inquiètent parce qu'ils n'appartiennent pas au système de valeurs partagé. La crainte de voir apparaître la rentabilité du patient traduit en fait la perte du sens de ce qui constituait une dimension du soin » (Schweyer, 2009 : 737). Il apparaît dans l'extrait ci-après que les injonctions managériales éloignent le personnel soignant du patient et qu'il faut se faire violence pour abandonner momentanément ses activités de soin pour du travail administratif :

« Et c'est une barrière. Cela nous éloigne du patient. Alors on a un chef de service, le docteur X qui veut absolument qu'on passe plus de temps avec le patient, mais c'est paradoxal, on a tellement d'exigences sur la papérasse que concrètement, on ne peut pas se dédoubler. Donc, au bout d'un moment, je suis obligée de trancher, de me dire stop, je vais faire une demi-heure d'ordinateur sinon je pourrais avoir des heures supplémentaires » (Géraldine, infirmière à l'Hopital Laquintinie de Douala).

L'introduction de logique et d'outils managériaux n'éloigne pas seulement les infirmières des patients, mais entre véritablement en collision avec leur éthique. On observe de manière patente un « antagonisme entre les valeurs professionnelles et les priorités de l'institution hospitalière » (Gobet, 2002 : 227). Comme cette infirmière qui se plaint de ne pas être au chevet du patient lorsqu'elle doit effectuer des tâches administratives. Selon les infirmières, ce ne sont pas seulement les outils managériaux qui les empêchent de vivre leur conception des soins, mais aussi les exigences de la direction, lesquelles sont en porte-à-faux avec leurs « idéaux » :

« C'est au niveau hiérarchique qu'ils ont des attentes qui ne sont pas adéquates ou qui n'ont pas du tout de bon sens » (Emilie, infirmière à l'Hopital Laquintinie de Douala).

De l'entretien que nous avons eu avec l'ICUS ressort clairement cette opposition entre les « valeurs professionnelles » et les « valeurs bureaucratiques » (Gobet, 2002 : 227) : Ces injonctions paradoxales conduisent les infirmières à ressentir une certaine culpabilité professionnelle, étant donné que « le monde médical, la bureaucratisation des pratiques, notamment hospitalières, créent une tension entre la logique de bien public et celle du marché et de l'entreprise » (Hibou, 2012 : 61). En effet, le « grand écart » dont parle Sainsaulieu, et qui amène les infirmières à devoir « sacrifier une relation au patient », est souvent vécu comme quelque chose mettant le travail en souffrance (Sausaulieu I., 2003 : 83).

Cependant, si le cœur de l'activité des infirmières semble clairement touché par les impératifs managériaux, celles-ci continuent tout de même de donner, dans la mesure du possible, la priorité à l'aspect humain. Pourtant, on remarque que les activités relationnelles ne sont pas celles qui sont valorisées par l'institution, comme nous l'avons montré au chapitre précédent. En effet, on constate un certain paradoxe : l'hôpital « exige rarement que l'on rende compte de ce travail [le côté humain], alors même qu'il est supposé être le ressort de l'action de tous les professionnels» (Acker, 2009 : 64), ainsi que le précise cet infirmier :

«. Je dirais qu'à l'hôpital, on a une qualité somatique, des gestes techniques qui sont exceptionnels ; les CH sont très réputés pour cela d'ailleurs. On apprend énormément.» (Samuel, infirmier à l'Hopital général de Douala).

Le fait que certaines activités des infirmières sont enfouies sous des « couches de silence » (Star et Strauss, 1999) résulte principalement du statut professionnel que détiennent les acteurs au sein de l'organisation, comme l'observent Acker et Bourret (Acker et Bourret, 2011). Les infirmières occupent une place intermédiaire dans l'organisation du travail des hôpitaux, car elles se situent entre le médecin, qui prescrit les actes médicaux et les aides-soignantes, qui collaborent avec le personnel infirmier dans la prise en charge des patients. Ainsi, l'« invisibilité des soins» du *care* peut être, en partie, expliquée par l'hypervisibilité des actions médicales. Autrement dit, les gestes du bistouri sont nettement plus visibles et valorisés que les gestes humains « impalpables » des infirmières qui œuvrent dans l'ombre. Comme le font remarquer Acker et Bourret, la visibilité des tâches est associée à un certain « prestige » de l'activité. S'ajoute à cette idée de prestige que les actes techniques sont plus facilement traduisibles dans le DIP que les actes relationnels. Le chapitre précédent avait montré que les programmes informatiques des hôpitaux étaient loin de permettre un inventaire complet des tâches des infirmières. Par ailleurs, il est plus compliqué de justifier les soins relationnels.

Enfin, cette distorsion des valeurs peut conduire certains professionnels à réfléchir à un éventuel départ de l'hôpital. Pour reprendre le concept d'Hirschman (1970), on observe que, si les infirmières privilégient la protestation, notamment à l'encontre des médecins, elles peuvent penser à une éventuelle sortie (*exit*).

Notons que, à l'image de Géraldine, plusieurs d'entre elles évoquent clairement une future réorientation professionnelle. Ce processus d'*exit* est à mettre en lien avec le « désenchantement » de la culture infirmière que nous avons évoqué au tout début de ce sous-chapitre (Schweyer, 2009 : 737).

Les valeurs professionnelles des infirmières se heurtent donc incontestablement à la logique gestionnaire de l'hôpital. Le personnel soignant est ainsi tiraillé entre ses propres logiques, celles du *care* et de l'humain, et celles des impératifs managériaux et de rentabilité qu'imposent les structures hospitalières. La culpabilité d'être dans l'impossibilité de rendre « visible » le «travail invisible» mène les infirmières à avoir l'impression de ne pas bien faire leur travail.

Au vu de nos observations, nous sommes en mesure de pouvoir confirmer notre hypothèse (h2) qui affirme que les conditions de travail des infirmières entrent en contradiction avec leurs valeurs professionnelles et le sens qu'elles donnent à leur travail. Le chapitre suivant apportera un éclairage complémentaire à la perte de sens de l'activité d'infirmière, dont la nouvelle parcellisation des tâches des infirmières est une cause.

En conclusion, « les réformes mettent clairement les normes professionnelles en souffrance (...) [étant donné] les injonctions managériales et économiques souvent fortement éloignées des valeurs qui fondent leur identité professionnelle [celle des infirmières] » (Evetts, 2009, 2013, cité par Giauque, 2013 : 5). Ainsi, et pour reprendre l'expression de Schweyer, on assiste à une forme de « désenchantement » au sein du personnel soignant des hôpitaux (Schweyer, 2009).

1.4. La qualité empêchée des infirmières : une souffrance au travail

La partie précédente a permis d'attester l'existence au sein des CHD d'un décalage manifeste entre les valeurs des infirmières et celles de l'organisation hospitalière. Ce conflit de valeurs entre ce qui compte pour les infirmières dans la *bonne* réalisation de leur travail et ce qu'elles peuvent véritablement faire engendre un sentiment de culpabilité, comme mentionné, mais, chose nouvelle, il génère une souffrance (De Gaulejac, 2011). Le mécanisme de cette souffrance au travail découle du fait que les infirmières doivent accomplir leurs tâches avec des outils inappropriés et en les bâclant, faute de temps. Ainsi, c'est ce travail pas fait, entrant en dissonance avec l'éthique des infirmières, qui fait souffrir le personnel soignant (Molinier, in Lallement et al. 2011 : 16).

En résulte que les nouvelles formes d'organisation empêchent de bien faire son travail (De Gaulejac, 2011 : 149). Ainsi, c'est cette « qualité empêchée » (Clot, 2010) qui fait souffrir les infirmières, l'environnement de travail ne leur permettant pas de faire coïncider leurs valeurs avec celles de l'organisation.

En effet, le personnel soignant a le souci du « précieux » (Clot, 2010 : 40), c'est-à-dire qu'il prend soin de ses tâches, qu'il a le goût du travail bien fait, comme l'exprime cette infirmière :

Les infirmières parlent souvent d'une frustration dans leur travail qui découle de la sensation de faire du « sale boulot » (Arborio 2001). L'insatisfaction professionnelle déteint même sur la vie privée et peut même être source d'angoisse avant de rejoindre l'hôpital. Le miroir à double face que nous tend cette infirmière permet une nouvelle fois de comprendre le phénomène de la souffrance des infirmières comme résultante d'une action « privée de son contenu

», d'une « activité qui perd son âme » (Lecomte, 2010). En conséquence, c'est la profession qui est en souffrance.

Monique fait indirectement référence à l'idée d'une perte de sens du travail infirmier en disant : « les raisons du pourquoi elles ont choisi ce métier ». Ainsi, la souffrance auprès des infirmières est en quelque sorte une destruction d'agir, une privation qui donne au « non-sens » un « sens », celui de la destruction (Bayart J.-F., *Le Gouvernement du monde,* 2004, cité par Hibou, 2012 : 64).

Ce n'est pas uniquement l'organisation de l'hôpital et ses logiques gestionnaires qui entrent en collision avec les valeurs des infirmières, mais aussi l'attitude des médecins envers la mort. En effet, les infirmières de cette unité sont régulièrement confrontées à des situations de soins palliatifs précédant la mort du patient. De manière assez marquée, l'équipe de cette unité évoque les difficultés qu'elle peut rencontrer avec les médecins dans la gestion de la mort, comme l'exprime clairement cette infirmière qui souffre de voir un patient se tordre de douleur et qui n'a d'ailleurs plus le courage de pénétrer dans sa chambre.

Le vécu de cette infirmière rend parfaitement compte des conclusions de Castra, qui soutient que « l'imaginaire palliatif risque d'être générateur d'un sentiment d'échec devant une réalité trop éloignée ou en contradiction avec cet idéal. L'impossibilité de parvenir à une fin de vie proche de l'idéal professionnel peut ainsi devenir une source non négligeable de tension ou de souffrance au travail. (Castra, in *Au-delà du stress au travail*, 2008 : 126). Comme avec Alexandra, les agonies interminables peuvent avoir comme conséquence un « retrait ou un désengagement », (Castra, in *Au-delà du stress au travail*, 2008 : 128).

Ainsi, le choc entre les valeurs des infirmières et les impératifs managériaux constitue le terreau fertile à l'émergence d'une souffrance au travail. Cette souffrance procède du corset managérial que sont obligées de revêtir les infirmières, lequel les empêche de bien réaliser leurs tâches. En empruntant le concept de « qualité empêchée » de Clot, on constate que les maux au travail chez les infirmières ne résultent pas de l'activité réalisée mais de celle qui est empêchée. En d'autres termes, c'est ce qui a de la valeur aux yeux des infirmières qui peut conduire à de la souffrance au travail. En fin de compte, l'éthique du *care* est constamment mise à mal par les injonctions managériales, mais aussi par les ordres des médecins, d'où une éventuelle perte de sens donnée au travail par les infirmières.

Le personnel infirmier en souffrance essaie de prendre de la distance par rapport aux actes contraires à ses valeurs et peut parfois se « disqualifier » de l'institution ; deux stratégies utilisées pour mieux se protéger.

Aussi, les résultats de notre enquête semblent corroborer notre hypothèse de travail (h3), qui sous-tend que la dissonance entre l'éthique et les conditions de travail induit une souffrance chez les infirmières.

À la clôture de cette articulation, il apparaît que le personnel infirmier est le nouveau malade des hôpitaux. En effet, après avoir démontré que l'aspect humain, consubstantiel aux gestes techniques, est souvent « invisible » et « occulté » (Acker, 2009 : 64), il représente pourtant le cœur du travail des infirmières. Ce qui nous amène à observer et ce, de manière indiscutable, que la logique managériale se heurte à la notion du *care* (Clarke et al., 2000). Cette éthique professionnelle s'incarne dans le droit du patient, un droit défendu par les infirmières qui en sont devenues les gardiennes.

Cette partie a également soulevé l'importante dissonance entre les valeurs du personnel infirmier et la doctrine de la NGOP. De fait, les réformes managériales, en tentant d'accroître la productivité des soignants, réduisent le temps qu'ils peuvent passer auprès de chaque patient et se mettent en porte-à-faux avec cette dimension du soin [la relation humaine] » (Belorgey 2010, 224). L'origine de la souffrance, qui « contamine » les infirmières, est à chercher dans la « qualité empêchée ». Cette impossibilité de bien faire se traduit souvent par de la culpabilité et par un sentiment de mal faire son travail. L'hôpital-entreprise ne valorise pas le côté relationnel des soins infirmiers « en refoulant l'infirmière dans un rôle plus technique et en ouvrant ainsi un conflit d'identité assez important » (Petitat, 1994). Ainsi, c'est le sens de l'activité qui est frappé de plein fouet, autrement dit « le sens de l'engagement personnel et les cultures professionnelles [qui] sont directement interpellés (Schweyer, 2009 : 738). Un sens qui est également menacé par une perte d'autonomie du travail infirmier.

2. LES IMPACTS DES REFORMES HOSPITALIERES SUR L'AUTONOMIE PROFESSIONNELLE DU PERSONNEL : VERS UNE MORALISATION DE LA PROFESSION MEDICALE.

Dans cette partie, nous nous intéresserons à la question de l'autonomie des infirmières et, notamment, à la reconfiguration du travail infirmier, qui modifie le contenu de l'activité. Puis, nous regarderons le pouvoir discrétionnaire de ces acteurs de terrain et essaierons de comprendre les logiques qui sous-tendent ces stratégies d'ajustement.

Il existe un accord quasi unanime dans la littérature scientifique quant au fait que les professions du secteur public connaissent une perte d'autonomie (Bezes et al., 2011 : 309). Les auteurs confirment en soutenant que les réformes diminuent l'autonomie et remettent également en cause le pouvoir discrétionnaire (Bezes et al., 2011 : 297). En ce qui concerne les infirmières des CH, on constate qu'elles tiennent un discours relativement ambigu. D'un côté, elles reconnaissent qu'elles exécutent les ordres médico-délégués et, de l'autre, elles signalent qu'elles doivent faire appel à leur jugement et qu'elles s'écartent parfois des règles.

L'explication de cette ambiguïté réside dans le fait que la profession d'infirmière est touchée par une contradiction de taille. Le rôle de l'infirmière est d'exécuter les ordres des médecins (rôle d'exécutant), mais elles sont également responsables en cas d'incident (rôle de responsable). Ainsi, le personnel infirmier doit naviguer entre les deux rives de cette contradiction.

S'il est encore tôt pour parler d'autonomie, on peut d'ores et déjà avancer qu'au vu de cette contradiction, on peut penser que l'autonomie est une condition importante, voire cruciale, dans l'accomplissement du travail infirmier. D'ailleurs, comme le souligne Brodkin, «studies have shown how the discretion that is essential to responsiveness may be squeezed out, reducing opportunities for staff to respond to client needs as they understand them» (Brodkin, 2012 : 945).

Toutefois, la reconfiguration des soins au sein des structures hospitalières semble réduire l'autonomie des infirmières dans la prise en charge du patient.

2.1. La segmentation du travail infirmier : un non-sens

Le processus de professionnalisation (Dubar et Tripier, 2011; Evetts, 2009 : 251) qui touche le métier d'infirmière affecte de manière substantielle leurs activités. Notre étude met en lumière une forme de « parcellisation » des tâches de soins (Sainsaulieu I., 2007 : 80). Cette *division du travail social* (Durkheim, 1893) diminue l'autonomie des infirmières dans la mesure où ces dernières ne peuvent plus effectuer une prise en charge globale du patient. En effet, une partie de leurs tâches est déléguée aux aides-soignantes. Ces tâches, davantage tournées vers le *care* et de moins en moins réalisées par les infirmières, génèrent un sentiment de dépossession du travail, étant donné que ces activités en enlèvent une partie intéressante. Cette « segmentation de la prise en charge du patient » qu'observe Acker, mais déjà soulevée par Strauss et Freidson sous le concept d'ordres négociés (Acker, 2009 : 65 ; Freidson, 1970, 1971, 1985 ; Strauss, 1959, 1966, 1992). La segmentation du travail est perçue par les infirmières comme un éloignement du patient. Par ailleurs, cette reconfiguration du travail affecte le socle des valeurs de la profession comme l'exprime Géraldine par « la base du *nursing* », ce qui peut engendrer une souffrance chez les infirmières car on les prive d'une partie importante du contenu de leurs activités. Comme le souligne cette infirmière, ce phénomène impacte négativement l'intérêt de la profession :

« Le rôle de l'infirmière perd en termes d'intérêt parce que, quelque part, une toilette – des personnes peuvent considérer cela comme quelque chose d'ennuyeux – c'est un bon moyen d'entrer en lien avec le patient, parce que le temps que tu prends à faire des soins corporels, c'est un moment où tu peux échanger sur son histoire, savoir comment la personne se sent, etc. » (Monique, infirmière l'Hopital de Logbaba).

De plus, les infirmières doivent faire face à une évolution majeure qui touche les hôpitaux suisses depuis quelques années : l'arrivée d'une nouvelle profession qui redéfinit les frontières des tâches. Si l'infirmière partageait la prise en charge quotidienne du patient avec l'aide-soignante, cette nouvelle profession intermédiaire qu'est l'assistante en soins et santé communautaire (ASSC) vient bousculer la logique de travail établie depuis des décennies. Les infirmières interviewées ont montré une certaine réserve ainsi qu'une méfiance à l'égard de ce nouveau corps de métier. On peut expliquer ce phénomène par deux facteurs liés l'un à l'autre : une bureaucratisation croissante de l'activité d'infirmière et la fin d'une prise en charge globale. Si les infirmières sont sur leurs gardes, c'est que l'ASSC, contrairement aux aides-soignantes, exécute certains actes médicotechniques[40] qui étaient, jusque-là, l'apanage du personnel infirmier.

Par ailleurs, la nouvelle répartition des tâches de ce triumvirat influe sur l'autonomie des infirmières dans la mesure où ces dernières doivent renoncer à leur conception holistique des soins. Autrement dit, elles perdent en souveraineté.

---

[40] Comme le stipule l'art. 1 de l'ordonnance fédérale relative aux ASSC qui définit que « les assistants en soins et santé communautaire CFC soignent et accompagnent des clients en institution et en ambulatoire dans des institutions de la santé et du social. Dans ce cadre, ils exécutent également des actes médico-techniques ».

Ainsi, nos résultats corroborent ceux de Sainsaulieu, qui soulève que l'«accroissement de la division du travail aboutit à une moindre prise en charge du patient» (Sainsaulieu I., 2007) pour l'infirmière, évolution perçue par les infirmières comme la conséquence des coupes budgétaires (les ASSC coûtant moins). La redéfinition de la prise en charge du patient pourrait, selon les infirmières, entraîner une dégradation de la qualité des soins (Docteurs B., 2013 : 62), notamment par un « saucissonnage » des tâches qui réduirait la qualité des soins prodigués (le patient n'est plus pris globalement). La reconfiguration du travail d'infirmière interroge le sens de la profession. En effet, en perdant cette vision globale du patient, les infirmières perdent une partie du sens qu'elles donnent à leur travail. Dans cette même veine, l'étude des CH montre qu'un peu plus de la moitié des collaborateurs trouve du sens dans sa profession (en adéquation avec ses valeurs), tandis que l'autre n'en voit peu ou pas. Ce résultat est d'autant plus préoccupant que la professionnalisation des infirmières va à l'encontre de leurs valeurs et de leur éthique. Ce processus s'inscrit dès lors en contradiction avec les raisons qui ont motivé le personnel soignant à épouser cette profession, comme le rappelle cette infirmière consciente que l'on cherche, à travers le processus de professionnalisation, à valoriser le métier au grand dam des premières concernées, les infirmières.

Cette nouvelle division des activités, couplée à la surcharge de travail, limite la relation d'une prise en charge globale du patient, ce qui explique pourquoi les infirmières évoquent une perte d'autonomie (Sainsaulieu I., 2003 : 84) et de sens. Pourtant, les études scientifiques au sujet des SLB insistent sur l'autonomie et le pouvoir discrétionnaires des acteurs de terrain pour s'assurer de la bonne mise en œuvre des politiques publiques.

2.2. Les stratégies d'ajustement, une morale nécessaire pour des meilleurs services hospitaliers.

Les sections précédentes ont montré que dans le contexte de travail des infirmières, les ressources mises à disposition sont en inadéquation avec leurs tâches (Nielsen, 2006 : 864) mais également avec leurs valeurs professionnelles (Maynard-Moody et Musheno, 2003 : 6). Par ailleurs, nous avons observé une forte dissonance entre les valeurs de l'organisation et celles des infirmières, laquelle engendre de la souffrance. Ainsi, pour paraphraser Lipsky, les infirmières font face à un véritable dilemme : faut-il respecter les normes organisationnelles ou leur éthique ? Ce dilemme est d'autant plus paroxystique lorsque l'on sait que le personnel soignant est en contact direct avec des êtres humains (Lipsky, 1980 : 161). Cette infirmière évoque l'importance de s'écarter des règles :

« Par ailleurs, il faut de la souplesse d'esprit, ce n'est pas parce qu'il y a le protocole de faire comme ci ou comme ça, il y a des règles, mais il faut quand même s'adapter. Nous, on ne travaille pas avec des machines mais avec des gens. Alors, on peut faire de petits écarts si on comprend la situation. Quand les familles viennent de loin pour visiter un patient, par exemple et que ce n'est plus l'heure des visites, on ne va pas dire tous dehors (...) on va faire un effort, on se met à leur place » (Juliette, Major au CDMA de Bonamoussadi).

Les écarts que s'autorisent les infirmières ne doivent jamais mettre en danger la sécurité du patient, une préoccupation qui est au cœur de la profession d'infirmière. Le mécanisme sur lequel reposent le pouvoir discrétionnaire et l'autonomie est avant tout le bien-être du patient. En effet, c'est son confort qui peut par exemple conduire les infirmières à administrer des médicaments ou, au contraire, à ne pas respecter les ordres médicaux. Cependant, la latitude de cette autonomie est relativement restreinte.

Ce sont en effet des éléments mineurs qui sont mentionnés mais qui permettent toutefois d'adapter les soins médico-délégués aux valeurs des infirmières. Il existe une autre situation qui pousse les infirmières à prendre une certaine autonomie, comme l'action de donner un Dafalgan à un patient sans en avoir reçu l'ordre du médecin. Cela peut peut-être paraître anodin, mais souvenons-nous que nous sommes dans une unité de soins aigus et que la prise de médicaments aussi usuels que le paracétamol peut s'avérer dangereuse. Il s'agit de la situation où le médecin tarde à répondre aux requêtes de l'infirmière. Le personnel soignant, confronté à l'atermoiement des médecins, sera incité à administrer un antidouleur au patient lorsqu'il ne peut pas supporter la douleur de ce dernier.

L'autonomie du personnel soignant en ce qui concerne l'administration de médicaments ne se fait pas au gré du hasard. Les infirmières s'octroient cette liberté uniquement si elles peuvent évaluer la situation, autrement dit, juger avec leur expertise mais aussi leur éthique, de la nécessité ou non de prendre cette décision qui constitue un risque pour elles. On constate dès lors que le « choix » du personnel soignant de s'écarter des règles et procédures habituelles repose sur un critère moral (Rice, 2012 : 1045) et d'expertise (Lipsky, 1980) comme l'a observé Rice qui soutient que les « workers' behaviours are influenced more by their own moral judgments, which are based on their personal knowledge of and constant interactions with clients » (Riccucci, 2005 : 71).

Enfin, l'autonomie des infirmières est tempérée par un certain pragmatisme : « Their decisions and actions are based on their judgments of the individual citizens clients, tempered by pragmatism » (MaynardMoody et Musheno, 2000 : 356). Lorsque l'infirmier raconte qu'il a pris l'initiative de perfuser un patient, parce que le médecin avait oublié de donner l'ordre de l'alimenter par voie veineuse, on ne peut que démontrer, par cet exemple, l'importance de l'autonomie de l'infirmier.

L'autonomie et le pouvoir discrétionnaire de ces SLB au sein des hôpitaux passent également par le processus de hiérarchisation des tâches. La bureaucratisation du travail ne correspondant pas aux valeurs et à l'éthique professionnelle, les infirmières ne respectent pas toujours les injonctions administratives, comme l'exprime le même infirmier. Plus concrètement, cette stratégie de *coping* (Nielsen, 2006 : 881) concerne des actes informatiques comme le fait de devoir effectuer pour chaque patient une échelle de douleur et ceci, même pour des patients en excellente santé. Cette infirmière reconnaît qu'elle n'effectue pas ce travail car cela n'a aucun sens pour elle. Par ailleurs, cette citation confirme une nouvelle fois le jugement qu'opère l'infirmière pour pouvoir auto-légitimer son action. Dans certaines situations, les infirmières vont valider en un seul clic sur l'ordinateur toutes les tâches qui étaient à effectuer durant leur journée de travail même si cela ne correspond pas à la réalité :

« Si on bâcle quelque chose, c'est l'informatique, car cela n'a aucun effet direct sur l'état du patient. Et puis, cela nous prend juste un temps fou cette informatique, déjà qu'on n'a pas mangé, on en a marre, c'est donc cela qu'on va bâcler mais pas les choses importantes. On essaie de cliquer les soins pour justifier qu'on est autant dans l'unité, car cela donne des points » (Emilie, infirmière à l'Hopital Laquintinie de Douala).

Les deux derniers exemples montrent que les infirmières s'autorisent une autonomie dont l'objectif est de pouvoir mettre en adéquation leurs préférences individuelles (leur éthique) et leur moralité avec leur travail, ce qui se traduit par une hétérogénéité des pratiques discrétionnaires (Brodkin, 2012 : 946). En effet, notre étude confirme ce postulat étant donné que le degré d'autonomie que s'autorise chaque infirmière est relativement différent, certaines ne donnant jamais de Dafalgan à un patient, alors que pour d'autres, son administration fait partie du répertoire de solutions.

Par ailleurs, notre enquête a montré que les infirmières se réfèrent souvent à l'équipe de l'unité pour savoir si les collègues s'octroient ou non un pouvoir discrétionnaire et sous quelle forme. Dès lors, aux deux redevabilités que nous avons rencontrées jusqu'à présent (*publicadministrative* et *participatory accountabilities*), s'ajoute la troisième, la redevabilité entre les membres de l'équipe (*professional accountability*). La consultation de ses collègues sur les pratiques discrétionnaires vient corroborer les résultats d'Annandale qui voit un besoin de communiquer, entre collègues, sur les différentes actions de chacun des membres de l'équipe (Annandale, 1996 : 441).

Enfin, il apparaît que l'autonomie ne se pratique pas de la même manière selon les spécialités de chaque service. En effet, il semble que l'autonomie dépende du caractère aigu ou non du service mais aussi de l'équipe.

En résumé, l'autonomie dont font preuve les infirmières ne doit en aucune façon comporter un risque sanitaire ou sécuritaire pour le patient ; leur éthique professionnelle le leur interdit. Le pouvoir discrétionnaire des infirmières s'effectue selon trois critères, en plus de celui de la sécurité : la moralité, la connaissance et la hiérarchisation. En effet, le personnel soignant s'écarte de la règle ou des protocoles lorsque son éthique est mise à mal ou que le sens qu'il donne à son action en est vidé. L'infirmière fait ainsi appel à sa moralité mais également à sa connaissance relative aux effets des médicaments sur le métabolisme. Le processus de hiérarchisation apparaît guider la réflexion des infirmières entre plusieurs alternatives. Ce phénomène est d'autant plus perceptible lorsqu'elles sont tiraillées entre les tâches du *care* et celles de l'administration. Nous avons observé trois situations dans lesquelles les infirmières usent du pouvoir discrétionnaire : à l'occasion d'un manque de coopération entre médecins et infirmières, lorsqu'elles doivent hiérarchiser leurs tâches, notamment en fonction des redevabilités administratives, et enfin, lorsqu'il s'agit d'effectuer des protocoles de soins trop contraignants et à la limite de l'absurde.

Les constats retenus dans ce chapitre nous permettent de confirmer notre dernière hypothèse (h4), selon laquelle l'introduction de logique et d'outils managériaux contraires aux valeurs et à l'éthique professionnelles conduit les infirmières à des stratégies d'ajustement (*coping*). Toutefois, comme nous venons de l'exposer, d'autres raisons exogènes à la nouvelle gouvernance publique sont à prendre en considération. Ainsi, la NGOP n'apparaît pas comme le seul facteur d'explication des stratégies d'ajustement.

Enfin, les stratégies de *coping* ne sont pas simplement des moyens pour annihiler la frustration mais apparaissent plutôt comme des tactiques permettant aux acteurs de terrain de gagner en satisfaction dans leur travail (Nielsen, 2006 : 863). Les conclusions auxquelles nous arrivons ouvrent la voie aux professions à « pratiques prudentielles » (Champy, 2009), dans la mesure où cette approche théorique se base sur les savoirs pratiques et l'autonomie, deux composantes que nous avons mises en exergue.

3. INFIRMIERS ET MEDECINS AU SERVICE DES PATIENTS : DE NOUVELLES RELATIONS PROFESSIONNELLES.

La dernière articulation de cette partie analytique interroge le caractère prudentiel de l'activité des infirmières. Si la profession d'infirmière semble perdre en autonomie, il n'en demeure pas moins qu'une certaine marge de manœuvre subsiste malgré l'étau des logiques managériales. Dans le prolongement du chapitre précédent, nous regarderons si l'activité des infirmières peut être considérée comme « conjecturelle » et délibérative au sens de Champy. Puis, nous ausculterons la relation infirmière-médecin afin d'examiner de quelle manière et dans quelles conditions la prudence des infirmières se manifeste et quelle est sa fonction au sein de l'hôpital. Ces considérations nous conduiront à examiner la relation hiérarchique infirmière-médecin. Peut-on percevoir une évolution des rapports entre les médecins et le personnel soignant ? Enfin, nous n'aurions pu refermer cette étude sans poser notre regard sur les appartenances collectives de l'hôpital qui composent en partie l'identité des infirmières.

3.1. Les services aux usagers : une « activité prudentielle »

Lorsque les infirmières quittent l'hôpital, elles ne savent jamais comment elles vont retrouver l'unité le lendemain et, plus encore, quel sera réellement le programme de la journée. En effet, « les activités de service ont un caractère peu prévisible et peu programmable » (Lipsky, 1980, cité par Bezes et al. in Bezes et al., 2011 : 304), comme c'est le cas à l'hôpital où l'imprévisibilité fait partie du quotidien:

« Donc, on a beau se faire un petit *guideline* pour savoir comment va se dérouler notre matinée, notre après-midi, notre nuit, cela ne se passe jamais comme on le prévoit. Il y a toujours cet imprévu, des patients qui décompensent et on n'est pas beaucoup, le matin trois infirmières et deux aides, l'après-midi deux infirmières et une aide pour un service de 22 patients au maximum » (Géraldine, infirmière à l'Hopital Laquintinie de Douala).

Si l'imprévu est la routine chez les infirmières, il est important de soulever une autre caractéristique inhérente à leur profession : elles travaillent sur du « matériau humain ». Sous l'étiquette du patient se cache, à chaque fois, une singularité ; autrement dit, bien que les pathologies se ressemblent, tous les patients ne réagissent pas de la même manière.

Les infirmières sont quotidiennement confrontées à la singularité et à la complexité des cas dont elles doivent prendre soin, bien qu'une bonne partie de leurs actes soit dictée par le médecin. Ainsi, elles apparaissent clairement rétives à du « prêt-à-soigner », c'est-à-dire à un traitement par l'application mécanique d'une connaissance académique. C'est davantage la science de l'expérience qui est mobilisée.

Il en résulte que l'activité de l'infirmière est « conjecturelle », dans le sens où les incertitudes dues à la singularité et à la complexité des cas que l'infirmière doit traiter l'obligent à réfléchir et non à appliquer machinalement les actes médico-délégués. Cette réflexion s'effectue à travers un mécanisme de hiérarchisation des possibles ainsi que par leur savoir acquis par l'expérience. On retrouve clairement l'idée que l'infirmière remonte à des données expérimentales pour refuser par exemple l'ordre d'un médecin.

Cette déclaration est doublement intéressante dans la mesure où elle pointe la deuxième caractéristique de l'activité prudentielle. Après la conjecture, la composante de la délibération est associée à la prudence. Comme le préconisait déjà Aristote dans *L'Ethique à Nicomaque*, la prudence doit être un acte engagé, donc reposer sur un choix documenté (Champy, 2009) ; la délibération en constitue un procédé, comme l'a exprimé Géraldine précédemment. La conception de cette sagesse pratique apparaît également dans le discours de cette infirmière au sujet de médicaments prescrits par le médecin, qui s'avèrent parfois erronés. Pourtant, l'infirmière n'est pas détentrice du savoir théorique concernant la posologie, c'est la connaissance pratique qu'elle mobilise.

Ainsi, l'imprévisibilité de l'hôpital et la singularité des patients forment les deux composantes de l'activité conjecturelle des infirmières. Cet environnement de travail conduit les acteurs à mobiliser non pas un savoir académique, mais plutôt un savoir pratique. Enfin, la délibération semble être un processus important, comme nous l'expliquerons au point suivant.

3.2. L'infirmière : l'ange gardien du patient et du médecin

Nos entretiens avec les infirmières ont permis d'observer deux situations lors desquelles ces dernières mettent en avant leur éthique et leur savoir pratique.

Comme déjà énoncé, les actions des infirmières sont guidées par le bienêtre du patient, mais également par l'éthique médicale, autrement dit, informer le patient sur son état réel de santé et non dissimuler certaines choses. Ces infirmières, souvenons-nous gardiennes du droit du patient, sensibilisent les médecins à faire preuve de plus de franchise dans l'annonce du diagnostic. Cette sincérité du diagnostic est une dimension importante que les infirmières essaient de faire passer au médecin.

Les situations en fin de vie peuvent être porteuses de tensions entre les médecins et le personnel soignant (Sainsaulieu I., 2003 : 189). En effet, l'acharnement thérapeutique des médecins sur des personnes en fin de vie peut se trouver en réelle contradiction avec les valeurs et l'éthique des infirmières, pour qui les volontés du patient passent avant le serment d'Hippocrate. Le caractère « éprouvant » de certaines situations heurte « frontalement l'idéal palliatif d'une bonne mort » chez les infirmières (Castra, in *Au-delà du stress au travail*, 2008: 127). Cela touche à tel point les valeurs des infirmières que ces dernières font ostensiblement pression sur les médecins comme l'évoque cet infirmier au sujet de l'acharnement thérapeutique.

Ces propos témoignent du rôle important joué par les infirmières dans la préservation des droits du patient, surtout dans des situations de fin de vie. Elles participent à publiciser une meilleure acceptation de la mort dans les couloirs de l'hôpital en interpellant directement les médecins par rapport à leur acharnement thérapeutique, incompatible avec la morale des blouses blanches. Même si le médecin aura le dernier mot, il se peut que leur combat, souvent en passant par l'IRU, finisse par porter ses fruits. Toutefois, les infirmières interrogées vont dans le même sens que les résultats des CH, qui soulignent que le personnel infirmier a de manière significative l'impression que ses opinions et idées ne sont pas prises en considération. Si ce premier exemple met principalement en exergue l'aspect éthique du personnel soignant, le second illustre le « paradigme indiciaire ».

Cette réalité de l'hôpital a par ailleurs permis d'asseoir davantage notre hypothèse, selon laquelle la profession d'infirmière doit être considérée comme une activité à pratique prudentielle.

Les médecins-assistants, qui terminent leur cursus de formation en travaillant dans les hôpitaux, semblent encore très peu sûrs dans la prescription des médicaments. Autrement dit, il apparaît que la socialisation des médecins se poursuit en fréquentant l'univers de l'hôpital, comme le mentionnait déjà Merton. Toutefois, l'auteur n'avait pas, semble-t-il, anticipé le rôle que joueraient les infirmières dans l'acquisition de la « culture médicale » des jeunes médecins (Merton et al., 1957). Bien que ces derniers sortent des facultés de médecine, leur savoir académique ne suffit pas toujours, et ce sont les savoirs expérimentaux des infirmières qui permettent de réajuster les ordonnances médicales inexactes.

Cependant, les problèmes de prescriptions ne semblent pas être réservés aux étudiants-médecins, mais aussi à des praticiens chevronnés. L'ouverture du marché de la santé publique au-delà de nos frontières peut se révéler un casse-tête pour les infirmières.

On constate comme Petitat, que si les infirmières jouissent d'« un territoire composé de tâches bien à elles, l'exécution des prescriptions s'effectue selon des standards qui restent sous leur contrôle» (Petitat, in *Les métiers de la santé*: 254). Cet exemple prouve non seulement l'existence d'une délibération entre infirmières et médecins mais aussi son importance au sein des hôpitaux.

Qu'il s'agisse des situations éthiques ou des fausses prescriptions, on remarque, comme Kowalczyk, que les médecins prennent davantage en considération l'avis des infirmières que par le passé : «the relationship between medicine and nursing remains hierarchical in intensive care though less so than in other areas. Doctors are willing to listen to nursing staff's opinions» (Kowalczyk, 2002: 125).

En définitive, l'infirmière est l'ange gardien du patient, mais également celui du médecin, étant donné que «la conduite des processus de prise en charge reste un problème pour lequel l'expertise des soignants est incontournable » (De Pouvourville, 2003 : 210).

Après avoir étudié les conditions de travail des infirmières, la reconfiguration des tâches du personnel infirmier et les stratégies de *coping*, nous terminerons la partie empirique par la question de l'identité de la profession d'infirmière.

3.3. Les appartenances collectives à l'hôpital : une communauté de bienséance.

Loin de ressembler à un bloc monolithique et stabilisé, l'identité des infirmières à l'hôpital est traversée par de multiples appartenances collectives allant de l'équipe au service public. Nous constatons aussi que les infirmières s'accrochent à certaines identités, ce qui met en lumière un mécanisme participant au maintien d'une identité positive.

Ainsi, l'hôpital est catalyseur d'identités permettant finalement de créer une communauté de soins, comme le souligne Evetts: «Many organizations in the public services (including hospitals and universities) are complex professional bureaucracies characterized by the involvement of a number of different professional groups» (Evetts, 2009 : 260).

Les entretiens avec les infirmières mettent en exergue l'important sentiment d'appartenance à l'unité de soins. Lorsque les infirmières évoquent ce référentiel, il s'agit des collègues infirmières mais également des aides-soignantes qui contribuent au confort du patient. Comme Sainsaulieu, on constate que l'unité de soins procure une appartenance commune (Sainsaulieu I., 2006 : 75) pour les infirmières des CH. Toutefois, l'identité de l'équipe semble dépasser le « groupe productif de base » (Sainsaulieu I., 2007 : 144) en associant d'autres intervenants que le « segment localisé » du service (Sainsaulieu I., 2006 : 74).

À plusieurs moments de notre étude, nous avons déjà observé l'importance du bien-être du patient pour les infirmières. D'ailleurs, cette identité créatrice d'une culture humaniste est souvent mobilisée par les infirmières dans des contextes de fin de vie du patient ou, comme nous l'avons montré, d'acharnement thérapeutique. En effet, ce sentiment puissant d'être du « côté du patient » apparaît comme le noyau dur de l'identité des infirmières et fait écho à l'éthique du *care*. Il permet de tempérer l'« hétérogénéité » manifeste [de l'équipe] par un idéal relationnel qui sert de ciment (Petitat, in *Les métiers de la santé*: 245).

Si la « culture du service » juxtaposée à la « culture humaniste » compose le socle sur lequel reposent les identités des infirmières, une autre appartenance semble participer à la construction identitaire du personnel soignant. Il s'agit du sentiment d'appartenance à l'«établissement» (Sainsaulieu I., 2007 : 151) hospitalier.

Par ailleurs, appartenir à un hôpital public de pointe comme les CH et prodiguer des soins représentent des sources de motivation pour les infirmières, qui sont pourtant insatisfaites des conditions de travail. Cependant, il est nécessaire d'apporter une nuance en ce qui concerne le sentiment d'appartenance à l'hôpital. Si on sent une certaine fierté chez les infirmières d'appartenir aux CH, c'est parce que ceux-ci ont un statut d'établissement hospitalier public. En effet, la quasi-totalité des infirmières nous confieront que leurs expériences dans le secteur privé des soins ne correspondent pas du tout à la conception qu'elles en ont et que c'est pour cette raison qu'elles ont rejoint un hôpital public. Trois aspects reviennent de façon récurrente au sujet du privé : le côté hôtelier, les médecins «à la botte du patient», d'où l'impression de soigner des clients plus que des patients, ainsi que l'absence de formation et de caractère universitaire dans le secteur privé.

Dans la continuation de la question du service public, on remarque que les infirmières opèrent une ségrégation interne au sein de l'établissement entre les étages publics et privés. En effet, de par leur conception des soins, elles regardent d'un mauvais œil le 9e étage des CH qui accueille la patientèle privée ou VIP et affirment qu'elles ne désirent, en aucun cas, rejoindre cette unité particulière. Dans le cadre de nos entretiens, les infirmières ne cautionnent pas cette médecine à deux vitesses car elle choque profondément leur *ethos public.* Pour ces dernières, les soins doivent être prodigués dans un esprit public, autrement dit «la santé de tous et pour tous » (Sainsaulieu I., 2007 : 155 ; Sainsaulieu I., 2006 : 83). Cet aspect est suggéré par cette infirmière.

Au regard de nos observations, on constate la présence d'un véritable *ethos public* chez les infirmières du milieu hospitalier. En effet, on retrouve les trois composantes de l'*ethos public* que sont « l'éthique générale de l'action (valeurs éthiques telles que l'intégrité) », les « principes ou valeurs démocratiques (telles que l'impartialité)» et les «valeurs professionnelles (telles que l'efficacité, le sens du service)» (Kernaghan, 2000 cité par Emery et Giauque, 2012 :17). La première source de l'*ethos* est à relier avec l'éthique du *care*, la seconde avec l'idée d'un service public pour tous, et enfin, la troisième avec la qualité du travail lorsque celle-ci est empêchée (Clot, 2010).

Ce chapitre a mis en exergue l'activité prudentielle des infirmières travaillant dans les hôpitaux publics, étant donné le caractère conjecturel de leur profession. L'imprévisible, caractéristique intrinsèque de ce métier, conduit les infirmières à faire appel à des connaissances pratiques qui serviront, conjuguées aux critères moraux, à se réaliser dans leur travail. L'autonomie des infirmières se constate également à travers une délibération intra et interprofessionnelle, comme nous l'avons vu avec l'acharnement thérapeutique des médecins ou avec les lacunes de certains médecins.

En somme, notons que l'identité des infirmières au sein des hôpitaux est plurielle. Le sentiment d'appartenance le plus manifeste et qui transcende les murs du service est le « côté patient », autrement dit, l'idée d'œuvrer ensemble pour le bien-être du patient qui rejoint celle de l'équipe. Il est intéressant de noter que le médecin n'entre pas dans cette définition identitaire que se donne le personnel soignant. Les CHU sont davantage valorisés par les infirmières qui sont fières d'appartenir à ces hôpitaux universitaires où des actes chirurgicaux de pointe sont réalisés. Nos observations, en matière d'appartenance, concordent sur ce point avec celles de l'étude des CH : lorsqu'on demande aux collaborateurs des CH de quelle entité ils ont l'impression de faire partie, la première réponse est très clairement l'équipe. Viennent ensuite l'appartenance aux CH, puis le service. Toutefois, notre étude apporte un éclairage nouveau dans la mesure où c'est le «côté patient» qui pèse le plus sur l'aspect identitaire. Par ailleurs, si l'éthique, en d'autres termes les valeurs des infirmières, est mise à mal par les logiques de la NGOP, les appartenances collectives, de par leur sentiment unificateur (tous là pour le patient), permettent de maintenir une identité positive parmi les infirmières qui, au lieu de démissionner, restent. Si les identités collectives représentent des « ports d'attache sémantiques » pour les infirmières, l'aspect pécuniaire participe également à leur maintien au sein des structures hospitalières. En effet, elles reconnaissent à l'unanimité qu'elles sont très bien payées, plus que dans le privé. Bref, dans le cadre de cette recherche, on remarque que l'identité des infirmières se nourrit de l'*ethos public,* lequel agit comme une force centripète permettant à la mosaïque des identités de constituer un seul corps, se reconnaissant sous l'étendard du service public pour tous.

CONCLUSION PARTIELLE

Parvenu au terme de cette partie il convient d'en faire un bref rappel avant de transiter pour la partie suivante. Cette partie était consacrée à l'introduction dans le système de santé camerounais des mécanismes de gouvernance, comme gage d'une meilleure appropriation par le personnel médico-social des services aux usagers des centres hospitaliers de Douala. Sa première articulation (Chapitre1) analysait le Cadre conceptuel de la nouvelle gouvernance hospitalière, les mécanismes d'adoption de la gouvernance hospitalière et les transformations organisationnelles subséquentes dans les centres hospitaliers de Douala. Sa seconde articulation (chapitre 2) analysait théoriquement l'impact de la gouvernance hospitalière sur l'amélioration des services aux usagers des centres hospitaliers. Pour cela il a mobilisé une revue de la littérature permettant de mettre en exergue les relations théoriques entre la gouvernance hospitalière et l'amélioration de la qualité des services hospitaliers, tout en gardant en perspective le rôle du personnel médical dans cette dynamique.

Elle permet de ce fait l'analyse de la bureaucratie professionnelle puisque l'hôpital est considéré comme un modèle type de la bureaucratie professionnelle (Mintzberg, 1982 ; Cremadez, 1992), afin de nous pencher sur le modèle Agent – Principal, cadre théorique de la théorie d'agence, qui a favorisé l'émergence d'une théorie néo-libérale de la gouvernance hospitalière pour remplacer les approches néo-classiques originelles (Domin, 2015).

A ce stade de la recherche, il convient de mobiliser les outils théoriques et méthodologiques permettant de soumettre nos hypothèses de recherche au feu du terrain, afin de mieux évaluer l'impact de la nouvelle gouvernance hospitalire des CHA sur l'appropriation des soins aux usagers par le personnel médical.

DIEUXIEME PARTIE : GOUVERNANCE PARTICIPATIVE ET MOBILISATION DU PERSONNEL MEDICO-SOCIAL POUR DES MEILLEURS SERVICES AUX USAGERS

INTRODUCTION PARTIELLE

Les approches de la gouvernance d'entreprises présentées dans nos précédents développements sont tous mobilisables dans le cadre d'une analyse du système de santé.

Selon l'angle d'analyse (maîtrise des dépenses, régulation, performance…), la philosophie économique empruntée (de type libérale, néolibérale ou keynesienne…), ou même le but recherché (analyse du colloque singulier, réduction des coûts, management de la gouvernance du système de santé…), les approches actionnariale, partenariale ou cognitive trouvent auprès des chercheurs leur utilité. De même, l'objectif de la recherche détermine la ou les théories de la gouvernance mobilisable (s).

La Théorie Positive de l'Agence (TPA) de Jensen et Meckling (1976) s'inscrit dans l'opportunisme des dirigeants et la nécessité pour la firme de garantir exclusivement l'intérêt de l'actionnaire. Dans ce cadre, la valeur actionnariale est le critère d'efficience, rendant ainsi la TPA inappropriée à l'objectif de notre recherche. De même, Gérard Charreaux et Peter Wirtz (2006) nous expliquent que la théorie positive de l'agence est inapplicable en dehors du cadre anglo-saxon des entreprises privées[41]. Elle est ainsi inappropriée dans le cadre du management public français notamment de l'analyse du système de santé.

Cette seconde partie est structurée autour de deux articulations : la première (chapitre 3) présente le cadre théorique et méthodologique de la recherche ; et la seconde (chapitre 4) procède à l'analyse des résultats de recherche et aux perspectives d'amélioration de la gouvernance des CHD pour une meilleure appropriation des services aux usagers par le personnel.

---

[41] En s'inspirant des travaux de Migrom et Roberts (1992), Charreaux et Wirtz (2006 : 11) expliquent que la valeur actionnariale est contestable car peu adaptée aux représentations standards de la firme comme *« nœud de contrats »* qu'à l'analyse des systèmes de gouvernance non anglo-saxons.

CHAPITRE III : CADRE THEORIQUE ET METHODOLOGIQUE DE L'ANALYSE DE LA GOUVERNANCE DES CENTRES HOSPITALIERS DE DOUALA.

« Il faut une théorie pour faire parler les faits »

Sigmund Freud, Pulsions et destins des pulsions, 1915,

Métapsychologie, Gallimard, 1968, p. 11.

Anne-Marie Fray (2009) explique que le mode contractuel limite les enjeux de la gouvernance à la discipline des dirigeants et réduit le champ d'observation de l'hôpital en excluant la valeur partenariale capitale au développement de la structure. En tant que « construit social », le modèle hospitalier se développe par la convergence des intérêts des médecins, des administratifs, des infirmiers et des malades et nécessite la prise en compte d'attentes et intérêts antagonistes. Ainsi *« l'approche partenariale semble plus adaptée »*[42].

La Théorie des Parties Prenantes (TPP) consacrée par Freeman (1984) considère que la prise en compte des parties prenantes crée une valeur de type organisationnelle, c'est la valeur partenariale. Dans ce cadre, la valeur partenariale est le critère d'efficience, ce qui conduit à promouvoir le partenariat entre les acteurs de l'organisation.

La théorie des parties prenantes nous semble appropriée car la prise en compte des intérêts de toutes les parties prenantes est appropriée au management public, et donc au système de santé. De même, la théorie des parties prenantes est indispensable car notre recherche s'essaie à modéliser les usagers en tant que parties prenantes, efficaces et influentes dans la gouvernance du système de santé. La section 1 retracera les fondements et l'évolution de la TPP.

Les travaux de Mitchell et alii. (1997) sur les attributs des parties prenantes (pouvoir, légitimité, urgence), de Charreaux sur la valeur partenariale, relèvent de cette approche de la gouvernance des entreprises. La section 2 analysera l'intérêt des attributs de Mitch (1997).

---

[42] Fray A-M. (2009), op.cit, p.146. Par ailleurs, l'auteur rajoute que la compréhension du modèle hospitalier nécessite de concilier la gouvernance partenariale et la gouvernance cognitive développée par Charreaux.

Anne-Marie Fray (2009) présente ainsi comment le modèle hospitalier s'insère dans le champ de la gouvernance en fonction des buts recherchés.

Tableau 11: Le modèle hospitalier dans les théories de la gouvernance

Théories contractuelles		Objectifs	Modèle hospitalier
Coût de transaction	Berle et Means 1932 Coase 1937 Jensen et Meckling 1976 Schleifer et Vishny 1997	Minimisation des conflits d'intérêts Séparation direction/contrôle Minimisation des coûts d'agence	Modèle hospitalier (Budet, 2003) Nœud de contrat Construit social entre parties prenantes Modèle actionnarial (privé) Modèle partenarial (public)
Modèle actionnarial		Minimiser les coûts Encadrer les comportements Intérêts des actionnaires	
Modèle partenarial	Freeman et Reed, 1983	Construit social avec les parties prenantes Dépasser l'intérêt des actionnaires Arbitrer des objectifs hétérogènes	

Source : Fray, 2009, adapté de Meier et Schier 2008

Le présent chapitre présente donc deux sections. La première est consacrée à ce cadre théorique de l'action médicale, et la seconde présente le cadre méthodologique du préset travail.

SECTION I : UNE APPROCHE MANAGERIALE PAR L'AGENCE DANS UN CHAMP DE PARTICIPATION A LA GOUVERNANCE HOSPITALIERE

Parvenu à cette étape, il convient de rappeler que la présente investigation vise à rendre compte des processus et mécanismes par lesquels la gouvernance hospitalière appliquée aux centres hospitaliers de Douala amène le personnel médico-sanitaire à une plus grande efficacité dans l'appropriation des services aux usagers. Ainsi défini, il est impérieux que ce travail soit encastré dans une armature paradigmatique et théorique qui soit en mesure de rendre compte de façon intelligible le réel hospitalier ici en examination. Au nombre des théories des sciences de gestion applicable à cette problématiques, deux théories sembles le mieux se prêter à cet exercice. Il convient dans les lignes qui suivent de les examiner succinctement pour évaluer l'apport qu'elles sont susceptibles de fournir à ces travaux. La présente section est de ce fait organisée autour de deux principales articulations : Son premier moment mobilise la théorie de l'agence comme grille d'analyse des réformes hospitalière à Douala, et le second quant à lui fait de la participation la lunette heuristique pour mieux saisir l'implication du personnel médicosocial dans l'appropriation des services aux usagers.

1. LA THEORIE DE L'AGENCE COMME GRILLE D'ANALYSE DES REFORMES DU SYSTEME DE GOUVERNANCE CAMEROUNAIS

1.1. Généralité sur la théorie de l'agence en Sciences de Gestion

À partir des années 1980, la théorie de l'agence va profondément influencer l'évolution du référentiel sectoriel, notamment en fournissant le cadre d'analyse des organisations publiques ou privées. Elle s'efforce de prendre en compte l'existence d'asymétries d'information entre les agents et soulève les problèmes de structure, qui étaient occultés par les approches néo-classiques originelles, notamment des sociétés par actions, où la direction est assurée par un agent non propriétaire.

1.1.1. Au commencement, l'entreprise comme nœud de contrats en contexte d'asymétrie informationnelle.

C'est à partir de la reconnaissance de l'information imparfaite sur un marché que les théories des contrats se sont développées depuis les années 70 : les théories économiques des contrats et de l'agence développées ici, mais aussi la théorie plus organisationnelle des *coûts de transactions*. Plusieurs auteurs ont participé à l'élaboration de cette nouvelle grille de lecture heuristique : E. Brousseau et J-M Glachant (2000) parlent d'une « économie des contrats » et d'un virage dans la pensée économique autour de la problématique posée par Ronald Coase: si les marchés sont « purs et parfaits », pourquoi donc existe-il des entreprises et non pas seulement des marchés? (voir Coase 1988). B. Coriat et O. Weinstein (2010) parlent d'une vision de la firme comme un « noeud de contrats » (qu'ils opposent alors à une autre vision, celle d'un « noeud de compétences »).

Les différentes théories des contrats sont en tout cas des théories de l'information imparfaite et on y décrit le plus souvent (sauf pour les contrats dits incomplets, voir Brousseau et Glachant 2000) deux asymétries d'information possibles :

– avant le contrat, il peut y avoir des informations cachées (situation dite de « sélection adverse »). Le marché des voitures d'occasion est ici typique : seul le vendeur connaît la qualité véritable du véhicule avant de signer le contrat de vente. C'est en 1970 et sur ce marché des « tacots » (qu'on appelle des « citrons » en anglais, *Lemons Market theory*) que G. Akerlof a fondé le champ de recherche sur les contrats (voir Akerlof 2003), même si son analyse théorique l'oblige à prédire… la disparition à terme de tout ce marché de l'occasion : en théorie les voitures de qualité devraient disparaitre du marché, puisqu'elles ne pourront être vendues qu'au prix moyen (voir The Theory of the Lemon Markets in IS Research, dans l'ouvrage Information Systems Theory). G. Akerlof a reçu le Prix de la banque de Suède « en mémoire d'Alfred Nobel ».

– après le contrat, il peut y avoir aussi des informations cachées (situation dite de « risque moral »). Le contrat d'assurance est ici typique : l'assureur ne peut pas complètement contrôler le comportement opportuniste voir amoral de l'assuré après le contrat. Voir Dionne (1981), qui donne une idée de la complexité du problème quand on s'en tient aux axiomes classiques sur les fonctions d'utilité fondant le modèle standard de la théorie économique.

Bien que les théories des contrats reposent sur l'opportunisme dans ces situations d'asymétries d'information, G. Akerlof (1982) considère que le contrat de travail a aussi une dimension de réciprocité : bien sûr le salarié rend un service (une prestation sous certaines conditions) en échange d'un prix (salaire et ses dérivés), mais dans la pratique le salarié produit souvent un effort supérieur aux normes exigées, il fait un « don partiel » à l'entreprise. En contrepartie il peut y avoir contre-don de la part de l'entreprise, à d'autres temps et sous différentes manières : individuellement par des promotions, des opportunités, ou collectivement par une reconnaissance du travail, une autonomie, des mobilités…

1.1.2. Les relations d'agence en contexte individualiste : les mandants et les mandataires

Dans ces situations d'asymétrie d'information, la théorie de l'agence s'est alors développée à partir de 1976 avec l'article fondateur de D. Jensen et W. Meckling (1976).

Dans une « relation d'agence », une personne (le principal, ou le mandant) engage une autre personne (l'agent, ou le mandataire) pour exécuter en son nom une tâche qui implique une délégation du pouvoir de décision : par exemple un propriétaire qui confie la vente de son bien à un agent immobilier, mais ici et surtout des actionnaires qui confient la gestion de « leur » entreprise à des dirigeants, voir Charreaux (1999).

Il faut alors définir les formes du contrat qui pourront limiter l'opportunisme de l'agent (le mandataire n'est pas ici considéré comme pouvant être opportuniste). Avec toujours l'hypothèse que chacun veut maximiser sa propre utilité, l'asymétrie d'information engendre un contrôle nécessaire et donc des coûts d'agence qu'il faut chercher à minimiser : des coûts de surveillance et des dépenses d'incitation pour le principal mandant, des coûts de justification pour l'agent mandataire, et enfin des coûts dits.

La théorie de l'agence est une théorie des incitations à respecter le contrat. Des comportements de maximisation très sophistiqués, et l'extension du modèle à des multi-principaux et/ou des multi-agents, conduisent à imaginer des formes de contrats complexes (voir Magnan de Bornier 2004), mais qui n'ont pas toujours d'implications pratiques. La théorie de l'agence a pourtant eu un impact considérable dans toute la <u>financiarisation de l'économie,</u> en justifiant de nouvelles pratiques autour des contrats qui doivent protéger la « valeur actionnariale » : rémunérations des dirigeants par stock-options, titrisation des créances, délits d'initiés, rachat d'actions par l'entreprise, risques d'OPA, licenciements par signal boursier, indicateurs comptables des bénéfices résiduels…

La théorie de l'agence s'intéresse à la mise au point de contrats bilatéraux destinés à résoudre de nombreux problèmes de coordination se posant entre un individu (le principal) et un autre (l'agent), sur le marché ou dans l'organisation, lorsque :

- L'agent a le loisir de choisir un comportement parmi plusieurs possibilités ;
- L'action de l'agent affecte le bien-être des deux parties ;
- Les actions entreprises par l'agent sont difficilement observables par le principal :
    - Soit parce que le contrôle des actions ou la vérification des informations s'avère coûteux (coût de supervision prohibitif),
    - Soit parce que l'observateur est incompétent.

La théorie de l'agence adhère à une hypothèse d'imperfection de l'information et met en évidence la divergence d'intérêts qui se manifeste entre les membres de la firme. L'introduction du comportement des membres de la firme remet en question l'objectif unique de maximisation du profit et permet d'envisager la possibilité qu'existent pour une même firme différents objectifs reflétant les intérêts divergents des parties en présence.

Le postulat de la théorie de l'agence est que toute relation contractuelle est une relation d'agence : "Nous définissons une relation d'agence comme un contrat par lequel une ou plusieurs personnes (le principal) engagent une autre personne (l'agent) pour exécuter en son nom une tâche quelconque qui implique une délégation d'un certain pouvoir de décision à l'agent"' (M. C. JENSEN, W. H. MECKLING 1976, p. 312). Cette relation d'agence traduit une situation de dépendance entre deux agents : la situation d'un agent dépend de l'action d'un autre agent, c'est-à-dire qu'un individu agit sous la direction d'un autre qui subit. La théorie de l'agence va s'intéresser aux relations principal-agent[43] (P. MILGROM, J. ROBERTS 1997)[44].

Dans le modèle néoclassique traditionnel, les agents prennent des décisions compatibles et parviennent à un équilibre grâce à un vecteur de prix (commissaire-priseur). Mais, quand le système des prix est imparfait (qu'il ne résume pas toute l'information), les agents vont devoir consacrer une partie de leurs ressources à échanger[45].

---

[43] Cette relation d'agence est, au départ, utilisée dans le domaine des assurances (K. J. ARROW 1971). Le principal est l'assureur, l'agent l'assuré. Des problèmes de coordination surviennent car l'assuré peut choisir parmi plusieurs comportements, celui retenu affectera son bien-être mais également celui de l'assureur, et il est difficile de contrôler les actions de l'assuré. Cette relation d'agence est néanmoins très répandue : le médecin est l'agent du patient -le malade (principal) compte sur le médecin (agent) pour le soigner- ; le gestionnaire est l'agent de l'actionnaire -l'actionnaire (principal) compte sur le gestionnaire (agent) pour faire fructifier ses capitaux- ; le PDG est l'agent du propriétaire -le propriétaire (principal) compte sur le dirigeant (agent) pour que l'entreprise soit performante et se développe-...

[44] Le problème de l'agence a été analysé au travers de deux catégories de travaux :
- la théorie positive de l'agence s'intéresse aux mécanismes réellement mis en œuvre par les agents économiques quand ils sont confrontés à des relations d'agence ;
- la théorie normative étudie la nature des contrats pareto-optimaux entre individus disposant de stocks d'informations et de préférences différents, le tout dans un univers plus ou moins stochastique. Les exigences de modélisation impliquent de retenir des hypothèses assez restrictives.

Notre présentation s'inscrit plus particulièrement dans le cadre de l'approche positive, en raison de sa plus grande aptitude à proposer une analyse des formes de coordination interne.

[45] L'échange a donc un coût qu'il va falloir minimiser. Le coût correspond d'une part aux ressources dépensées pour retirer de l'information sur les coéchangistes (dépenses en terme de temps, transport, communication, etc.), d'autre part aux ressources dépensées pour atteindre l'équilibre, "*(...) munis de ces informations, les agents procèdent à des échanges, soit fictifs, soit réels, qui ne correspondent pas aux*

L'exposé des problèmes rencontrés par les agents est en quelque sorte un point de départ vers de nouveaux problèmes de coordination à partir du moment où les hypothèses deviennent plus réalistes. Deux raffinements sont proposés :

- une nouvelle source de coût peut apparaître, elle est liée au risque : entre la décision et l'échange effectif, le temps passe et des événements intentionnels ou accidentels peuvent survenir. On est dans une situation d'action cachée *ex post* : le principal ne peut observer sans erreur l'action (ou l'effort) de l'agent, alors que ce dernier connaît la nature de son action (ou de son effort). Dès lors il faut prévoir des ressources pour permettre l'exécution des contrats. Quand ce risque est d'origine intentionnel, on parle de "*risque moral*" ou d'"*aléa moral*" ou encore de "*passager clandestin*"[46] ;

- une autre source de coût survient, relative au problème d'"*anti-sélection*" relevée par G. A. AKERLOF (1970), qui apparaît quand un individu informé traite avec un autre qui ne l'est pas, le second ne connaît pas les caractéristiques du bien (ou service), éventuellement échangé (ou promis). On est dans une situation d'information cachée *ex ante* : le principal reçoit l'information de l'agent mais il ne sait pas si elle est appropriée aux circonstances ; l'agent observe la réalisation de l'état de la nature après la signature du contrat, mais avant de choisir son action (ou son niveau d'effort). Ainsi les asymétries informationnelles dans le

---

vrais prix, c'est-à-dire au vecteur de prix garantissant un optimum. Ces premiers échanges à « prix faux » les conduisent à réviser leurs plans et le système devrait converger vers un équilibre, s'il existe." (E. BROUSSEAU 1993, p. 13).

[46] Le problème à résoudre connu sous le nom d'"*aléa moral*" apparaît quand l'agent et le principal ont des objectifs individuels différents et que le principal ne peut pas déterminer aisément si l'agent s'est comporté et a agit en fonction des objectifs fixés ou cherche à servir ses propres intérêts (P. MILGROM, J. ROBERTS 1997).

Par exemple, l'agent sera tenté d'entreprendre une action inefficace ou de fournir une information inexacte, parce que ses intérêts individuels ne sont pas compatibles avec les intérêts collectifs, et parce que les actions entreprises ne peuvent être contrôlées. Ainsi les agents sont tentés de ne pas respecter un contrat si cela leur permet d'améliorer leur situation personnelle. La théorie de l'agence emploie le terme d'opportuniste pour qualifier ces agents, suffisamment rationnels, pour exploiter les défauts des arrangements contractuels établis.

Dans tous les cas, ceux qui prennent des décisions ne prennent pas en considération tous les gains et les coûts découlant de leurs choix : le médecin qui prescrit une longue liste d'examens ne subit ni les coûts, ni les désagréments de ces examens ; de même, les employés sont payés quel que soit le travail qu'ils fournissent, leur salaire n'est pas amputé du montant de la valeur perdue relative à leur manque de zèle (dans le cas où ni le travail, ni les résultats ne sont contrôlables).

En raison des difficultés de contrôle, il est parfois impossible de faire supporter les coûts des abus par ceux qui en sont responsables. Par exemple, le dirigeant d'une entreprise peut difficilement savoir si son employé donne le meilleur de lui-même ; F. TAYLOR (1911) avait repéré ce problème : "*Il n'est pas rare qu'un ouvrier compétent découvre, en peu de temps, comment travailler moins tout en donnant l'impression à son employeur qu'il travaille beaucoup.*"

rapport offre/demande conduisent à des effets pervers[47]. Des ressources sont donc dépensées pour s'informer sur la vraie qualité des biens.

La théorie de l'agence reste attachée à une problématique relative à la définition de contrats efficients, de sorte que l'agent soit incité à avoir un comportement favorisant les intérêts du principal. Autrement dit, étant donné l'avantage informationnel de l'agent et la divergence d'intérêts entre principal et agent, il s'agit de définir un système d'incitation (au bénéfice de l'agent) qui préserve la maximisation de la fonction d'utilité du principal. '"Le principal peut limiter les divergences d'intérêts en proposant un système d'incitations approprié pour l'agent ainsi que des moyens de surveillance visant à limiter les comportements aberrants des gens."' (M. C. JENSEN et W. H. MECKLING 1976, p. 312).

On l'a déjà dit, la mise en place d'un tel système de contrôle et d'incitation fait apparaître des coûts appelés "*coûts d'agence*". La forme organisationnelle qui s'impose est celle qui assure la survie de la firme par la minimisation de ces coûts d'agence.

La théorie de l'agence propose alors une analyse des modalités de réduction de ces coûts d'agence par la définition de contrats efficients *ex ante*. La vocation du contrat est de spécifier les droits de chaque agent au sein de la firme, les critères de performance sur lesquels chacun est jugé et les rémunérations auxquelles ils peuvent prétendre (E. F. FAMA et M. C. JENSEN 1983). La passation d'un contrat doit permettre de limiter les risques encourus par chaque membre apporteur de capital (humain ou financier).

Pour résumer, le problème soulevé par la théorie de l'agence est relatif à la nécessaire délégation du pouvoir au sein de l'entreprise dès lors que le propriétaire n'est plus le seul apporteur de capitaux, ni le seul à prendre les décisions de gestion. L'entreprise efficiente sera celle qui, grâce à la spécification des pouvoirs centraux (propriété, management et contrôle) et grâce à des incitations adéquates (rétributions en fonction de l'intérêt même du principal ou mandant) parviendra à minimiser les coûts d'agence. Cette perspective a fortement contribué à

[47] K. J. ARROW (1971) montre que lorsqu'une assurance accroît ses primes pour sélectionner ses clients, elle risque de n'avoir que ceux qui ont les plus fortes probabilités d'avoir un sinistre. On dit alors que les agents à haut risque chassent les agents à faible risque. La solution consiste à moduler les tarifs afin d'éviter la "*sélection adverse*" et la disparition de l'activité d'assurance qui résulterait de l'assurance des seuls agents, ou biens, à haut risque.

l'approfondissement de l'analyse des relations entre apporteurs de capitaux et entreprises.

La théorie de l'agence, à la différence de la théorie des droits de propriété, met très largement l'accent sur les contrats. Ces derniers sont vus comme un moyen de coordination permettant d'atténuer les divergences d'intérêt entre les membres de la firme. Cette théorie a également fortement contribué à l'approfondissement de l'analyse des relations de dépendance entre deux agents (la situation d'un agent dépend de l'action d'un autre).

Lorsque l'on s'intéresse aux activités de conseil en management, on peut repérer *a priori* un certain nombre de relation principal-agent dans le cabinet de conseil : entre les associés (principal) et les gestionnaires (agent), entre les associés (principal) et les juniors (agent), ou encore, entre les gestionnaires (principal) et les juniors (agent).

Des problèmes de coordination surviennent car :

- L'agent (le consultant par exemple) a le choix entre différents comportements : acquérir le maximum d'expériences avant de partir ailleurs, privilégier la qualité du travail, du service...

- L'action de l'agent affecte le bien-être des deux parties : par exemple, l'investissement d'un consultant dans son travail détermine l'acquisition de savoir-faire professionnel, et dans le même temps affecte la réputation de l'entreprise et aussi celle de son représentant ;

- Les actions entreprises par l'agent sont difficilement observables : en effet, la qualité du travail effectué comme la qualité du service sont des variables difficilement mesurables (et sur quels critères ?).

Des questions émergent du côté des dirigeants : Les consultants font-ils un travail satisfaisant totalement le client ? Font-ils des efforts pour insérer au maximum le client dans la relation, pour lui donner pleine satisfaction ? Cherchent-ils à améliorer la réputation de l'entreprise ou cherchent-ils à bénéficier d'une solide expérience avant de partir dans une autre entreprise ? S'investissent-ils dans de nouvelles expertises ou plutôt vivent-ils sur leurs acquis ? Ici, le dirigeant d'une entreprise de service ne peut observer sans erreur l'action de l'un de ses consultants puisque, ni le travail, ni les résultats ne sont *a priori* observables. Il y a donc "*aléa moral*".

On retrouve également le problème de "*sélection adverse*", car il est difficile d'appréhender *ex ante*, par exemple lors d'un recrutement, les capacités du consultant. Sur le marché de l'emploi on retrouve de "bons" et de "moins bons" consultants. Le recruteur devra détecter les meilleurs éléments, déceler les potentialités de l'individu. Le problème provient du fait qu'il reçoit des informations des candidats mais il ne sait pas si elles sont appropriées aux circonstances, d'où des asymétries informationnelles dans le rapport offre/demande. Aussi, comme le souligne D. MAISTER (1996, p. 14), ''Les tests de sélection et les entretiens ne permettent pas toujours de séparer le bon grain de l'ivraie au moment de l'embauche. Il importe de disposer d'un moyen susceptible de déceler les éléments prometteurs''.

Un des éléments de réponse des cabinets de conseil au problème de la "*sélection adverse*" a été donné au travers du système junior, senior, associé. En effet, l'individu qui ne grimpe pas les échelons est dans l'obligation de quitter l'entreprise. Aussi, l'agent "pas très bon" n'a aucun intérêt à rentrer dans l'entreprise car il sera viré. C'est également un moyen de freiner l'"*aléa moral*" : le plan de carrière proposé incite les individus à donner le meilleur d'eux-mêmes.

Toutes ces incertitudes "internes" concernant les acteurs de la relation vis-à-vis de la contribution "réelle" de l'autre et vis-à-vis des effets obtenus, sont reprises dans le tableau récapitulatif suivant, construit par J. GADREY (1994 b).

Bien que sur beaucoup d'aspects (problème de coordination, relation principal-agent, hypothèses retenues, etc.), la théorie de l'agence aide à avancer un peu plus dans notre questionnement sur les mécanismes de coordination de la firme, certaines de ces conclusions sont à relativiser. Les critiques, adressées à la théorie de l'agence, sont relatives soit aux coûts d'agence, soit aux contrats, soit à la conception de l'organisation, soit à la concurrence ; en voici quelques-unes.

1.2. La théorie de l'agence dans l'univers hospitalier

Ainsi, tel que nous avons problématisé la gouvernance hospitalière au Cameroun, la théorie de l'agence semble le mieux se prêter à l'analyse des mutations multi-acteurs qui affectent le secteur hospitalier, notamment les centres hospitaliers dans la ville de Douala. La figure ci-après nous permet de mieux schématiser cela.

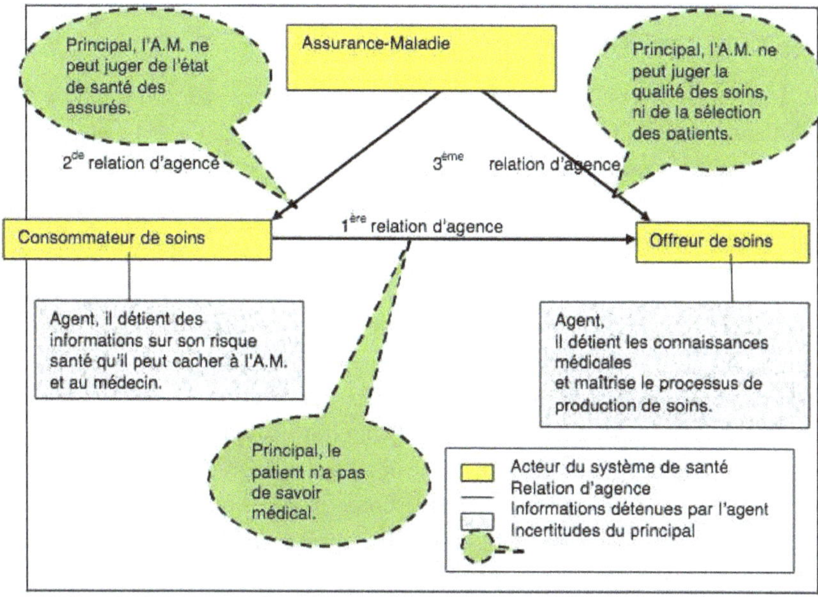

Figure 6 : Relations d'agence et asymétrie d'information dans le système de santé

<u>Source :</u> Inspirer à partie du modèle de Marie Houssel (**2003**)

1.2.1. La percée de la théorie de l'agence dans le domaine de la santé

Depuis les années 1980, la théorie d'agence influence amplement la transformation des politiques hospitalières. En effet, cette approche théorique a trouvé dans le système hospitalier un terrain d'application et a favorisé l'émergence d'une théorie néo-libérale de la gouvernance hospitalière. Elle a favorisé l'émergence d'une théorie néo-libérale réaliste de la gouvernance hospitalière pour remplacer les approches néo-classiques originelles qui occultent les asymétries d'information et les problèmes de structure (Béjean, 1999 ; Domin, 2015). D'après M. Mougeot (1986), la théorie de l'agence est la seule approche capable de prendre en considération les dysfonctionnements d'un système hospitalier caractérisé par l'existence d'un ensemble d'acteurs, de logiques et d'objectifs divergents en situation d'information imparfaite.

Malgré la diversité et la complexité des relations entre les agents hospitaliers, la théorie d'agence est omniprésente dans la sphère managériale de l'hôpital, elle s'applique à tous les niveaux hiérarchiques et à toutes les relations dressées dans l'univers hospitalier : Médecin-Malade, Assuré-Assureur, Médecin-Directeur, Tutelle-Hôpital, … (Sebai, 2016).

Pourtant, toutes ces relations sont caractérisées par l'asymétrie de l'information entre le principal et l'agent. De ce fait, J. Sebai (2016) met l'accent sur la nécessité de mettre en place certains mécanismes d'incitation pour limiter les comportements opportunistes, source d'inefficacité, et pour maitriser les effets négatifs de cette asymétrie d'information.

J. P. Domin (2014), de sa part, affirme que les interactions entre les acteurs internes et externes de l'hôpital peuvent être considérées comme des relations d'agence. Il précise que la relation entre la tutelle et l'hôpital est une relation d'agence avec anti sélection (ou sélection adverse) et aléa moral (ou risque moral) ce qui entraine des difficultés au principal (tutelle) dans la prise de décision et dans le contrôle des activités effectives de l'agent (hôpital). Pareillement, la relation entre le directeur (principal) et le corps médical (agent) est considérée comme une relation d'agence, sauf que cette relation est souvent « parasitée » par l'incertitude, l'asymétrie d'information et les comportements opportunistes des agents qui cherchent à maximiser leur utilité pour accroître les budgets alloués à leurs services (Domin, 2014). La relation Directeur/Médecin peut être ainsi considérée comme une relation d'agence avec antisélection (opportunisme ex ante) et aléa moral (opportunisme ex post) puisque le principal (directeur) ne peut pas mesurer le niveau d'effort effectué par l'agent et le poids des coûts engagés pour la production des soins, implicitement il ne peut pas mesurer le degré de respect du contrat par le corps médical (Domin, 2015).

En somme, nous pouvons avancer que l'hôpital peut être décrit comme est un nœud de relations contractuelles qui s'adhère parfaitement à la théorie d'agence. En se référant aux deux approches de la théorie d'agence (la normative et la positive), S. Béjean (1999) identifie deux modélisations différentes du fonctionnement de l'hôpital. La première modélisation normative, inspirée des travaux de B. Fermon (1991), est relativement limitée, elle est centrée sur l'administrateur-gestionnaire (directeur) qui est à la fois « Agent » des pouvoirs publics et « Principal » des médecins de l'hôpital (Béjean & Gardeau, 1992). Or, la deuxième, inspirée de l'approche positive d'agence, est une modélisation plus complexe qui permet de prendre en considération plusieurs relations et étages d'interactions, et par conséquence combler les lacunes de la normative notamment le problème d'identification du principal et de l'agent parce que chaque acteur peut être à la fois agent et principal dans deux relations d'agence différentes (Béjean & Gardeau, 1992).

Ainsi, nous pouvons souligner que la théorie d'agence constitue le cœur de la vision néoclassique actuelle des firmes et que son application dans l'univers hospitalier comporte des apports importants en particulier la prise en considération de l'asymétrie de l'information et les comportements opportunistes qui règnent dans les hôpitaux (Béjean, 1999). Sauf que ce type de relations débouche souvent sur des problèmes liés essentiellement à la mise en œuvre des dispositifs d'incitation et de contrôle nécessaires pour amener l'agent à respecter le contrat et à se comporter conformément aux intérêts du principal (Zerbo, 2016). Il engendre également des coûts très importants pour réduire les asymétries d'information : les coûts de surveillance, les coûts d'obligation et les coûts d'incitation pour orienter les comportements (Jensen & Meckling, 1976 ; Claveranne et al., 2009).

1.2.2. L'application du modèle principal-agent à la gouvernance hospitalière au Cameroun.

Rappelons que l'objectif de cette recherche est de rendre compte des processus par lesquels la gouvernance hospitalière appliquée aux centres hospitaliers de Douala amène le personnel médico-sanitaire à une plus grande efficacité dans l'appropriation des services aux usagers. La théorie de l'agence permettra donc d'analyser les relations qu'entretiennent les acteurs de la gouvernance à différentes échelles de décisions. Distinguant à chaque fois l'agent du principal, selon la ligne hiérarchique sur laquelle l'on se positionne, et analyse les jeux d'acteurs qui en découlent.

La théorie de l'agence trouve ses fondements dans la prise en compte de l'imperfection de l'information qui caractérise certaines décisions et repose sur l'idée selon laquelle les rapports entre les agents sont marqués par une répartition asymétrique de l'information. Il s'agit d'une rupture évidente avec le modèle standard selon lequel la poursuite des intérêts individuels conduit à la satisfaction de l'intérêt collectif.

L'existence d'une relation d'agence suppose qu'une personne (le principal appelé également le mandant) requiert les services d'un agent (mandataire) pour exécuter en son nom une tâche, ce qui entraîne un certain niveau de délégation du pouvoir de décision (Jensen et Meckling, 1976). La définition reste assez générale, elle recouvre un grand nombre de cas où la situation d'une personne dépend de l'action de l'autre. L'agent est celui qui agit alors que le principal peut être appréhendé comme la partie affectée. Cette notion prétend donc recouvrir la presque totalité des relations contractuelles entre deux personnes (Charreaux, 1987). Le contrat entre les deux parties est nécessairement incomplet, le principal n'est pas en mesure de contrôler l'action de l'agent sans coûts (Ross, 1973). Toute relation d'agence imparfaite est marquée par des distorsions dans l'allocation des ressources qualifiées d'antisélection (*adverse selection*) et de risque moral (*moral hazard*).

L'approche en termes d'agence constitue le vecteur de la transformation des politiques hospitalières depuis le milieu des années 1980. Dès 1985, le Commissariat général au Plan crée un groupe technique sur la décentralisation du système de santé et confie à Michel Mougeot une réflexion sur les pistes de réforme du dispositif hospitalier. Cette approche est, selon Michel Mougeot (1986a, p. 111), la seule capable de rendre compte des dysfonctionnements du système considéré « comme un ensemble d'agents décentralisés poursuivant des objectifs divergents en situation d'information imparfaite ». Il propose de développer de nouveaux instruments économiques assis sur l'hypothèse d'asymétries d'information et sur les moyens de les contrecarrer. Cette hypothèse présenterait deux avantages principaux : elle est jugée plus réaliste que celle d'information parfaite et elle permet d'appréhender des relations réelles (Mougeot, 1986b).

Cette logique est nouvelle dans la mesure où elle tente de rompre avec la socio-économie qui prédominait auparavant en économie de la santé (Benamouzig, 2005), notamment en favorisant la construction d'un système d'incitations dont l'objectif est de limiter les comportements déviants (Mougeot, 1993). Alors qu'auparavant, l'augmentation des dépenses était analysée par les socio-économistes comme résultant de mécanismes exogènes, notamment le progrès technique, le modèle principal-agent met l'accent sur des comportements endogènes. Le système hospitalier repose dans ce cadre sur une double logique asymétrique. La direction de l'établissement occupe une place centrale dans la mesure où elle est l'agent de la tutelle et le principal du praticien. D'un côté, la relation entre la tutelle et les établissements hospitaliers est marquée par des asymétries d'information, de l'autre, une relation semblable se développe entre la direction des établissements et les services.

La relation entre la tutelle et l'hôpital est, par essence, caractérisée par une inobservabilité des efforts. Les ressources de l'établissement sont allouées par la tutelle qui délègue à l'administrateur la fonction de gestion. Il s'agit d'une relation d'agence avec antisélection et aléa moral (Fermon, 1991). Le principal (la tutelle) est confronté à deux types de difficultés. D'une part, l'antisélection parasite sa prise de décision de financement dans la mesure où il ne connaît pas la formation des coûts au sein de l'hôpital et n'a qu'une connaissance statistique des charges en milieu hospitalier. D'autre part, l'aléa moral l'empêche de savoir comment l'agent (le directeur d'hôpital) remplit effectivement sa part du contrat, puisque son effort n'est pas mesurable. La direction de l'établissement entend maximiser sa fonction utilité en arbitrant entre la maximisation de son budget et la minimisation de son effort. La seule solution pour le principal est de mettre en place un système d'incitations. Le budget optimal de second rang attribué à l'établissement constitue un compromis : il doit encourager l'agent à la performance sans pour autant risquer la surproduction (Béjean, 1994).

Une relation d'agence avec antisélection et aléa moral se développe également entre le directeur de l'établissement (principal) et les médecins (agents). Le praticien est le seul détenteur de l'information sur les soins et les moyens utilisés. Le directeur ne pourra donc se fier qu'aux messages envoyés par le médecin pour déterminer le budget. Dans cette perspective, ce dernier aura tout intérêt à maximiser la taille de son service pour accroître son budget. Les deux acteurs ont donc des objectifs différents, voire antagonistes. Il y a d'abord un phénomène d'antisélection dans la mesure où l'administrateur ne peut qu'observer la moyenne des coûts et non les coûts formés dans chaque service. La relation d'agence se manifeste ensuite par un aléa moral puisque le niveau d'effort du médecin est inobservable par l'équipe de direction. La logique du médecin sera de maximiser un budget discrétionnaire tout en minimisant son effort. Une solution optimale, pour la direction, consistera à forcer le médecin à révéler l'information sur ses besoins par l'intermédiaire de contrats incitatifs (Moisdon, 1997).

1.2.3. La généralisation de la gouvernance hospitalière

Le développement des approches en termes de relations d'agence va accélérer la transposition des structures de gouvernance. Les travaux de Mickael Jensen et William Meckling (1976) ont renouvelé l'approche traditionnelle de la firme représentée par le seul entrepreneur. L'entreprise est désormais appréhendée comme un nœud de contrats liant les différentes parties prenantes (*stakeholders*) dans une situation d'incomplétude du contrat. Deux catégories de parties prenantes s'opposent. Les actionnaires prennent un risque spécifique et voient leur droit patrimonial ne s'exercer qu'en dernier ressort après les autres parties prenantes (fournisseurs, salariés, etc.). Les dirigeants ont, quant à eux, une position privilégiée dont ils peuvent profiter (Pérez, 2009).

Dans cette doctrine, la gouvernance correspond, à l'origine, aux seules relations entre les dirigeants et les actionnaires, mais recouvre aujourd'hui toutes les questions liées à la répartition des pouvoirs dans l'entreprise. Elle recouvre selon Gérard Charreaux « l'ensemble des mécanismes ayant pour objet de discipliner les dirigeants et de réduire les coûts d'agence » (Charreaux, 1997). En effet, toute relation d'agence se traduit par des coûts de surveillance (*monitoring expenditures*) supportés par le principal pour contrôler l'agent ; des coûts d'obligation, appelés également dépenses d'exposition (*bonding expenditures*) engagées par l'agent afin de rendre compte de ses actions au principal, mais également par des pertes résiduelles (*residual loss*) qui résultent de la mauvaise adéquation entre les actions de l'agent et les intérêts du principal.

La *corporate governance* recouvre donc tout un ensemble de dispositifs, de mécanismes incitatifs, visant à délimiter les pouvoirs et à influencer les décisions prises par les dirigeants (Charreaux, 2000). Le concept de gouvernance associe l'exercice de l'autorité et du pouvoir dans n'importe quel type d'organisation. L'objectif est de mettre en place un certain nombre de règles délimitant le pouvoir des organes dirigeants et de permettre aux acteurs internes et externes d'influencer la prise de décision. Il apparaît, selon cette approche, nécessaire d'analyser l'ensemble des relations existant entre les actionnaires de l'entreprise (*shareholders*) et les différents *stakeholders* (porteurs d'intérêts ou parties prenantes) que sont les salariés, les clients, les fournisseurs, les créanciers.

Les travaux sur la gouvernance d'entreprise vont être transposés à l'hôpital public. Cette évolution est problématique comme le montre Gérard Charreaux (2011). D'une part, parce que les établissements hospitaliers sont en France des personnes morales de droit public, dotées d'une autonomie financière et administrative, mais restent encadrées par la politique nationale de santé. Ainsi, la liberté du directeur de l'établissement est définie strictement et est moins importante que celle des dirigeants des grandes entreprises privées. D'autre part, parce que l'encadrement des décisions des dirigeants est indissociable de la localisation du pouvoir. Or, si cette identification est aisée dans les entreprises privées, elle l'est moins dans les hôpitaux en raison des conflits entre le pouvoir managérial et le pouvoir médical, mais également à cause des mécanismes de désignation des dirigeants.

Deux économistes de la Banque mondiale Alexander Preker et April Hardind (2003) proposent un nouveau modèle de gouvernance dans les établissements hospitaliers favorisant l'essor de la *corporatization*. Celle-ci s'inscrit dans le prolongement des thèses du *New public management* et constitue un modèle organisationnel évoluant entre la propriété publique et la privatisation de la structure. Il s'agit d'un modèle hybride entre la propriété sociale publique et une forme privée. L'objectif est de transformer les administrations hospitalières, dont le fonctionnement est ralenti par la bureaucratie, par des entreprises parapubliques (*parastatal corporations*) au sein d'un quasi-marché.

L'objectif de la gouvernance hospitalière, dans la perspective du nouveau management public, sera de transformer les établissements publics de soins en organisations indépendantes du pouvoir politique, notamment en les dotant d'instances nouvelles et autonomes. L'idée est d'articuler le système de direction autour d'une direction générale et d'un conseil d'administration chargé des orientations stratégiques. Cette transformation se fait en trois étapes. Dans un premier temps, l'autonomie de gestion de l'hôpital par rapport à l'administration publique est renforcée. Ensuite, l'établissement applique des règles de fonctionnement imitant celle des structures privées (gouvernance d'entreprise). Enfin, l'hôpital est progressivement transféré au secteur privé (Preker et Harding, 2003).

L'autonomie et l'indépendance de ces nouvelles structures sont théoriquement garanties par des instances de pouvoir propre. La gouvernance repose ainsi sur une équipe de direction aux pouvoirs renforcés et un conseil d'administration en charge de la définition de la politique de l'établissement et du contrôle de l'équipe de direction. La *corporatization* suppose donc un transfert progressif de l'ensemble des pouvoirs vers une équipe indépendante et disposant de la totalité des pouvoirs de gestion. Comme le montre Patrick Mordelet (2006), dans de nombreux pays européens, des réformes de ce type ont été mises en œuvre, sans pour autant accorder l'indépendance complète des établissements.

1.3. Les limites de la théorie d'agence dans le milieu hospitalier

Cependant, il y a des limites à mobiliser la théorie d'agence dans le milieu hospitalier. Nous avons signalé plus haut que la relation de l'agence a un coût. D'après M. Jensen et W. Meckling (1976), il y a trois catégories de coûts d'agence :

- Les coûts de surveillance et d'incitation engagés par le Principal pour contrôler et orienter le comportement de l'Agent. A titre d'exemple, la direction de l'hôpital doit assumer les coûts engagés pour contrôler (supervision) et motiver (intéressements) les médecins qui n'acceptent pas habituellement la mise en place des dispositifs de contrôle (résistance) ;

- Les coûts d'obligation supportés par l'Agent : Ce sont des coûts sociaux supportés par le personnel / Agent (stress, fatigue, …) pour maximiser ses efforts et mettre en confiance la direction (Principal). Parfois, le personnel focalise ses efforts sur la satisfaction des clauses des contrats établis au lieu de les orienter vers l'amélioration de la qualité des soins. La satisfaction des exigences contractuelles peut ainsi primer la satisfaction des patients ;

- La perte résiduelle : C'est l'écart inévitable entre le résultat des actions menées par l'Agent et l'objectif attendu par le Principal à cause des divergences d'intérêts. Cette perte est supportée par la direction (Principal) qui se trouve souvent obligée à doubler ses efforts de supervision et de motivation pour maximiser son bien-être ce qui alourdit massivement le coût financier de la relation contractuelle.

Force est de reconnaitre que la réduction de ces coûts s'avère très difficile parce que l'asymétrie de l'information ne dépend pas seulement des intérêts et des capacités des cocontractants, elle est liée strictement au contexte de la relation : secret professionnel, exigences règlementaires, crédibilité, coût de l'information, … (Kirmi, 2007). Dans le milieu hospitalier, les dispositifs de contrôle ne sont pas suffisamment efficaces et donc les coûts d'agence sont souvent élevés (Vallejo et al., 2018).

Sur le plan organisationnel, la théorie de l'agence réduit la firme à des simples relations interindividuelles (un nœud de contrats) et elle refuse toute idée selon laquelle les firmes reposent sur un principe hiérarchique qui représente la base de toute structure hospitalière. Donc, elle peut donner lieu à une juxtaposition de deux logiques et parfois deux structures : une contractuelle et l'autre hiérarchique. Pire encore, cette approche de gouvernance contractuelle reste limitée dans le milieu hospitalier car elle ne met pas en valeur l'aspect social des relations entre les co-contractants et elle est trop bornée à un seul objectif d'aligner le comportement de l'agent sur l'intérêt du principal (Fray, 2009). De ce fait, l'application de la gouvernance contractuelle dans les hôpitaux semble très difficile (Béjean, 1999 ; Fray, 2009). D'après S. Béjean (1999), le recours à la théorie de l'agence n'a pas permis la détermination de contrats optimaux à l'hôpital en raison de la complexité de ses relations, de la surabondance des problèmes d'asymétries d'information et des comportements opportunistes qui pèsent sur le fonctionnement global du système de santé.

Concernant la dimension sociale, elle n'est pas explicitement prise en compte dans les relations entre l'agent et le principal puisqu'elle ne peut être exprimée en des termes strictement contractuels (Kang & Sorensen, 1999). De ce fait, nous pouvons affirmer qu'il y a une prédominance de l'aspect contractuel sur l'aspect social dans ce type de relations (Madani, 2009), et donc il y a un grand risque de sacrifier les missions sociales de l'hôpital (Mossé, 1997). En plus, l'évaluation de cette dimension est généralement complexe et difficile dans les hôpitaux ce qui peut entrainer un problème d'optimisation des contrats dans le cadre de la théorie de l'agence qui semble avoir du mal à prendre en considération toutes les composantes de la réalité hospitalière (Claveranne et al., 2009 ; Sebai, 2016).

En somme, nous pouvons avancer que les critiques adressées à l'application de la théorie de l'agence nous permettent de la considérer comme une théorie pas totalement compatible avec les valeurs et les particularités de l'univers hospitalier surtout qu'elle considère la direction, les médecins et les autres personnels comme « des tricheurs en puissance » (Domain, 2015) et limite de ce fait la capacité de perception des dynamiques d'implication d'agents hospitaliers dans l'appropriation des soins aux usagers. Ce qui nous autorise à mobiliser une seconde grille théorique d'analyse des jeux d'acteurs hospitaliers dans une dynamique de participation multi acteurs.

2. LA THEORIE DES PARTIES PRENANTES, UN ENJEU DE GOUVERNANCE HOSPITALIERE

Nos travaux de recherche sur la participation des usagers à la gouvernance du système de santé prennent appui sur l'approche partenariale et mobilisent la théorie des parties prenantes, car comme l'expliquent Marie Bonnafous- Boucher et Yvon Pesqueux (2006), *« elle prend en compte tous ceux (individus et groupes) qui ne sont pas des actionnaires et qui pourtant subissent ou influencent l'activité des organisations »*. Ces propos, loin d'être isolés, découlent de la définition proposée par Freeman (1984). Ils s'appuient également sur de nombreuses études comparatives, notamment les travaux de Blair, Donaldson et Preston en 1995 qu'ils convient d'examiner ici afin de dégager leur porté pour l'étude de la gouvernance hospitalière.

2.1. La gouvernance publique par la Théorie des Parties Prenantes

La gouvernance publique, dont le but ultime est la prise en compte de l'intérêt commun, est inscrite dans la démarche de prise en compte de l'intérêt de tous. Ainsi, la *Stakeholder Theory* semble avoir été inscrite dans les enjeux de la gouvernance publique depuis ses origines, comment les travaux de nombreux auteurs le démontrent.

2.1.1. L'apport de Donaldson, Preston et Blair : Le primat du modèle Stakeholder sur le modèle Shareholder

Les études de Donaldson et Preston (1995) et de Blair (1995)[48] qui ont proposé une comparaison des modèles *Shareholder* et *Stakeholder* dans leur applicabilité, sont la preuve d'une querelle scientifique qui a longtemps animé les partisans de la *Shareholder Theory* et ceux de la *Stakeholder Theory*. Si nous considérons les travaux sur la gouvernance d'entreprise, une première indication est possible, c'est celle d'une meilleure adéquation supposée du modèle « *Stakeholder* » à l'organisation publique par rapport au modèle « *Shareholder* » suivant deux points.

Premièrement, la *Shareholder Theory* est basée sur une logique financière de maximisation du profit de l'actionnaire, acteur au centre du système ; ainsi, il ne se prête pas à l'organisation publique où la logique est la garantie de l'intérêt général. Ce qui suppose, non pas la maximisation d'un intérêt individuel mais la protection de l'intérêt collectif. Dans ce contexte, l'application de la *Stakeholder Theory* semble plus en adéquation.

En prenant l'exemple de l'hôpital qui réunit différents corps professionnels (médical, gestionnaire, technique) et comporte la notion de service public, la prise en compte des parties prenantes directes (sus-citées) et environnantes mais primordiales (les élus, le patient) est de plus en plus significative dans la gouvernance.

Deuxièmement, la nature de la structure et sa mission de prise en charge des patients sont des éléments fondamentaux qui excluent la maximisation du profit de l'actionnaire, lorsqu'on en identifie un, ce qui n'est pas toujours évident pour les organisations publiques.

---

[48] Synthèse des études de Donaldson et Preston, de Margaret Blair : tirés de Rubinstein M. (2002), Op.cit.

Cette meilleure adéquation du modèle *Stakeholder* à l'organisation publique, et par-là aux systèmes publics, peut également s'appuyer sur deux études réalisées en 1995 et exposant une supériorité supposée du modèle *Stakeholder* sur le modèle *Shareholder*.

La supériorité « *supposée* » du modèle *Stakeholder* sur le modèle Shareholder. Réalisée par Donaldson et Preston en 1995, cette étude expose trois critères de supériorité du modèle *Stakeholder* par rapport au modèle *Shareholder*.

- Il donne une meilleure description du fonctionnement réel des entreprises (« *réalisme descriptif* »[49])
- Il tient compte des intérêts légitimes de toutes les parties prenantes (valeur éthique)
- Il permet une meilleure performance des entreprises[50] (justification instrumentale)

L'efficience économique relative des deux modèles.

Se référant à la théorie des coûts de transaction, Margaret Blair (1995) démontre qu'un management construit sur le modèle *Stakeholder* permet une meilleure performance.

Elle considère que la prise en compte des parties prenantes freine le développement des comportements opportunistes et par conséquent elle limite le « *sous- investissement en capital humain spécifique* »[225], capital humain nécessaire au développement des firmes.

En résumé, comme le remarquent Bonnafous- Boucher et Pesqueux (2006 : 19), la théorie des parties prenantes tend à s'imposer.

C'est aussi l'avis d'une étude réalisée par l'OCDE en 2000. Cette étude propose une comparaison entre le recours à la *Shareholder théory* comme principe de direction des entreprises privilégiant l'intérêt des actionnaires et le recours *Stakeholder theory* comme principe de direction des entreprises privilégiant la prise en compte de l'ensemble des intérêts.

---

[49] Rubinstein M., Op.cit.

[50] Ce troisième critère est basé sur l'étude de Margaret Blair : comparaison de l'efficience économique relative des modèles *Shareholder* et *Stakeholder*, in Rubinstein M., *idem.* [225] Rubinstein M., *ibidem.*

Le graphique ci-après, en comparant le principe selon lequel sont dirigées les entreprises dans trois pays de l'OCDE entre 1990 et 2000, montre une nette progression du modèle *Stakeholder* par rapport au modèle *Shareholder.*

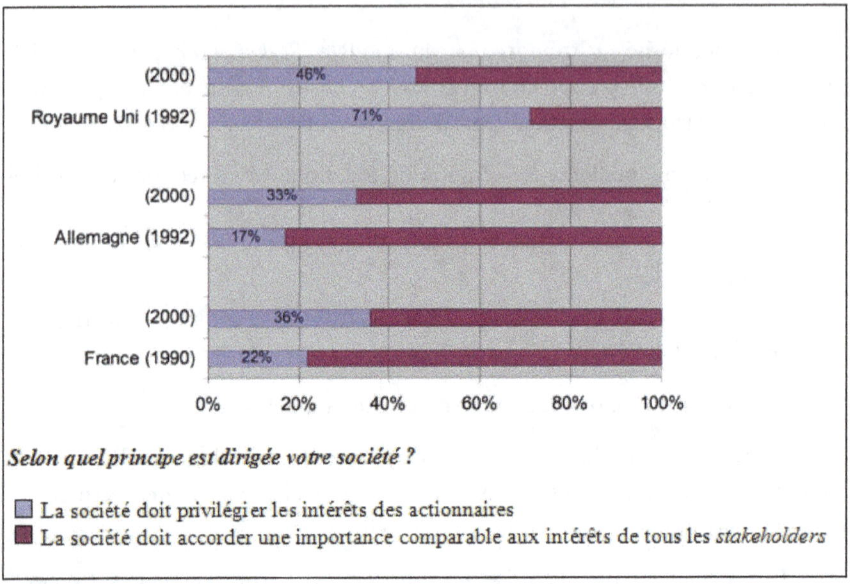

Figure 7 : Comparaison du recours à la Stakeholder et à la Shareholder

Source : Plihon et alii. (2001)

Par exemple, au Royaume- Uni, pays anglo-saxon, les entreprises étaient dirigées selon le principe *Shareholder* à 71% en 1992. Ce modèle évolue cependant en 2000 sur une égalité de recours entre principe *Shareholder* et principe *Stakeholder.* Parallèlement, l'Allemagne et la France, où une minorité des entreprises fonctionnait selon le principe *Stakeholder* en 1992, on remarque une évolution sensible de la part en 2000 qui passe respectivement à 36% en France et à 33% en Allemagne.

Si l'objet du tableau est d'évoquer une certaine convergence entre le recours au principe *Shareholder* et le principe *Stakeholder*[51], il exprime également

---

[51] Plihon D., Ponssard J.-P., Zarlowski P. (2001), « Quel scénario pour le gouvernement d'entreprise ? Une hypothèse de double convergence », *Cahier n°2001-008*, Laboratoire d'économétrie, Ecole polytechnique, CNRS, Paris, août, 15p.

que le modèle *Stakeholder* tend à dominer, ce qui fait dire à Michel Capron qu'il se construit *« une économie des parties prenantes »*[52].

2.1.2. La gouvernance publique, une justification de la Stakeholder Theory

Dans ces origines, la théorie des parties prenantes est profondément ancrée dans les faits socio -politiques et s'immisce dans la gouvernance publique.

Se référer à la théorie des parties prenantes, c'est donc souligner une corrélation entre les faits sociaux et l'idée même d'intérêt public. Lépineux (2003) nous explique ainsi comment la théorie des parties prenantes, comme intrusion des partenaires non actionnaires et non managers, a pris base sur des « affaires ».

En 1967, aux USA, des groupes communautaires s'invitent à l'assemblée générale des actionnaires d'Eastman Kodak sur fonds de tensions raciales et de chômage massif (crise sociale, insécurité économique) de la population noire de la région de Cleveland.

En 1970, aux USA, des mouvements consuméristes s'invitent à l'assemblée générale de General Motors en raison des défauts de sécurité des véhicules commercialisés. D'autres questions relatives aux pratiques sociales de l'entreprise sont soulevées avec une couverture médiatique d'envergure.

Ces deux « faits générateurs » ont marqué l'importance accordée depuis à la dimension sociétale de l'entreprise dans la firme américaine.

En 1997, en Grande Bretagne, plusieurs actionnaires posent la question de la nature politique des relations qu'entretient le groupe pétrolier SHELL avec le gouvernement nigérian de l'époque compte tenu de la question des droits de l'homme et du respect de l'environnement.

Cette « affaire » est considérée comme le point de départ de la *Stakeholder Governance*, c'est-à-dire l'émergence d'un activisme partenarial.

La possibilité que la société s'invite aux « affaires de la firme », dans un esprit de protection de son intérêt, selon lui lésé au profit des intérêts économiques, a conduit les entreprises à trouver des voies d'apaisement.

---

[52] Capron (1999), « Grandes et petites manœuvres autour de l'éthique de l'entreprise », *Cadres-CFDT* n°390.

Si l'entreprise a su pratiquer la prise en compte des intérêts managériaux et actionariaux, à travers la théorie de l'agence, il lui a fallu s'inscrire dans une démarche différente pour prendre en compte l'ensemble des intérêts divergents. Cette pratique est particulièrement présente dans le secteur de l'environnement entre les entreprises privées et les associations de protection de l'environnement, mais de plus en plus aussi dans le secteur hospitalier.

2.2. Système de santé et modèle Stakeholder : l'hypothèse exclusive de Patrick Mordelet sur la gouvernance hospitalière

Les études de Donaldson et Preston, (1995), de même que l'analyse comparative de Margaret Blair confortent le ralliement des gestionnaires du public à la théorie des parties prenantes. Parce qu'elle présente une vision de l'entreprise assez vaste pour s'appliquer à toutes les organisations notamment publiques.

Dans la même lignée, Patrick Mordelet (2006) défend l'hypothèse d'une applicabilité exclusive du modèle Stakeholder à l'hôpital et nous explique que « *l'application des principes de la corporate governance à l'hôpital se traduit par le remplacement des actionnaires (shareholders) par les parties prenantes (stakeholders)*[53].

Pour l'auteur, lorsque l'on se situe au niveau du modèle *Shareholder*, qui propose la maximisation de la valeur actionnariale, il est évident que la transposition à l'organisation hospitalière n'est ni aisée ni recommandée du fait de la prédominance des aspects financiers comme critère d'efficience.

Dans une certaine mesure, l'identification des actionnaires n'est pas facile, parce que l'hôpital est la propriété de multiples partenaires publics ou privés ; en revanche, ce modèle présente de nombreux avantages notamment en ce qui concerne la conceptualisation des relations d'agence et la compréhension des enjeux de pouvoirs dans une organisation.

Le modèle *Stakeholder*, par la prise en compte de toutes les parties prenantes, semble également pouvoir s'articuler autour des problématiques hospitalières de mise en cohérence des activités des différents corps professionnels présents dans l'organisation. La relation de confiance qui s'installe

---

[53] Mordelet P. (2006), Op.cit., p.45.

entre les parties prenantes[54], parce que « parties prenantes » est également semblable à celle qui existe historiquement entre le médecin et son patient.

Si Patrick Mordelet (2006) admet que la *Shareholder Theory* est utile dans l'analyse de la relation médicale en tant que relation d'agence, et des exemples de sélection adverse, il relève cependant une primauté de la *Stakeholder Theory*, dans le cadre de l'analyse de la gouvernance hospitalière. En effet, si l'approche partenariale reste une approche contractuelle, ce contrat ne suppose pas, au préalable, l'échange des capacités des parties au contrat (force de travail contre force financière), mais avant tout, la mise en commun des capacités de chacun pour mieux produire. En ce sens, elle est dynamique et collaborative tandis que l'approche actionariale est statique[55].

Dans le cadre de nos travaux de recherche, le recours à l'approche partenariale est principalement lié à son adaptabilité aux organisations publiques et à l'intérêt qu'elle porte à la collaboration, au partenariat, à l'alliance, comme outils de gestion. La notion de valeur qui y est jointe découlant de ces jeux d'acteurs. L'intégration des usagers dans la gouvernance hospitalière et ensuite dans la gouvernance du système de santé, s'est affirmée dans une certaine logique de collaboration.

Pour le patient, ou plus globalement les usagers du système de santé, la pérennité du système de santé et plus encore la qualité de l'offre de soins est un enjeu majeur (raison vitale). L'expertise profane se propose alors d'accompagner l'expertise professionnelle, car en matière de santé, l'expérience de la maladie peut compter.

En ce sens, les usagers se positionnent en tant que collaborateurs (Savage, 1991 : l'intérêt à la collaboration des parties prenantes), pas uniquement en tant que bénéficiaires. Ils ont la capacité de connaître la finalité du système de santé, de pouvoir la mesurer, de savoir comment l'atteindre, car ils en sont les objets et les bénéficiaires.

---

[54] Etude de Jones, 1972 : selon Rubinstein, op.cit., Jones base son étude sur la théorie de l'agence, la théorie des coûts de transaction et la théorie du travail en équipe ; et démontre que le management de type *Stakeholder* permet d'atteindre la solution la plus coopérative grâce à l'amélioration de la confiance.

[55] L'auteur s'oppose donc à la vision statique de l'approche partenariale qui est la vision dominante. Pour rappel, nous l'avons exposé dans nos précédents développements.

Parce que la théorie de parties prenantes a fait de la collaboration un de ces enjeux, il nous est nécessaire de la définir et d'en connaître les principes dans la relation partenariale entre les usagers et le système de santé.

2.3. De la théorie des parties prenantes

Développée dans les années quatre-vingt en réponse à la suprématie des intérêts actionnaires préconisée par Jensen et Meckling (1976), la théorie des parties prenantes a pris son envol autour du concept de responsabilité sociale des entreprises, notamment dans le secteur de l'environnement.

Pour Gérard Charreaux et Peter Wirtz (2006), les limites de l'approche actionnariale pour rendre compte de la complexité formelle et processuelle des systèmes de gouvernance sont également aux fondements du développement de la théorie des parties prenantes.

La Théorie des parties prenantes repose sur différents postulats notamment la valeur partenariale intrinsèque à l'ensemble des parties dont aucun intérêt ne peut dominer les autres. De ce fait, Samuel Mercier (2006) nous explique que « *au-delà de maximisation du profit* (minimisation des coûts en santé !), *il convient d'inclure dans la gouvernance de l'entreprise les intérêts et les droits des non actionnaires* »[56].

2.3.1. Comprendre la Théorie des Parties Prenantes

La théorie des parties prenantes a introduit une nouvelle approche de la gouvernance des entreprises, notamment une nouvelle manière de formuler et de traiter les problèmes de gouvernance (Charreaux, Wirtz, 2006), en considérant que l'ensemble des intérêts des intéressés doivent être pris en compte.

La théorie des parties prenantes propose également une conception différente des organisations, en ce sens qu'elle rejoint l'approche organisationnelle de l'action collective

(Crozier et Frideberg, 1977 ; Piotet et Sainseaulieu, 1994…) et l'approche institutionnaliste (Di Maggio, 1988 ; Scott, 1987) en concevant « *l'organisation comme un acteur social* »[57]. Par ailleurs, la notion d'« *acteur organisationnel* »

---

[56] Mercier S. (2006), in Bonnafous-Boucher M., Pesqueux Y., Op.cit.

[57] Jimenez, A.M., (2004), « La pertinence de la perspective des intéressés dans la gestion stratégique des ressources humaines (GSRH) : leçons d'une étude de cas », Actes de colloque du XVème Conférence de l'AGRH à Montréal, septembre 1-3 2004, pages 401-424.

repose sur l'idée que l'interaction des acteurs intéressés de l'entreprise reproduit une vie collective et produit une valeur.

Dans ce cadre philosophique, l'organisation est intégrée dans un environnement sociopolitique inséparable de la réalité économique. De ce fait, le développement de l'entreprise ne peut se faire en se limitant aux critères de type maximisation des intérêts financiers des actionnaires.

En effet, la théorie des parties prenantes accepte comme l'explique Maria Amparo Jimenez (2004) que « le marché ainsi que les institutions politiques et sociales s'interpénètrent et s'influencent mutuellement »[58].

En rejetant l'idée d'une approche centrée sur l'intérêt des actionnaires, seuls détenteurs de la créance résiduelle, la TPP remet en question l'exclusivité de l'intérêt non pas la prise en compte. C'est en effet en réaction à la domination de la théorie de l'agence (depuis Jensen et Meckling, 1976) qui érige la priorité des intérêts actionnaires que Freeman (1984) propose la *Stakeholder Theory* pour une prise en compte égale (à leur investissement) des intérêts de l'ensemble des parties prenantes.

Pour Stéphane Trébucq (2005), les théories de l'agence et des parties prenantes se positionnent sur des clivages idéologiques et philosophiques divergents. La théorie de l'agence s'inscrit dans une tendance libérale et de maximisation de l'intérêt personnel, tandis que la théorie des parties prenantes, elle, s'inscrit dans l'idéologie marxiste et de préservation de l'intérêt général.

Du fait de ce principe idéologique, la théorie des parties prenantes conduit à prendre en considération tout apport productif, cognitif, financier, consommateur et même environnemental au développement de l'entreprise. En ce sens, elle se situe dans la compréhension « Tocquevillienne » de la démocratie américaine, c'est-à-dire comme un *« héritage de marchands pieux »*[59] dont la perspective principale est l'égalité morale des intérêts en jeu (Bonnafous-Boucher et Pesqueux, 2006). Notons que l'enjeu démocratique, essence de la participation des usagers du système de santé, est en filigrane en terme de « démocratie industrielle » ou « démocratie d'entreprise ».

L'enjeu égalitaire a ainsi conduit Preston et Donaldson (1995) à définir les parties prenantes comme les personnes ayant un intérêt légitime au

---

[58] Jimenez, Amparo Maria (2004), Op.cit.

[59] Bonnafous-Boucher M., Pesqueux Y. (2006), Op.cit, p. 21.

développement de l'entreprise. Ces auteurs ont, par leur réflexion, contribué à constituer un corpus de principes relatifs à la théorie des parties prenantes qui peuvent être regroupé en quatre points essentiels ainsi que le rappelle Samuel Mercier (2006).

- Premièrement, l'organisation est en relations avec plusieurs groupes qui affectent et sont affectés par ses décisions (Freeman 1984).
- Deuxièmement, ***Les intérêts des parties prenantes ont une valeur intrinsèque et aucun intérêt n'est censé dominer les autres*** *(Clarckson 1995 ; Donaldson et Preston 1995).*
- Troisièmement, *La théorie est concernée par la nature de ces relations en termes de processus et de résultats vis-à-vis de la société et des parties prenantes*
- Quatrièmement, *La théorie s'intéresse à la prise de décision managériale (Donaldson et Preston 1995).*

Dans la conception dominante juridico-financière, la valeur pour l'entreprise se confond avec la valeur pour l'actionnaire (Shleiffer et Vishny, 1997). Une hypothèse cruciale est celle de l'actionnaire unique créancier résiduel à qui doit revenir la valeur créée.

Dans ce modèle fondé sur la théorie de l'agence, le dirigeant est l'agent des actionnaires; détenant peu ou pas de capital, il est incité à adopter un comportement contraire aux intérêts des actionnaires (Jensen et Meckling, 1976) par opportunisme, donnant ainsi naissance à des conflits d'agence coûteux pour l'entreprise. Le maintien du potentiel de création de la valeur dépend alors des mécanismes de gouvernance comme levier disciplinaire. *« En caricaturant, la valeur se crée pour l'actionnaire en contrôlant le dirigeant de façon à réduire au mieux les effets nocifs des conflits d'agence »*[60].

La remise en cause de la conception première et même dominante de la gouvernance d'entreprise, selon laquelle l'actionnaire est le seul à supporter le risque résiduel, justifiant ainsi l'idée qu'il doit être le seul bénéficiaire de la créance résiduelle, est l'un des piliers de la théorie des parties prenantes.

Pour Freeman (1984), la créance résiduelle n'est pas que financière et fiduciaire, elle intègre les enjeux des autres parties prenantes, par exemple la conservation de leur emploi pour les salariés, la garantie de leur contrat pour les

---

[60] Charreaux G., Wirtz P. (2006), Op.cit

fournisseurs ou la satisfaction de leurs attentes pour les consommateurs. Chacune de ces parties prenantes a donc un intérêt au développement de l'entreprise. Le risque résiduel est donc partagé. De ce fait, la créance résiduelle doit être également partagée entre les parties qui sont tous contribuables de ***« la rente organisationnelle globale créée par l'entreprise ».***

Dans ce cadre, les parties prenantes sont des ayants droits c'est-à-dire les personnes ou les groupes ayant un intérêt légitime. Pour Mercier (2006), Dodd (1932) et Barnard (1938), *« l'entreprise doit équilibrer les intérêts concurrents des différents participants dans le but de maintenir leur nécessaire coopération »*[61]. Les parties prenantes, s'ils protègent leurs intérêts quoique divergents, ont un intérêt commun qui est le développement de l'entreprise.

Pour parvenir à la garantie de cet intérêt commun, le partenariat est essentiel. La mutualisation des capacités de chacun est créatrice de la valeur partenariale.

En prenant le cas du système de santé, le fait que les usagers, en tant que malade dans le colloque singulier ou comme représentant des usagers, puissent aider à l'ajustement entre l'offre de soins et les besoins, par exemple à travers les questionnaires de satisfaction, contribuent à la valeur partenariale dans le sens de Donaldson et Preston (1995).

C'est pourquoi, la loi du 04 mars 2002 a octroyé, aux usagers du système de santé, les droits de participation à l'orientation et à la définition des politiques de santé, infra et supra hospitalières, ainsi que le droit d'être partie prenante, par la représentation dans les instances de la gouvernance du système de santé.

A travers cette loi, qui prend acte des évolutions sociologiques et juridiques précédentes, les usagers acquièrent à la fois la légitimité et l'urgence (voire les attributs de Mitchell dans nos prochains développements) de siéger dans les instances de la gouvernance du système de santé.

2.3.2. Définir les Parties Prenantes

L'approche partenariale, tout comme l'approche actionnariale, tire ses origines des travaux de Berle et Means (1932). En effet, les deux auteurs constatent le développement d'une *« pression sociale s'exerçant sur les dirigeants pour qu'ils reconnaissent leur responsabilité auprès de tous ceux dont le bien-*

---

[61] Mercier S. (2006) in par Bonnafous-Boucher M., Pesqueux Y., Op.cit., p. 159.

être peut être affecté par les décisions de l'entreprise »[62]. Ainsi ils suggèrent de développer un système de contrôle qui puisse conduire à l'équilibre des *« intérêts des différents groupes de la communauté »*[63]. Cependant, c'est en 1963 que le Stanford Research Instute met à jour le concept de « partie prenante ».

Pour Freeman (1984), est partie prenante « tout groupe ou individu qui peut affecter ou qui est affecté par la réalisation des objectifs de l'entreprise »[64].

La référence au lien d'affection plutôt qu'au droit de propriété permet d'élargir les intérêts en jeu dans la gouvernance d'une entreprise, et de légitimer la prise en compte d'autres intérêts que les seuls intérêts de l'actionnaire.

Dans cet ordre d'idées, Donaldson et Preston (1995) considèrent comme parties prenantes, tous ceux qui ont *« un intérêt légitime dans l'organisation »*[65]. Par ailleurs, les intérêts de chaque partie prenante ont une valeur intrinsèque. Ils écrivent à ce propos: «Stakeholders are persons or groups with legitimate interests in procedural and/or substantive aspects of corporate governance…

The interests of all stakeholders are of intrinsic value. That is, each group of stakeholders merites consideration for its own stake… »[66]

Plus qu'une théorie élargie de l'agence, qui valide la notion de risque résiduel pour l'ensemble des acteurs de l'entreprise, mais se focalise sur l'existence d'un contrat bilatéral, la théorie des parties prenantes constitue une approche distincte. En effet, par la légitimation de ce risque résiduel étendu, elle constitue une extension du bilatéralisme du contrat d'agence, et noue les intérêts de l'ensemble des partenaires.

De ce nœud d'intérêts, d'où aucun intérêt ne peut par nature primer sur aucun autre, le partenariat constitue la possibilité de produire ensemble. C'est ainsi que l'approche partenariale s'inscrit selon nous, non plus dans une logique de *« nœud de contrats »*, mais dans celle de *« nœud d'investissements »* créateur de rente organisationnelle et porteur de droits à gouverner.

---

[62] Traduction de Samuel Mercier , (2006), in Bonafous-Boucher et Pesqueux.

[63] Traduction de Mercier, (2006), in Bonnafous-Boucher et Pesquex.

[64] Freeman, (1984), Op.cit

[65] Bonnafous-Boucher M., Pesqueux Y., (2006), Op.cit, p 22.

[66] *« Sont parties prenantes toute personne ou tout groupe ayant un intérêt légitime dans l'entrepise. Les intérêts de ces personnes ou groupes ont une valeur intrinsèque qu'il est nécessaire de prendre en compte »*, Donaldson T., Preston L., (1995), « The Stakeholder Theory of The Corporation : Concepts, Evidence and Implications », *Academy of Management Review*, n° 20, pp.65-91.

Autour de cette idée, de nombreux théoriciens ont nourri différentes définitions des parties prenantes, inspirant ainsi les différentes approches de la théorie des parties prenantes : normative, instrumentale ou empirique. Pour Samuel Mercier (1999), les parties prenantes sont *« l'ensemble des agents pour lesquels le développement et la bonne santé de l'entreprise constituent des enjeux importants »*[67]. Cette définition nous permet d'envisager les usagers comme parties prenantes car, en tant que bénéficiaires, le développement du système de santé est un enjeu important pour eux.

De la même manière, Yvon Pesqueux et Marie Bonnafous- Boucher (2006) considèrent que chaque partie prenante a *« un intérêt légitime dans l'entreprise »*, qui n'est pas seulement de garantir la prise en compte du risque résiduel qu'elle encoure mais aussi de participer au développement de l'entreprise. Ils rejoignent ainsi la définition de Samuel Mercier (1999).

Les définitions de Freeman, Donaldson et Preston, Pesqueux ou Mercier montrent bien que la *Stakeholder Theory* est multiforme. En effet, la littérature combine différents aspects de la théorie des parties prenantes qui vont de l'intérêt égalitaire à l'enjeu de management. Elle peut ainsi être envisagée selon un angle normatif, instrumental ou descriptif (empirique).

Yvon Pesqueux et Salma Damak-Ayadi (2005)[68] considèrent que la théorie des parties prenantes est soumise à deux écoles de pensées qui découlent sur une triple classification des perspectives d'approche de la théorie des parties prenantes. Une première école, celle de la théorie empirique des parties prenantes se fonde sur les perspectives descriptive et instrumentale, alors que l'école normative des parties prenantes se fonde sur une perspective éthique.

S'inspirant des travaux de Jones et Wicks (1999), les deux auteurs nous expliquent les enjeux de cette distinction. En effet, la perspective normative incarne l'enjeu égalitaire en recommandant qu'il est de la responsabilité sociale de l'entreprise de considérer également les parties prenantes quel que soit leur pouvoir potentiel. La perspective instrumentale, quant à elle, considère que la prise en compte des intérêts des parties prenantes est créatrice de valeur. Enfin, la perspective descriptive implique que *« l'organisation est au centre de*

---

[67] Mercier S., (1999), *L'éthique dans les entreprises*, édition La découverte, Paris. Cité par Salma-Ayadi (2002).

[68] Damak-Ayadi S., Pesqueux Y. (2005), « Stakeholder Theory in perspective », *Corporate governance*, vol. 5, n° 2, pp. 5-21.

coopérations et de compétitions possédant chacune une valeur intrinsèque »[69]. A travers ces trois perspectives, la TPP révèle l'enjeu stratégique de la prise en compte, du management des différentes parties prenantes.

En somme, la théorie des parties prenantes est une théorie à trois versants, descriptif, instrumental et normatif qui convergent sur l'idée que les intérêts des parties prenantes ont une valeur intrinsèque, tout en se distinguant sur leur opérationnalité (schéma n° 9).

Source : Cayrol (2006)

Figure 8 : Evolution de la Théorie des parties prenantes

Si la théorie des parties prenantes se décline en trois versants, la figure ci-dessus montre une certaine convergence de ces trois versants dans un ensemble que Donaldson et Preston exprime sous le titre de « théorie corporative des parties prenantes ».

Salma Damak-Ayadi et Yvon Pesqueux (2005) abordent d'ailleurs cette convergence en reprenant la hiérarchie de Weaver et Treveno (1994) sur les interactions entre les trois versants de la théorie des parties prenantes et plus

---

[69] Damak-Ayadi S., Pesqueux Y. 2005), Op.cit.

spécifiquement entre le versant instrumental et le versant normatif. Ils établissent trois types d'interaction : le parallélisme (rejet de toute interaction), la symbiose (interaction forte sans fusion) et l'intégration (fusion de l'un dans l'autre).

Au-delà des débats théoriques qui les opposent, les trois versants se déclinent suivant leur opérationnalité pour la stratégie de l'entreprise, en termes d'apport managérial ou éthique suivant le versant prédominant. En termes de management, par exemple, les approches empiriques (descriptive et instrumentale) sont hypothétiques en ce sens qu'elles ont pour objet d'expliquer les liens entre le management des parties prenantes et la performance organisationnelle, alors que l'approche narrative est catégorique avec pour objectif d'expliquer ou prédire la performance.

Samuel Mercier (2001)[70] a élaboré une synthèse des approches de la théorie des parties prenantes, en considérant l'objectif de la prise en compte de leurs intérêts.

Tableau 12 : Les différentes versions de la Stakeholder Theory

SHT : version éthique		Normative	Principe de fiduciarité et de légitimité de l'entreprise fondant la responsabilité sociale des l'entreprise	Bien-être social et justice sociale (Perspective systémique)	Théorie élargie des droits de propriété : Donaldson et Preston (1995) ; Donaldson et Dunfee (1999) Théorie de la justice : Rawls (1971) ; Freeman (1994) ; Phillips (1997)
				Ethique de l'agent (perspective organisationnelle)	Théorie principal-agent : Wood et Jones (1995)
				Réseaux relationnels (perspective organisationnelle)	Théorie féministe : Wicks et al. (1994) ; Burton & Dunn (1996)
				Capitalisme kantien (perspective systémique)	Théorie déontologique : Freeman et Evan (1990)
SHT : version managériale	Approches analytiques	Instrumentale	Effet de la prise en compte des SH sur la performance organisationnelle	Efficience des relations / transactions / contrats / relationnels	Théorie des réseaux sociaux et théories contractuelles : Preston et al. (1991) ; Hill et Jones (1992) ; Jones (1995) ; Charreaux et Desbières (1998)
		Descriptive	Prise en compte des SH dans le management de l'entreprise	Orientation vers la performance et vers la justice (perspective managériale)	Economie managériale et sociologique : Clarkson (1995) ; Etzioni (1988) ; Mitchell et al. (1997)
				Etude de la nature et des valeurs des SH (perspective organisationnelle)	Théories de la décision : Brenner & Cochran (1991) ; Berman et al. (1999)

Source : Mercier (2001)

[70] Mercier S. (2001), « L'apport de la théorie des parties prenantes au management stratégique : une synthèse de la littérature », Xième Conférence de l'Association Internationale de Management Stratégique », juin 2001, 24p.

Le cœur de notre recherche se situe dans la mobilisation de la typologie de Mitchell, Agle et Wood, comme élément de caractérisation des usagers du système de santé en tant que parties prenantes, en essayant de révéler les apports en termes de management.

Notre démarche, ainsi que le précise le schéma ci-dessus, s'intègre dans la version managériale de la théorie des parties prenantes, se situe sur le versant empirique de la théorie spécifiquement le versant descriptif. Cette approche de la théorie des parties prenantes recommande la prise en compte des parties prenantes dans le management de l'entreprise. L'intégration des usagers comme parties prenantes dans la gouvernance du système de santé, ainsi que la recherche d'une valorisation de cette participation en termes de performance organisationnelle, dans un contexte de démocratie sanitaire, s'insère bien dans le cadre théorique proposé par Mitchell et alii (1997) auquel nous recourrons.

Si Jones et Hill (1992) ou Clarckson (1995) caractérisent les parties prenantes primaires et secondaires, ce qu'ils retiennent c'est que les secondes ne sont ni influentes ni essentielles à l'organisation.

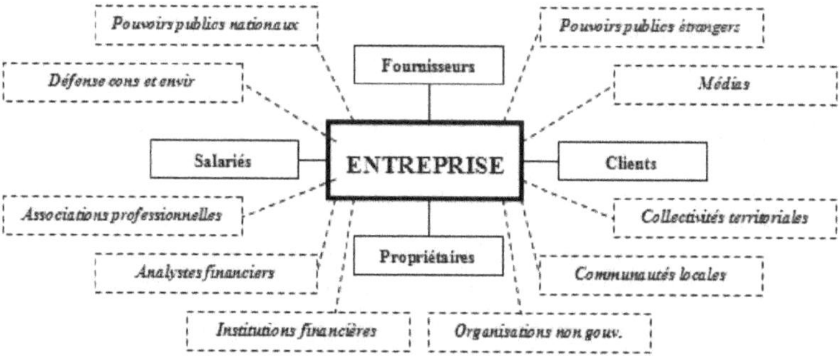

Figure 9 : La classification des parties prenantes de Clarckson

Source : Mercier, 2001

Pour Clarckson (1995), les parties prenantes primaires ou volontaires incluant les actionnaires, les employés, les investisseurs, les clients et les autorités publiques disposent d'un droit issu des relations contractuelles, alors que les parties prenantes secondaires ou involontaires influencent l'organisation sans être liées contractuellement à elle et sans être essentielles à sa survie[71]. Cependant, même si l'entreprise n'en est pas dépendante, elle doit les surveiller.

Si cette classification propose des éléments intéressants, cependant elle classe un certain nombre d'acteurs majeurs du système de santé dans la catégorie des parties prenantes secondaires, non influentes et non essentielles. En ce sens, elle s'accommode très peu comme théorie pertinente à notre analyse des parties prenantes du système de santé.

Donaldson et Preston, quant à eux, proposent une typologie tournée autour de l'influence mutuelle entre l'entreprise et ses parties prenantes. Ce modèle a été adapté par Samuel Mercier dans la figure suivante :

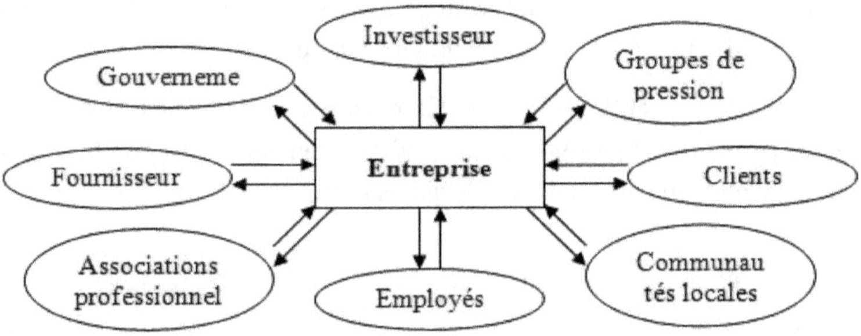

Figure 10 : La classification des parties prenantes de Donaldson

Source : Mercier (2001), adapté de Donaldon et Preston, 1995, p.69

Dans une autre approche, la typologie de Mitchell, Agle et Wood (1997) propose trois attributs pour caractériser l'importance des parties prenantes, la légitimité, l'urgence et le pouvoir. L'articulation de ces attributs détermine la nature de chaque partie prenante ainsi que son degré d'influence.

[71] Clarckson M. (1995), « A stakeholder framework for analysing and evaluating corporate social responsability », *Academy of Management Review*, vol. 20, n°1, pp. 92-112.

SECTION II : CADRE METHODOLOGIQUE : DE LA METHODE AU MODELE D'ANALYSE.

Cette recherche évite le double piège du scientisme naïf et du scientisme sceptique pour s'inscrire dans une logique du réalisme scientifique[72]. En effet, penser qu'il faut établir des vérités définitives et que pour cela il faut adopter une rigueur analogue à celle des physiciens ou des biologistes, relève tout simplement du scientisme naïf, tandis qu'à l'opposé, le refus de croire en la possibilité d'une connaissance scientifique, c'est être partisan du scientisme sceptique. Pourtant, dans une perspective constructiviste, cette recherche s'évertue à construire un ensemble de connaissances scientifiques relatives à la gouvernance hospitalière, qui fassent sens dans une communauté de sens (scientifique) de taille humaine afin de déterminer dans la mesure du possible les actions des acteurs du jeu social dans ce champ hospitalier. De même, si nous nous gardons de tout extrémisme méthodologique, il n'est guère question pour nous de nous livrer au simplisme scientifique, c'est-à-dire à des certitudes toutes faites bâties sur le champ en question.

De plus, la méthode de recherche scientifique est reprécisée et raffinée par Bachelard à travers ce qu'il qualifie « *psychanalyse de la connaissance objective* »[73]. Celle-ci est inspirée par les travaux de Jung, qui introduit puis étudie la notion d'obstacle épistémologique qui renvoie à des obstacles affectifs dans l'univers mental du scientifique. Il s'agit en effet d'obstacles qui empêchent de progresser dans la connaissance des phénomènes, et donc nous devrons impérativement prendre en compte dans le cadre de ces travaux, en vue de rendre compte de la réalité de gestion hospitalière telle qu'elle se vit par les acteurs hospitaliers à Douala. Pour remédier à ces obstacles, Bachelard préconise un certain nombre d'impératifs : réaliser une catharsis[74] intellectuelle et affective, réformer son esprit, refuser tout argument d'autorité et laisser sa raison inquiète[75].

Le procédé d'investigation heuristique ici est bâti sur la trilogie bachelardienne à savoir les piliers épistémologiques de la recherche que sont : La rupture, la construction et la constatation (ou l'expérimentation). Selon la maxime de Bachelard en effet, « *le fait scientifique est conquis, construit et constaté* »[76].

---

[72] Lire à ce sujet Quivy et Campenhoudt, dans *Manuel de recherche en sciences sociales*, op.cit.
[73] Voir le titre fort évocateur de son ouvrage suscité du même nom.
[74] G. Bachelard, La formation de l'esprit scientifique, Paris, Librairie philosophique Vrin, 1999.
[75] Bachelard, *Idem.*
[76] Bachelard, *ibidem.*

Il s'agit d'un processus en trois actes et dont l'ordre doit être respecté. On appelle cette démarche une hiérarchie des actes épistémologiques. Dans une perspective de rupture épistémologique au sens bachelardienne du terme, dans le cadre de ce travail, celle-ci s'opère, non seulement avec les connaissances premières (le sens commun) du champ de la gouvernance extractive, mais aussi avec la tradition scientifique devenue pratiquement dogmatique sur les questions de gouvernance.

Pour produire un savoir qui soit recevable par la communauté de chercheurs en sciences de gestion, et qui réussisse le gage de l'innovation pour apporter sa plus-value à l'immense chantier d'investigation heuristique, les lignes suivantes sont consacrées d'une part à monter des garde-fous épistémiques. D'autre part, elles visent à dégager des lignes directives qui orienteront la quête de la vérité au sens essentialiste du concept, ou encore qui permettront de construire un savoir, le moins irréfutable possible, pour reprendre à nos paradigmes constructivistes.

Pour introduire au choix méthodologique ici adopté, ce schéma du cycle d'investigation heuristique illustre le mieux nos procédés de recherche ici en vogue :

Figure 11 : Eléments typiques de notre cycle d'investigation

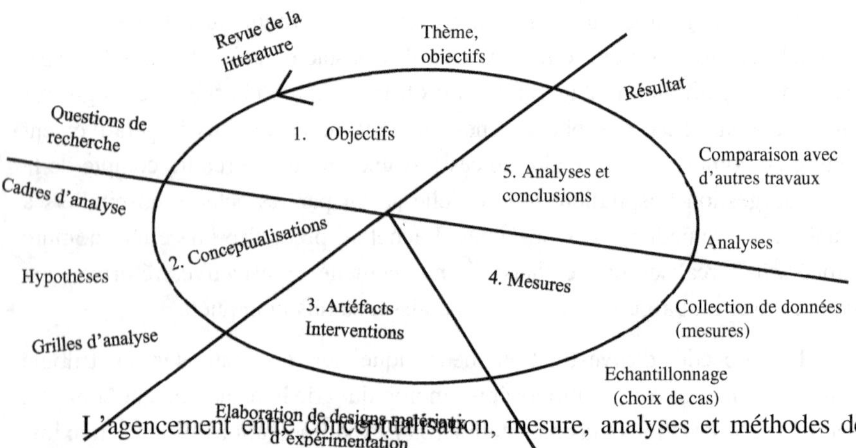

L'agencement entre conceptualisation, mesure, analyses et méthodes de conclusion dépend de l'approche choisie :

- **Conceptualisations** : on explicite les questions, fait des hypothèses, établit un cadre d'analyse, définit des critères d'analyse, etc.
- **Artefacts** : développement de procédures, implémentations, matériaux d'expérimentation,

- **Mesures** : on va "voir sur le terrain" selon notre échantillonnage
- **Analyses & conclusion** : on met en rapport mesures, analyses de mesures (statistiques, qualitatives, etc.) avec les questions de recherche et la théorie.

C'est en raison de la nécessité de suivre rigoureusement les exigences de la recherche scientifique nous avons bâti la présente recherche autour du principe de l'ouverture méthodologique et de la pluridisciplinarité.

1. POSITIONNEMENT EPISTEMOLOGIQUE DE LA RECHERCHE

La réponse à une problématique de recherche se traduit nécessairement par un certain ancrage épistémologique et le choix d'une approche méthodologique. Notre recherche a pour objectif de montrer l'influence des réformes de la gouvernance hospitalière sur l'appropriation des services usagers par le personnel médical.

Comme le suggère Koenig (1993), s'interroger sur le statut de la connaissance produite et sur sa nature constitue un préalable pour toute recherche. De ce fait, l'objectif de cette section est de bien situer notre travail sur le plan épistémologique, de présenter ses étapes et d'exposer les choix méthodologiques retenus.

1.1. Positionnement épistémologique de la recherche

Notre recherche nous a amené à examiner une revue de la littérature des domaines concernés et à réfléchir sur les présupposés épistémologiques. Il est traditionnellement admis que le positionnement épistémologique, le protocole de la recherche et le choix des méthodes doivent être cohérents à la fois avec la problématique avancée, le contexte, le déroulement de la recherche et le niveau des connaissances dans le domaine étudié (Royer et Zarlowski, 2007). Trois grands paradigmes épistémologiques sont usuellement identifiés en sciences de l'organisation : le paradigme positiviste, le paradigme interprétativiste et le paradigme constructiviste. Ces paradigmes au sens de Kuhn (1983), constituent autant de modèles, schémas intellectuels ou cadre de référence dans lesquels peuvent s'inscrire les chercheurs en sciences de l'organisation. Sur la base de ces paradigmes, le chercheur peut donc évaluer la scientificité de ses énoncés et conduire une réflexion épistémologique lui permettant d'asseoir la validité et la légitimité de son travail. Ainsi, le chercheur doit-il faire un choix de principe entre les paradigmes et s'en tenir rigoureusement à ce choix, ou dispose-t-il, d'un degré de liberté lui permettant d'aménager son positionnement ?

1.1.1. Quel positionnement épistémologique pour cette recherche ?

Selon Thiétart et al. (2007), pour les partisans de l'isolationnisme, il est nécessaire de choisir un des paradigmes et de s'y tenir. Selon ce point de vue, les différents paradigmes présents en théorie des organisations sont incommensurables et ne peuvent être réconciliés.

Pour les défenseurs de l'intégration par contre, les efforts devront porter sur la recherche d'un standard commun. Dans cet esprit, la fragmentation est une barrière et le consensus autour d'un paradigme est une condition préalable au développement des sciences de l'organisation. En effet, les partisans de l'intégration proposent, avec des méthodes différentes, d'asseoir un paradigme de référence, seul garant d'un vrai progrès scientifique. On peut dès lors constater que de nombreuses recherches en sciences de l'organisation tentent cette réconciliation (Miles et Huberman, 1991 ; Bouzid, 2011), se dotant ainsi de ce que l'on peut appeler une position épistémologique aménagée. Enfin, pour les promoteurs de l'approche multi-paradigmes, un dialogue entre paradigme est possible et même souhaitable pour faire progresser la compréhension des phénomènes sociaux. C'est dans ce sens que Koenig (1993 : 4) souligne l'intérêt de disposer d'une variété d'approches, qui, chacune à leur manière, sont en mesure de rendre compte de certains aspects des réalités complexes auxquelles s'intéressent les sciences de l'organisation.

Cependant, Thiétart et al (2003) précisent que, quelque soit la position choisie par le chercheur, elle suppose de sa part deux conditions :

- D'une part, il est nécessaire que celui-ci mène une réflexion épistémologique qui lui permette d'expliciter clairement les présupposés de sa recherche.
- D'autre part, celui-ci ne doit pas écarter les contraintes pragmatiques auxquelles la recherche empirique le soumet.

De manière générale, un travail de recherche repose sur une certaine vision du monde. Cette vision conduit le chercheur à utiliser une méthode et à proposer des résultats visant à prédire, prescrire, comprendre, construire ou expliquer une réalité. L'explication des présupposés du chercheur permet de contrôler sa démarche de recherche, d'accroître la validité de la connaissance qui en est issue et de lui conférer un caractère cumulable. Chaque paradigme revendique un positionnement différent par rapport à la nature de la réalité étudiée, au statut du chercheur et à la création de connaissances.

1.1.2. Le paradigme positiviste

Pour les positivistes, la réalité existe en soi, elle possède une essence propre régie par la causalité et est indépendante du chercheur qui l'étudie (Popper, 1999). Le chercheur veut donc connaître cette réalité extérieure à lui. Il y a une indépendance entre l'objet (la réalité) et le sujet qui observe. Cette indépendance permet aux positivistes de poser le principe d'objectivité selon lequel l'observation de l'objet extérieur par un sujet ne modifie pas la nature de cet objet. Ainsi, la recherche est une interrogation objective des faits et de la connaissance produite à travers une démarche hypothético-déductive. Son objet est élaboré à partir de l'identification d'incohérences et des carences dans les théories ou les faits (Thiétart et coll., 2007). Le travail du chercheur consiste alors à interroger des faits afin de découvrir les causalités sous-jacentes par la mise à l'épreuve d'hypothèses théoriques préalablement formulées. Ainsi, dans une perspective positiviste, la connaissance progresse par la découverte de régularités et de causalité du réel à partir de l'observation indépendamment de l'observateur. La connaissance ainsi produite est objective et acontextuelle (Popper, 1999).

1.1.3. Les paradigmes interprétativiste et constructiviste

Dans les paradigmes rivaux, interprétativisme et constructivisme, le statut de la réalité est plus précaire. En effet, pour ces paradigmes, la réalité n'est jamais indépendante de l'esprit de celui qui l'observe ou qui l'expérimente. On peut alors parler d'hypothèse relativiste par opposition à l'hypothèse réaliste développée par les positivistes. Pour les interprétativistes et les constructivistes, le monde social est fait d'interprétations. Ces interprétations se construisent grâce aux interactions entre acteurs, dans des contextes toujours particuliers (Thiétart et al, 2003). En conséquence, pour ces deux paradigmes, les individus créent leur environnement par leurs pensées et leurs actions, guidés par leurs finalités (Le Moigne, 1994). La connaissance ainsi produite sera alors subjective et contextuelle (Koenig, 1993). Si ces paradigmes partagent, le fait que la réalité ne sera jamais indépendante de l'esprit et de la conscience du chercheur qui l'observe ou l'expérimente, ils différent cependant au niveau du chemin emprunté par la connaissance pour expliquer la réalité et les critères de sa validité.

Ainsi, pour le paradigme constructiviste, le chercheur joue un rôle d'observateur modélisateur en considérant que la réalité, pour être connue, doit pouvoir être cognitivement construite ou reconstruite intentionnellement (Le Moigne, 1994). Selon cet auteur, la connaissance ainsi construite est évaluée par le fait d'atteindre ou non ses buts, c'est-à-dire suivant les critères d'adéquation et de faisabilité. Dans les faits, la dynamique projective caractéristique du processus de construction de la connaissance constructiviste se traduit méthodologiquement par un processus de résolution de problème dont la mise en œuvre s'opère grâce à la formulation de représentations et/ou d'outils nouveaux (Berger et Luckman, 1996).

Enfin, l'interprétativisme considère que l'accès à la réalité n'est envisageable qu'à travers des constructions sociales telles que la langue, la conscience ou les significations partagées. Cette réalité est subjective et dépendante du contexte et du chercheur. Ce dernier ambitionne à comprendre, et non à expliquer, comment les acteurs, dans leur contexte, construisent le sens qu'ils donnent à la réalité sociale. Ainsi, le processus de création de la connaissance passe par la compréhension du sens que les acteurs observés donnent à la réalité. Le travail du chercheur consiste alors à comprendre une réalité sociale au travers des interprétations. Cette démarche doit prendre en compte les intentions, les motivations, les attentes, les raisons, les croyances des acteurs, qui portent moins sur les faits que sur les pratiques (Pourtois et Desmet, 2007). Pour ce faire, le chercheur doit s'immerger dans le phénomène étudié et observer de près les acteurs pour pouvoir développer une compréhension de l'intérieur de la réalité sociale. Les recherches qui s'inscrivent dans la tradition interprétative traduisent alors une réalité donnée, dans un contexte donné et telle que perçue par les acteurs du terrain (Allard-Poesi et Maréchal, 2007).

1.1.4. Le choix d'un positivisme « aménagé »

Nous estimons qu'un positionnement positiviste « aménagé » convient à notre recherche car notre problématique de recherche, ainsi que sa nature nous exigent de combiner une phase exploratoire pour comprendre la perception qu'on les dirigeants de PME de l'incertitude environnementale, des comportements stratégiques et de la performance, et une phase confirmatoire pour mesurer l'influence de cette incertitude sur les choix stratégiques des PME. Nous avons donc formulé des hypothèses de recherche à partir de la littérature dans un premier temps, et nous les avons affinés grâce aux constats de notre phase exploratoire dans un deuxième temps. Miles et Huberman (1991 : 31) disent à propos de ce positionnement que : « (...) Nous pensons que les phénomènes sociaux existent non seulement dans les esprits mais aussi dans le monde réel et qu'on peut découvrir entre eux quelques relations légitimes raisonnablement stables. Il est indubitable que ces phénomènes existent objectivement dans le monde en partie parce que les individus s'en font une représentation commune et reconnue de tous

; ces perceptions sont donc cruciales lorsqu'il s'agit de comprendre pourquoi les comportements sociaux prennent telle ou telle forme (...) ». Il s'agit en effet d'apporter, de la manière la plus objective possible, un nouvel éclairage sur la relation entre l'incertitude environnementale, les comportements stratégiques des PME et leur performance, et identifier les éléments qui expliquent cette relation. Pour cela, nous pensons donc que le positionnement positiviste aménagé apparaît comme le plus adapté à notre problématique puisqu'il nous permet de construire et d'expliquer les relations envisagées en s'appuyant sur les interprétations et les perceptions des interviewés. Ainsi dit, il offre la possibilité de saisir objectivement le milieu hospitalier et l'action hospitalière ainsi que les pesanteurs qui pèsent sur lesdites réformes.

Plus précisément, ce positionnement convient à notre recherche pour les raisons suivantes :

Notre cadre d'analyse théorique met en évidence plusieurs dimensions de la gouvernance hospitalière. La problématique de notre travail nous amène ainsi à expliquer et à explorer les interrelations entre les différents concepts. Ainsi, pour répondre à nos questionnements théoriques, nous devons suivre une approche qui permet de produire des connaissances objectives et contextuelles.

De manière synthétique, l'architecture de notre recherche s'articule en cinq étapes : l'analyse de la littérature, la définition de la problématique, une exploration du terrain par la réalisation d'entretiens, la construction d'un cadre théorique et la validation empirique par un questionnaire. L'objectif de notre recherche est d'accroître et d'enrichir la connaissance en stratégie avec le souci que les hypothèses théoriques développées soient en accord avec le contexte et le terrain d'étude. Nous allons donc décrire dans la suite notre démarche de recherche.

1.2. Explorer et tester : quelle démarche adopter ?

« Comment je cherche ? » est la question que nous nous sommes posé comme tout chercheur. Charreire et Durieux (2007) avancent comme réponse à cette interrogation, qu'il existe deux processus permettant la construction de la connaissance : l'exploration et le test. L'exploration en management est la démarche par laquelle le chercheur a pour objectif la proposition de résultats théoriques novateurs, c'est-à-dire la création de nouvelles articulations théoriques entre les concepts et/ou l'intégration de nouveaux concepts dans un champ théorique donné. Tandis que le test se rapporte à la mise à l'épreuve de la réalité d'un ou des objets théoriques ou méthodologiques dans un but d'explication

(Thiétart et al., 2007). La réflexion sur la démarche se situe donc à une phase charnière du processus de recherche ; en aval de la définition de l'objet de la recherche et en amont du recueil et du traitement des données, ainsi que des choix finaux concernant le dispositif méthodologique. L'exploration et le test coexistent dans les recherches en management et renvoient à des débats épistémologiques car l'orientation vers l'un ou l'autre n'est pas neutre quant au positionnement de la recherche. Plus précisément, explorer se réfère à une démarche de type inductive et/ou abductive alors que tester fait appel à une démarche de type déductive. Cette dichotomie nous a poussé à nous interroger sur le type de raisonnement à adopter dans notre travail à savoir : déduction, induction ou abduction ? Avant de nous prononcer sur le choix de notre mode de raisonnement, nous allons expliciter et distinguer ces trois modes.

1.2.1. Le raisonnement déductif

Il se caractérise par le fait que, si les hypothèses formulées initialement (prémisses) sont vraies, alors la conclusion doit nécessairement être vraie (Charreire et Durieux, 2007). Dans une démarche déductive, le chercheur pose une hypothèse, collecte des données sur le terrain, et la confronte à la réalité puis tire des conclusions sur sa pertinence en fonction des résultats du test (Thiétart et coll., 2007). La déduction est donc le raisonnement qui fonde la démarche hypothético-déductive. La conclusion est une démonstration composée non seulement du contenu des prémisses mais aussi du raisonnement par lequel on démontre qu'un phénomène est la conséquence d'un autre. Le but est alors de porter un jugement sur la pertinence de l'hypothèse initialement formulée. De façon classique, on considère qu'un raisonnement déductif permet d'aller du général au particulier et donc d'appliquer sur quelques individus ou sur quelques cas une loi générale (Bergadàa et Nyeck, 1992).

Cette approche convient lorsque l'objectif de la recherche est exclusivement de confronter des hypothèses formulées, à partir de la littérature, au terrain empirique. En outre c'est une approche qui s'utilise pour des recherches quantitatives uniquement. Or, nous voulons dans le cadre de notre travail, combiner les recherches qualitatives et quantitatives.

En effet nous avons pour ambition d'affiner nos hypothèses de recherche issues de la théorie grâce à l'observation empirique de la réalité du terrain et, si possible d'en formuler de nouvelles. Par conséquent nous pensons que l'approche déductive ne convient pas à notre recherche.

1.2.2. L'approche inductive

Par définition, l'induction est « une inférence conjecturale qui conclut : de la régularité observée de certains faits à leur constance ; de la constatation de certains faits à l'existence d'autres faits non donnés mais qui ont été liés régulièrement aux premiers dans l'expérience antérieure » (Morfaux, 1980 : 169). Au sens propre du terme selon Charreire et Durieux (2007), il n'y a induction que si, en vérifiant une relation (sans rien démontrer), sur un certain nombre d'exemple concrets, le chercheur pose que la relation est vraie pour toutes les observations à venir. En d'autres termes d'après ces auteurs, il s'agit d'une généralisation prenant appui sur un raisonnement par lequel on passe du particulier au général, des faits aux lois, des effets à la cause et des conséquences aux principes.

Cependant, cette approche ne rencontre plus beaucoup d'écho en sciences sociales, et n'a jamais démontré sa fécondité en sciences de gestion (Wacheux, 1996, p.51). Il est plutôt démontré que cette approche constitue souvent une phase préparatoire d'une démarche déductive (Evrard et al., 1993). Par conséquent, nous pensons qu'elle n'est pas adaptée à notre recherche.

1.2.3. La démarche abductive

C'est la démarche par laquelle le chercheur tente de structurer son système d'observations pour produire du sens. L'objectif n'est pas réellement de produire des lois universelles, mais plutôt de proposer de nouvelles conceptualisations théoriques valides et robustes, rigoureusement élaborées (Charreire et Durieux, 2007). Contrairement à l'induction qui confère un statut constant a priori (loi) à une découverte, l'abduction quant à elle confère à une découverte un statut explicatif ou compréhensif qui, pour tendre vers la règle ou la loi, nécessite d'être testé ensuite. Koenig (1993 : 7) propose une définition de l'abduction qui a un sens pour la recherche en gestion en ces termes : « L'abduction est l'opération qui, n'appartenant pas à la logique, permet d'échapper à la perception chaotique que l'on a du monde réel par un essai de conjecture sur les relations qu'entretiennent effectivement les choses (...). L'abduction consiste à tirer de l'observation des conjectures qu'il convient ensuite de tester et de discuter. »

1.2.4. Les raisons du choix de la démarche abductive

Comme nous l'avons déjà précisé précédemment, cette recherche a pour objectif de comprendre la relation entre le comportement stratégique des PME et leur performance dans un contexte d'incertitude. Il s'agit concrètement d'éclairer les choix stratégiques des PME face à l'incertitude de l'environnement. Au départ, notre démarche consiste à comprendre cette relation en se référant seulement aux connaissances théoriques existantes. Après une large revue de littérature, il s'est avéré que cette relation est relativement peu étudiée empiriquement notamment pour le cas de l'appropriation des services usagers par le personnel médical. Ce constat nous a amené à prendre la décision de se diriger vers le terrain et de faire des allers-retours entre les connaissances théoriques et les observations du terrain avec la réalisation d'entretiens semidirectifs auprès des dirigeants de PME lors d'une phase exploratoire. Ces allers-retours nous ont permis d'affiner nos hypothèses de recherche pour atteindre une cohérence entre la théorie et le phénomène étudié. Ensuite, il nous permet de combiner une approche qualitative exploratoire avec une approche quantitative confirmatoire. Cette combinaison est de plus en plus en vogue (Shah et Corley, 2006) dans la recherche en sciences de gestion. Ainsi, la phase exploratoire permet de vérifier les postulats issus de la revue de littérature, de les enrichir et par conséquent d'avancer de nouvelles hypothèses de recherche.

La phase confirmatoire permet de mettre à l'épreuve l'ensemble de nos propositions de recherche à travers une enquête par questionnaire auprès de plusieurs acteurs hospitaliers (médecins, infirmiers, usagers, etc.).

Cette démarche permet au chercheur de comprendre un phénomène relativement à une connaissance théorique et de discuter les implications de résultats empiriques. Le résultat final du processus d'exploration à l'aide d'une approche abductive peut prendre la forme des hypothèses, des modèles ou des théories (Charreire et Durieux, 2007). Une démarche abductive permet alors d'atteindre une cohérence entre la théorie et le phénomène observé grâce à des allers-retours entre l'interprétation des données empiriques et les construits théoriques existants. Il s'agit donc d'enrichir la compréhension et l'explication des phénomènes observés, et par la même occasion, de renforcer la validité des résultats à un niveau conceptuel plus élevé. Cette démarche nous paraît bien évidemment très appropriée à notre recherche.

Le positionnement épistémologique, le mode de raisonnement, le contexte et l'objet de la recherche nous conduisent à adopter un pluralisme méthodologique.

1.3. Les étapes de la recherche

Pour cerner la relation entre la gouvernance hospitalière et les pratiques du personnel médical, cette recherche réunit les apports d'une approche exploratoire avec ceux d'une étude confirmatoire. Etant donné notre problématique et le choix d'étudier les PME, il est apparu nécessaire d'avoir recours à des modes d'investigation variés et par conséquent de conduire notre étude empirique en deux temps.

1.3.1. La phase exploratoire de la recherche

La première phase de la recherche est une phase exploratoire. Explorer un objet de recherche répond à l'intention du chercheur de proposer, de créer de nouvelles articulations théoriques entre des concepts et/ou d'intégrer de nouveaux concepts dans un champ théorique donné. L'exploration peut avoir plusieurs formes, à savoir théorique, empirique ou hybride (Charreire et Durieux, 2007). Dans cette phase nous utilisons des méthodes d'investigation qualitatives pour interpréter les observations du terrain au travers des connaissances théoriques. L'objectif est de découvrir les tendances des processus qui expliquent le comment et le pourquoi des choses (Denzin et Lincoln, 2005). Ainsi, à travers la conduite d'entretiens semi-directifs, notre objectif est d'identifier les différentes composantes de la gouvernance en milieu hospitalier et les éléments interaction avec les conduites du personnel hospitalier.

1.3.2. La phase confirmatoire de la recherche

La deuxième phase de la recherche est confirmatoire. Contrairement à l'exploration, tester est une démarche constituée d'un ensemble d'opérations par lesquelles le chercheur met à l'épreuve une réalité. L'objectif est de produire une explication de la réalité par l'évaluation de certaines hypothèses, propositions ou d'un modèle (Charreire et Durieux, 2007). En effet, après avoir explicité le contexte et les composantes de la gouvernance des CHD et après avoir affiné nos propositions de recherche, nous abordons une approche quantitative qui permet de mettre à l'épreuve l'ensemble de nos propositions de recherche et de les tester à travers une enquête par questionnaire auprès d'une large population de personnel hospitalier. En effet, sur la base des enseignements de la phase exploratoire et un retour à la littérature, un questionnaire a été élaboré et administré. Les réponses sont analysées en utilisant plusieurs techniques statistiques (analyses à plat, analyses croisées, analyses factorielles, etc.). Pour mettre en place les deux phases de la recherche, une réflexion sur le choix méthodologique est essentielle.

2. LA PLURIDISCIPLINARITE : STRATEGIE D'OUVERTURE HEURISTIQUE POUR UNE ANALYSE OPTIMALE DE LA REALITE HOSPITALIERE.

Encore appelée multidisciplinarité, la pluridisciplinarité est une pédagogie scientifique qui consiste à aborder un objet d'étude selon les différents points de vue de la juxtaposition de regards spécialisés de plusieurs champs disciplinaires. Il s'agit ainsi de faire coexister le travail de plusieurs disciplines à un même objet/sujet d'étude. L'objectif de la pluridisciplinarité est ainsi d'utiliser la complémentarité intrinsèque des disciplines pour la résolution d'un problème de recherche.

La nécessité de la pluridisciplinarité vient de ce que le cloisonnement des savoirs est une faiblesse scientifique de plus en plus décriée et qu'« *un savoir fragmentaire et dispersé nous rend de plus en plus aveugle à nos problèmes fondamentaux* »[77]. En raison de la complexification[78] grandissante des réalités que nous étudions, il est impératif pour toute recherche fructueuse aujourd'hui de travailler de manière connectée. D'où la nécessité de l'interdisciplinarité[79], mais surtout celle de s'ouvrir aux sciences sociales connexes pour se nourrir des autres visions heuristiques du réel qui est à n'en point douter une réalité essentiellement totale[80]. Cette disposition est davantage nécessaire pour toute étude sur la gouvernance en raison de la complexité de celle-ci qui a amené une équipe de chercheurs à lui consacrer un ensemble de travaux (« complexité et Gouvernance : restaurer toutes les solidarités »)[81] parmi lesquels celui de M.-R. Avenier sous le concept de « gouvernance complexe »[82].

Il existe une diversité de discours sur la gouvernance, la spécificité de nos productions heuristiques sur la gouvernance hospitalière dépendra ici du corpus scientifique à partir duquel celui-ci est produit. Notre sujet tel qu'il est formulé pose le problème d'appropriation des réformes hospitalières par le personnel médical l'interdisciplinarité sied bien au management et à la gouvernance. Rien

---

[77] E. Morin, J.L. Le Moigne, *L'intelligence de la complexité*, Paris, L'Harmattan, 1999.

[78] E. Morin, J.L. Le Moigne, *ibid.*

[79] Pédagogie de la recherche scientifique consistant à faire travailler ensemble des chercheurs issus des horizons disciplinaires divers ou de diverses disciplines scientifiques dans un esprit de complémentarité et d'ouverture afin de reconstituer dans toute son intelligibilité la réalité morcelée artificiellement par le cloisonnement des disciplines, afin d'atteindre l'acquisition des connaissances transversales.

[80] Lire à ce sujet des auteurs tel que G. Balandier, « Phénomènes sociaux totaux et dynamique sociale », Cahiers internationaux de sociologie, Paris, Puf, vol.30, janvier-juin 1961, pp.23-34.

[81] V. E. Morin, J.L. Le Moigne, *op.cit. pp.233-335.*

[82] M.R. Avenier, « gouvernance complexe et organisation apprenante : retours d'expériences », in E. Morin et J.L. Le Moigne, *op.cit.* pp.290-300.

ne permet d'affirmer que la gouvernance est uniquement une problématique de gestion. Tout porte même à croire que sa dimension transversale dans les organisations complexes comme les hôpitaux confère aux chercheurs une obligation de transversalité des approches théoriques.

Ainsi, pour mieux répondre à une telle problématique, trois principaux champs scientifiques sont investigués ici : la science de gestion, les sciences administratives, la sociologie médicale et les sciences économiques.

2.1. L'apport des sciences de gestion dans l'analyse de la nouvelle gouvernance hospitalière.

La qualité et la gestion à l'hôpital, le sujet se prête à de nombreuses interprétations : le constat d'un effet de mode managérial, les questions de l'implication des professionnels dans l'évaluation de leurs pratiques et l'organisation de la prise en charge, ou encore de la réelle signification d'un management plus participatif du patient.

Nous nous efforcerons de montrer qu'un éclairage par les sciences de gestion offre aussi une lecture critique du mouvement de la qualité hospitalière, permettant de l'inscrire dans trois problématiques : la gestion interne des établissements, l'évaluation de la performance et la régulation des hôpitaux. Nous présenterons ensuite successivement chacune de ces problématiques. Nous tenterons dans le même temps de préciser quel peut être l'usage de concepts gestionnaires dans un système social fortement enclin à manipuler des théories managériales, mais aussi fortement enraciné dans une culture professionnelle et administrative. Entre l'exportation de théories reconnues ailleurs et l'émergence de théories spécifiques, cet usage doit éviter deux écueils : le transfert de concepts sans véritable réflexion sur leur bien-fondé, et l'enfermement dans la spécificité sectorielle.

Les sciences de gestion ont fait de l'hôpital un champ d'application privilégié, ce qui explique la floraison des recherches sur la gestion hospitalière, même si ces recherches sont encore embryonnaires au Cameroun.

Ainsi, la mobilisation de la science de gestion

2.2. Une contribution incontournable des sciences de l'administration pour comprendre les réformes du système de santé camerounais.

L'hôpital est, nous venons de le voir, un établissement public administratif. Dans ce cadre, il est sous tutelle de l'Etat. Néanmoins, à partir de la loi portant réforme hospitalière qui reconnaissait aux hôpitaux une autonomie de gestion administrative et financière, l'institution tend à s'émanciper. Cette autonomie de gestion souffre pourtant de quelques restrictions, comme garanties de la mainmise de la tutelle. Nombre des réformes de l'hôpital accompagnant l'autonomie des établissements de santé, ont souvent été assorties de dispositions restrictives.

La nouvelle loi HPST du 21 juillet 2009 réaffirme la volonté de la mainmise étatique car elle semble donner aux Directeurs des hôpitaux des pouvoirs élargis, notamment celui d'imposer un plan de redressement en cas de déséquilibre des comptes ou de dysfonctionnements constatés. En outre, ce pouvoir est assorti, pour le directeur, du pouvoir de désigner un administrateur provisoire de l'établissement. Il s'agit donc, pour Jean-Marie Clément (2004), d'une autonomie très relative. En effet, il considère que *« diriger un hôpital consiste d'abord à tenter d'appliquer des textes. Il s'agit donc plus d'administration que de gestion »*[83]. Quelles conséquences cette situation peut-elle soulever en termes de management?

Le gestionnaire hospitalier tend progressivement à repousser les limites de la gestion administrative à travers l'appropriation des outils du management d'entreprise. En effet, l'hôpital est enclin à un fonctionnement défaillant depuis des années, un malaise interpersonnel, des difficultés à répondre aux besoins des usagers et à ses propres besoins en termes de financement et de fonctionnement.

Les dernières réformes en la matière, montrent un exemple du défi managérial à relever entre mission de service public et survie, pour que les établissements de santé se libèrent de la spirale coût élevé/ budget serré/ impératif de service public. En outre, la notion de « profit »[84] n'est plus taboue même si elle s'envisage autrement.

Le profit de l'entreprise se mesure par la maximisation de son investissement, en termes marchands : l'augmentation de la valeur-ajoutée. Ce raisonnement n'est pas reproductible à l'hôpital dans la mesure où le « bien santé » n'a pas de valeur marchande et qu'il est politiquement incorrect d'en tirer une valeur ajoutée.

[83] Kervasdoué J. (2004), Op.cit., p.63.

[84] La performance implique l'optimisation des ressources, donc un profit. L'hôpital performant c'est donc une organisation qui doit faire des profits.

Afin de prendre en compte cette spécificité, les économistes ont admis une conception du profit à l'hôpital en ces termes : « la maximisation du profit soit par la minimisation des coûts de production, soit par la maximisation de la quantité des patients/qualité des installations et compétences »[85].

L'option de l'adaptation des principes économiques aux spécificités de la production en santé est également le choix gestionnaire dans l'ajustement des outils de management d'entreprise aux spécificités de l'hôpital, de sorte que les contraintes statutaires et réglementaires soient respectées.

La recherche de la gestion des forces externes, contexte légal, est mise à rude épreuve par la combinaison avec des forces internes spécifiques au fonctionnement de l'hôpital. C'est dans la jonction de ces différentes spécificités que le gestionnaire hospitalier éprouve son art.

Ainsi la présente recherche se voit dans l'obligation de mobiliser les sciences administratives comme grille de saisie de la réalité hospitalière insérée à l'intersection du management et de l'administration et analysée plus aisément avec les outils de gouvernance publique.

2.3. Mobilisation de la sociologie médicale comme grille de lecture des interactions administration-personnel-usagers.

Encore appelée sociologie de la médecine, la sociologie médicale est la branche de la sociologie qui étudie la médecine ainsi que les pratiques et représentations des médecins et de leurs patients. Née dans les années 1950, cette sous-discipline s'intéresse en particulier aux institutions médicales, c'est-à-dire tout d'abord les hôpitaux, les cabinets médicaux, mais aussi l'école, la famille, dans leur rôle médical. Ainsi, la sociologie de la médecine s'interroge sur la production de normes et pratiques, d'un savoir et de méthodes, proprement médicaux, et sur la place qu'ils ont dans la société, quand la sociologie s'intéresse aux relations entre les pratiques sociales et la santé des individus.

La sociologie de la médecine naît dans les années 1950 sous l'impulsion des fonctionnalistes, comme Talcott Parsons. L'école interactionniste (Howard Becker, Everett Hughes, Erving Goffman…) va s'intéresser plus particulièrement aux hôpitaux comme objets d'étude, avec des enquêtes novatrices sur les médecins, leurs formations, leurs relations avec les patients, etc. Des spécialistes

---

[85] Pierru F. (1999), Op.cit., p.15.

comme Anselm Strauss ont consacré l'entièreté de leur carrière de recherche à la sociologie de la médecine.

L'on ne peut la dissocier de la sociologie de la santé qui est un sous-champ disciplinaire de la sociologie qui s'intéresse aux interactions entre la société et la santé. Un des principaux objets d'étude de cette discipline est l'impact de la vie sociale sur le taux de mortalité, et vice versa. La sociologie de la santé diffère de la sociologie de la médecine car elle s'intéresse particulièrement à la santé dans sa relation avec des institutions comme l'hôpital, l'école, la famille, etc.

La sociologie de la santé est plus récente que la sociologie de la médecine, les sociologues s'intéressant d'abord à l'institution hospitalière avant de peu à peu construire une sociologie plus générale et plus génériques, celle de la santé. La sociologie de la santé émerge autour des années 1970 et va progressivement supplanter la sociologie de la médecine, moins large, dans les années 1990.

La sociologie médicale mettra ainsi plus l'accent sur les rapports entre les acteurs hospitaliers. Ici, l'hôpital est saisi comme système social, car il est une organisation sociale en tant que lieu de rencontre entre les acteurs sociaux unis au sein d'un système particulier qui les met en relation dans le cadre d'un réseau de flux physique et d'informations. Il est une cellule sociale complexe et difficile à piloter pour différentes raisons :

- Relations de subordination par le contrat de travail ;
- Faire cohabiter et collaborer des individus de profils différents et qui ont des droits et des obligations, etc.

Elle permet de saisir les acteurs hospitaliers comme des acteurs rationnels, des individu ou groupe qui pèsent sur le fonctionnement effectif de l'hôpital à un moment donné. Ici Être acteur n'a rien à voir avec le niveau de diplôme, ni la place dans l'organigramme de l'hôpital. L'acteur a des enjeux officiels et officieux, professionnels et personnels, il poursuit ses propres objectifs qui ne sont pas nécessairement compatibles avec ceux de l'organisation. L'acteur dispose d'une marge de liberté, il n'accepte jamais d'être traité comme un moyen au service du but fixé par la direction.

2.4. L'apport des sciences économiques : l'hôpital comme un système économique.

L'une des missions généralement confiées à l'hôpital est de créer de la valeur par la transformation des inputs en outputs ou la distribution commerciale de biens ou de services mis sur les marchés. Même si ce principe de base de l'entreprise s'applique peut à l'hôpital, en raison de sa première mission qui est d'ordre social, l'application de modèles de gestion à celui-ci impose de plus en plus de saisir l'hôpital comme entité de production des biens et des services marchands.

C'est donc une organisation composée de différentes ressources réunies en vue de produire des biens et des services en faisant un bénéfice. Par ses activités l'hôpital contribue à la répartition des richesses en redistribuant une part aux salariés ou personnel médical (salaires) et une autre aux actionnaires ou aux investisseurs qui finances les services hospitaliers (dividendes).

Il s'agit donc de faire recours à l'économie de la santé. L'économie de la santé est un domaine de la science économique consacré à l'étude de la santé. L'économie de la santé s'intéresse à l'organisation du système de santé, aux déterminants de l'offre des soins et de la demande des soins. En effet, les politiques de santé ont connu, durant ces dernières années, de profondes transformations et se sont recentrées sur la « protection maladie »[86] . La maîtrise des dépenses est devenue le principal objectif poursuivi par les autorités publiques et le débat sur la santé tend à être réduit aux enjeux économiques de la branche assurance maladie de la Sécurité sociale. Dans ce contexte, les acteurs et les types d'expertises mobilisés dans l'élaboration des politiques de santé font l'objet d'un renouvellement[87]. L'expertise économique tend à supplanter les expertises juridiques et médicales qui guidaient jusqu'alors les acteurs politiques et les économistes de la santé, qui s'intéressent à la régulation du système de santé, rencontrent un écho croissant.

L'économie de la santé, nous permet donc dans le cadre de la présente recherche de saisir plus aisément le rôle et l'incidence de l'action publique dans les réformes de la gouvernance hospitalière à Douala. Ce qui ne saurait se faire sans la mobilisation d'outils méthodologiques adéquats.

---

[86] Le terme de protection maladie renvoie à la politique de santé vue « sous l'angle de la protection sociale des citoyens et de la régulation publique des dépenses publiques de santé ». M. Berthod-Wurmser, « Régulation et réformes de la protection maladie en Europe », *Revue française d'administration publique*, n° 76, 1995, p. 585.

[87] Cet article se fonde sur une thèse consacrée aux différents types d'expertises mobilisés dans les réformes des années 1980-1990 en France. M. Serré, « Le tournant néolibéral de la santé ? Les réformes de la protection maladie en France ou l'acclimatation d'un référentiel de marché », thèse de doctorat de science politique, sous la direction de M. Offerlé, université Paris-I Panthéon-Sorbonne, 2001.

3. LA METHODE DE RECHERCHE : UNE DOUBLE APPROCHE QUALI-QUANTITATIVE

Compte tenu du caractère spécifique de notre recherche[88] et, afin de restituer toute la complexité de l'hôpital public en général et camerounais en particulier, la stratégie retenue dans le cadre de cette recherche est celle de l'étude de cas. À ce titre, nous avons procédé à la triangulation des données (entretiens semi- directifs, sources documentaires internes et enquêtes par questionnaires). Les entretiens approfondis et les questionnaires constituent la principale source d'information. L'ensemble des entretiens a fait l'objet d'un enregistrement et d'une retranscription intégrale sous forme de « verbatim ». Plusieurs témoins clés (administrateurs, directeurs des finances, directeurs généraux de l'établissement, chefs de services et cadres administratifs) impliqués dans le système de management de la performance et ont été interrogés, autant que les médecins, les infirmiers, les usagers des centres hospitaliers de Douala, etc. Cette articulation fixe le cadre analytique dans lequel s'inscrit notre travail dans le but de répondre à notre question de recherche. En d'autres termes, il s'agit de présenter brièvement notre dispositif de recherche.

3.1. Les méthodologies quali-quantitatives comme stratégie d'accès au réel hospitalier.

« *On considérera la méthode d'une recherche comme l'ensemble des opérations intellectuelles permettant d'analyser, de comprendre et d'expliquer la réalité étudiée*»[89]. Ces mots de Loubet nous permettent de comprendre en quoi consiste l'exercice de construction de la méthode de recherche auquel nous allons nous livrer ici. Le choix de la méthode de recherche est conditionné par la nature et les enjeux associés à la recherche[90].

Nous pouvons relever avec K. Popper que la réflexion sur la façon dont les sciences sociales approchent et définissent leurs objets tend à dégager, par simplification, deux principaux modes qui se distinguent jusqu'à devenir opposés : le holisme méthodologique d'une part, que paraît suivre E. Durkheim, et d'autre

[88] Il faudrait noter que les recherche doctorale/universitaire sur la gouvernance universitaire au Cameroun ne sont pas nombreuses.

[89] J. L. Loubet del Bayle, *Op.Cit.* P.20.

[90] Z. Laarraf, *De la perception de la RSE à la traduction RH. Cas de dirigeants de PME en Aquitaine,* Thèse pour le doctorat en Sciences de Gestion, Conservatoire National des Arts et Métiers de Paris, 2010.

part l'individualisme méthodologique que semble préférer M. Weber[91]. Single quant à lui va plus loin et distingue trois postures méthodologiques, ou modèles de recherche : le premier modèle cherche à repérer les déterminants sociaux du comportement étudié ; le second veut comprendre comment les individus s'expliquent ce qu'ils font ; le troisième appréhende les processus[92]. Le troisième modèle nous intéresse particulièrement dans le cadre de cette investigation heuristique consacrée à la gouvernance transactionnelle du secteur hospitalier.

Notre souci de nous positionner dans ce débat de méthode nous a quelque peu embarrassés. En effet, nous tenons à rendre compte des interactions des acteurs hospitaliers au sein de la gouvernance, mais, en les inscrivant dans des contextes sociaux à l'intérieur desquels se meuvent ces acteurs. R. Boudon soutient d'ailleurs cette vision : « *Il est vrai que l'action individuelle est soumise à des contraintes sociales ; il est rare de pouvoir agir à sa fantaisie. Mais cela n'implique pas que les contraintes sociales déterminent l'action individuelle. Ces contraintes délimitent le champ du possible, non le champ du réel* »[93].

Le choix de la méthode de recherche est conditionné par la nature et les enjeux associés à la recherche[94]. Il est donc évident que nous ne pouvons adopter de manière exclusive une méthode. C'est pourquoi, cette étude ne s'inscrit pas dans la querelle méthodologique qui a longtemps opposé individualistes et holistes, mais tente de saisir les logiques d'actions d'acteurs hospitaliers, sans négliger les contextes sociaux à l'intérieur desquels ils se meuvent. Ce dualisme méthodologique nous conduit à une saisie des jeux de restructuration de la gouvernance hospitalière ici en question, dans une double approche à la fois institutionnelle (ou structuraliste) et interactionniste.

Cette étude s'inscrit par conséquent dans une logique quali-quantitative, et répond à une méthode d'analyse à la fois compréhensive et explicative, mais à prédominance qualitative. Compréhensible, elle nous permettra de couvrir l'objectif relatif aux logiques d'intervention de la hiérarchie dans le champ hospitalier camerounais, et de rendre compte des stratégies d'acteurs déployées

---

[91] B. Dantier, dans sa présentation de l'extrait du texte de « *Boudon Raymond, dans Holisme et individualisme méthodologiques* ».
[92] De Singly, Op.cit.
[93] B. Dantier, R. Boudon, dans « *Holisme et individualisme méthodologiques.* » Paris, PUF, 1982, PP.12-23.
[94] Z. Laarraf, *De la perception de la RSE à la traduction RH. Cas de dirigeants de PME en Aquitaine*, Thèse pour le doctorat en Sciences de Gestion, Conservatoire National des Arts et Métiers de Paris, 2010.

pour contourner les contraintes du champ. La présence d'éléments non quantifiables relevant de l'intentionnalité, nous oriente à ce niveau plus vers l'adoption d'une recherche qualitative ; et par conséquent, nous privilégions ici une logique inductive. Selon l'approche de M. Weber (2002) qui centre l'analyse sur « le rapport aux valeurs »[95] des protestants et veut « comprendre » leurs comportements économiques en recherchant les « bonnes raisons » qui les poussent à s'appuyer sur une conduite éthique pour s'imposer dans le monde économique. L'intérêt de cette démarche se résume autour d'un précepte méthodologique précis : rendre compte du point de vue de l'acteur hospitalier.

La dimension éthique, traduite par l'ethos de transparence, est en effet prégnante dans la problématique de gouvernance hospitalière au cœur de la présente recherche. Il est indiqué de la saisir à travers les mobiles d'action des acteurs hospitaliers, à partir d'une méthode qualitative.

3.2. De la délimitation du champ spatio-temporel de la recherche à l'identification de la population de l'étude.

Il n'existe pas de recherche en sciences sociales sans un champ spécifique de son application sur lequel l'on puisse observer la réalité se déployer. C'est fort d'une telle réalité que H. Mendras est venu à affirmer : « *Le terrain est la source de toute imagination sociologique* »[96]. Cette forte exigence empirique fait la particularité de la science de gestion qui se distingue radicalement de la philosophie qui, quant à elle, peut porter sur de pures réflexions théoriques sur les concepts.

Ainsi, la délimitation spatiale de la présente recherche répond à une logique de « choix contraint » et identifie plusieurs champs géographiques sur lesquels vont se déployer nos investigations dans le but d'observer la réalité du jeu des acteurs hospitaliers dans la gouvernance des CHD. Il s'agit principalement de 5 zones géographiques : Akwa (Hopital Laquintini de Douala), Bedi (Hôpital Général de Douala), Bonamoussadi (Hopital de district de Bonamoussadi), Deido (Hopital de district de Deido), Bépanda (Centre de Santé de Bépanda). Le mobile de sélection de ces zones de vérification de nos hypothèses de recherche est d'un double ordre : elles sont représentatives de toutes les catégories d'hôpitaux objet

---

[95] M. Weber, *L'Ethique protestante et l'esprit du capitalisme*, Paris, 2002.

[96] H. Mendras et Marco Oberti, *Le sociologue et son terrain. Trente recherches exemplaires,* Paris, Armand Colin, 2000, p.15.

de la présente étude.

Quant à la délimitation temporelle, la période visée par cette étude couvre les années 2010 à 2021. Nous avons privilégié cette délimitation afin d'être en mesure d'analyser le contexte, le processus d'adoption des réformes institutionnelles du secteur hospitalier camerounais impulsées par la tutelle, et d'étudier les premières phases de leur mise en œuvre.

Après la délimitation spatio-temporelle de cette recherche, le second moment de cette section est celui de la définition de la population de recherche, suivie de la construction de son échantillon. Selon R. Quivy (1995) et al.,[97] la population de recherche dans une étude en sciences sociales peut prendre un sens très général. Il s'agit de toutes personnes, structures, organismes, susceptibles de nous fournir les informations nécessaires à la vérification nos hypothèses de recherche et donc à la construction de notre démonstration heuristique.

Dans cette étude, elle désignera toutes les populations physiques ou morales qui participeront à la collecte nécessaire à l'analyse du jeu d'acteur dans le suivi de la gouvernance hospitalière à Douala-Cameroun. Définir la population d'étude revient à identifier les catégories de personnes en position d'apporter des réponses aux questions que l'on se pose, lesquelles permettrons de procéder à l'indispensable vérification de nos propositions de recherche. Dès lors, la population de recherche dans cette étude est constituée de plusieurs catégories d'acteurs impliqués dans ce champ de gouvernance hospitalière ; à savoir : l'administration hospitalière, les médecins, les infirmiers, les techniciens médico-sanitaires. Il n'est pas évident d'évaluer la taille de cette population dans le but d'en définir la proportion de l'échantillon. En effet, selon les types de recherches faites, et les populations concernées, il arrive que la population soit très complexe, parfois même difficilement identifiable. Ghigiglione et Matalon (1995) le soulignent en ces termes : « *il y a aussi des cas où le choix de la population à étudier n'est pas évident* »[98]. Cette complexité est à l'ordre du jour ici dans la mesure où il n'est pas évident de connaître le nombre de nos potentiels interlocuteurs autant dans l'administration publique que dans les compagnies ou encore les OSC extractives.

Du moins, la technique d'échantillonnage adoptée pourra nous permettre

---

[97] R. Quivy et al., *Manuel de recherche en sciences sociales*, Paris, Dunod, 1995, P. 145.
[98] R. Ghigiglione et Matalon P., *Les enquêtes sociologiques : Théories et pratiques,* Paris, Armand Colin, 1995, p.27.

de sortir d'une telle confusion et identifier plus clairement nos interlocuteurs directs dans le processus de collecte d'informations. D'où la nécessité de constituer délicatement notre échantillon de recherche. Selon J.-L. Loubet, il s'agit de « *la partie de l'Univers qui sera effectivement étudiée et qui permettra par extrapolation de connaître les caractéristiques de la totalité de l'univers*»[99].

En ce qui concerne les techniques d'échantillonnage, on distingue principalement deux techniques de bases : la technique par quotas ou technique de choix raisonné ; et la technique probabiliste ou technique aléatoire fondée sur le recours au hasard. Cependant le choix de l'une ou l'autre de ces techniques n'est pas aléatoire, mais est fonction des conditions de chaque recherche : « *la nature de l'univers et son étendue, des informations que l'on possède sur lui, de l'objet de l'enquête, des moyens financiers, dont on dispose, etc.* »[100] En raison de la nécessité de construction intégrante de notre échantillon, à partir des catégories d'acteurs extractifs que nous ciblons, c'est l'échantillonnage raisonné que nous avons retenu ici.

De ce fait, l'échantillon ici a été constitué moins par sa représentativité au plan numérique que par la pertinence de ses caractéristiques par rapport aux objectifs et aux hypothèses de recherche. Pour constituer cet échantillon, la méthode du choix raisonné que nous avons adopté consiste à : *« Bâtir un échantillon diversifié qui repose sur la sélection des composantes non strictement représentatives mais caractéristiques de la population »*[101].

Il s'agit d'une technique d'échantillonnage indiquée pour les personnes ressources d'une enquête. Elle nous a permis d'aller d'une personne-ressource à une autre à partir des indications de la première ou selon que nous découvrions à travers les médias et les livres, que telle personne ou telle autre est bien indiquée pour notre enquête. C'est en ce sens que nous disons que notre échantillonnage était raisonné.

Du moins, un certain nombre de procédés ont été suivi :

- D'abord, la définition des caractéristiques connues des personnes que nous recherchions, à partir des informations que nous disposons sur leurs milieux respectifs, collectées lors de recherches exploratoires.

---

[99] J.L. Loubet Del Bayle, *Introduction aux méthodes des sciences sociales*, Toulouse, Priva, 1978, p.48.
[100] J.L. Loubet Del Bayle, *Idem.*
[101] Blanchet et Gotman, *Op.cit.*

- Ensuite, définir les catégories d'acteurs visés, ce que nous avons fait plus haut (exemple : administration, personnel médical, usagers),

Cette technique libérale nous a permis, au-delà des contraintes relatives aux caractéristiques suscitées, d'être libres dans le choix des personnes à interroger. Une telle flexibilité est nécessaire pour enquêter sur la population d'acteurs hospitaliers qui est d'une grande complexité et variété et dont nous ne pouvons en connaître les acteurs à l'avance, si ce n'est en partant d'une personne à une autre. Dans une telle situation, c'est « *à posteriori seulement qu'on peut mesurer la représentativité statistique de l'échantillon, en fonction des effectifs certes, mais aussi de la distribution des réponses* »[102].

Ainsi, au bout du compte, nous avons retenu ici un échantillon de 125 personnes, réparties en fonction des catégories d'acteurs sollicitées. Il est vrai que nous ne nous sommes pas limités aux trois catégories d'acteurs objet de cette recherche mais aussi aux autres individus susceptibles de nous fournir des informations importantes pouvant nous permettre de mieux comprendre les jeux d'acteurs dans le champ extractif. Ghigiglione et Matalon ne soutiennent-ils pas d'ailleurs à ce sujet que « *très souvent le chercheur qui s'intéresse à une population particulière peut être amené à interroger en plus une autre population...* »[103] ? Le tableau suivant indique de manière plus détaillée les catégories d'acteurs extractifs retenues.

Tableau 13 : Composition de l'échantillon de l'étude.

Hôpital	Personnel administratif	Médecin	Aide-soignante	Personne l d'appui	Infirmiers	Usagers	Total
Hôpital général de Douala	2	1	4	2	40	125	174
Hôpital Laquintinie de Douala	2	2	6	0	40	250	300
Hôpital de district de Deido	2	4	2	2	40	125	175
Hôpital de district de Bonamoussadi	2	2	4	2	40	125	175

[102] J.-C. Combessie, *la méthode en sociologie*, Paris, La Découverte, 1999, P.45.

[103] Ghigiglione, R. et Matalon P., *Les enquêtes sociologiques : Théories et pratiques*, Paris, Armand Colin, 1995, p.26.

Hôpital de district de la Cité des Palmiers	2	4	2	3	40	125	176
Totaux	10	13	18	9	200	750	1000

Sources : par nos soins

Voilà donc résumée la composition de l'échantillon d'étude de cette recherche. Laquelle a été rendue possible grace aux prouesses de la technologie, notamment l'application de collecte des données en lignes Stat-enquetes. Il convient pour l'instant de définir les outils de collecte des données.

3.3. Des outils de collecte au modèle d'analyse des données.

Cette section se consacre plus précisément au choix des techniques de recherche. Le mot technique ici s'entend, selon Loubet (1978), « *des procédés limités, mettant en jeu des éléments pratiques, concrets, adaptés à un but précis et défini, alors que la méthode est une démarche intellectuelle générale, coordonnant un ensemble d'opérations techniques dans un but plus large, à savoir, expliquer les phénomènes sociaux.* »[104]

Ce choix se conforme à la méthodologie adoptée, ainsi qu'aux hypothèses à vérifier. Elle s'inscrit dans une longue démarche empirique qui va de la conceptualisation aux conclusions tirées de nos investigations empiriques, et qui traverse en fait toute la rédaction de ce travail. Le schéma suivant illustre cette démarche sur laquelle nous ne faisons plus de commentaire.

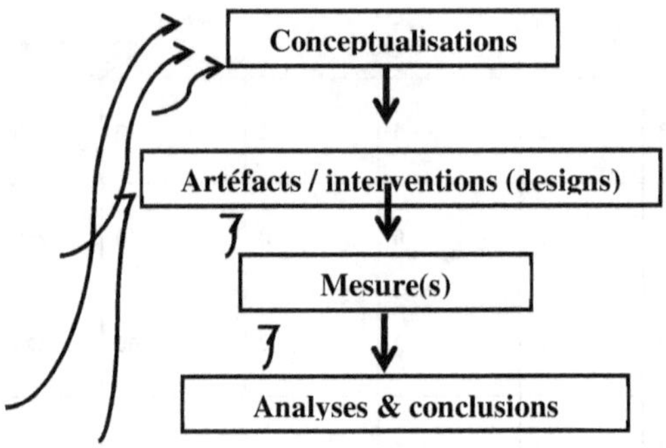

Figure 12 : Éléments clés de la démarche empirique de la recherche

[104] J.L. Loubet Del Bayle, *op.cit.*, p.102.

Trois principaux outils de collecte des données sont retenus ici, dans le but de mobiliser le maximum de données appropriées pour la vérification de nos hypothèses qui au bout du compte devaient être soit corroborées soit réfutées, selon la logique de la découverte scientifique de Karl Popper[105].

- **La recherche documentaire**

Étant donné que dans toute recherche, les sources documentaires peuvent comme l'a souligné Combessie (1999) *« fournir à la fois des informations complémentaires et une diversification des éclairages »*[106], nous avons jugé nécessaire le recours à des documents écrits et oraux qui peuvent faire la lumière sur notre thème de recherche. Pour cela, les principales sources ont été les suivantes :

- Notre propre bibliothèque ;
- Les bibliothèques des Universités de Yaoundé I et de Douala ;
- L'internet, dont les sites ont été prioritairement ceux de cairn. Infos, de revue.org, etc., et qui nous ont offert une importante banque d'articles scientifiques tirés de multiples revues scientifiques version papier tel qu'Afrique *contemporaine, Revue Internationale des Sciences Sociales*, etc.

Nous distinguons plusieurs catégories de documents ici :

- **L'observation**

Distincte de l'observation intuitive qui est en réalité préscientifique et spontanée, l'observation ici se veut scientifique, et donc systématique et préparée[107]. C'est-à-dite qu'elle nécessite au préalable un plan d'observation des pratiques médicales en milieu hospitalier.

Il faudrait souligner que le regard du chercheur que nous posons ici dans le champ hospitalier est bien distinct du regard profane ; en ce sens qu'il se refuse de voir les choses telles qu'elles se veulent être vues, mais tente de les saisir telles qu'elles sont. Bref, il ne s'agit pas seulement de faire des constatations sur le terrain, mais bien plus d'en bâtir une conception, selon que Gaston Bachelard (1993) souligne que le fait scientifique n'est pas seulement constaté, mais il est

---

[105] K. Popper, (1973), *Logique de la découverte scientifique* (titre original : Logik der Forschung, Logique de la recherche ; The Logic of Scientific Discovery), Paris, Payot.

[106] Combessie, *la méthode en sociologie*, Paris, La Découverte, 1999, P.194.

[107] Lire à ce sujet J.L. Loubet Del Bayle, *op.cit.*, p.27.

aussi « conquis et construit »[108]. Et Loubet (1978) de souligner : « *ces observations sur la « conquête » et la « construction » de l'objet ont une portée générale, mais leur importance est encore plus grande dans les sciences sociales que dans les autres disciplines.*»[109]

L'observation faite ici se démarque radicalement du sens commun dans le souci de l'objectivité chère aux sciences de gestion mais aussi en réaction au caractère démagogique de la réalité sociale qui a tendance à montrer ce qu'elle n'est pas : les faits sociaux ne sont pas ce qu'ils paraissent être. C'est pourquoi elle se fait nécessairement contre l'illusion du savoir immédiat car, « *quand il se présente à la culture scientifique, notait Bachelard, l'esprit n'est jamais jeune. Il est même très vieux car il a l'âge de ses préjugés. L'opinion pense mal, elle ne pense pas : elle traduit des besoins en connaissances. L'esprit scénique nous interdit d'avoir une opinion sur les questions que nous ne connaissons pas* »[110]. Pour cela, cette observation exige une certaine attitude mentale : considérer les faits ici comme « des choses », pour reprendre Durkheim (1895) ; c'est-à-dire Sans les classer dans telle ou telle catégorie du réel, qui sont des catégories préconstruites[111].

- **Les entretiens individuels**

Encore appelé interview, l'entretien renvoie ici au

> « *Type particulier d'entretien que le chercheur a avec les individus dont il attend des informations en rapport avec le phénomène qu'il étudie...C'est la situation au cours de laquelle un chercheur – ou enquêteur – essaie d'obtenir d'un sujet – l'interviewé – des informations détenues par ce dernier, que ces informations résultent d'une connaissance, d'une expérience ou qu'elles soient la manifestation d'une opinion* »[112].

De ce fait, pour analyser les logiques d'actions des acteurs hospitaliers et les stratégies de réforme hospitalière, nous avons mobilisé l'entretien. Son avantage est que c'est une méthode qui, à travers un guide d'entretien laisse la liberté à l'enquêté d'exprimer ses opinions, ses représentations, ses motivations etc. Selon J.L. Loubet del Bayle (1978), elle est utile au chercheur qui s'intéresse

---

[108] G. Bachelard, *La formation de l'esprit scientifique, contribution à la psychanalyse de la connaissance objective*, Paris, Vrin, 1993.
[109] J.L. Loubet Del Bayle, *op.cit., p.*27.
[110] G. Bachelard, *La formation de l'esprit scientifique*, op.cit. p.14.
[111] E. Durkheim, *les règles de la méthode sociologique*, op.cit., p.12.
[112] J.L. Loubet Del Bayle, *op.cit., p.*36.

« à ce que sont leurs (celles des enquêtés) opinions ou leurs comportements devant une situation donnée, devant un problème déterminé. »[113].

Précisons néanmoins que cet entretien se distingue des formes voisines d'entretien interpersonnel telles que la conversation amicale ou l'interview journalistique dans la mesure où en tant qu'entretien scientifique il a un objectif spécifique et de ce fait *«doit être régi par des règles rigoureuses destinées notamment à éviter l'influence possible de l'enquêteur sur l'enquêté, dans la mesure aussi où il doit être conduit d'une manière plus systématique, moins spontanée »*[114].

Le type d'entretien que nous avons privilégié ici est l'entretien sémi-directif. C'est pourquoi, nous avons choisi d'élaborer des guides d'entretien que nous livrerons en fin de document.

L'élaboration des questions a nécessité une opérationnalisation des concepts permettant de *«distinguer un certain nombre de dimensions spécifiques du concept original et de trouver des indicateurs pour chaque dimension»*[115] et sur lesquels devrait être bâtis les questions. Le guide d'entretien ici est adressé au personnel administratif, dans le cadre d'une phase de recherche exploratoire. Celui-ci est organisé autour de quatre parties :

Partie 1 : Les mécanismes et les processus d'adoption de la gouvernance hospitalière à Douala.

Partie 2 : Les aspirations des usagers des centres hospitaliers de Douala face à la nouvelle dynamique de gouvernance hospitalière.

Partie 3 : La dynamique d'appropriation des services usagers par le personnel médico-social.

Partie 4 : L'amélioration de la qualité des services destinés aux usagers.

Cependant, le type d'interview ici n'a pas été retenu avec rigueur, car par souci d'ouverture au terrain, nous avons gardé de temps en temps une certaine flexibilité dans la conduite de nos enquêtes. C'est pourquoi, quand besoin se faisait ressentir, nous reformulions notre procédé d'entretien de manière à faciliter

---

[113] *J.L. Loubet Del Bayle,* op.cit., p.*37.*

[114] J.L. Loubet, Idem.

[115] P. Lazarsfeld, « Des concepts aux indices empiriques », in *Le vocabulaire des sciences sociales, 1965, pp.27 et s.*

une véritable rupture avec les convictions premières établies dans le champ. Pour atteindre cet objectif, des entretiens semi-directifs étaient mobilisés, car l'objectif de la recherche est loin de valider les idées préconçues du chercheur mais bien à en imaginer des nouvelles. Ainsi, ces entretiens mettent les chercheurs à l'école des acteurs du terrain pour faciliter l'accès au réel, à la vérité des faits recherchés.

L'option du semi-directif permet ici de laisser la possibilité aux acteurs hospitaliers d'orienter la conversation vers les centres d'intérêts qui sont les leurs, afin de mieux rendre compte des jeux et enjeux de leurs actions présence à l'hôpital.

Ensuite, l'approche qualitative nous a permis d'élaborer deux questionnaires organisés comme suit :

Le questionnaire administré au personnel médical.

Celui-ci est articulé autour de plusieurs axes :

Axe 1 : Identification du répondant
Axe2 : Hiérarchie hospitalière et appropriation des services usagers par le personnel médico-social.
Axe 3 : L'amélioration de la qualité des services destinés aux usagers.

Le questionnaire administré aux usagers.

Celui-ci est articulé autour de plusieurs axes :

Axe 1 : Identification du répondant
Axe 2 : Satisfaction de l'usager des services hospitaliers
Axe 3 : Besoin de proximité avec le corps médical

3.4. La méthode d'analyse des données

Selon Quivy, R. et al., (1995) cette étape constitue la charnière entre la problématique retenue par le chercheur et le travail d'élucidation réalisé[116].

« Si les documents renferment des informations utiles au chercheur, dans la plupart des cas, celles-ci n'apparaissent pas de façon évidente. Un travail d'analyse est nécessaire pour les extraire.»[117] Cette affirmation de Loubet ici mobilisée ne concerne pas seulement les documents collectés lors de l'observation

---

[116] Quivy, R. et Campenhout, Van L. (1995), *Manuel de recherche en sciences sociales*, Paris, Dunod, 1995.

[117] J.L. Loubet Del Bayle, op.cit., p.107.

documentaire, elle porte aussi sur les informations collectées lors des entretiens et l'administration des questionnaires et demande à procéder à une organisation des données afin d'en tirer un sens. Comme le soutiennent Ghiglione et Matalon, *«le traitement des données conduit à des agrégations de réponses fournies aux différents, à des procédures de déduction et d'inférence...à des additions pour décrire ou expliquer les faits sociaux »*[118].

La méthode d'analyse privilégiée ici est aussi double, selon que nous sommes dans une recherche quali-quantitave.

3.4.1. Analyse de contenu des récits d'acteurs hospitaliers

D'abord, l'analyse de contenu qui s'entend « *une technique pour faire des inférences par identification systématique et objective des caractéristiques spécifiques d'un message»*[119]. Nous avons au préalable défini l'objectif de cette analyse. Selon que J.L. Loubet del Bayle (1978) indique au sujet de l'analyse documentaire : « *l'analyse est faite en fonction d'un but déterminé : étudier l'orientation politique d'un journal, analyser les opinions d'un homme politique à travers ses discours, etc.»*[120]. Ainsi, l'analyse de contenu est en droite ligne avec nos deux premiers objectifs spécifiques, qui visent à rendre compte des rapports sociaux entre les acteurs extractifs pour le suivi de la transparence extractive. Il s'agit précisément de ressortir dans les données d'entretien, les rapports d'activités et études, et autres publications ou productions discursives des acteurs, non seulement l'orientation qu'ils donnent à leurs discours, mais aussi les rationalités qui les sous-tendent, afin d'en dégager leurs stratégies d'insertion et/ou de domination dans le champ de la gouvernance hospitalière.

Nous optons ici pour une analyse à la fois qualitative et quantitative, répondant à notre souci de sortir des oppositions classiques quantitatif/qualitatif, afin de continuer à nous inscrire dans une logique intermédiaire.

L'Approche qualitative a permis de mettre en exergue le ton, les procédures de dénonciation de la domination dans le champ par exemple. Tandis que celle quantitative a conduit davantage à ressortir les occurrences des thèmes ou des mots relatifs à la problématique étudiée ici : transparences, droit, riverains,

---

[118] R. Ghigiglione et P Matalon, *op.cit.,* p.60.
[119] R. Ghigiglione et P. Matalon, idem, p.156.
[120] J.L. Loubet Del Bayle, *Op.cit.* p.112.

participation, etc.[121]. Cette étape a suivi la constitution des catégories d'analyse et puis de l'interprétation des données qui y auront été recueillies.

Précisons en somme que nous sommes conscients du fait que la communication de l'entretien est un processus d'élaboration d'une pensée et non pas une simple donnée et pour cela a évité au maximum les biais qui pouvaient entraver le processus d'expression de la vision de la réalité que nous livraient nos enquêtés.

3.4.2. Analyse factorielle Exploratoire et confirmatoire

L'analyse statistique a permis d'interpréter les données chiffrées collectées grâce aux questionnaires. Plusieurs hypothèses ont été avancées comme propositions de recherche pour orienter la présente recherche :

La principale proposition de recherche à vérifier dans cette investigation est la suivante : A travers l'application des nouvelles normes de la gouvernance hospitalière, les managers des centres hospitaliers de Douala conduisent le personnel médico-sanitaire à une plus grande efficacité dans l'appropriation des services aux usagers.

De cette proposition majeure découlent quatre autres dont le but est de rendre plus opérationnelle cette dernière :

Hypothèses spécifiques :

Hypothèse spécifique 1 : Pour répondre aux multiples crises de gestion hospitalière, les centres hospitaliers de Douala ont adopté les nouvelles normes de gouvernance hospitalière.

Hypothèse spécifique 2 : Une médecine de proximité de qualité et à moindre coût constitue le moteur des aspirations des patients des centres hospitaliers de Douala.

Hypothèse spécifique 3 : L'adoption des mécanismes de participation par l'administration hospitalière engendre une nouvelle dynamique d'implication du personnel médico-social dans les services aux usagers.

Hypothèse spécifique 4 : Le contrôle hiérarchique génère l'amélioration de la qualité des services destinés aux usagers des centres hospitaliers de Douala.

---

[121] Pour plus de détails sur ces différentes approches, voir J.L. Loubet del Bayle, *Op.cit.* PP.113-114.

Pour procéder à la vérification des hypothèses statistiques, l'analyse factorielle a été mobilisée ici. L'analyse factorielle est une technique utilisée pour réduire un grand nombre de variables en un plus petit nombre de facteurs. Cette technique extrait la variance commune maximale de toutes les variables et les place dans un score commun. En tant qu'indice de toutes les variables, nous pouvons utiliser ce score pour une analyse plus approfondie. Nous avons, à cet effet, l'analyse factorielle exploratoire (AFE) qui postule l'existence de variables cachées (non mesurées) qui expliqueraient les scores observés. L'objet de l'AFE est de découvrir ces facteurs latents...L'analyse factorielle confirmatoire (AFC) qui tente de déterminer si la structure factorielle sous-jacente tel que postuler par le chercheur est vraisemblable et légitime à un seuil de signification alpha pourcent. Nous tentons de mettre cette pratique dans notre étude afin de capter les composantes la bonne gouvernance hospitalière à l'aide du logiciel SPSS pour le traitement et l'analyse des données.

Pour ce fait, nous effectuons au préalable les statistiques uni-variées (moyennes, écart types et taille de l'échantillon), l'analyse de la matrice des corrélations, le déterminant de la matrice de corrélation, le test de **Mesure Kaiser-Meyer-Olkin** (KMO)[122] et le test de Sphéricité de Bartlett[123] qui on espère sera supérieure au seuil de 5 % afin de préciser si notre étude est adéquat pour une analyse factorielle, et l'analyse de la matrice Anti-image des corrélations sur la diagonale de laquelle se trouve les indices KMO pour chaque variables, cela permettra de savoir si chaque variable possède les propriétés souhaitées pour une analyse factorielle. Pour ces analyses, nous effectuerons l'extraction dont il y a six façons d'effectuer cette analyse, dont les plus utilisées sont (1) la méthode des moindres de carrés non pondérés, (2) la méthode du maximum de vraisemblance et (3) la méthode factorielle des axes principaux.

---

[122] KMO mesure la proportion de variance dans les variables qui pourrait être causée par un facteur sous-jacent. KMO teste si les corrélations partielles entre les variables sont petites. Les directives de base pour la valeur KMO sont : « Moins de 0,05 est considéré comme médiocre ; Entre 0,5 et 0,6 est considéré comme moyen ; Entre 0,6 et 0,7 est considéré comme acceptable ; Entre 0,7 et 0,8 est considéré comme bon ; Plus de 0,8 est considéré comme excellent ».

[123] Le test de Bartlett permet de vérifier si la matrice de corrélation est une matrice d'identité (c'est-à-dire si les valeurs diagonales sont égales à 1 et les valeurs hors diagonales valent 0). Cette condition signifie simplement que les variables sont complètement indépendantes les unes des autres, et donc le modèle factoriel est inapproprié. Identifier la matrice peut être exclu si la p-value du test est inférieure à 0,005.

Chaque méthode contient des limites et des forces. Brièvement, la méthode du maximum de vraisemblance est une méthode itérative qui cherche une solution factorielle laquelle maximise la probabilité que le modèle estimé soit compatible avec les données de l'échantillon ; cette méthode suppose que les données sont à peu près normalement distribuées (l'hypothèse de normalité est donc une condition plus ou moins rigide à l'application de la méthode du maximum de vraisemblance, si la distribution n'est pas normale, c'est-à-dire, si les données sont très asymétriques, cette méthode pourrait produire des résultats sévèrement biaisés).

Dans ce cas il faudrait utiliser une autre méthode, par exemple la méthode des moindres carrés non pondérés qui a l'avantage de reproduire les résultats satisfaisant à l'absence de l'hypothèse de normalité et se prête bien sur des données qui sont mesurées à échelle ordinale comme c'est le cas dans notre étude. La méthode factorielle des axes principaux a aussi les caractéristiques de la méthode du maximum de vraisemblance, toutes les deux utilisent les régressions linéaires pour extraire ce que l'on appelle les « communalités initiales » que sont les variances partagées par les variables de l'étude. Pour notre étude nous allons utiliser la méthode factorielle des axes principaux afin de capter ces variances, à cet effet, nous supposons qu'il existe cinq dimension cachée qui se manifeste à travers nos variables, pour cela nous optons le nombre d'itération à 100 jusqu'à la convergence pour être sûr que la solution trouvée est aussi proche que possible de celle attendue.

Ainsi, nous pourrons faire une rotation « varimax » étant donnés que nous pouvons supposer que les facteurs sont indépendants, c'est-à-dire qu'il n'y a pas de corrélation entre les facteurs. Or nous avons aucune raison de le penser que c'est le cas, il y a peut-être une association et un certain degré de relation entre les cinq dimensions que nous avons postuler à travers toutes nos variables. Si tel est le cas, que nous pensions qu'une telle corrélation peut exister alors nous choisissons la rotation factorielle « Oblimin directe ». Pour l'analyse des facteurs, nous allons analyser les scores et la matrice des coefficients factoriels. A cet effet, l'option réside dans le classement des variables par taille (par ordre croissant) pour favoriser la lecture et l'interprétation des facteurs à partir des corrélations significatives au seuil de 0.5.

3.5. . Les difficultés rencontrées et limites de la recherche

Les difficultés rencontrées dans le cadre de cette étude sont de plusieurs ordres. La première est l'accès à l'information. En effet, nous nous sommes heurtés au refus de collaboration de nombreux acteurs, notamment dans la partie administration hospitalière et médecins, où malgré les textes internationaux et les réformes juridico-institutionnelles relatives à la transparence de la gouvernance hospitalière, la gestion hospitalière reste un sujet et frappé d'une opacité légendaire. Refus qui nous a semblé par ailleurs dû au climat de méfiance dont sont frappés ces différents milieux hospitaliers, une méfiance alimentée par le sermon de Polycrate consacrant le devoir de réserve et le secret professionnel. C'est pourquoi, pour contourner une telle difficulté, nous avons dû procéder à partir de l'échantillonnage raisonné, à la mobilisation des réseaux relationnels ou procéder à des entretiens parfois inavoués pour recueillir des informations indispensables à notre analyse.

La seconde difficulté était relative à la disponibilité de nombreux administrateurs qui malgré leur désir de collaboration ne disposaient pas du temps. C'est pourquoi nous mobilisions toute opportunité pour l'entretien : dîner, échanges autour d'un pot, pendant la conduite au volant, par téléphone, etc.

Pour ce qui est des limites de cette recherche, le présent travail, comme tout travail scientifique, a des limites.

La première réside dans son incapacité à saisir tout le champ de la gouvernance hospitalière. Le champ hospitalier est tellement vaste qu'aucune recherche ne peut prétendre à elle seule de le couvrir intégralement. C'est la raison pour laquelle nous avons délimité la présente recherche à l'analyse de processus d'appropriation des services aux usagers des CHD.

La seconde limite est de n'avoir pas couvert tous les Centres hospitaliers de Douala, encore moins du Cameroun, pour des questions de faisabilité.

Une quatrième limite, et peut-être la plus critique, est la faiblesse de conceptualisation de cette investigation heuristique. Dans un contexte de globalisation de la recherche et donc de transfert des concepts du centre de la recherche scientifique (Occident) vers les périphéries socio-épistémiques (comme l'Afrique), nous avons hérités des concepts majeurs de la présente investigation. Que ce soit celui de gouvernance lui-même, celui d'administration, il s'agit purement des concepts usités arbitrairement pour nommer des réalités d'un univers socioculturel autre que celui qui les a vu naître. Ainsi, ces concepts sont mobilisés dans ce travail faute de mieux, convaincu néanmoins qu'ils ne correspondent pas exactement à la réalité étudiée.

En guise de conclusion à ce chapitre, notons que la clé de toute recherche scientifique réside inévitablement dans la définition théorique et méthodologique de la recherche, une sorte de lunettes heuristiques à travers lesquelles la réalité étudiée est saisie en son essence même. Il s'agit certes des lunettes de vision, mais des lunettes qui se veulent les plus transparentes possibles. En effet, la vision de la réalité doit être neutre, pour dire qu'il faut regarder la réalité sans lunette. Pourtant, il s'avère, selon la nature même des choses, aussi bien de l'objet regardé que celui qui le regarde, qu'il est impossible de voir sans lunettes[124]. Le processus de vision exigeant le port de lunettes, en raison de la cécité ontologique des regardants. Or, les choses ont une tendance habituelle à offrir leurs lunettes propres à travers lesquelles il faudrait les regarder ; autant que chaque société en opposition, en concurrence ou en complicité avec les choses offre des lunettes sociales, c'est-à-dire des grilles sociales de lecture de la réalité. La nécessité de fabrication et d'usage des lunettes heuristiques transparentes s'impose dès lors pour cerner les réalités sociales et les saisir dans toute leur nudité, tout en les arrachant aux idées premières qui en sont livrées. Ce chapitre s'est donné pour ambition de produire des lunettes sociologiques nécessaires à l'analyse et à la compréhension du processus de gouvernance extractive au Cameroun. Il a ainsi préconisé et procédé à la production de lunettes paradigmatiques enracinées dans les sociologies interactionnistes et constructivistes. Par ailleurs, il a retenu comme voix d'accès au réel extractif, les méthodes quali-quantitatives, à prédominance qualitatives, tout en définissant un ensemble d'acteurs extractifs et institutions comme échantillon de la population ciblée par cette recherche.

[124] Nous faisons ainsi allusion aux concepts psychosociologiques de représentation et de perception de la réalité, selon lesquels la représentation s'impose comme état ou processus inéluctable de perception de la réalité par l'individu.

CHAPITRE IV : PRESENTATION, INTERPRETATION ET DISCUSSION DES RESULTATS

A partir des nouveaux mécanismes de la gouvernance hospitalière, l'émancipation croissante des usagers et l'adoption des nouvelles normes de qualité participent à l'amélioration des services aux usagers des centres hospitaliers ici analysés. Telle est l'hypothèse phare qui a orienté dès la fondation l'élaboration de nos outils de collecte des données. Autrement dit, nous envisagions de dresser un lien entre la correction des insuffisances des modèles qui ont marqué la gouvernance des hôpitaux publics au Cameroun et les pratiques managériales novatrices des CHD. De même nous gardons en ligne de mire l'analyse des impacts du management participatif sur le niveau d'engagement du personnel médico-sanitaire dans le processus d'appropriation des services aux usagers des centres hospitaliers de Douala.

Ce chapitre essaye ainsi de cerner le concept « Hôpital – Entreprise » qui préconise le développement d'une nouvelle vision managériale dans le milieu hospitalier à travers l'application des règles de jeu du secteur privé dans les hôpitaux publics, notamment à travers l'adoption des problématiques de la participation (Grimaldi et al., 2017). Consacrer cet ultime chapitre à nos trouvailles est un acte fort significatif tant il permet à la fois de présenter l'essentiel des investigations et de couronner le présent travail. Il s'organise autour de deux principales sections : l'analyse et l'interprétation des résultats et la discussion formulée dans une perspective d'amélioration de la gouvernance hospitalière en vue d'une meilleure prise en charge des patients des Centres Hospitaliers de Douala.

SECTION 1 : PRESENTATION ET INTERPRETATION DES RESULTATS

La présente section vise à rendre compte des données d'enquêtes. Cette analyse porte sur deux principaux moments : un premier moment qualitatif et un second quantitatif.

1. PRESENTATION ET INTERPRETATION DES RESULTATS QUALITATIFS

De nos entretiens avec la vingtaine des cadres de l'administration hospitalière à Douala, l'on relève plusieurs aspects abordés dans les réformes hospitalières enclenchées dans la décennie 2010. Comme abordé dans les chapitrés qui ont précédés, et particulièrement dans la problématique, l'hôpital public camerounais souffraient de plusieurs maux auxquels la nouvelle gouvernance hospitalière est venue apporter plusieurs solutions.

1.1. La réforme des structures de direction

Avec la dynamique des réformes hospitalière impulsées au Cameroun, la cartographie de l'organisation administrative de l'hôpital public s'est considérablement modifiée. Sur le plan juridique, les textes ont progressivement mis en place des structures d'administration et de gestion plus étoffées que naguère, capables de contrôler étroitement et quotidiennement l'ensemble de la marche des établissements publics hospitaliers. Sur le plan de la pratique administrative, des services proprement dits se sont développés et multipliés accroissant ainsi notablement la complexité de l'organisation administrative des hôpitaux publics. Tout ceci a également nécessité la mise en place de techniques de management adaptées aux impératifs d'une gestion moderne.

1.1.1. La structure des organes de direction et l'articulation Matérielle des services

D'entrée de jeu, notons que le système de santé camerounais est par structurer en trois niveaux de santé dont chacun dispose de structures administratives, formations sanitaires et structures de dialogue :

- **Niveau central (ou national)**

Il est constitué des structures de conception, de coordination et d'encadrement de la politique sanitaire ainsi que des actions de santé d'envergure nationale.

L'administration centrale est composée d'un Secrétariat général, autorité de coordination de l'action administrative du Ministère de la Santé, de Directions centrales, de Divisions spécifiques, des Projets et Programmes spécialisés.

On retrouve également à ce niveau des institutions d'appui et des établissements de soins de référence.

- **Les Institutions d'Appui se composent comme suit :**

- La Centrale Nationale d'Approvisionnement en Médicaments Essentiels (CENAME)
- Le Laboratoire National de Contrôle de Médicaments (LANACOME) ;
- Le Comité National d'Epidémiologie (CNE)
- Le Centre Pasteur du Cameroun (CPC) ;

- **Les établissements de soins de référence nationale se répartissent en 3 catégories :**

- Première catégorie: les hôpitaux généraux et le CHU ;
- Deuxième catégorie : l'Hôpital Central de Yaoundé, l'Hôpital Jamot de Yaoundé et l'Hôpital Laquintinie de Douala (HLD) ;
- Troisième catégorie : cette catégorie regroupe certaines institutions d'autres ministères, de niveau régional ou encore de type associatif appuyant les activités du Ministère de la santé publique.

- **Niveau intermédiaire (régional)**

Il est constitué de délégations régionales, structures d'appui technique et de coordination pour les districts de santé, des hôpitaux régionaux et assimilés et des structures de formations paramédicales.

Chaque région sanitaire compte au moins une structure de formation paramédicale pour former soit des aides-soignants soit des infirmiers.

L'approvisionnement en médicament des infrastructures sanitaires est assuré à ce niveau par une structure plus ou moins autonome, le Centre d'Approvisionnement Pharmaceutique Régional (CAPR).

- **Niveau périphérique (District de santé)**

Il est composé des Districts de santé. Le District de santé est structuré comme suit :

- un service de santé de district
- un réseau d'aires de santé chargé de la couverture en soins de santé de base des populations desservies par ces aires de santé.

L'aire de santé constitue une zone bien définie comprenant un ou plusieurs villages ou quartiers, et desservie par une ou plusieurs infrastructures sanitaires (publiques et/ou privées) de base, encore appelées Centre de Santé Intégrés (CSI). La gestion de l'aire de santé repose sur des structures de dialogue (entre prestataires et bénéficiaires de soins), et de participation communautaire en matière de santé.

Par ailleurs, en ce qui concerne la structure des organes de direction, les pouvoirs publics camerounais ont toujours été désireux de doter l'hôpital d'une administration permanente et spécialisée. Ils décidèrent donc de créer dans les établissements hospitaliers le poste de Directeur. L'économie des textes actuellement en vigueur dans les domaines de la gestion et de l'organisation hospitalière semble prouver la loi du 23 janvier 1991 qui institue dans chaque hôpital un agent chargé d'exécuter les décisions et d'assurer la direction des services. Plus tard, de nouveaux textes sont venus renforcer l'effectif de la direction en plaçant à côté des Directeurs des hôpitaux centraux et régionaux, un conseiller médical du Directeur, un conseil d'hôpital, un comité médical, un économe et un surveillant général. L'hôpital public commençait à se constituer une équipe de direction à l'image d'une grande entreprise de l'industrie ou du commerce.

Ce sont les décrets du 15 octobre 1968, du 24 juin 1978, du 30 décembre 1987 et notamment dans les grandes formations hospitalières. C'est précisément leur application plus tard qui donnera à la gouvernance hospitalière actuelle la dynamique que nous lui reconnaissons dans les hôpitaux de la ville de Douala. Ainsi, le premier texte institue trois niveaux de grades à la tête des hôpitaux généraux de Yaoundé et de Douala. Un Conseil d'Administration, une Direction et une Commission Financière. Ils prévoient que « le Conseil d'Administration est investi des pouvoirs plus étendus pour l'administration et la gestion de l'hôpital ». Aux termes des dispositions de l'article 13 (alinéas 1 et 2) « Le Directeur de l'hôpital est chargé de l'exécution des décisions du conseil d'administration à qui il rend compte de sa gestion et du fonctionnement général de l'entreprise. Dans le cadre de ses attributions, il prend toutes les initiatives et toutes décisions nécessaires à la bonne marche des services… ». Quant à la commission financière, l'article 22 (alinéas 1,2,3,4) précise qu'elle « dispose de tous les pouvoirs d'investigation et de contrôle sur les documents financiers et comptables de l'établissement ».

Le second texte place à la tête du Centre Hospitalier et Universitaire, un conseil d'administration, une direction, une commission technique consultative, et une commission financière (articles 4,8,14,17). Et à chaque organe, le texte attribue des compétences spécifiques tenant compte de la structure particulière de cet organisme qui sert à la fois de support pédagogique à la formation, de centre de recherche dans le domaine sanitaire, et d'établissement de soins médicaux et paramédicaux. Telle est l'économie générale des textes. Encore faut-il préciser que dans les hôpitaux départementaux et d'arrondissement (d'une capacité d'accueil variable entre 150 et 300 lits), l'équipe directionnelle est composée d'un médecin chef, d'un économe, d'un surveillant général, d'un conseil d'hôpital et d'un bureau social. On peut donc dire que dans les grands établissements, la structure théorique des textes peut se trouver développée selon les besoins. C'est ainsi par exemple que dans ces établissements hospitaliers de Douala, objet de la présente recherche, il est fréquent de voir des personnes ayant le titre de directeur se trouver en fait, à la tête d'un service fonctionnel ou placé comme adjoint dans un autre service important. Ces transformations révèlent donc la nécessité dans laquelle s'est trouvé le gouvernement de placer à la tête des hôpitaux moyens et importants une structure de direction qui soit à la mesure d'une gestion hospitalière moderne. Mais, ce souci de privilégier la gestion des hôpitaux dans une optique d'efficacité et de modernisation s'est aussi manifesté par un aménagement des compétences administratives. Avant 1978, la totalité des compétences administratives en matière de gestion appartenait au conseil d'hôpital et à son Président, lequel détenait des pouvoirs assez larges. En effet, cette instance était entre autres chargée de :

- Examiner, discuter et trouver une solution à tous les problèmes administratifs posés par l'organisation et le fonctionnement de l'hôpital, et notamment l'élaboration et la mise à jour du règlement intérieur de l'hôpital ;
- Traiter des questions relatives à l'hygiène, à la salubrité, à la propreté des locaux et de leur traitement ;
- Veiller à la bonne réputation de l'établissement et à cet effet, proposer des sanctions à l'encontre de toute personne dont le comportement ou la moralité peuvent porter préjudice à cette réputation.

A partir de 1987 et jusqu'en 1991 le Directeur va disposer d'importants pouvoirs volonté des pouvoirs publics de calquer l'appareil de direction et ses compétences sur le modèle des grandes unités de l'industrie ou du commerce beaucoup plus que sur celui des petits établissements d'assistance qu'étaient les anciens hôpitaux. Ces aménagements sont tributaires d'une double évolution : d'abord, une évolution de la conception de l'hôpital dans le strict domaine de traitement des malades, et ensuite, un élargissement de la conception de l'hôpital au-delà du traitement des malades.

Sur le premier point, le changement a consisté en ce que l'hôpital a cessé d'être exclusivement le lieu où sont traités les malades indigents. D'une institution d'assistance, l'hôpital est devenu quelque chose de plus grand. Ses activités se subdivisent en deux séries de fonctions : les fonctions proprement médicales qui regroupent des tâches hautement spécialisées de diagnostic et de thérapeutique ; les fonctions administratives et hôtelières qui groupent des tâches de synthèse, de gestion d'exploitation et d'hébergement.

Sur le deuxième point, il demeure vrai que le traitement des malades est la fonction principale de l'hôpital. Mais de plus en plus à l'époque contemporaine, l'hôpital apparaît comme devant jouer un rôle important dans les domaines de l'enseignement et de la recherche scientifique médicale. A ce propos, les hôpitaux comme l'Hôpital Laquintinie dispose des structures internes d'enseignement.

En ce qui concerne la structuration des services sur le plan pratique, la transformation des hôpitaux publics a provoqué ces deux dernières décennies de grands changements par rapport aux petits établissements de jadis. C'est essentiellement cela qui traduit la dynamique de la nouvelle gouvernance hospitalière ici en examen. Alors que dans le passé, les établissements de soins pouvaient être administrés par une superstructure administrative légère, réunissant quelques employés, les organigrammes actuels des centres hospitaliers de Douala présentent des hôpitaux dotés d'une administration en tous points comparable aux grands établissements de l'industrie ou du commerce. Dans les moyens et grands établissements hospitaliers tels l'Hôpital général et l'Hôpital Laquintinie, les services, sont divisés en deux catégories. Il y a d'une part, les services fonctionnels et d'autre part, les services opérationnels.

Les premiers sont ceux qui instituent une division du travail à l'intérieur d'un établissement. C'est notamment le cas, des services techniques. A titre illustratif, on peut citer : le service d'accueil et de garde, le pavillon médico-chirurgical. Les seconds correspondent aux services spécialisés. On peut citer : le service de gynécologie obstétrique, le service de pédiatrie etc. Ces services sont plus ou moins individualisés et confiés le plus souvent à un responsable ayant selon les cas, le grade de chef de service. Il convient tout de même de souligner que si dans les hôpitaux départementaux et d'arrondissements, ces services ne sont pas dirigés par un responsable du grade de Directeur d'hôpital, c'est sans doute dû à l'insuffisance actuelle bien connue des effectifs de direction dans les hôpitaux publics par rapport aux besoins. C'est également la faiblesse des effectifs qui empêche certains services importants de s'étoffer davantage en personnel de direction.

On peut ici, penser par exemple au service du personnel des grands établissements hospitaliers. Celui-ci justifierait souvent l'affectation d'au moins deux responsables des grades de direction ; l'un assurant la gestion proprement dite du personnel, l'autre s'occupant de la formation et du perfectionnement qui sont des tâches de plus en plus importantes à l'heure actuelle. L'affectation des personnels à tel ou tel emploi ou service dépend de différents facteurs. Si l'on met à part le Directeur qui est nommé par décret du Président de la République, les emplois sont distribués aux autres membres de l'équipe de direction en fonction de leur classement, de leur formation d'origine, de leurs qualités personnelles, et enfin, de la nature du service considéré. Ainsi par exemple, les services techniques fonctionnent sous l'autorité d'un conseiller médical, alors que le service des soins infirmiers est placé sous l'autorité d'un surveillant général. Et, les relations entre les services techniques et les services fonctionnels sont fondées sur un esprit d'équipe, dont la mise en œuvre repose sur l'information, la consultation, et la participation de tous en vue de la réalisation des finalités de l'hôpital. Ces tableaux relatifs à l'articulation des services dans les hôpitaux montrent bien les transformations qui sont réalisées dans le secteur hospitalier public à Douala-Cameroun. Aussi bien sur le plan des pouvoirs que des effectifs ou que de l'ampleur et de la répartition des services, l'hôpital d'aujourd'hui à Douala est devenu sur le plan de son extension assez proche des grandes entreprises de services du secteur privé ou du secteur semi-public. On peut donc dire que le centre hospitalier de Douala (CHD) n'est plus un organisme annexe à l'aide sociale. Il est devenu une grande entité économique soumise aux impératifs d'efficience et de rentabilité. Ici, l'effort principal a consisté à adapter l'hôpital public aux techniques les plus modernes de l'activité économique, comme nous l'avons montré au chapitre premier.

1.1.2. L'adoption de nouveaux modes de gestion dans les centres hospitaliers de Douala.

S'il est un aspect de l'hôpital public qui s'est profondément transformé depuis plus de deux décennies, c'est bien l'aspect économique. En effet, depuis les années 2000, on a pu assister à un développement saisissant à cet égard, et la plupart des hôpitaux camerounais sont pratiquement devenus de grandes unités économiques, et les centres hospitaliers de Douala sont à cette image. L'ampleur des efforts déployés dans le secteur hospitalier apparaît à travers le développement des infrastructures et des équipements. On assiste également à l'amélioration des techniques d'investigation et de traitement des informations. En vue d'assurer une gestion efficace du personnel et d'évaluer les besoins en médecins et personnels paramédicaux, des actions concrètes ont été menées dans le domaine de l'informatisation du fichier du personnel. La gestion hospitalière change donc de vision, elle adopte progressivement les méthodes déjà utilisées depuis quelques temps par les entreprises du secteur privé. Cet effort est tout à fait récent et les résultats encore incertains.

Nous examinerons successivement, la nécessité d'un tel effort, et sa manifestation principale qui est l'établissement d'un contrôle de gestion dans la plupart des hôpitaux moyens et importants.

Le PBF (Financement basé sur la performance) a été proposé par l'OMS comme mécanisme ou instrument de gestion permettant d'améliorer la gestion financière des hôpitaux. Le médecin chef d'un CMA de Douala l'atteste en ces termes : « *Le PBF travail sur une autonomie de gestion, il n'y a plus de ligne de fonctionnement. Il vous laisse le soin d'analyser vos besoins et préciser vos besoins. Chaque hôpital gère ses budgets. On attend plus que le délégué dise ok pour acheter l'ambulance. Le PBF est une économie de la santé* ». *Le financement basé sur la performance est une approche systémique avec une orientation sur les résultats définie comme la quantité et la qualité des produits et l'inclusion des personnes vulnérables, dans le système de santé. Cela implique que les structures soient considérées comme des organisations autonomes qui réalisent un bénéfice au profit d'objectifs de santé publique et / ou de leur personnel. Il est également caractérisé par des contrats de performance pour les acteurs de la régulation, les agences d'achat de performance ou agences de contractualisation et de vérification, les financeurs et un renforcement de la voix de la population. Le Financement Basé sur la Performance utilise les forces des lois du marché, mais vise aussi à corriger les échecs du marché. Le PBF, dans le même temps, vise la maîtrise des coûts et la combinaison durable de recettes provenant du recouvrement des coûts et des contributions gouvernementales et internationales. Le PBF cherche sans cesse à tester ses théories par des recherches empiriques et des évaluations d'impact rigoureuses qui conduisent à de meilleures pratiques* ».[125]

La nécessité d'une transformation des méthodes de gestion est d'abord liée à la modification qui s'est manifestée dans l'échelle des établissements et de l'articulation des services. Sur le plan de leur taille et de leur chiffre d'affaire, une structure comme l'hôpital général de Douala par exemple, comporte actuellement 450 lits extensibles, emploie 160 agents hospitaliers, auxquels il faut ajouter près de 50 médecins (monoappartenants et biappartenants) et les médecins à temps partiel ; 50 agents des services pharmaceutiques, 20 agents des services intérieurs. L'hôpital Laquintinie de Douala compte actuellement 358 lits et emploie 525

[125] Pour plus ample information, lire à ce sujet, http://www.sina-health.com/?page_id=80&lang=fr, consulté le 21, Novembre 2021.

agents. Encore convient-il de souligner que, dans l'état actuel des effectifs, ceux-ci sont toujours nettement inférieurs par rapport aux besoins. Cet hôpital a totalisé en 2020 près de 13000 journées d'hospitalisation et son budget a atteint la somme de 980 millions de francs Cfa. On aurait des chiffres similaires, cela va s'en dire pour un grand nombre de secteurs (le matériel médical, les médicaments, les frais d'hospitalisation, les frais de consommation d'électricité etc.). Certes, tous les établissements hospitaliers ne sont pas d'une taille aussi importante, mais, les spécialistes du management hospitalier considèrent que tout hôpital disposant de 300 à 500 lits présente une structure suffisamment complexe pour rendre opportune l'installation d'un système de gestion adapté aux techniques modernes. Cela est d'autant plus nécessaire qu'au Cameroun, l'hôpital public souffre encore de manière assez nette d'un manque général d'organisation. De tous les hôpitaux que nous avons enquêtés à Douala, seuls l'Hôpital général, l'Hôpital Laquintinie et dans une moindre mesure l'hôpital Génico-obstétrique de Yassa, répondent à ces nouveaux modes de gestion hospitalière.

Il est fréquent de voir dénoncer la dispersion des efforts qui se manifestent au sein d'un même établissement par une mauvaise coordination entre les différents services. Il est aussi fréquent d'entendre parler de contradictions dans certaines décisions faute d'une concertation entre plusieurs responsables. On entend parler de la disparition anormale du petit matériel médical, dans tel ou tel service. C'est le cas des centres médicaux secondaires tels que le CMA de Bépanda, l'Hôpital de Logbaba, le CMA de PK 13, etc.

Le tableau ci-après présente d'ailleurs une classification des Centres hospitaliers de Douala selon leur ordre d'importance :

Tableau 14 : Classement des CHD par ordre d'importance

N° d'ordre	Catégorie	Nom de l'Hopital
1.	1ère catégorie	Hôpital Général de Douala
2.	2e catégorie	Hôpital Laquintinie de Douala
3.	2e catégorie	Hopital Génico-obsétrique de Yassa
4.	2e Catégorie	Hopital du Génie Militaire
5.	3e Catégorie	Hôpital de District de Bonassama.
6.	3e Catégorie	Hopital de District de Deido
7.	3e Catégorie	Hôpital de district de bonamoussadi

8.	3e Catégorie	Centre Médial d'Arrondissement de Bépanda
9.	3e Catégorie	Hôpital de district de la Cité des palmiers
10.	3e Catégorie	Centre Médial d'Arrondissement de pk8
11.	3e Catégorie	District de New bell
12.	3e Catégorie	Hôpital de district de Banguè
13.	3e Catégorie	Hôpital de District de BONASSAMA
14.	3e Catégorie	Centre de Santé Intégré de Ngodi Bakoko

Source : Par nos soins

Il faut noter par ailleurs que l'efficacité managériale d'une structure hospitalière à plus à voir avec la rigueur managériale du Directeur, plutôt qu'à des politiques impulsées par le ministère de la santé publique, comme l'affirme ce médecin : « *C'est chaque directeur qui vient avec sa vient. L'actuel directeur est un manager visionnaire, il a été affecté ici pour redresser l'hôpital, au vu des résultats qu'il avait fait ailleurs. Voilà comment en quelques années l'affluence des patients a recommencé chez nous.* »[126].

Il y a enfin, le gaspillage pratiqué dans nombre d'hôpitaux moyens et importants. Tous ces défauts résultant en grande partie de la gestion hospitalière traditionnelle souvent confiée à des personnels qui n'avaient guère de formation spécialisée et les seuls instruments consistaient dans un certain nombre d'états comptables et financiers, tels les bilans de fin d'exercice, les comptes d'exploitation ou le prix de revient des sections de production. Il est d'ailleurs ressortis de nos multiples entretiens que c'est aux compétences managériales des directeurs que nous devons tous les changements que de ces structures hospitalières ont connus. C'est le cas de l'Hôpital Laquintinie, comme l'affirme ce médecin resté sous anonymat : « *le Directeur actuel a fait de nombreux changement dans cet hôpital. Sans lui on ne serait pas où on est. Laquintinie a toujours été vilipendée par la presse. Il est venu les faire taire. C'est pourquoi le Ministre l'apprécie beaucoup* »[127].

Aujourd'hui, la recherche de la meilleure efficacité, le refus du gaspillage et de la corruption ont incité les pouvoirs publics à instaurer dans les

---

[126] Entretien réalisé à l'Hopital de Logbaba, avec un médecin généraliste.
[127] Entretien réalisé à l'Hôpital Laquintini de Douala le 12 Septembre 2021 à 13h30.

établissements moyens et importants de nouvelles méthodes de gestion fondées sur l'utilisation optimale de la comptabilité analytique d'exploitation et d'un contrôle budgétaire. Ces missions sont assumées par une commission financière. Les affirmations de ce major à L'Hôpital de District de Logbaba vont dans ce sens : *« l'objectif du BPF était exactement de remédier à cette mauvaise gestion financière de nos hôpitaux. Avec ce projet, vous êtes capacités et l'on vous donne votre argent, et vous gérez-même »*[128].

Le projet est ambitieux, car, il ne s'agit pas seulement de mettre en place un ensemble de techniques ou de recettes qui font appel aux statistiques, à la recherche opérationnelle ou aux modèles mathématiques, mais de donner une nouvelle dimension à la manière de diriger ce type particulier d'entreprise qu'est l'hôpital en conférant à son pilotage un caractère moins intuitif et plus rationnel. Pour réaliser ce projet, et instituer de façon concrète ces nouvelles méthodes de gestion dans les hôpitaux publics, les autorités de tutelle ont mis sur pied des services informatiques et des services de contrôle de gestion. Ces services constituent le centre actif de toute l'organisation, le lieu où toutes les informations relatives au fonctionnement de l'hôpital sont réunies et disposées dans un cadre d'interprétation qui est présenté à la tutelle. Dans sa définition théorique, le rôle d'une cellule d'analyse de gestion est simple : il s'agit de faire passer tous les services d'une structure (services administratifs et médicaux) du stade d'une gestion subie (simple enregistrement passif des dépenses, des recettes des mouvements) au stade d'une gestion connue étudiée, perfectionnée sans cesse, dans laquelle on cherchera à « réduire le plus possible l'empirisme et les bavures qui interviennent dans tous les actes de gestion ». Il s'agit donc de suivre le fonctionnement des services et de connaître leurs résultats d'activités, aussi bien en ce qui concerne l'activité générale que l'activité proprement médicale. Ceci impose une maîtrise constante de tout ce qui se fait à l'hôpital, tant sur le plan de l'utilisation des personnels, que celui de la rotation des stocks de matériels ou dans le domaine des soins aux malades. Ce qui permettra certainement de réduire les ruptures de stocks que l'on enregistre en permanence dans ces structures, que ce soit la rupture des stocks de médicament ou de matériel. La quasi-totalité d'hôpitaux enquêtés a relevé cette difficulté : l'Hôpital Laquintine, L'Hôpital Général, l'Hôpital de District de Deido, de Bonassama, de Logbaba, de Bonamoussadi, le CMA de Bépanda, de PK 13, etc.

---

[128] Entretien réalisé à l'Hôpital de District de Logbaba le 15 Septembre 2021 à 17h10.

En effet, simple dans sa définition théorique, le rôle d'une cellule de gestion apparaît autrement plus complexe dans sa réalisation quotidienne. Car il faut voir et suivre ce que fait et ce que dépense l'établissement dans l'ensemble, mais aussi au niveau de chaque service et même jusque dans le plus petit détail. Par exemple, l'analyste de gestion de l'Hôpital Laquintinie devra renseigner la direction de cette très grande formation hospitalière sur les dépenses d'heures supplémentaires faites durant tel mois par le personnel soignant dans le secteur bloc-opératoire du service de traumatologie. Ou encore, il devra renseigner sur la consommation d'antibiotiques dans le secteur hospitalisation du service de médecine du docteur X pendant tout le premier semestre de l'année. Ainsi, chaque service administratif ou médical constitue une zone de responsabilité, elle-même divisée en plusieurs secteurs ou centres de frais. Autre exemple, un service médical est divisé le plus souvent en trois secteurs : hospitalisation, bloc-opératoire, consultations externes. Ou encore, un service fonctionnel, comme celui du service technique d'un hôpital Général de Douala est divisé en plusieurs secteurs. Dans chaque zone de responsabilité et dans chaque zone de frais, on répartit toutes les dépenses en plusieurs postes, qui dépendent de la nature du service.

Dans un service médical, on a ainsi les postes de dépenses suivants : personnel paramédical, pharmacie, petit matériel médical, consommation de sang, frais d'ambulance, Frais divers, etc. Cette énumération des postes de dépenses dépend, le plus souvent, de la nature du service, mais elle peut aussi dépendre de l'action propre des chefs de services. Car, à la demande de ces derniers, on peut spécifier de manière encore plus précise et même ponctuelle, les postes de dépenses. Par exemple, à l'Hopita de district de Déido, un compte nous a confié ce changement récent : « *dans la rubrique pharmacie, on précise les types de spécialités ou même isole un ou plusieurs produits déterminés afin de suivre les mouvements de ces produits dans tel ou tel service médical* »[129]. En définitive, l'analyste de gestion, et au-dessus de lui le Directeur de cet hôpital auront à leur disposition une quantité d'informations sur les différents coûts entraînés par le fonctionnement de l'établissement, coûts présentés de manières analytique et dynamique afin de permettre une analyse objective de la gestion. Au niveau du Ministère, les services pourront centraliser les résultats de toutes les analyses de gestion, hôpital par hôpital, ce qui permettra de pratiquer ce que l'on appelle les « comparaisons interentreprises » grâce auxquelles chaque établissement sera à

[129] Entretien réalisé à l'Hôpital de District de Deido le 22 Septembre 2021 à 10h30.

même de situer sa gestion par rapport à une tendance moyenne, de repérer les insuffisances et de mesurer leur importance.

Au terme de cette brève description du rôle des cellules d'analyse de gestion au sein de quelques grands établissements hospitaliers, on pourrait être tenté de croire avoir mis sur pied l'instrument idéal pour réaliser des économies dans les hôpitaux et ainsi accroître le rendement de la gigantesque machine hospitalière. Cependant dans l'état actuel des choses, il n'est pas possible de porter un jugement optimiste car tant sur le plan de l'administration que celui de la gestion, les transformations de l'hôpital public à notre époque, si elles réussissent à susciter des réformes nécessaires, n'en provoquent pas moins quelques difficultés dans leur mise en œuvre concrète.

Du moins il faut relever que l'autonomie de gestion financière accordée aux CH leur posera un réel problème d'harmonisation des prix, ce qui participe à réduire considérablement la satisfaction des usagers comme l'attestera l'analyse des données d'enquêtes statistiques. Ce Surveillant Général d'un CHD le soutient en ces termes : « *Le constat malheureux est (10000 à Deido et 5000 à Laquintinie). I y a un problème d'harmonisation des couts. L'Etat a sorti une grille de prix mais qui ne sont pas respectée. La consultation est de 600 FCFA. Les gens mettent leurs prix. Mais en principal ce n'est pas parce qu'on améliore le standing que le prix devrait augmenter.* »[130]

Notons également les incidences positives de ces mesures sur l'amélioration du plateau techniques pedant cette période de réformes hospitalière : « Il y a eu un grand changement ces trois dernières années au niveau du plateau technique (personnel et matériel) ; avec ça on a eu presque toutes les disciplines ici. Comme hôpital de district, on est plus que complet. On a toutes les spécialités même le bloc opératoire. Aujourd'hui on réfère difficilement, sauf en réanimation, grosse chirurgie du crâne. On a la banque de sang. La fréquentation a augmenté du fait de l'augmentation des spécialistes.»[131]

1.2. La prise en compte des usagers dans la gouvernance des CHD.

La prise en compte des usagers dans le système de santé camerounais découle de l'évolution sociojuridique de la relation médecin-patient d'un côté et de la modernisation des rapports entre l'administration publique et ses administrés

---

[130] Entretien réalisé le 22 Septembre 2021 à 15h00.

[131] Un médecin chef à Douala, Entretien réalisé le 20 Septembre 2021 à 16h30.

de l'autre côté. A travers ces évolutions, les usagers ont pu obtenir des droits, notamment celui de se faire représenter au conseil d'administration des hôpitaux, tel que le préconise le PBF. Les enquêtes de satisfaction préconisée par le PBF, les enquêtes communautaires, sont tant de évolutions ayant facilité l'implication des usagers dans la gouvernance hospitalière au Cameroun en général et à Douala en particulier.

« *Cette irruption du patient (…) bouleverse l'organisation traditionnelle de l'hôpital fondée sur une structuration par métiers et par spécialités.* En termes de management stratégique, par exemple, la place des usagers et l'intérêt de leur participation sont devenus des enjeux dans la mesure où ils questionnent l'évidence selon laquelle « *la santé est une affaire de professionnels* »[132].

L'arrêté du 04 mars 2002 relative aux droits des malades consacre la promotion des droits des usagers en instaurant pour le malade des droits individuels et des droits collectifs de représentation et de participation à la gouvernance du système de santé. Dans ce contexte, la gouvernance des institutions sanitaires, notamment hospitalières à Douala, a appris à intégrer cet acteur émergent non sans soulever la question de sa place et de son rôle. Dans un sens, l'intégration des usagers dans la gouvernance du système de santé a révélé la question du management de ses parties prenantes, qui devient pour la communauté scientifique un enjeu de recherche fondé sur un enjeu social. Sans aucune exception, nos enquêtés ont relevé cette préoccupation portée au cœur de la gouvernance hospitalière à Douala. D'où l'adoption quasi généralisée des boites à suggestions qui permettent aux administrations de ces différentes formations hospitalières de recueillir les doléances des usagers afin de mieux les traduire dans les mécanismes de gouvernance adoptées dans leurs CH.

La dynamique de consécration des usagers comme partie prenante de la gouvernance hospitalière a été remaquillé à Douala. Une Major nous a confié à propos de sa formation d'exercice : « *C'était un grand chantier pour le directeur venu en 2020. On a mis les pancartes dans la cour sur la satisfaction des malades. Il y a eu beaucoup de résistance mais il a tenu le coup. Le changement était perceptible. On ne parle plus mal aux patients.* »[133]

[132] Claveranne J.-P., Pascal C. (2004), *Repenser les processus à l'hôpital*, Editions Médica, p.27.
[133] Entretien réalisé le 27 Septembre 2021 à 10h20.

Les résultats révèlent également[134] que les usagers sont des parties prenantes bien informées mais peu formées, ce qui relativise leur pouvoir dans les arènes de la décision notamment à l'hôpital. En outre, *« l'expertise profane »* comme élément de pouvoir des usagers demeure une expertise *intuitue personae* car elle distingue différents types d'usagers, ce qui nous permet de distinguer les typologies d'usagers, non pas en tant que partie prenante unique mais comme parties prenantes multiples et aux pouvoirs variés. Par ailleurs, la confrontation des résultats au cadre formulé par Mitchell et alii. (1997), est également combinée avec les différentes acceptions du pouvoir, notamment celles de Etzoni (1999) et de St. John et Harrison (1998[135]) pour caractériser les types d'usagers en fonction de leur pouvoir. Tout cela dans le but de comprendre leur participation en tant que parties prenantes utiles.

2. DESCRIPTIONS DES RESULTATS QUANTITATIFS

Nous allons dans cette partie, nous attarder tout d'abord sur la hiérarchie hospitalière qui permet la mise en place de l'appropriation des services par le personnel ensuite sera évoqué l'amélioration de la qualité de service suivant notre enquête sur le terrain.

2.1. La hiérarchie hospitalière comme source d'appropriation des services usagers par le personnel médico-social

Suivant PROVOST (2014), La gouvernance hospitalière s'inscrit dans un mouvement de responsabilisation, de meilleure gestion et contrôle. Cette dernière dans le cadre de notre étude sera appréciée par l'implication du personnel, les conditions de travail et le contrôle de service.

2.1.1. L'implication du personnel médico-social

Pour mettre en avant l'implication du personnel, nous allons nous attarder sur les éléments que sont : la perception du personnel face aux prises de décision et la participation du personnel à la prise de décision

- **La perception du personnel face aux prises de décision**

Il est question ici de faire ressortir la place l'avis du personnel de santé dans la prise de décision. Le graphique suivant vient nous donner d'ample détail

---

[134] Et nous le verront d'avantage dans l'analyse statistique qui suivra.

[135] Harrison S.J, St John C.H, (1998), *Strategic Management of Organizations and Stakeholders, Concepts*, South Western College Publishing, 2nd edition.

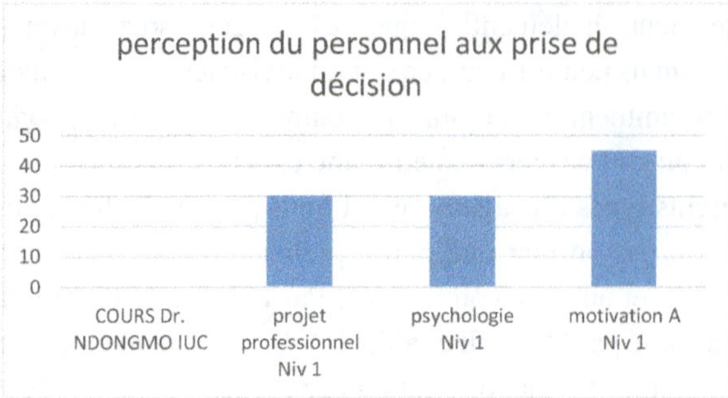

Figure 13 : Perception du personnel aux prises de décision

Source : nos analyses

Suivant ce graphique, il ressort que le personnel perçoit que son avis est important dans la prise de décision car il le pense très souvent ; toujours et parfois.

➢ **La participation du personnel à la prise de décision**

Il est question ici de mettre en évidence la participation du personnel de santé dans la prise de décision. Le graphique suivant vient nous donner d'ample détail

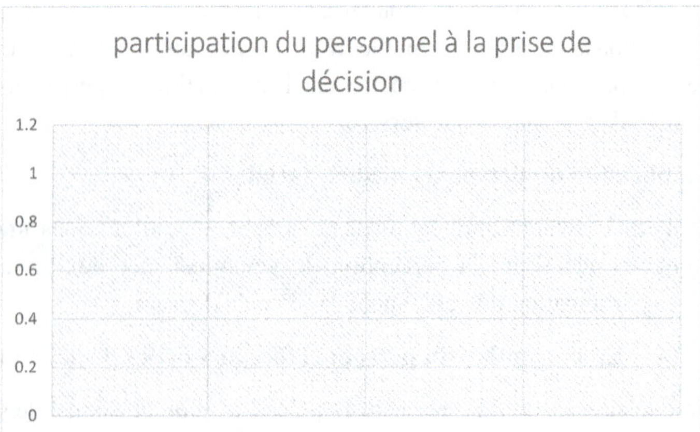

Figure 14 : Participation du personnel à la prise de décision

Source : nos analyses

Suivant ce graphique, il ressort que le personnel se sent interpelle dans la prise de décision car il le pense très souvent ; toujours et parfois.

2.1.2. Les conditions de travail du personnel médico-social

Nous allons dans cette partie mettre en avant les conditions de travail dans lesquelles le personnel de santé exerce ses tâches quotidiennes. Le graphique suivant vient nous donner d'ample détail.

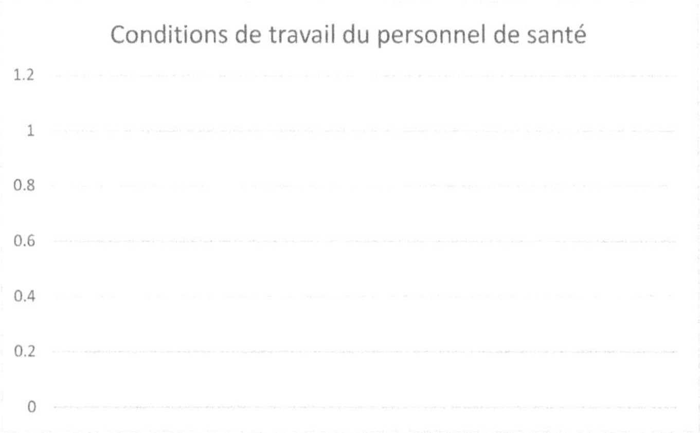

Figure 15 : Conditions de travail du personnel de santé

A la lecture de ce graphique, on peut émettre comme conjecture que le personnel de santé travaille dans des conditions qui se situe à six niveaux allant de très bonnes à très mauvaises ; de notre analyse les niveaux les plus en vus sont passables, bonnes, très bonnes et mauvaises avec un pourcentage cumulé de 87,2% pour les trois premiers niveaux ce qui vient montrer l'existence des conditions de travail favorables.

2.1.3. Le contrôle de service du personnel médico-social

La nouvelle tendance en contrôle de gestion voudrait que l'on puisse de nos jours commencer à nous attarder sur le contrôle de service, car le contrôle des aspects non financiers prends de plus d'ampleur dans les organisations. Dans cette logique, nous allons apprécier le contrôle de service du personnel médico-social par la perception du contrôle chez le personnel médico-social ; l'influence du contrôle sur les activités quotidiennes ; correction du personnel par la hiérarchie ; évaluation des services pour usager et évaluation et évaluation du degré d'implication dans la satisfaction des usagers.

➢ **La perception du contrôle chez le personnel médico-social**

Nous allons nous appesantir sur la perception du contrôle par le personnel soignant ; le graphique qui suit nous donne plus amples explications.

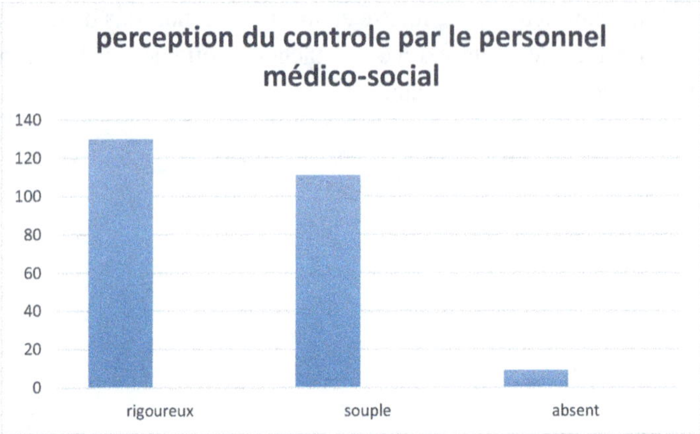

Figure 16 : Perception du controle par le personnel médico-social

A la lecture de ce graphique, on peut conclure que la rigueur et la souplesse sont les maitres mots qui expliquent la perception du contrôle dans les centres hospitaliers de la ville de Douala.

➢ **L'influence du contrôle sur les activités quotidiennes**

La place du contrôle n'est plus à démontrer car il participe à une amélioration des activités dans les services au sein des organisations. Les données issues du terrain épousent-elles cette logique ? La figure qui suit vient nous donner des éléments de réponse.

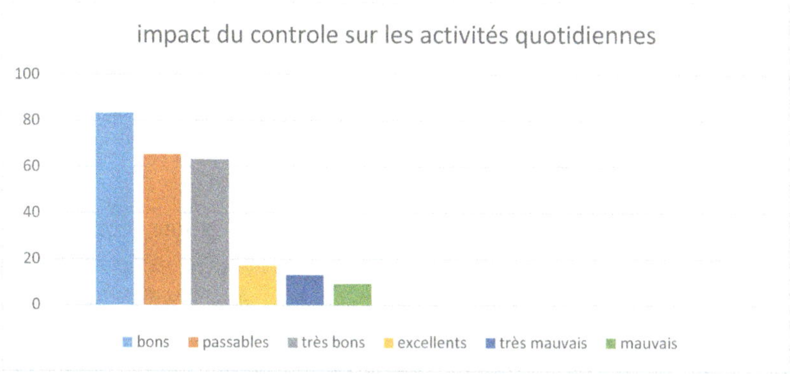

Figure 17 : Impact du controle sur les activités quotidiennes

Cette figure nous révèle que l'influence du contrôle sur les activités quotidiennes est particulièrement : bonnes ; très bonnes et passables. Ce qui suscite notre intéressement à la sanction que peut recevoir le personnel par sa hiérarchie.

> **Correction du personnel par la hiérarchie**

Dans la gestion des activités au sein des organisations il est prévu des sanctions dans le but de rappeler à l'ordre face aux écarts de comportements qui sont observés chez les employés ; le graphique ci-dessous vient de nous donner ample explication.

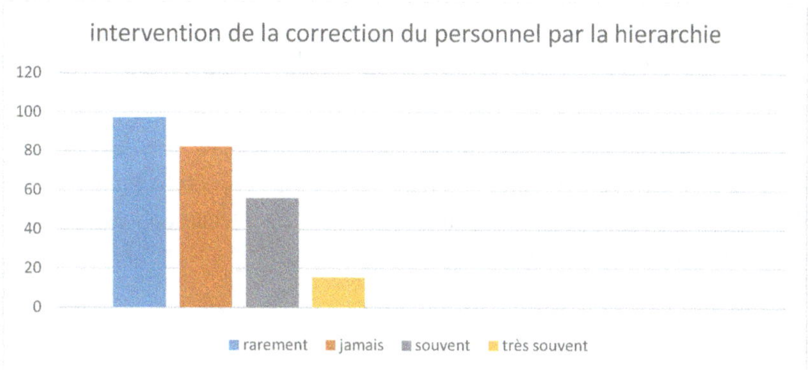

Figure 18 : Intervention de la correction du personnel par la hierarchie

Ce graphique montre que la sanction intervient le plus « souvent et très souvent » dans l'ordre de 28,4% ce qui montre à suffisance qu'il y a des écarts de comportements même si ceux-ci sont minimes ils n'en demeurent pas du tout négligeables.

➢ **Evaluation des services pour usager**

L'évaluation de tous les domaines de l'activité est une nécessité pour les entreprises qui se veulent être performantes ; c'est dans cette perspective que nous allons évaluer les services offerts aux usagers des centres hospitaliers de Douala.

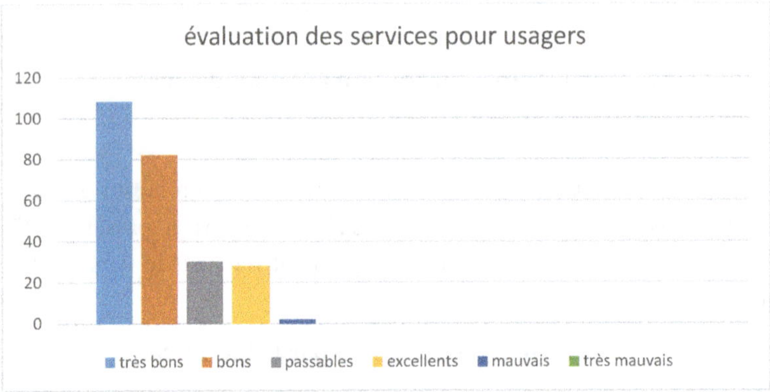

Figure 19 : Evaluation des services pour usagers

La lecture de ce tableau vient révéler que les usagers portent envers les centres hospitaliers de la ville de Douala une évaluation que l'on peut qualifier de très bonne ; bonne et passable

➢ **Evaluation du degré d'implication dans la satisfaction des usagers**

L'évaluation du degré d'implication dans la satisfaction des usagers vient montrer la place que joue l'implication pour apporter la mobilisation du personnel dans les centres de santé de la ville de Douala. Le tableau ci-après vient nous en apporter d'amples explications.

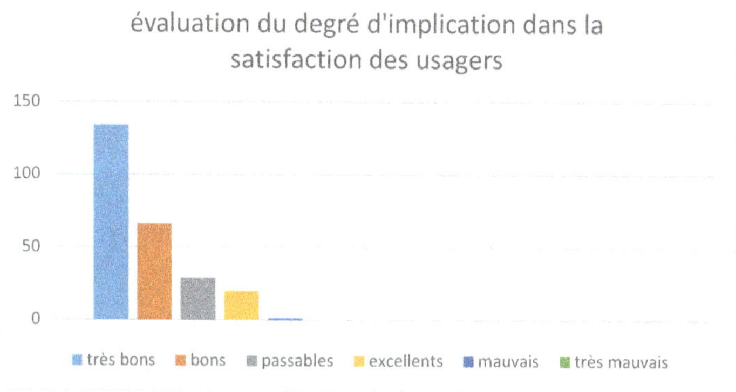

Figure 20 : Evaluation du degré d'implication dans la satisfaction des usagers

Ce graphique nous montre que l'évaluation du degré d'implication passe par un niveau d'implication très bon ; bon ; passables et excellent. Toute chose qui peut être enrichi par les travaux en sciences Humaines qui ont relevé l'importance de l'humain dans les organisations.

2.2. Amélioration de la qualité des services adressés aux usagers par le personnel médico-social

L'amélioration de la qualité de service qui est destinée en direction des usagers sera appréciée dans cette partie par : l'amélioration de la qualité de service ; le rôle du contrôle dans l'amélioration de la qualité de service et les manquements à dépasser.

2.2.1. Amélioration de la qualité de service

Pour améliorer la qualité de ses services ; les centres hospitaliers de la ville de Douala ont mis en place la réduction du délai d'attente ; le suivi des patients ; la mise en évidence du caractère social des centres hospitaliers et enfin la prise en compte des suggestions et autres.

- **La réduction du délai d'attente**

Le personnel reconnait avoir réduit considérablement le délai d'attente des patients en mettant en place des mécanismes pour accélérer le service ceci peut se vérifier sur le graphe qui montre que plus de 70% du personnel est en accords avec les mesures d'amélioration mises en place.

- **Le suivi des patients**

Le personnel reconnait avoir mis en avant le suivi des patients en mettant en place des outils pour accélérer le service et gérer ses patients tant ceux qui sont en interne que ceux en externe ceci peut se vérifier sur le graphe qui montre que plus de 80% du personnel est en accords avec les règles qui optimisent le suivi.

- **La mise en évidence du caractère social des centres hospitaliers**

Le personnel reconnait avoir mis en évidence le volet social sur les patients se trouvant dans leurs services respectifs et gérer ses patients tant ceux qui sont en interne que ceux en externe ceci peut se vérifier sur le graphe qui montre que plus de 90% du personnel est en accords avec les règles qui valorisent l'écoute.

- **La prise en compte des suggestions et autres**

Le personnel admet avoir pris en considération les suggestions dans le but d'améliorer leurs services respectifs ceci peut se vérifier sur le graphe qui montre que plus de 60% du personnel est en accords avec l'acceptation des idées nouvelles pour améliorer sa qualité de service.

2.2.2. Le rôle du contrôle dans l'amélioration de la qualité de service

Les centres hospitaliers de la ville de Douala dans le cadre de la consolidation de leur qualité de services ; ont mis en avant la place du contrôle hiérarchique, la satisfaction de la hiérarchie par rapport à la productivité du personnel et l'influence de la qualité dans le cout de la prise ne charge des patients.

- **La place du contrôle hiérarchique**

Le personnel reconnait la place du contrôle hiérarchique dans l'amélioration de la qualité de service dans les centres hospitaliers ; ces propos peuvent être vérifiés par les informations sur le graphe qui montre que 74% du personnel est en accords avec les mesures d'amélioration mises en place par la hiérarchie.

- **La satisfaction de la hiérarchie par rapport à la productivité du personnel**

Au regard du graphique xx en annexe ; la satisfaction de la hiérarchie s'apprécie au travers de la productivité du personnel des centres hospitaliers de la ville de Douala dans l'amélioration de la qualité de service ; ces propos peuvent être vérifiés par les indications sur le graphe qui montre que 73% du personnel reconnait s'être fortement implique pour un rendement de nature à apporter la satisfaction de la hiérarchie.

- **L'influence de la qualité dans le coût de la prise ne charge des patients**

Le coût de la prise en charge des patients a augmenté et ceci permet ainsi au personnel d'être plus présent auprès des patients et par conséquent sera observé la qualité des services être améliorée par le personnel des centres hospitaliers de la ville de Douala ; ces propos peuvent être vérifiés par les indications sur le graphe qui montre que 68% du personnel révèlent que la qualité de service a une incidence sur le cout de la prise en charge des patients.

2.2.3. Les manquements à dépasser

Les centres hospitaliers de la ville de Douala dans le diagnostic ont relevé les manquements sur lesquels il faudra s'attarder dans le but de conserver les directives de qualité de services que prônent la hiérarchie ; dans cette perspective le personnel a mis en avant l'exigence notoire des patients et la fin du rançonnement des patients.

- **L'exigence notoire des patients**

L'exigence des patients à augmenter et ceci permet ainsi au personnel d'être plus présent auprès des patients dans le but d'assister ces derniers dans le but de poursuivre la vision de la hiérarchie qui est l'amélioration de la qualité des services par le personnel des centres hospitaliers de la ville de Douala ; ces propos peuvent être vérifiés par les indications sur le graphe qui montre que près de 50% du personnel révèlent que la majorité des patients des patients reflètent un caractère insupportable pendant leur prise en charge.

- **La fin du rançonnement des patients**

Le rançonnement des patients a pris fin dans la plupart des services ceci permet ainsi au personnel d'être plus présent auprès des patients et par conséquent à l'écoute de leurs différents besoins; ces propos peuvent être vérifiés par les indications sur le graphe qui montre que 66,8% du personnel révèlent que ces actions qui entachaient les offres de service sont en train d'être éradiqué des centres hospitaliers de la ville de Douala.

3. ANALYSE FACTORIELLE EXPLORATOIRE ET CONFIRMATOIRE

Trois hypothèses statistiques ont été élaborées comme tentatives de réponses aux questionnements fondateurs de ce travail[136]. Elles ont, selon la logique de recherche déductive constitué la base de la collecte des données en cours d'analyse ici. Comme annoncée dans le cadre méthodologique, l'analyse exploratoire mais surtout confirmatoire est mobilisée pour rendre compte de cette réalité empirique.

L'analyse factorielle confirmatoire (AFC) tente de déterminer si la structure factorielle sous-jacente tel que nous postulons est vraisemblable et légitime à un seuil de signification alpha pourcent. Nous tentons de mettre cette pratique dans notre étude afin de capter les composantes de la bonne gouvernance hospitalière à l'aide du logiciel SPSS pour le traitement et l'analyse des données. Rappelons que pour ces analyses, nous effectuerons l'extraction dont il y a six façons d'effectuer cette analyse, dont les plus utilisées sont (1) la méthode des moindres de carrés non pondérés, (2) la méthode du maximum de vraisemblance et (3) la méthode factorielle des axes principaux.

Tout d'abord, nous allons effectuer le test de fiabilité alpha de Cronbach pour apprécier la consistance interne de notre échantillon avant de procéder à l'analyse factorielle de notre étude et les régressions.

3.1. Analyse da la fiabilité d'Alpha de Cronbach[137].

L'objectif de cette analyse, c'est de mesurer ce que l'on appelle la consistance interne du questionnaire ou de l'ensemble des variables (ou d'items). L'intérêt d'une telle échelle c'est de pouvoir ensuite l'utiliser comme construction psychologique de la qualité de la bonne gouvernance des hôpitaux pour les hôpitaux d'autres région du monde, pouvoir généraliser, pouvoir appliquer l'instrument à des populations qui dépassent le cadre de cette étude, pour une échelle de 1 qui désigne pas du tout d'accord à l'échelle 5 qui désigne très d'accord, zéro pour la femme et un pour l'homme. Etc…

---

[136] Voir la section consacrée à l'élaboration des hypothèses.

[137] Nunnally (1978) a proposé une règle de base à savoir qu'il faut avoir une valeur d'au moins 0.70 pour qu'il soit acceptable : « il est acceptable entre 070 et 0.79 » ; « il est bon entre 0,80 et 0.90, au-delà de 0.95, il a probablement une redondance des items, des énoncés trop similaires » ; en deçà, entre 0.60 et 0.69, il se dit questionnable » ; « entre 0.50 et 0.59, on le qualifiera de pauvre, et inférieure à 0.5, il est vraiment inacceptable.

Tableau 15 : Récapitulatif de traitement des observations

		N	%
Observati ons	Valide	75 0	100,0
	Exclus a	0	0,0
	Total	75 0	100,0
a. Suppression par liste basée sur toutes les variables de la procédure.			

Ce tableau nous donne le nombre de cas, à l'étude, nous avons 750 participants pour lesquelles nous avons observés les scores. SPSS nous renseigne que cela représente 100 % de l'ensemble de l'échantillon.

Tableau 16 : Statistiques de fiabilité

Alpha de Cronbach	Alpha de Cronbach basé sur des éléments normalisés	Nombre d'éléments
,513	,785	25

Le tableau ci-dessus présente l'indicateur de consistance de fiabilité. L'indicateur Alpha de Cronbach pour notre échantillon, il vaut 0.513. Cet indice est relativement pauvre en termes de significativité mais pas inacceptable. Si on forme un composite à partir des variables de l'échantillon, alors 51,3 % de la variance du score (ou de l'échelle) composite de la gouvernance hospitalière des participants est attribuable à la consistance interne du questionnaire. Autrement dit, 51 % de cette variance serait réelle et vraie, elle ne sera pas attribuable à des facteurs inconnus et dû au fait que ces variables (ou ces questions) mesurent en effet, l'objectif visé, le concept que l'on veut mesurer ici le concept de de la bonne gouvernance des hôpitaux. En outre, le coefficient d'Alpha Cronbach standardisé qui vaut 78,5 %, ce qui est acceptable que nos questions ont été mesurées dans échelles différentes. Ce qui semble traduire une fiabilité acceptable de la consistance interne entre nos items.

Le premier tableau est celui des statistiques descriptives (moyennes, écart types et taille de l'échantillon).

Tableau 17 : Statistiques descriptives

	Moyenne	Ecart-type	Analyse
Age	2,55	,980	750
Sexe	,48	,500	750
hopital_frequente	13,24	7,003	750
hopital_frequence	1,99	,706	750
hopital_raison	2,65	1,315	750
satisfaction	3,45	1,186	750
accueil	3,52	1,194	750
procedure_prix_hopital	3,36	1,243	750
proprete_hopital	3,78	1,038	750
qualite_soin	3,72	,985	750
escroqueries	3,13	1,210	750
pots_de_vin	3,36	,988	750
temps_attente	2,89	1,335	750
ecoute_patients	3,68	,992	750
consideration_plaintes	3,38	1,085	750
choix_hopital	3,41	1,186	750
cout_hopital	2,93	1,292	750
cout_medicament_hopital	2,77	1,259	750
politesse_personnel	3,48	1,074	750
disponibilite_specialite_consultation	3,48	1,138	750
relation_patients_soignants	3,57	,976	750
medecine_domicile	,64	,481	750
consultation_domicile	3,63	1,156	750
personnel_soignant_domicile	3,63	1,174	750
Raison_soin_domicile	7,67	3,485	750

Source : Par nos soins, à partir de SPSS

La variable qui nous permet d'appréhender la qualité de la gouvernance hospitalière étant mesurer par la satisfaction indique une expérience moyenne de 3,45 relativement à un encadrement entre une satisfaction indécise et une satisfaction plus ou moins d'accord. Toutefois, les moyennes semblent quasi identiques avec une forte dispersion des observations autour de leur moyenne (soit en moyenne 34,38% > 30%)[138] ; cela semble indiquer que les observations sont hétérogènes.

La matrice des corrélation (voir annexe a) indique qu'il y a plusieurs, sinon la majorité, coefficients significatifs au seuil de 5 %. La structure des corrélations entre les variables initiales du problème indique cette analyse factorielle est peut-être légitime. En outre, le déterminant de la matrice vaut 5,604E-005 et est différent de zéro et différent de 1, ce qui est relativement satisfaisant.

Tableau 18 : Indice KMO et test de Bartlett

Mesure de précision de l'échantillonnage de Kaiser-Meyer-Olkin.		,890
Test de sphéricité de Bartlett	Khi-deux approximé	7242,530
	ddl	300
	Signification de Bartlett	,000

Source : Par nos soins, à partir de SPSS

Comme nous pouvons le voir à partir des données du tableau n°2, le paramètre d'adéquation (KMO) est de 0,890, ce qui est considéré comme un excellent résultat car il dépasse 0,5. Par-là, il nous assure que cette étude pourra mener une analyse factorielle car notre échantillon possède les propriétés requises. Cependant, le test de Bartlett montre une p-value de 0,000 qui est inférieure à 0,005, ce qui signifie que les facteurs qui forment la variable sont satisfaisants. En outre, le résultat révèle qu'il n'y a pas de corrélation ou de coefficient élevé entre les items (la matrice des corrélations diffère de la matrice unité, il y a au moins une corrélation significative entre quelques variables de l'échantillon). En outre la matrice Anti-image (voir annexe) montre sur la diagonale les coefficients KMO individuels qui sont relativement acceptables dans l'ensemble, toutes les variables sont légitimes pour cette analyse factorielle.

---

[138] Analayse du coefficient de variation : écart type / Moyenne.

Tableau 19 : Qualité de représentation

	Initial	Extraction
âge	,069	,045
sexe	,055	,026
hopital_frequente	,143	,181
hopital_frequence	,122	,841
hopital_raison	,075	,052
satisfaction	,639	,620
accueil	,626	,644
procedure_prix_hopital	,393	,404
proprete_hopital	,334	,362
qualite_soin	,483	,532
escroqueries	,318	,299
pots_de_vin	,142	,106
temps_attente	,387	,399
ecoute_patients	,585	,627
consideration_plaintes	,572	,612
choix_hopital	,643	,672
cout_hopital	,522	,667
cout_medicament_hopital	,534	,684
politesse_personnel	,604	,628
disponibilite_specialite_consultation	,296	,398
relation_patients_soignants	,579	,579
medecine_domicile	,077	,068
consultation_domicile	,776	,834
personnel_soignant_domicile	,779	,924
Raison_soin_domicile	,089	,065
Méthode d'extraction : Factorisation en axes principaux.		

Source : Par nos soins, à partir de SPSS

A la lecture du tableau n°3 ci-dessus, qui s'intéresse à la variance partagée par les variables, nous constatons que les communalités initiales sont toutes différentes de « un ». A l'exemple de la variable « satisfaction » qui contient alors 100% de la variance, en réalité 63,9 % de cette variance est partagée par l'ensemble des autres variables de cet échantillon. On a par exemple 77,6 % de la variance totale de la variable « consultation_domicile » qui est expliquée par toutes les autres variables de cet échantillon, 64,3 % de la variable

« choix_hôpital » est expliquée par l'ensemble des autres variables de l'échantillon, pour ne citer ces quelques exemples.

A cet effet, nous pouvons constater, à l'issu de l'analyse factorielle après extraction des dimensions cachées, 62 % de la variance partagée de la variable « satisfaction » s'explique par les facteurs retenus (les cinq facteurs retenus comme l'indique le tableau n° 4 ci-dessous). De même, 83,4 % de la variance partagée de la variable « consultation_domicile » avec les autres variables de l'échantillon peut s'expliquer par les facteurs retenus. Cependant, nous constatons que les communalités age, sexe, hopitale_frequente, hôpital_raison, escroqueries, pots de vin, et médécine_domicile semblent poser quelques problèmes, car ces communalités sont relativement faibles par rapport aux autres communalités après extraction. D'aucun pourrait penser à retirer ces variables de l'étude, toutefois, nous continuons l'analyse avec ces indicateurs.

Le tableau n° 4 ci-dessous présente la variance totale expliquée. La première partie indique les valeurs propres initiales, la deuxième partie est axée sur l'extraction de la somme des carrés des facteurs retenus. Nous constatons par exemple qu'avant extraction initialement le premier facteur avait une valeur propre, disons une variance de 6,891, ce qui correspond en pourcentage à une variance de 27,565 %. Après extraction, le premier facteur a une variance de 6,446 qui correspond en pourcentage à une variance de 25,784 %. Cette différence est due au fait que l'analyse factorielle décompose, non pas la variance totale, mais la variance commune, la variance partagée. Ainsi, après extraction, nous avons 25,784% pour le premier facteur, 7,678 % pour le deuxième facteur, 6,183 % pour le troisième facteur, 3,655 % pour le quatrième facteur et 1,774% pour le cinquième facteur. Soit au total, cumulativement, environ 45,074 % de variance partagée par les variables initiales. Ces cinq facteurs, à eux seuls, permettent d'expliquer 45 % de la variance commune, de la variance partagée.

Tableau 20 : Variance totale expliquée

Facteur	Valeurs propres initiales			Extraction Sommes des carrés des facteurs retenus			Somme des carrés des facteurs retenus pour la rotation[a]
	Total	% de la variance	% cumulés	Total	% de la variance	% cumulés	Total

1	6,891	27,565	27,565	6,446	25,784	25,784	6,357
2	2,222	8,888	36,453	1,919	7,678	33,462	1,892
3	1,902	7,609	44,063	1,546	6,183	39,645	2,023
4	1,215	4,859	48,922	,914	3,655	43,300	1,003
5	1,108	4,432	53,354	,444	1,774	45,074	,823
6	1,078	4,311	57,665				
7	,983	3,932	61,597				
8	,957	3,827	65,425				
9	,917	3,666	69,091				
10	,875	3,500	72,591				
11	,763	3,050	75,641				
12	,719	2,877	78,518				
13	,665	2,661	81,179				
14	,619	2,474	83,653				
15	,576	2,306	85,959				
16	,541	2,165	88,124				
17	,523	2,092	90,216				
18	,414	1,657	91,873				
19	,398	1,592	93,466				
20	,355	1,422	94,887				
21	,337	1,348	96,236				
22	,294	1,176	97,412				
23	,282	1,128	98,540				
24	,247	,989	99,528				
25	,118	,472	100,00 0				

Source : Par nos soins, à partir de SPSS

L'analyse du Scree Plot, ci-contre, montre qu'après le quatrième facteur, la pente varie très peu. L'on peut augmenter le nombre de facteurs si la solution retenue n'est pas satisfaisante.

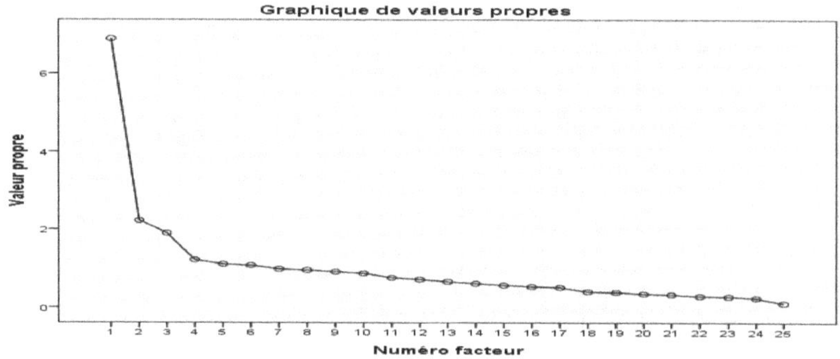

Source : Par nos soins, à partir de SPSS

Figure 21 : Analyse du Scree Plot

Observons la matrice structurelle pour voir comment les poids factoriels sont distribués après rotation « Oblimin directe », en supposant que les facteurs sont corrélés du moins à certain degré de corrélation d'association (0.5).

Tableau 21 : Matrice factorielle[a]

	Facteur				
	1	2	3	4	5
choix_hopital	,804				
accueil	,784				
satisfaction	,775				
politesse_personnel	,767				
consideration_plaintes	,761				
ecoute_patients	,760				
relation_patients_soignants	,751				
qualite_soin	,678				
procedure_prix_hopital	,625				
temps_attente	,575				
proprete_hopital	,516				
disponibilite_specialite_consultation					
escroqueries					
pots_de_vin					

hopital_raison					
personnel_soignant_domicile		,870			
consultation_domicile		,834			
Raison_soin_domicile					
medecine_domicile					
cout_hopital			-,649		
cout_medicament_hopital			-,635		
hopital_frequente					
age					
hopital_frequence				,903	
sexe					
Méthode d'extraction : Factorisation en axes principaux.					
a. Tentative d'extraction de 5 facteurs. Plus de 100 itérations requises. (Convergence=,002). L'extraction a été interrompue.					

Source : Par nos soins, à partir de SPSS

D'après l'analyse du tableau n°5, nous constatons que la première dimension latente est bien corrélée avec le choix de l'hôpital, l'accueil, la satisfaction, la politesse du personnelle, la considération des plaintes, l'écoute des patients, les relations patients-soignants, la qualité des soins, la procédure des prix à l'hôpital, le temps d'attente, la propreté de l'hôpital. Tandis que le deuxième facteur s'associe plus avec le personnel soignant à domicile et la consultation à domicile ; le troisième facteur s'associe avec le coût de l'hôpital et le coût des médicaments de l'hôpital ; Et le quatrième facteur latent s'associe uniquement avec la fréquence de l'hôpital. Cependant, nous voyons que les variables : la disponibilité des spécialistes pour la consultation, l'escroquerie, pots de vin, Hôpital_raisons, Raisons des soins à domicile (question pourquoi), médecine à domicile, Hopital frequente, age et sexe n'apparaissent pas dans la structure factorielle, ce qui n'est pas surprenant puisque les communalités initiales (voir tableau n°3) indiquent déjà une faible proportion des variances partagées de ces variables, même après extraction qui ne sont pas satisfaisant. En outre, l'autre raison qui pourrait également justifier le fait que le poids factoriel de ces variables n'apparait pas, est dû au fait que nous avons demandé au logiciel SPSS de couper tous les coefficients qui sont inférieures à 0.5.

Nous pouvons souligner que le premier facteur traduit, ou semble traduire, ce que certain appellerait les critères ou comportement de base qui caractérisent les qualités de la bonne gouvernance que devrait s'atteler normalement les hôpitaux pour l'amélioration de la santé des patients et le développement des structures de ces derniers : les besoins de premières nécessités qui attirent les patients pour leur propre sécurité. Nous pensons que c'est une dimension latente, c'est un comportement psychologique et moral qui n'est pas manifesté directement et qui expliquerait pourquoi les participants ont donné des scores pour le choix de l'hôpital, l'accueil, la satisfaction, la politesse du personnelle, la considération des plaintes, l'écoute des patients, les relations patients-soignants, la qualité des soins, la procédure des prix à l'hôpital, le temps d'attente, la propreté de l'hôpital, etc...Tous les participants qui ont donné des scores élevés pour ces variables, c'est en réalité, les patients qui ont se comportement en besoin de satisfaction de base d'une structure hospitalière normale mais qui n'est pas manifesté. De même, en ce qui concerne le deuxième facteur et le troisième facteur latent pourrait traduire un comportement des participants qui ne sont pas satisfait de la qualité des prestations du personnel soignant et de la cherté des traitements des soins médicaux à l'hôpital. Nous allons donc vérifier s'il y a une corrélation entre ces types de comportement.

Tableau 22 : Matrice de corrélation factorielle

Facteur	1	2	3	4	5
1	1,000	,010	-,207	-,081	-,039
2	,010	1,000	-,175	,113	-,029
3	-,207	-,175	1,000	,068	,243
4	-,081	,113	,068	1,000	,005
5	-,039	-,029	,243	,005	1,000

Méthode d'extraction : Factorisation en axes principaux.
Méthode de rotation : Oblimin avec normalisation de Kaiser.

A la lecture des résultats du tableau n°6, le coefficient de corrélation calculé entre le facteur 1 et 2 est de 0.010, entre le facteur 1 et 3 est de -0,207, entre le facteur 1 et 4 est de -0,081, entre le facteur 2 et 3 est de -0,175, entre 2 et 4 est de 0,113, entre le facteur 3 et 4 est de 0,068, etc... Il convient de tester la significativité de leur corrélation. Si nous constatons que les corrélations ne sont pas significatives, cela voudrait dire que la rotation « Oblimin » n'est pas nécessaire, c'est-à-dire qu'il faut supposer que les facteurs sont indépendants et donc faire une rotation « variamx ». D'où le tableau corrélation de Pearson (en dessous) et Spearman (au-dessus) ci-contre.

Tableau 23 : Corrélations de Pearson et de Spearman

			factor score 1	factor score 2	factor score 3	factor score 4	factor score 5
Rhode Spearman & Pearson	factor score 1	Coefficient de corrélation		,032	**-,259****	**-,189****	,017
		Sig. (bilatérale)	.	,387	**,000**	**,000**	,640
		N		750	**750**	**750**	750
	factor score 2	Coefficient de corrélation	,009		**-,183****	**,238****	-,042
		Sig. (bilatérale)	,813	.	**,000**	**,000**	,256
		N	750		**750**	**750**	750
	factor score 3	Coefficient de corrélation	**-,244****	**-,163****		,003	**,442****
		Sig. (bilatérale)	**,000**	**,000**	.	,928	**,000**
		N	**750**	**750**		750	**750**
	factor score 4	Coefficient de corrélation	**-,086***	**,130****	**,075***		,006
		Sig. (bilatérale)	**,018**	**,000**	**,041**	.	,878
		N	**750**	**750**	**750**		750
	factor score 5	Coefficient de corrélation	-,052	-,023	**,414****	-,012	
		Sig. (bilatérale)	,153	,536	**,000**	,733	.
		N	750	750	**750**	750	
**. La corrélation est significative au niveau 0,01 (bilatéral).							

D'après le tableau n°7, nous constatons qu'il y a une corrélation significative entre la première dimension et les dimensions 3 et 4 ; De même, il existe une corrélation significative entre la dimension latente 2 et la dimension 3 et 4. Il existe une corrélation entre les dimensions 3 et 4. Une sixième corrélation apparait entre la dimension 3 et la dimension 5. Les indices de Pearson et de Spearman sont relativement significatifs au seuil de 10 % pour les corrélations existantes, même si ces coefficients de corrélation diffèrent un peu légèrement de ceux qui ont été calculés par la rotation Oblimin, toutefois nous avons le même ordre de grandeur. Nous pouvons donc conclure que la méthode de rotation choisi

Oblimin est légitime et que les facteurs extraits des différents comportements agents sont statistiquement liés. Finalement, nous avons la matrice des scores ci-dessous qui montre comment calculer chaque facteur à partir des variables initiales.

Tableau 24 : Matrice des coordonnées factorielles

	Facteur				
	1	2	3	4	5
age	,004	-,011	,040	,002	,002
sexe	,008	,010	,012	-,011	-,019
hopital_frequente	-,004	-,024	,025	,007	,208
hopital_frequence	,004	-,009	,101	,891	-,050
hopital_raison	-,006	-,013	,017	-,001	,070
satisfaction	,121	,000	,014	,013	,039
accueil	,142	-,009	,049	-,015	-,167
procedure_prix_hopital	,058	,021	-,066	-,006	,060
proprete_hopital	,058	,011	-,010	-,013	,172
qualite_soin	,083	-,003	-,061	,006	,275
escroqueries	,039	,023	-,091	-,018	-,055
pots_de_vin	-,020	-,003	,017	-,006	,080
temps_attente	,056	,029	-,096	-,039	-,035
ecoute_patients	,136	-,002	,094	-,025	-,140
consideration_plaintes	,130	-,013	,058	-,033	-,104
choix_hopital	,157	-,011	-,013	,037	,131
cout_hopital	,003	,067	-,434	,028	-,077
cout_medicament_hopital	,010	,090	-,428	,047	-,182
politesse_personnel	,132	,007	,063	-,009	-,159
disponibilite_specialite_consultation	,052	-,003	-,026	,026	,330
relation_patients_soignants	,116	-,020	,020	-,023	-,056
medecine_domicile	,004	,022	-,038	-,018	,013
consultation_domicile	,001	,294	,000	-,032	-,076
personnel_soignant_domicile	,010	,674	,053	,088	,132
Raison_soin_domicile	-,004	,012	-,026	-,009	-,026

Méthode d'extraction : Factorisation en axes principaux.
Méthode de rotation : Oblimin avec normalisation de Kaiser.
Méthode des scores factoriels : Régression.

Le premier facteur s'exprime comme une combinaison linéaire de toutes les variables. Le comportement en besoins de critères de base d'une structure hospitalière normale se calcule comme : « 0,004×l'âge + 0,008×sexe + ⋯ −

0,004×raison_soin_domicile ». Le principe du calcul reste le même pour les autres dimensions.

Analyse da la fiabilité d'Alpha de Cronbach. L'objectif de cette analyse, c'est de mesurer ce que l'on appelle la consistance interne du questionnaire ou de l'ensemble des variables (ou d'items). L'intérêt d'une telle échelle c'est de pouvoir ensuite l'utiliser comme construction psychologique de la qualité de la bonne gouvernance des hôpitaux pour les hôpitaux d'autres région du monde, pouvoir généraliser, pouvoir appliquer l'instrument à des populations qui dépassent le cadre de cette étude, pour une échelle de 1 qui désigne pas du tout d'accord à l'échelle 5 qui désigne très d'accord.

3.2. Estimation Régression

3.2.1. Méthodologie de la recherche

La littérature susmentionnée liée aux problèmes de la gouvernance hospitalière et des centres médicaux débouche sur une méthodologie quali-quantitative qui permet d'estimer la probabilité de la bonne gouvernance au sein des hôpitaux. Cette méthodologie tient compte des facteurs explicatifs de la satisfaction des usagers et de l'hétérogénéité des hôpitaux qui sont fréquentés à Douala. A cet effet, il s'agit de présenter, dans un premier axe, les sources des données de l'échantillon et la description des variables du modèle économétrique. Le deuxième axe met en exergue la modélisation et la méthode d'estimation.

3.2.2. Source des données et description des variables.

3.2.2.1. Origines des données de l'échantillon

Nous analysons la probabilité de la satisfaction des usagers au sein des hôpitaux de Douala distingués par leurs régions et leurs degrés de fréquentation. Il s'agit d'un panel statique de données constitué des hôpitaux suivants : Cités des Palmiers, Dogpassi, Bependa, Bonamoussadi, Bonassama, Deïdo, Logbaba, Sariboum, Bonabéri,Yaoundé, Douala, Makepe, Laquintinie, Tergal dont la dynamique de la fréquentation est profondément marquée, directement ou indirectement, par le degré de satisfaction des usagers qui en font recours. Nous focalisons nos efforts à partir d'une enquête sous les régions concernées pour la collecte des données limitée par la disponibilité des individus enquêtés, durant la période de Novembre-Décembre 2021, ce qui donne au total 750 observations pour les fidèles et 250 pour le personnel médical. Les analyses et le traitement des données, ainsi que les estimations, sont effectués aux moyens de SPSS 20, Excel, Eviews 12 et Stata 16.

3.2.2.2. Description des variables de l'échantillon

Au terme de la revue de littérature susmentionnée et des résultats issus de l'analyse factorielle, dont l'analyse factorielle exploratoire et confirmatoire nous ont permis de capter les variables dominantes à caractère qualitatif des axes factorielles et par la significativité de leur corrélation, nous avons retenu succinctement les variables suivantes :

❖ **La variable endogène :**

La variable ***Satisfaction*** désigne la satisfaction de l'usager des services hospitaliers. Elle représente la variable expliquée du modèle économétrique qui permet de mesurer le niveau de satisfaction dans l'hôpital public fréquenté en 2021. La compilation de cette variable consiste en un échantillon déséquilibré et irrégulièrement espacé d'observations Pas du tout d'accord codées en un (1), Pas d'accord codées en deux (2), Indécis codées en trois (3), D'accord codées en quatre (4) et Très d'accord codées en cinq (5).

❖ **Les variables exogènes**

- La variable ***Chois_hopital*** désigne le fait qu'un usager ayant recours au soin médicaux qui retourne à l'hôpital, choisirais toujours son hôpital sous contrainte des satisfactions antérieures ou par préférence.
- La variable ***Accueil*** représente le fait que l'usager soit globalement satisfait des services ou de son séjour à l'hôpital.
- La variable ***Politesse_personnel*** représente le personnel de l'hôpital poli et gentil, accueillant et bien serviable.
- La variable ***Considération_plainte*** désigne les requêtes et plaintes des patients qui sont prises en considérations au sein de l'hôpital fréquentée.
- La variable ***Ecoutes_patients*** mesure le fait si le personnel soignant est à l'écoute des patients.
- La variable ***Relation_patient-soignant*** mesure le fait que les relations entre les patients et le personnel soignant sont bonnes ou mauvaise dans l'hôpital fréquenté.
- La variable ***Qualité_soin*** permet de mesurer le fait que l'usager trouve que les soins médicaux sont de bonne qualité ou pas.
- La variable ***Procédure_prix_hopital*** représente la prise de connaissance par l'usager sur l'information des procédures et des prix par le personnel de l'hôpital fréquenté.
- La variable ***temps d'attente*** appréhende si le temps d'attente à l'hôpital n'est pas long.

- La variable ***Propreté_hopital*** désigne si l'usager trouve l'hôpital (chambres, salles d'attente, couloirs, toilettes, etc.) bien propre.
- La variable ***Cout_hopital*** permet de mesurer si l'hospitalisation des usagers est moins couteuse dans les hôpitaux fréquentés.
- La variable ***Cout_médicament_hopital*** désigne l'appréhension sur le fait que les médicaments sont moins chers dans les hôpitaux fréquentés par les usagers.
- La variable ***hôpital_fréquence*** désigne le degré d'appréciation la fréquence des usagers à se rendre dans les hôpitaux fréquentés.
- La variable ***Pot_de_vin*** représente les privilèges auprès des usagers auprès du personnel soignant, permet de mesurer si certains patients continuent à donner des pots de vin (rançon) pour être privilégié dans les hôpitaux fréquentés.
- La variable ***Hopital_raison*** appréhende le degré de raison pour lesquels les patients optent leurs choix pour l'hôpital pour se faire traiter.

La compilation de toutes ces variables explicatives consiste également en un échantillon déséquilibré et irrégulièrement espacé d'observations : Pas du tout d'accord codées en un (1), Pas d'accord codées en deux (2), Indécis codés en trois (3), D'accord codées en quatre (4) et Très d'accord codées en cinq (5). Il est également attendu un signe positif entres ces variables exogènes et la variable endogène (satisfaction).

3.2.2.3. Modélisation

Il s'agit de la spécification du modèle théorique à estimer et la présentation de la méthode d'estimation.

❖ Spécification et justification du choix du modèle

Afin de capter les déterminants spécifiques de la bonne gouvernance hospitalière, avec la prise en compte des effets de l'hétérogénéité des hôpitaux fréquentés, nous analysons la probabilité de la satisfaction des usagers issus de l'échantillon à l'aide d'un modèle multinomial (polytomique) Probit ordonné à effets aléatoires en données de panel (hôpitaux) par l'équation en niveau suivant :

$$\text{Prob}\left[Y_i = j \middle| X_i\right] = \Phi(\beta' X_i) \quad ; \quad j = \{1,2,3,4,5\} \qquad (1)$$

Avec : **Φ(.)** désigne la fonction de distribution normale et ***β'*** = $(\beta_0, \beta_1, \beta_2, \beta_3, ...)$ est un vecteur de paramètres à estimer, l'indice « ***i*** » désigne l'hôpital fréquenté. Y_i, représente la matrice composée de la variable dépendante qui est la satisfaction des usagers, elle est une valeur indicatrice prenant la valeur

« $j = 1$ » pour Pas très d'accord, « $j = 2$ » pour Pas d'accord, « $j = 3$ » pour Indécis, « $j = 4$ » pour D'accord et « $j = 5$ » pour Très d'accord. X_i, représente la matrice composée des variables explicatives du modèle. L'équation sur sa forme explicite s'écrit :

$$\Pr ob\left[Satisfaction_i = j\right] = \Phi\left(\beta_0 Choix\_hopital_i + \beta_1 Acceuil_i + \sum_{i=2}^{14} \beta_i Autre_i\right)$$

(2)

Où : ***Satisfaction*** désigne la satisfaction de l'usager dans l'hôpital « *i* », qui est la variable endogène. Les variables explicatives : ***Choix_hopital*** qui désigne le choix de l'hôpital pour les soins médicaux, ***Acceuil*** qui représente la satisfaction globale des services ou de son séjour à l'hôpital, avec **Autres** dont : ***Politesse_personnel*** qui représente le personnel de l'hôpital poli et serviable, ***Considération_plainte*** qui désigne la considération des requêtes et plaintes des patients, ***Ecoutes_patients*** qui désigne l'écoute du personnel soignant face aux patients, ***Relation_patient-soignant*** qui désigne la bonne relation entre patients et le personnel soignant, ***Qualité_soin*** qui désigne la qualité des soins médicaux, ***Procédure_prix_hopital*** qui désigne la prise de connaissance de l'information des procédures et des prix de l'hôpital, ***temps d'attente*** qui désigne le temps d'attente à l'hôpital, ***Propreté_hopital*** qui désigne la satisfaction de l'usager par l'hygiène de l'hôpital, ***Cout_hopital*** qui désigne la satisfaction du coût par rapport l'hospitalisation des usagers, ***Cout_médicament_hopital*** désigne l'appréhension sur le coût des médicaments dans les hôpitaux fréquentés, ***hôpital_fréquence*** désigne le degré d'appréciation la fréquence des usagers à se rendre dans les hôpitaux, ***Pot_de_vin*** qui désigne les privilèges du personnel soignant auprès des patients et ***Hopital_raison*** qui désigne le degré de raison pour le choix des traitements à l'hôpital.

Outre, aux termes des résultats issus des analyses factorielles et de la nature de la variable qui est qualitative à des mesures d'échelle exploratoire de Pas très d'accord = 1 à Très d'accord = 5, nous considérons le fait que la satisfaction des usagers n'est pas une variable continue mais une variable multinomiale ordonné. Il est donc pertinent de baser notre estimation empirique sur un modèle à choix ordonné afin de mesurer l'impact de la satisfaction des patients sur la bonne gouvernance hospitalière dans l'espace du Cameroun. D'ailleurs, plusieurs auteurs dont Greene [2000], Berman et Fry [2001], Brooks [2002], Hu [2002], Bissoondoyal-Bheenick [2005] privilégient également cette méthodologie dans l'estimation de la notation souveraine. Nous considérons la satisfaction des usagers dans le fait que son poids futur influe sur les incitations du gouvernement et les institutions internationales affiliées, via l'accroissement des mesures et des financements d'accompagnement en matière de politique de santé au sein de la sous-région. La qualité de la gouvernance hospitalière interpelle dans le fait que la satisfaction des usagers est profondément modifiée par la prise en compte des variables institutionnelles (Kourtellos, Stengos et Tan [2013]).

La spécification de notre modèle tient du fait que les modèles à variables dépendantes polytomiques (ou multinomiales) sont des modèles dans lesquels on dénombre (1) les modèles ordonnés ayant un certain ordre dans les modalités et (2) les modèles non ordonnés dans lesquels on ne peut pas mettre un ordre hiérarchique clair entre les modalités dans la mesure où ce choix appartient uniquement à l'individu qui est en capacité d'estimer le choix le plus favorable pour lui. D'une manière générale, un modèle polytomique est un modèle dans lequel la variable dépendante « y_i » prend un nombre m de modalités supposées mutuellement exclusives et dont la somme des probabilités vaut 1. Supposons un échantillon constitué de N individus indicés i avec $i = 1, \ldots, n$. Ces individus sont supposés choisir entre m modalités indicées k avec $k = 1, \ldots, m$. Ainsi, la probabilité pour qu'un individu i choisisse la modalité k est une fonction de ses caractéristiques telles que :

$$Prob[y_i = k] = F[X_i \beta] \quad \forall i = 1,\ldots,n \,;\, \forall k = 1,\ldots,m \tag{3}$$

Où $Prob[y_i = k]$ est la probabilité que l'individu i choisisse la modalité k. $F(.)$ est la fonction de répartition, supposée différer selon les individus (i) mais aussi selon les modalités (k). X_i est la matrice des caractéristiques de l'individu. Et β représente le vecteur des paramètres du modèle. Etant donné que les modalités sont mutuellement exclusives, la condition suivante est donc vérifiée pour chaque individu :

$$\sum_{k=1}^{m} Prob[y_i = k] = 1 \quad \forall i = 1,\ldots,n \;;\; \forall k = 1,\cdots,m$$

(4)

La condition (4) indique que la somme des probabilités des m modalités vaut 1 pour chaque individu. L'un des corollaires de cette condition est qu'il n'est pas nécessaire de spécifier la fonction de probabilité de toutes les modalités. En effet, étant donné qu'il y a m modalités, on peut montrer que la probabilité de la m-ième modalité (connaissant celles des m-1 premières modalités) est la suivante :

$$Prob[y_i = m] = 1 - \left(\sum_{k=1}^{m-1} Prob[y_i = k] \right) \qquad \forall i = 1,...,n; \ \forall k = 1,\cdots,m$$

(5)

Les modèles polytomiques présentent ces mêmes propriétés fondamentales. Cependant des différences majeures apparaissent entre ces modèles quant à la spécification des formes fonctionnelles des probabilités mais aussi quant à l'interprétation des résultats. Les modèles polytomiques ordonnés sont des modèles dans lesquels on peut établir un ordre formel entre les modalités. Au-delà de cette définition simple, ces modèles peuvent être rigoureusement définis comme des modèles où les modalités prises par la variable dépendante sont des codes attribués aux intervalles de valeurs obtenus par découpage des valeurs continues d'une variable latente.

Cependant, à notre connaissance, nous n'avons pas encore observé des travaux qui ont essayé détendre les modèles de choix qui traitent aussi l'hétérogénéité des hôpitaux en matière de gouvernance hospitalière à travers les preneurs de décisions (les Etats et les bailleurs de fonds) comme les différentes attitudes liées au défaut des satisfactions des patients et des contraintes externes et internes. A cet effet, les facteurs latents fournissent une représentation comportementale plus riche du processus de choix et l'addition de la satisfaction des usagers de l'hétérogénéité améliore la puissance explicative du modèle. La contribution clé est le développement du modèle de choix, dont les résultats d'estimation peuvent montrer que les hôpitaux diffèrent dans leurs attitudes vis-à-vis de la satisfaction des usagers. D'où, l'intérêt considérable à modéliser explicitement l'hétérogénéité.

Alors, selon la nature de notre étude, lorsque nous observons une population P (750 observations) de N individus (26 hôpitaux) supposés indépendants et identiques, placés face au même ensemble de choix entre les échelles de mesure de Pas très d'accord = 1 à Très d'accord = 5, émerge en effet une problématique d'hétérogénéité inobservable des individus analysés. Conditionnellement à un ensemble de variables explicatives, une partie de chacun des processus décisionnels reste non quantifiable, et doit-être considérée comme aléatoire par le modélisateur (Gouider et MoKhtar [2010])[139]. Or, en raison d'effet de cadrage ou de manque de concentration ou autres, les éventualités individuelles

---

[139] L'article « Mesure de l'inégalité en aversion au risque des investisseurs : méthode et application au contexte tunisien », 14 octobre 2010, page 9.

à une série de la bonne gouvernance hospitalière reviennent parfois à une vision bruitée de la satisfaction individuelle des usagers liés aux différents facteurs explicatifs susmentionnés et de l'hétérogénéité des hôpitaux du Cameroun.

A cet effet, l'application des techniques de panel aux modèles de choix discret permet de gommer ces bruits. Nous tentons aussi de montrer que les variations de la satisfaction des usagers pour un même hôpital réagissant à différentes situations de la qualité de la gouvernance hospitalière sont du même ordre de grandeur que les variations de la satisfaction des usagers individuel moyen des différents hôpitaux concernés. Etant donné que la satisfaction des usagers est une variable qualitative ordonné, alors, l'approche la plus appropriée pour comprendre ses déterminants est donc un modèle ordonné. Cependant, ce modèle n'est pas optimal du fait que ses propriétés sont seulement valides asymptotiquement. C'est pourquoi, nous considérons dans le modèle à choix ordonné à effets aléatoires que nous tenterons d'estimer, l'existence d'une erreur supplémentaire normalement distribuée à travers les individus (hôpitaux). Ainsi, nous utilisons des techniques de panel pour capter les potentiels déterminants de la satisfaction des patients, et pour estimer la façon dont cette satisfaction se réalise à la fois entre les hôpitaux du Cameroun et, pour un même hôpital, d'une série satisfaction à l'autre. Plus précisément, nous utilisons le Probit ordonné à effets aléatoires, que nous proposons de définir. Alors, le modèle Probit ordonné à effets aléatoires, peut-être décrit de la façon suivante :

$$y_i^* = x_{i,k}\beta + \varepsilon_{i,k}, \quad \forall i = 1, \cdots, N \quad et \quad k = 1, \cdots, K$$

(6)

L'analyste observe, y_i qui prend les valeurs {1, · · ·, m} selon la position relative de yi* relativement à un ensemble de seuils ordonnés :

$$y_{it} = \begin{cases} 1, & si\ y_i^* \leq 1 \\ 2, & si\ c_1 < y_i^* \leq c_2 \\ \vdots & \\ m, & si\ c_{m-1} \leq y_i^*. \end{cases}$$

(7)

Connaissant les valeurs seuils et la fonction *F(.)*, on peut proposer une formule générale pour obtenir la probabilité de chaque modalité. Cette formule se présente comme suit :

$$Prob[y_i = j] = F\left[c_j - X_{ik}\beta\right] - F\left[c_{j-1} - X_{ik}\beta\right]$$
$$Avec \quad c_1 = -\infty \; et \; c_m = +\infty$$

(8)

Par hypothèse : nous considérons un modèle multinomial à effets aléatoires dans lequel la variable dépendante qualitative observée pour le $i^{ème}$ hôpital du Cameroun $\forall i = 1, \ldots, N$, pour chaque hôpital on observe si la satisfaction des usagers s'est réalisée et l'on note y_i la variable codée associée à cet évènement.

$$y_i = \begin{cases} 1, & \text{si l'usager n'est pas très d'accord avec la qualité de la gouvernance de l'hôpital i} \\ 1, & \text{si l'usager n'est pas d'accord avec la qualité de la gouvernance de l'hôpital i} \\ 1, & \text{si l'usager est indécis avec la qualité de la gouvernance de l'hôpital i} \\ 1, & \text{si l'usager est d'accord avec la qualité de la gouvernance de l'hôpital i} \\ 1, & \text{si l'usager est très d'accord avec la qualité de la gouvernance de l'hôpital i} \end{cases} \quad (9)$$

Le codage (1 ; 2 ; 3 ; 4 ; 5) permet de définir la probabilité de survenue de l'événement comme l'espérance de la variable y_i, puisque :

$$E(y_i) = \Pr(y_i = 1)\times 1 + \Pr(y_i = 2)\times 2 + \Pr(y_i = 3)\times 3 + \Pr(y_i = 4)\times 4 + \Pr(y_i = 5)\times 5 = P_i$$

(10)

Où yi* est la variable latente non observée qui mesure la satisfaction des usagers (normalisée, ordinale) de l'hôpitale *i* lorsqu'il répond à la qualité de la gouvernance hospitalière, avec $x_{i,k}$ l'ensemble des variables explicatives spécifiques a l'hôpital *i* à l'instant *k*. β est le vecteur des paramètres à estimer. Dans ce modèle, $c_1, c_2, \ldots, c_m$ sont des constantes délimitant les intervalles de valeurs de la variable latente. Ce sont des valeurs seuils qui conditionnent les choix des individus. Comme on peut le voir à travers l'équation, l'individu fait le choix de la modalité 1 si la valeur de la variable latente est inférieure à un certain seuil (*c*). Par contre, il fera le choix *m* (qui est celui qui domine tous les autres choix) lorsque la valeur de y_i^* dépasse le seuil c_m. En dehors de ces deux cas extrêmes, il existe aussi des choix intermédiaires correspondant chacun à des intervalles de valeurs spécifiques.

Les hypothèses du modèle du modèle résident dans le fait que le terme aléatoire $\varepsilon_{i,k}$ est ainsi décomposé en un terme u_i spécifique à l'individu et un terme résiduel $v_{i,k}$ suivant une loi normale centrée réduite et variant indépendamment d'une série à l'autre pour un même individu. Il s'écrit

: « $\varepsilon_{i,k} = v_{i,k} + u_i$ ». Où u_i : terme correspondant à l'hétérogénéité non observée (effet individuel) pour l'hôpital *i*, supposée aléatoire et indépendamment distribué de $x_{i,k}$. Nous supposons que u_i suit une loi normale d'espérance nulle et d'écart-type σ_u^2 à estimer. $v_{i,k}$: terme aléatoire normalement distribué, correspondant aux erreurs de mesures spécifiques aux qualités de la gouvernance hospitalière. Ainsi, suite au problème d'identification, nous supposons $\sigma_v^2 = 1$. D'où, $v_{i,k}$suit N(0, 1).

Nous conservons sous une condition d'orthogonalité des perturbations avec les aléas des paramètres, les formulations simples des probabilités de choix probit ordonné obtenues sous l'hypothèse d'indépendance et identicité des perturbations, tout en générant l'existence de corrélations inobservables entre les différentes options de choix. Les corrélations des perturbations sont conditionnelles aux variables explicatives du modèle.

Nous supposons que :

$$E\left(v_{i,k} \setminus X\right) = 0,\ E\left(u_i \setminus X\right) = 0,\ cov\left(v_{i,k}, u_j \setminus X\right) = 0,\ \forall i,k,j$$

$$cov\left(v_{i,k}, v_{j,s}\right) = \begin{cases} var(v_{i,k}) = 1, & si\ i = j\ et\ k = s \\ 0, & si\ non. \end{cases}$$

$$cov\left(u_i, u_j\right) = \begin{cases} var(u_i) = \sigma_u^2, & si\ i = j \\ 0, & si\ non. \end{cases}$$

(11)

Où X : représente toutes les données exogènes de l'échantillon, $x_{i,k}$, $\forall i\, et\, k$. Par suite, la variance intra-individuelle de la composante non expliquée est normalisée à un, alors que la variance inter-individuelle de la composante non expliquée est notée σ_u^2. Par conséquent, le terme d'erreur aléatoire total $\varepsilon_{i,k}$ est tel que :

$$E\left(\varepsilon_{i,k} \setminus X\right) = 0$$

$$var\left(\varepsilon_{i,k}\right) = \sigma_v^2 + \sigma_u^2 = 1 + \sigma_u^2\ .$$

$$corr\left(\varepsilon_{i,k}, \varepsilon_{is}\right) = \rho = \frac{\sigma_u^2}{1 + \sigma_u^2}$$

(12)

Bien que nous ayons supposé que les erreurs u_i et $v_{i,k}$ sont indépendants entre eux et des variables explicatives $x_{i,k}$, le terme d'erreur aléatoire total $\varepsilon_{i,k}$ des différentes satisfactions des usagers pour le même hôpital *i* sont corrélées dû au terme commun u_i. Toutefois, cette modélisation est légèrement différente de celle généralement utilisée. En effet, nous supposons que c_2 est normalisé à zéro et une constante est incluse dans la liste des régresseurs. Ici, nous posons la constante est égale à zéro et nous estimons c_2 (Green [2000]).

$$P(y_i = 1 \backslash x_{i,k}, u_i) = P(y_i^* \le c_2 \backslash x_{i,k}, u_i) = \Phi(c_2 - x_{i,k}\beta - u_i)$$
$$P(y_i = 2 \backslash x_{i,k}, u_i) = P(c_2 < y_i^* \le c_3 \backslash x_{i,k}, u_i) = \Phi(c_3 - x_{i,k}\beta - u_i) - \Phi(c_2 - x_{i,k}\beta - u_i)$$
$$P(y_i = m \backslash x_{i,k}, u_i) = P(y_i^* \ge c_m \backslash x_{i,k}, u_i) = 1 - \Phi(c_m - x_{i,k}\beta - u_i)$$

(13)

Le signe de l'effet marginal de $x_{j,i,k}$ sur la probabilité que yi = 5, varie selon $x_{i,k}$ et u_i. Il se définit comme suit :

$$\frac{\partial P(y_i = 1 \backslash x_{i,k}, u_i)}{\partial x_{j,i,k}} = -\beta_j \Phi(c_2 - x_{i,k}\beta - u_i) + \beta_j \Phi(c_1 - x_{i,k}\beta - u_i).$$

(14)

Les propriétés et identification du modèle réside dans le fait que la fonction de log-vraisemblance s'écrit :

$$L = \sum_{i=1}^{n} \ln\left[P(y_{i,1}, y_{i,2}, \cdots y_{i,K})\right]$$

(15)

❖ Technique d'estimation nécessaire des coefficients du modèle

Après l'analyse statistique univariée et l'analyse de la multi-colinéarité des variables du modèle, il conviendra d'estimer le modèle économétrique. A cet effet, nous présentons les techniques d'estimations nécessaires des coefficients du modèle.

En générale, les techniques d'estimations du modèle à choix ordonné à effets aléatoires s'apprécient comme ceux d'un modèle à choix ordonné standard. Nous avons les **« effets marginaux »** qui nous permettent de mesurer la sensibilité de la variation d'une variable explicative sur la probabilité P_i que l'évènement y_i se réalise. C'est-à-dire : « lorsque le coefficient associé à une variable explicative x_i est positive, on dira que l'accroissement de cette variable favorise la probabilité de la satisfaction des usagers, sinon ». La fonction de densité étant positive par définition, l'effet marginal a donc le même signe que le coefficient β_k mais reste plus faible en valeur absolue. Par ailleurs, la valeur de l'effet marginal n'est pas constante car elle dépend des variables explicatives.

La significativité individuelle des coefficients est appréciée à l'aide des ratios appelés « **z-Statistique** », car la distribution des rapports du coefficient sur son écart type ne suit pas une loi de Student, comme dans le modèle linéaire général, mais une loi normale. Cette z-Statistique s'interprète de manière classique à partir des probabilités critiques et permet la tenue de tous les tests de signficativité concernant les coefficients.

$$LR = -2\left(Log\left(L_R\right) - Log\left(L_U\right)\right)$$

(16)

L'équation (16) permet de mesurer la significativité globale de l'ajustement par la statistique du rapport de vraisemblance, LR suit sur l'hypothèse $H_0 : \beta_1 = \beta_2 = \beta_3 = \cdots = \beta_k = 0$, une loi du Khi-Deux à k degrés de liberté. Avec L_R qui représente la valeur de la fonction du Log-vraisemblance contrainte sous H_0, et L_U, la valeur de la fonction du Log-vraisemblance non contrainte. Si la statistique LR est supérieure au Khi-Deux lu dans la table pour un seuil déterminé, alors nous refusons l'hypothèse H_0, le modèle estimé comporte au moins une variable explicative significative. Dans l'analyse de la qualité de l'ajustement par le pseudo-R^2 concernant les modèles probit ou logit, le coefficient de détermination R^2 n'est pas interprétable en termes d'ajustement du modèle linéaire, c'est pourquoi on utilise le pseudo-R^2 de McFadden donnée par la formule (17) suivante :

$$R^2 = 1 - \frac{Log\left(L_U\right)}{Log\left(L_R\right)} \qquad (17)$$

Ce pseudo-R^2 McFadden est un indice de qualité d'ajustement construit en comparant la valeur de la Log-vraisemblance du modèle non contraint avec le Log-vraisemblance du modèle contraint. La principale idée qui sous-tend cette mesure est la suivante : (i) Pour un modèle bien ajusté, la vraisemblance non restreinte doit être proche de 1, dans ce cas le pseudo-R^2 est proche de 1 ; (ii) Au contraire, pour un modèle mal ajusté, la vraisemblance non restreinte sera proche de la vraisemblance restreinte et la valeur du pseudo-R^2 sera proche de zéro.

Une autre façon de mesurer la qualité de l'ajustement est d'examiner la proportion de prédictions correctes ($\hat{P}_i$) du modèle estimé. A partir d'une valeur seuil (50%) on considère que l'évènement $\boldsymbol{y_i} = \mathbf{5}$ est réalisé si $\hat{P}_i > 0.5$ ou que l'évènement $\boldsymbol{y_i} = \mathbf{1}$ est réalisé $\hat{P}_i \leq 0.5$. Sur la base des valeurs prédites des évènements sur ces critères, la confrontation avec les évènements réellement observées *yi* se réalise généralement au moyen d'un tableau de contingence qui se présente comme suit :

		Valeurs prédites		
		$\hat{y}_i = 1$	...	$\hat{y}_i = 5$
Valeurs observées	$y_i = 1$	$n_{1,1}$	...	$n_{1,5}$
		...	...	...
	$y_i = 5$	$n_{5,1}$	...	$n_{5,5}$

Ou n_{kj} représente le nombre de cas où le modèle prédit l'absence d'évènement alors que dans la réalité, il y a eu l'évènement ; $n_{1,k}$ représente le nombre de cas où le modèle prédit la survenue de l'évènement alors que dans la réalité l'évènement n'est pas survenu ; $n_{1,1}(ou\ n_{kk})$ représente le nombre de cas où le modèle prédit la survenue de l'évènement et que cette prédiction se confirme bien dans la réalité. A partir de ces vingt situations, le nombre de prédictions correctes est obtenu en additionnant les n_{KK}. Ainsi, le pourcentage de prédictions correctes se calcule en rapport simplement ce nombre au nombre d'observation total n ($n = \sum(n_{kk} + n_{ik} + n_{ki})$).

Cette valeur traduit également le pseudo R² tel que $Pseudo-R^2 = \frac{n_{11} + n_{22} + n_{33} + n_{33} + n_{55}}{\sum(n_{kk} + n_{ik} + n_{ki})}$. Le modèle sera alors considéré de bonne qualité lorsque le pseudo R^2 est proche de 1.

3.3. Résultats statistiques et estimation du modèle

La section présente les résultats empiriques de la détermination des facteurs explicatifs de la satisfaction des usagers qui permettent d'appréhender la qualité de la gouvernance des hôpitaux au sein du Cameroun. Bien avant, il est important de présenter les statistiques uni-variées et multivariées des variables du modèle.

3.3.1. Analyse uni-variée et multivariée

La sous-section dégage les caractéristiques descriptives et l'effet de multi-colinéarité des variables d'intérêt, par la suite, nous jugeons les effets aléatoires de la satisfaction des usagers.

Tableau 25 : Résumé Statistique de l'échantillon

Variables	Moyenne	Ecart-type	Coefficent de variation %	N. Observations
Accueil	3,52	1,194	33,920	750
choix_hopital	3,41	1,186	34,780	750
consideration_plaintes	3,38	1,085	32,101	750
cout_hopital	2,93	1,292	44,096	750
cout_medicament_hopital	2,77	1,259	45,451	750
ecoute_patients	3,68	0,992	26,957	750
hopital_frequence	1,99	0,706	35,477	750
hopital_raison	2,65	1,315	49,623	750
politesse_personnel	3,48	1,074	30,862	750
pots_de_vin	3,36	0,988	29,405	750
procedure_prix_hopital	3,36	1,243	36,994	750
proprete_hopital	3,78	1,038	27,460	750
qualite_soin	3,72	0,985	26,478	750
relation_patients_soignants	3,57	0,976	27,339	750
satisfaction	3,45	1,186	34,377	750
temps_attente	2,89	1,335	46,194	750

Source : Estimation de l'auteur à partir de SPSS et Excel.

Les statistiques descriptives relatives aux différentes variables d'intérêt de notre étude ont été réalisés en se basant sur l'échantillon global issu d'une enquête constituée d'un panel par l'ensemble des vingt-six hôpitaux sur la période de 2021 d Douala (ou Cameroun), soit une taille globale de 750 observations après extraction des questionnaires biaisés. A la lecture de ces résultats statistiques à un caractère (tableau 1), sur une échelle de 1 à 5, les résultats montrent que la satisfaction moyenne des usagers est de 3.45, comprise entre 3 et 4, c'est-à-dire Indécis $\leq$ Satisfaction $\leq$ D'accord. Nous cherchons, a cet effet, à vérifier si les autres variables du modèle concourent à la variabilité de cet indicateur.

En outre, l'analyse de la dispersion de la distribution de la satisfaction des usagers indique que cette distribution est hétérogène. En effet, le coefficient de variation lié à la variable satisfaction ($CV = (1.186/3.45)\times 100 = 34.377\% > 30\%$) présente une forte dispersion des observations autour de la satisfaction moyenne des usagers. Ce constat justifie l'intérêt de l'analyse de l'hétérogénéité des hôpitaux fréquentés dont les effets aléatoires seront jugés dans l'analyse du processus générateur de données de panel.

Le tableau 16 (voir annexe) présente la matrice des corrélations de Pearson. Ainsi, l'analyse de la corrélation montre qu'il existe des relations significatives entre la satisfaction et l'ensemble des variables explicatives, hormis les variables « Hopital_raison » et « Choix de l'hôpital », pour des p-values des coefficients de corrélation inférieures au seuil de référence de 10 %. Ce qui laisse une première impression sur les facteurs explicatifs plausibles de la qualité de la gouvernance des hôpitaux au sein de l'échantillon. A cet effet, les différents résultats du modèle Probit ordonné à effets aléatoires nous permettront de conclure à ces différentes impressions. Toutefois, dans l'analyse multivariée, il n'est pas surprenant de constater que la satisfaction des usagers et le degré de pots de vin soient relativement corrélés négativement et significativement ; ce qui s'explique dans la mesure où il y a eu la création des comités de lutte contre la corruption dans les CHD. En effet, Le Ministre André MAMA FOUDA a demandé que tous les hôpitaux créent leurs cellules de lutte avec les rapports semestriels, selon ce qui nous a été plusieurs fois confié sur le terrain.

Cependant, l'analyse multivariée des variables permet la vérification de l'absence du problème de multi-colinéarité. En effet, l'analyse de multi-colinéarité permet de vérifier que les variables explicatives du modèle n'entretiennent pas de fortes relations de corrélation positives. Au cas où elles sont fortement corrélées, cela engendre des problèmes numériques et statistiques qui se traduisent par des difficultés d'estimation graves (Erkel-Rousse [1995]). En d'autres termes, la présence de la multi-colinéarité biaise les résultats issus de l'estimation. Ainsi, en ce référent aux travaux de Gujarati [2004], il existe un vrai problème de multi-colinéarité entre les variables d'intérêt lorsque la corrélation entre les variables d'intérêt dépasse 0.8 en valeur absolue. Alors, d'après l'analyse du tableau 16 (voir annexe), nous constatons que les valeurs du coefficient de corrélation varient entre -0.20 et 0.70 bien en dessous de la valeur critique 0.8. Nous avons une multi-colinéarité très faible, cela implique que notre modèle semble beaucoup plus robuste.

3.3.2. Analyse de l'hétérogénéité des hôpitaux de l'échantillon et des effets aléatoires

L'analyse du processus générateurs de données de panel pour le modèle à choix ordonné à effets aléatoires est estimé par la fonction log-vraisemblance introduite par Butler et Moffitt [1982] et la méthode de quadrature de Gauss-

Hermite en accord avec la structure du modèle à effets aléatoires. Dans la procédure de l'estimation des effets aléatoires, nous nous inspirons de la méthodologie de Jebeniani Gouider et MoKhtar Kouki [2010]. A cet, effet, le logiciel Stata 16 fournit la commande « reoprob » développée par Frechette [2001] pour estimer le modèle Probit ordonné à effets aléatoires en données de panel (ou la commande « gllamm » pour estimer le modèle Logit ordonné à effets aléatoires en données de panel)

Tableau 26 : Résultats des estimations du Probit ordonné à effets aléatoires

Variable	**Coefficients (Effets marginaux)**	**(Ecart-type)**
	Equation 1: eq1	
Choix_hôpital	0.440***	(0.058)
Acceuil	0.448***	(0.055)
Hôpital_raison	0.086**	(0.035)
Pots_de_vin	-0.085*	(0.047)
Consideration_plaintes	0.114*	(0.060)
Ecoutes_patients	0.201***	(0.066)
Relation_patients-soignants	-0.122***	(0.067)
Qualité_soin	0.305***	(0.059)
Procédures_prix_hôpital	0.126***	(0.044)
Politesse_personnel	-0.007	(0.062)
Temps_attente	0.016	(0.041)
Propreté_hôpital	0.030	(0.050)
Coût_médicament_hôpital	-0.038	(0.050)
Hôpital_fréquence	0.060	(0.064)
Coût_hôpital	-0.018	(0.050)
	Equation 2 : cut1	
Constante 1	3.258***	(0.386)
	Equation 3 : cut2	
Constante 2	4.275***	(0.397)
	Equation 4 : cut3	
Constante 3	5.059***	(0.407)
	Equation 5 : cut4	
Constante 4	7.417***	(0.440)
		Equation 6 : rho
Constante 6	0.027	(0.026)

Quadrature Gauss Hermite	12	
Nombre d'observation	750	
Nombre des hôpitaux Log-likelihood Prob(LR)	(26) -682.758 0.000***	
$\chi^2_{(15)}$	701.440***	
Prédiction correcte	80.90 %	
Pseudo-R2 (McFadden)	62.5 %	
Variance (B:Between, W:Within, T:Total) B expliquée (%B exp/T Total) W expliquée (%W exp/T Total) B non expliquée (%B non exp/T Total) W non expliquée (%W non exp/T Total)		 0.6265(29.27%) 0.4866(22.73%) 0.0277(01.29%) 1(46.71%)

Niveaux de significativité : *** (1%) ; ** (5%) ; * (10%)

Source : Par nos soins, à partir du logiciel Stata 16, SPSS et Eviews 12

Les estimations de cette régression montrent que le pseudo R^2 de McFadden indique que 62.5 % des fluctuations de la probabilité de la satisfaction des usagers sont expliquées par les variables retenues. La qualité de l'ajustement est acceptable. Pour tester les effets aléatoires, nous examinons la significativité statistique de rho (ρ), en utilisant le test statistique de Wald ($w = \frac{\rho^2}{S_\rho^2}$). Si $w > \chi^2$ la valeur critique (3.84 pour un niveau critique de 95%), nous rejetons l'hypothèse de nullité de $\rho = 0$ (Green [2000]). Comme, $corr(\varepsilon_{i,k}, \varepsilon_{i,s}) = \rho = \frac{\sigma_u^2}{1+\sigma_u^2}$, si l'effet aléatoire existe, alors $\varepsilon_{i,k}$ et $\varepsilon_{i,s}$ sont corrélés pour un même hôpital, mais non corrélés à travers les hôpitaux. Cependant, si les effets aléatoires ne sont pas significatifs, $\sigma_u^2 = 0$ et $\rho = \frac{\sigma_u^2}{1+\sigma_u^2} = 0$, ce qui indique qu'il n'y a pas de corrélation entre les satisfactions des usagers selon $\varepsilon_{i,k}$ pour un même hôpital.

L'analyse du tableau 2, d'estimation du modèle explicite (2) dans l'échantillon rapporte les estimations des paramètres. Les seuils estimés *c* (cut1, cut2, cut3 et cut4) sont égaux respectivement à 3.258, 4.275, 5.059, puis 7.417 et un coefficient rho (ρ) qui est de 0.027. Le test du rapport de vraisemblance rapporté montre qu'il y a suffisamment de variabilité entre les hôpitaux pour favoriser une régression Probit ordonné à effets aléatoires par rapport à une régression probit ordonné standard au seuil de 1% (Prob(LR) = 0.000 < 1 %). Nous constatons que les qualités prévisionnelles de ce modèle sont satisfaisantes car le taux d'erreur est assez faible pour la satisfaction des usagers de niveau 1 à 5, car le taux de prédiction correcte de la satisfaction des usagers est de 80,9 %. En outre, la quadrature de Gauss-Hermite indique que l'ensemble des approximations des résultats des estimations des coefficients ne diffère pas considérablement et n'affecte donc pas les résultats de l'estimation du Probit ordonné à effets aléatoires à 12 points d'intégration.

Nous avons trouvé un rho (ρ) avec un coefficient non significatif au seuil de 10 %. Donc, il y a absence d'hétérogénéité entre les hôpitaux de notre échantillon. Autrement dit, la qualité de la gouvernance des hôpitaux observés admet une homogénéité. De plus nous avons effectué un test de Wald à $w = (0.027)^2 / (0.026)^2 = 1.078 < 3.84$ pour un niveau critique de 95%, à cet effet nous acceptons donc la nullité de ρ = 0. Par suite, il n'existe pas un effet significatif de l'hétérogénéité entre les hôpitaux de l'échantillon. Alors, il n'existe pas une corrélation entre les satisfactions des usagers pour un même hôpital, mais il existe une corrélation à travers les hôpitaux de l'échantillon. L'appréhension de la qualité de la gouvernance hospitalière est uniforme dans l'ensemble des hôpitaux.

Enfin, afin de mieux comprendre les facteurs influençant sur la satisfaction des patients à partir des hôpitaux de notre échantillon, nous analysons également la variance sur le modèle Probit à effets aléatoires de la satisfaction des usagers dans un contexte de la qualité de la gouvernance hospitalière. Cette analyse consiste en des composantes intra-individuelles et interindividuelles des composantes observables et non observables de la variance de la satisfaction des usagers individuelle. Alors, cette décomposition vise à étudier la stabilité des de la qualité de la gouvernance dans les hôpitaux de notre échantillon d'une série à une autre, en analysant la variabilité intra et interindividuelle. Avec, la variance intra-individuelle[140] (la contribution intra-individuelle de la variable latente de la satisfaction des usagers par celles des variables explicatives) et la variance interindividuelle qui présente la contribution interindividuelle de la variable latente de la satisfaction des usagers expliquée par celle des variables explicatives.

[140] La variance inter-individuelle (between) représente la dimension individuelle et la variance intra-individuelle (within) représente la dimension temporelle.

Par conséquent, nous commençons par calculer la valeur estimée linéaire de la variable latente pour chaque observation de l'échantillon : $\hat{Y}_{ik}^{*} = \hat{\beta}'X_{ik}$. Puis, nous calculons la moyenne de ses valeurs estimées $\hat{Y}_{i}^{*}$ pour chaque hôpital *i* et nous générons une nouvelle variable $\hat{Y}_{ik}^{d} = \hat{Y}_{ik}^{*} - \hat{Y}_{i}^{*}$. La nouvelle variable $\hat{Y}_{ik}^{d}$ est ainsi une mesure de l'homogénéité intra-individu pour un hôpital *i* dans l'échantillon. Une dernière étape consiste à calculer, les variances de $\hat{Y}_{i}^{*}$ et $\hat{Y}_{ik}^{d}$, nous obtenons : $var(\hat{Y}_{i}^{*}) = 0.6265$ est la variance expliquée interindividuelle ; $var(\hat{Y}_{ik}^{d}) = 0.4866$ est la variance expliquée intra-individuelle ; $var(u_i) = \sigma_u^2 = 0.0277$ [141] est la variance non expliquée interindividuelle ; $var(v_{ik}) = 1$ est la variance non expliquée de la composante intra-individuelle. La variance totale est alors égale à :

$$var(\hat{Y}_{ik}^{*}) = var(\hat{Y}_{i}^{*}) + var(\hat{Y}_{ik}^{d}) + var(u_i) + var(v_{ik}) = 0.6265 + 0.4866 + 0.0277 + 1 = 2.1408 .$$

Ainsi, nous constatons d'après le tableau 2 que la fraction de la variance expliquée (52 %) est supérieure que celle non expliquée (48 %) dans la formulation Probit ordonné à effets aléatoires dans l'échantillon. Ceci suggère que la variation de la satisfaction des usagers dans les hôpitaux est probablement expliquée par les caractéristiques observables. Alors, dans l'analyse de variance avec le Probit ordonné à effets aléatoires, nous n'expliquons que 52 % de la variance totale de l'échantillon des hôpitaux fréquentés, ce qui est un assez bon résultat. Par ailleurs, la majorité de la variance expliquée est due à la composante de la variance interindividuelle avec 29.27 %. En effet, le poids de la dimension temporelle expliquée est 22.73 %, alors que la dimension individuelle est de 29.27 % (26 hôpitaux). Concernant la partie non expliquée de la variance totale, nous trouvons que la variance interindividuelle est de 1.29 % est très inférieure, à la variance intra-individuelle de 46.71%. Ces résultats montrent que la probabilité de la satisfaction des usagers temporelle (intra-individuelle expliqué + intra-individuelle non expliqué = 22.73 % + 46.71 % = 69.44 %) est plus importantes que celles interindividuelles des hôpitaux (interindividuelle expliqué + interindividuelle non expliqué = 29.27 % + 1.29 % = 30.56 %).

En conclusion, nous avons expliqué 52 % de la variance totale et nous avons trouvé qu'elle est principalement due à une différence interindividuelle (c'est-à-dire par l'importance de la dimension individuelle). Ainsi, la probabilité

---

[141] D'après le tableau 2, $\rho = \frac{\sigma_u^2}{1-\sigma_u^2} = 0.027,\ alors\ \sigma_u^2 = \frac{0.027}{1-0.027} = 0.028$.

de la satisfaction des patients auprès des hôpitaux est principalement due à la différence interindividuelle. D'où, la stabilité des réponses à la qualité de la gouvernance des hôpitaux d'une satisfaction à une autre. Et, comme la dimension individuelle de l'échantillon (26 hôpitaux), est celle relative à la stabilité des réponses aux qualités de la gouvernance dans les hôpitaux d'une satisfaction des usagers à une autre, nous pouvons dire qu'une composante importante de la variabilité de la gouvernance hospitalière est due à la variabilité de la satisfaction des usagers à travers la qualité du service et du traitement des patients dans différents hôpitaux.

3.3.3. Spécifications de base et interprétations des résultats

A la suite de l'analyse de l'hétérogénéité et des effets aléatoires, nous présentons les résultats qui nous conduisent aux facteurs qui influencent la variabilité de la satisfaction des usagers dans l'échantillon, suivie des interprétations des résultats.

Dans le tableau d'estimation d'un Probit ordonné à coefficients aléatoires (tableau 2), seul le signe des variables indique dans quel sens se modifie la probabilité de la satisfaction des usagers dans l'échantillon analysé. Les résultats présentés dans le tableau 2 montrent que les variables explicatives « *Politesse_personnelle*», « *Temps_attente* », « *Propreté_hôpital* », « *Coût_médicament_hôpital* », « *Hôpital_raison* » et « *Coût_hôpital* » sont non significative dans l'échantillon des hôpitaux du Cameroun, au seuil conventionnel de 10%. En effet la non significativité de la gentillesse et la politesse du personnel soignant, du temps d'attente dans les hôpitaux, de la qualité de l'hygiène dans les hôpitaux, du coût des médicaments dans les hôpitaux, des raisons liées au choix du traitement médical dans un hôpital et du coût de l'hôpital ne nous renseigne pas sur le degré de l'influence de ces facteurs pour la prédiction de la qualité de la gouvernance hospitalière dans notre échantillon. Donc, ces variables ne sont pas des facteurs déterminants de la satisfaction des usagers dans les vingt-six hôpitaux fréquentés de notre échantillon.

Par ailleurs, plusieurs variables influencent sur la variabilité de la satisfaction des patients, et ces résultats de l'estimation Probit ordonné à effets aléatoires en données de panel (tableau 2) appellent plusieurs commentaires. Plus précisément :

- Le signe positif de l'indicateur relatif (*Choix_hôpital*) au choix de traitement à l'hôpital confirme l'influence à la hausse de la probabilité de la satisfaction des patients avec un niveau de significativité de 1 %. Ainsi, toutes choses égales par ailleurs, la probabilité pour un hôpital de l'échantillon de satisfaire ses patients est d'autant plus importante que le patient choisisse de retourner dans cet hôpital pour se faire traiter.

- S'agissant de la variable « *Acceuil* », relativement significatif au seuil de 1 %, admet un coefficient positif qui indique que la probabilité de la satisfaction des usagers est une fonction croissante du personnel bien accueillant et bien serviable à l'arrivée à l'hôpital des patients.
- Le signe positif de la variable « *Hôpital_raison* » prouve, significativement au seuil de 5 %, que la dimension de la préférence pour aller se faire traiter dans un hôpital est vérifiée par les raisons suivantes : L'accueil des patients, le traitement moins cher, la connaissance d'un personnel soignant, la bonne réputation de l'hôpital et la satisfaction des consultations antérieures. Ainsi, c'est un facteur favorisant l'accroissement de la satisfaction des usagers.
- Le signe négatif des pots de vin est conforme à l'intuition économique, et la variable « *Pot_vin* » est significative au seuil de 10 %. Ainsi, en matière de corruption, ce résultat montre qu'un poids élevé de certains patients qui continuent à donner des pots de vin pour être privilégié dans les hôpitaux défavorise la gestion crise hospitalière. En d'autres termes, lorsque les pots de vin augmentent d'une unité, la probabilité de la satisfaction des usagers a tendance à diminuer. Par conséquent, cette variation traduit l'intérêt qu'on doit donner corruption administrative et de la gestion du personnel soignant corruptible.
- Le signe positif de la variable « *Considération_plaintes* » nous permet de confirmer que les requêtes et les plaintes des patients qui sont prises en considération dans les hôpitaux est un facteur de rehaussement de la probabilité de la satisfaction des usagers au des hôpitaux de notre échantillon. La prise en compte des requêtes et des plaintes des patients dans les structures hospitalières est corrélée positivement et significativement, au seuil de 10 %, à la variabilité de la satisfaction des usagers.
- Le niveau du personnel soignant à l'écoute des patients (« Ecoute_patients ») est significatif au seuil de 1 %. En outre, le signe positif montre que la probabilité de la satisfaction des usagers, dans les hôpitaux de Douala, est une fonction croissante du degré de l'écoute des patients par le corps médical.
- S'agissant du degré des relations patients-soignants dans les hôpitaux (*Relation_patient-soignant*), nous constatons, au seuil de 10 %, que cette variable est négativement et significativement corrélée à la satisfaction des usagers. Ceci indique que le degré de satisfaction des patients est une

fonction décroissante de la relation entre les patients et le personnel soignant. D'une manière générale, les hôpitaux dont la qualité de la relation entre le corps médical et les patients est faible ont beaucoup de chance d'avoir un niveau de crise hospitalière explosif.

- Par ailleurs, le signe du coefficient qui mesure le fait que les soins médicaux soient de bonne qualité ou pas (*Qualité_soin*) est positif et la variable est significativement différent de zéro au seuil de 1 %. Ces résultats suggèrent que les fluctuations positives de la qualité des soins ont la capacité d'augmenter la satisfaction des usagers dans les hôpitaux de Douala.
- En outre, nous constatons également, que la variable « *Procédure_prix_hôpital* » influence positivement et significativement la probabilité de satisfaction des patients au seuil de 1 %. Cela induit le fait que les patients accroissent leur degré de satisfaction lorsqu'ils sont bien informés des procédures et des prix par le personnel de l'hôpital.

Dans un ce constat, nous pouvons souligner que les hypothèses selon lesquelles (1) une médecine de proximité de qualité constitue le moteur des aspirations des patients des centres hospitaliers de Douala, (2) l'adoption des mécanismes de participation par l'administration hospitalière engendre une nouvelle dynamique d'implication du personnel médico-social dans les services aux usagers, et (3) le contrôle hiérarchique génère l'amélioration de la qualité des services destinés aux usagers des centres hospitaliers de Douala sont validée. Ce qui justifie l'intérêt que nous ayons porté sur ces déterminants afin d'éviter un biais dans l'estimation du paramètre d'intérêt (Frisch et Waugh [1933]). Cependant, nous signalons que, dans notre échantillon, ces résultats nous suggèrent que nos principaux résultats ne sont pas exclusivement menés par des hôpitaux bien équipés ou mal équipés, ni simplement par des différences entre ces deux groupes d'hôpitaux. Nos résultats suggèrent plutôt que nos déterminants sont importants pour la gestion de la crise hospitalière tant dans la satisfaction des usagers que dans les qualités de la gouvernance hospitalière.

Tableau 27 : Contrôle de la robustesse des estimations dans l'échantillon Douala

Variable	Probit ordonné à effets aléatoires	Logit ordonné à effets aléatoires
	(1)	(2)
Choix_hôpital	0.440*** (0.058)	0.820*** (0.110)
Acceuil	0.448*** (0.055)	0.913*** (0.105)
Hôpital_raison	0.086** (0.035)	0.109* (0.062)
Pots_de_vin	-0.085* (0.047)	-0.144* (0.086)
Consideration_plaintes	0.114* (0.060)	0.242** (0.110)
Ecoutes_patients	0.201*** (0.066)	0.356)*** (0.118)
Relation_patients-soignants	-0.122*** (0.067)	-0.176 (0.126)
Qualité_soin	0.305*** (0.059)	0.540*** (0.111)
Procédures_prix_hôpital	0.126*** (0.044)	0.238*** (0.081)
Politesse_personnel	-0.007 (0.062)	0.019 (0.114)
Temps_attente	0.016 (0.041)	0.007 (0.076)
Propreté_hôpital	0.030 (0.050)	0.015 (0.089)
Coût_médicament_hôpital	-0.038 (0.050)	-0.116 (0.093)
Hôpital_fréquence	0.060 (0.064)	0.104 (0.114)
Coût_hôpital	-0.018 (0.050)	-0.008 (0.091)
N	750	750
Log-likelihood	-682.758	-670.257
Test wald	chi2(15)= 701.440 Prob > chi2 = 0.000***	chi2(15) = indéfini Prob > chi2 = indéfini

Niveaux de significativité : *** : 1% ** : 5% * : 10%

Source : Estimation de l'auteur à partir du logiciel Stata 16.

Ensuite, dans un niveau de contrôle de robustesse de nos résultats, nous avons changé de technique d'estimation en utilisant un modèle Logit ordonné à effets aléatoires pour vérifier la concordance et la validité de nos hypothèses. Un tableau récapitulatif des deux estimations est présenté dans le tableau 3 ci-dessus.

Lors de l'estimation du modèle Probit ordonné à effets aléatoires, dans l'estimation et le contrôle de la robustesse afin de capter précisément l'influence que ces variables ont sur la variabilité de la satisfaction des usagers, nous avons fait ce qui était intéressant en procédant à faire plusieurs estimations afin de montrer la quintessence de notre modèle à choix ordonné à effets aléatoires dans ce travail. Non seulement, nous obtenons les résultats consignés dans le tableau 3, nous examinons également combien nos résultats sont solides à l'égard de mesures des indicateurs.

Nos résultats montrent des similitudes et des différences intéressantes dans les deux estimations. En effet, nous constatons que les coefficients estimés du modèle Logit ordonné à effets aléatoires font pratiquement le double des coefficients estimés du modèle Probit ordonné à effets aléatoires. Nous continuons à constater que nos principales variables d'intérêt sont très importantes significativement et avec les signes inchangés par rapport aux résultats du tableau 2, à l'exception de la variable « *Relations_patient_soignant* » qui perd sa significativité. D'une manière frappante, même l'ampleur des coefficients estimés varie très peu par rapport aux spécifications de base, ce qui correspond effectivement aux corrélations assez faibles entre nos différents déterminants de la satisfaction des patients de l'échantillon. Toutefois, le pouvoir explicatif de ces spécifications a sensiblement changé pour certaines variables. En effet, la significativité de la variable « *Hôpital_raison* » est passée de 5 % à 10 %, celle de la variable « *Considérations_plaintes* » est passée de 10 % à 5 %.

Dans l'ensemble, la justification de cette vérification de robustesse est la même que précédemment. Ces résultats suggèrent qu'une fraction considérable des événements de crise de gestion hospitalière peut être correctement prédite en utilisant les neuf premières variables explicatives : le choix de l'hôpital, l'accueil, préférence pour le l'hôpital, les pots de vin, les considérations des plaintes et requêtes, l'écoute des patients, les relations entre les patients et le corps médical, la qualité des soins et l'information des prix de l'hôpital. Cependant, nous tenons à souligner que l'issue de ces résultats, combinés à ceux de l'analyse factorielle, dépend du contexte économique analysé. Toutefois, il nous est permis d'observer que le pouvoir prédictif de la spécification combinée est considérablement meilleur que toute prédiction uni-variée, ce qui suggère qu'il est important de tenir compte des neufs facteurs lors de l'évaluation de la probabilité de la qualité de la gouvernance hospitalière (satisfaction) à Douala.

Tableau 28 : Résultats des estimations Backward du Probit ordonné à effets aléatoires

Variable	Coefficients (effets marginaux)	(P-value)
Equation 1: eq1		
Choix_hôpital	0.444***	(0.000)
Acceuil	0.485***	(0.000)
Hôpital_raison	0.089***	(0.009)
Pots_de_vin	-0.081*	(0.085)
Consideration_plaintes	0.117**	(0.046)
Ecoutes_patients	0.206***	(0.002)
Relation_patients-soignants	-0.123*	(0.058)
Qualité_soin	0.306***	(0.000)
Procédures_prix_hôpital	0.117***	(0.000)
		Equation 2 : rho
Constante	0.026	(0.275)
Nombre d'observation	750	
Nombre des hôpitaux Log-likelihood Prob(LR)	(26) -684.48 0.000***	
$\chi^2_{(15)}$	698.54***	
Prédiction correcte	74.30 %	
Pseudo-R2 (McFadden)	51.8 %	

Niveaux de significativité : *** (1%) ; ** (5%) ; * (10%)

Source : Par nos soins, à partir du logiciel Stata 16, SPSS et Eviews 12

Alors, une fois que les différentes sources de la satisfaction des usagers sont distribuées de manière aléatoire, le pouvoir explicatif des déterminants est indispensable d'être expliqué de manière économique. A l'estimation de la solution de Backward présente, à cet effet, les résultats dans le tableau 4 ci-dessus. Il est constaté que les coefficients des variables sont tous significativement différents de zéro au seuil conventionnel de 10% comme nous l'avions susmentionné. En effet, nous constatons que le choix pour l'hôpital est affecté d'une probabilité significative de 0.000 avec un coefficient de 0.444, l'accueil est affectée d'une probabilité de 0.000 avec un coefficient de 0.485, les raisons pour l'hôpital sont affectées d'une probabilité de 0.009 avec un coefficient de 0.089, pot de vin est affecté d'une probabilité significative de 0.085 avec un coefficient de -0.081, la considération des plaintes est affectée d'une probabilité de 0.046 avec un coefficient de 0.117, l'écoute des patients est affectée d'une probabilité de 0.002 avec un coefficient de 0.206, les relations entre patients et soignants sont affectées d'une probabilité de 0.058 avec un coefficient de -0.123, la qualité des soins est affectée d'une probabilité de 0.000 avec un coefficient de 0.306 et la procédure des prix de l'hôpital est affecté d'une probabilité de 0.006 avec un coefficient de 0.117.

De même, un coefficient rho (ρ) avec une valeur de 0.026 qui n'est pas significatif pour une probabilité affectée de 0.275, continue à indiquer qu'il y a bien homogénéité entre les hôpitaux de notre échantillon. En outre, les estimations de cette régression finale montrent que le pseudo R^2 de McFadden indique que 51.8 % des fluctuations de la probabilité de la qualité de la gouvernance hospitalière sont expliquées par les variables retenues. Et, la statistique du rapport de vraisemblance (LR chi2(9)) est égale à 698,54 avec une probabilité critique qui reste nulle (Prob > chi2 = 0,0000 < 1%), elle nous permet d'accepter l'erreur des deuxièmes espèces avec le seuil de signification de 1%, 5% et de 10%. D'où l'ensemble des variables explicatives retenues ont globalement un effet significatif sur la probabilité de la satisfaction des usagers dans l'échantillon considéré en panel statique, en d'autres termes, le modèle est globalement significatif au seuil conventionnel de 10%. Le modèle est donc validé sur le plan statistique. C'est-à-dire, les résultats de notre modèle prouvent sa validé économétrique et justifie leur impact explicatif des comportements des hôpitaux de Douala pour la satisfaction des patients qui y fréquentent. En outre, la majorité, sinon l'ensemble des signes des coefficients sont conformes à l'intuition économique (les signes attendus), alors, le modèle est validé sur le plan économique.

SECTION II : DISCUSSION DES RESULTATS ET RECOMMANDATIONS

1. DISCUSSION DES RESULTATS RELATIFS A LA NOUVELLE GOUVERNANCE DES CHD

1.1. Les incidences de la nouvelle gouvernance hospitalière sur l'amélioration des services aux usagers.

Parvenu au terme de cette analyse de nos résultats à la fois qualitatifs et quantitatif, il en ressort que nos hypothèses sont confirmées. Les tests de corrélations générés à base de l'application SPSS l'ont suffisamment attesté (voir section précédente). Ce qui nous permet d'affirmer que grâce à l'application des nouvelles normes de la gouvernance hospitalière, les managers des centres hospitaliers de Douala conduisent le personnel médico-sanitaire à une plus grande efficacité dans l'appropriation des services aux usagers.

En effet, les entrevues de terrain avec les cadres de l'administration hospitalière et la recherche documentaire montrent que la participation des usagers au système de santé camerounais découle de l'évolution sociojuridique de la relation médecin-patient d'un côté et de la modernisation des rapports entre l'administration publique et ses administrés de l'autre côté. A travers ces évolutions, les usagers ont pu obtenir des droits, notamment celui de se faire représenter au conseil d'administration des hôpitaux. Les enquêtes de satisfaction préconisée par le PBF, les enquêtes communautaires, sont tant de évolutions ayant facilité l'implication des usagers dans la gouvernance hospitalière au Cameroun en général et à Douala en particulier. « *Cette irruption du patient (…) bouleverse l'organisation traditionnelle de l'hôpital fondée sur une structuration par métiers et par spécialités* »[142]. En termes de management stratégique, par exemple, la place des usagers et l'intérêt de leur participation sont devenus des enjeux dans la mesure où ils questionnent l'évidence selon laquelle « *la santé est une affaire de professionnels* »[143].

Par ailleurs, l'arrêté du 04 mars 2002 relative aux droits des malades consacre la promotion des droits des usagers en instaurant pour le malade des droits individuels et des droits collectifs de représentation et de participation à la gouvernance du système de santé. Dans ce contexte, la gouvernance des institutions sanitaires, notamment hospitalières, a appris à intégrer cet acteur

---

[142] Claveranne J.-P., Pascal C. (2004), *Repenser les processus à l'hôpital*, Editions Médica, p.27.
[143] Claveranne et Pascal, Op.cit, p.26.

émergent. Dans un sens, l'intégration des usagers dans la gouvernance du système de santé a révélé la question du management de ses parties prenantes, qui devient pour la communauté scientifique un enjeu de recherche fondé sur un enjeu social.

La forte implication du personnel médicosocial dans la réappropriation des soins aux usages des CHD vient essentiellement de cette dynamique d'ouverture managériale.

Ainsi, les résultats révèlent finalement que les usagers sont des parties prenantes bien informées quoi que peu formées, ce qui relativise leur pouvoir dans les arènes de la décision notamment à l'hôpital. En outre, *« l'expertise profane »* comme élément de pouvoir des usagers demeure une expertise *intuitue personae* car elle distingue différents types d'usagers, ce qui nous permet de proposer une typologie des usagers, non pas en tant que partie prenante unique mais comme parties prenantes multiples et aux pouvoirs variés.

La confrontation des résultats ici analysés au cadre théorique formulé par Mitchell et alii. (1997), (voir cadre théorique combinant la théorie de l'agence et celle des parties prenantes) est également combinée avec les différentes acceptions du pouvoir des parties prenantes en milieu hospitalier, notamment celles d'Etzoni (1999) et de St. John et Harrison (1998[144]) pour caractériser les types d'usagers en fonction de leur pouvoir. Tout cela dans le but de comprendre leur participation en tant que parties prenantes utiles, à l'amélioration de la qualité des soins au sein des CHD.

Confrontant également les investigations empiriques réalisées en Décembre 2021 dans les Hôpitaux de Douala au cheminement de la recherche au Graphos de décembre 2004 à Mars 2010, quatre périodes sont représentées dans ce schéma :

- L'impulsion de nouvelles politiques publiques hospitalières ;
- L'adoption des nouveaux mécanismes de gouvernance au sein des CHD ;
- Les évolutions du système de santé
- L'amélioration de la qualité des soins aux usagers.

De notre analyse des données, la tendance générale fait ressortir les points saillants ci-après :

---

[144] Harrison S.J, St John C.H, (1998), *Strategic Management of Organizations and Stakeholders, Concepts*, South Western College Publishing, 2nde edition.

- ✓ Tous les enquêtés sont unanimes à reconnaître les avancées du système à travers les améliorations en matière d'offre de soins et services de santé liées à la mise en œuvre de la nouvelle gouvernance des CHD.
- ✓ Les programmes retenus dans la nouvelle gouvernance hospitalière sont globalement pertinents. Leur mise en œuvre nationale et les résultats ont été jugés satisfaisants par la quasi-totalité de nos enquêtés ; toutefois la durabilité de ces acquis reste fragilisée par la verticalité de la mise en œuvre desdits programmes, approche préjudiciable au processus de viabilisation du District de Santé, comme la CDMA de Bépanda, ou encore de Bonamoussadi, comme le révèlent notre entretien.
- ✓ Les nombreuses opportunités recensées et les forces inhérentes au système, mises en exergue par le contrôle hiérarchique, n'ont pas été suffisamment exploitées, du fait du manque de coordination, de planification et de suivi/évaluation intégrés dans la mise en œuvre de la nouvelle gouvernance des CHD.
- ✓ Les processus de gouvernance hospitalière appliquée aux centres hospitaliers de Douala amène le personnel médico-sanitaire à une plus grande efficacité dans l'appropriation des services aux usagers. Cela est ressorti aussi bien des entretiens réalisés avec les cadres hospitaliers que des résultats quantitatifs des questionnaires soumis au personnel médical et aux usagers.
- ✓ Les mécanismes d'adoption de la gouvernance hospitalière et les transformations organisationnelles subséquentes dans les centres hospitaliers de Douala intègrent à la fois l'ouverture managériale, la prise en compte de toutes les parties prenantes, l'effectivité des conseils d'administration, la redevance des hôpitaux, la responsabilité du personnel devant l'usager, les droits inaliénables des patients, etc.
- ✓ L'émancipation croissante des usagers et l'adoption des nouvelles normes de qualité dans le secteur sanitaire, participent à l'amélioration des services dans les centres hospitaliers de Douala.
- ✓ Ce mode de management participatif mis en place au sein des CHD a eu une incidence notoire sur l'engagement du personnel médico-sanitaire dans le processus d'appropriation des services aux usagers des centres hospitaliers de Douala.
- ✓ De ce fait, l'impact du contrôle hiérarchique sur l'amélioration de la qualité des services aux usagers des centres hospitaliers de Douala n'est plus à démontrer.

Cependant, de nombreux manquements ont été aussi relevés.

1.2. Les insuffisances de la nouvelle gouvernance hospitalière.

Ces manquements portent sur les aspects aussi variés que :

- ✓ La lourdeur des procédures financières, notamment le processus de passation de marchés qui freine la réalisation de plusieurs activités programmées.
- ✓ La faiblesse du financement a été relevée. Non seulement les financements disponibles n'ont pas été utilisés de manière efficace et efficiente, mais leur mobilisation est restée une préoccupation constante, du fait notamment de la lourdeur administrative et les retards de décaissement. Ce qui génère une amélioration des couts de prise en charge, comme le déplorent les patients.
- ✓ Le déficit, tant quantitatif que qualitatif, en ressources humaines reste une préoccupation majeure voire une menace à la réussite de la mise en œuvre de la nouvelle gouvernance, les efforts actuels de mise à niveau des effectifs demeurant largement en deçà des besoins.
- ✓ La faible performance du système d'informations sanitaires n'a pas permis de cerner avec exactitude les performances réelles de la mise en œuvre de la NGH dans ces CHD ; les quelques données fiables provenaient en majorité des systèmes parallèles d'information sanitaire de différents programmes. Cette situation handicape fortement le système de suivi/évaluation intégré de la mise en œuvre de la NGH.

L'analyse de situation qui précède, permet de résumer ci-après les informations nécessaires à l'appréciation objective des performances de la mise en œuvre de la NGH au cours de la période étudiée.

Des travaux d'évaluation se dégagent une conclusion sous forme de tendance générale assortie de quelques points saillants ainsi que des recommandations pour l'actualisation de cette stratégie, son alignement à l'horizon 2035 en conformité avec les Objectifs d'émergence du Cameroun.

2. RECOMMANDATIONS POUR L'AMELIORATION DE LA GOUVERNANCE HOSPITALIERE ET LES SERVICES AUX USAGERS DES CHD

Notre recherche, quoiqu'à visée essentiellement académique n'est pourtant pas dénuée de toute utilité sociale. En effet, comme mentionné en introduction dans le cadre de l'intérêt social de cette recherche ; en étudiant la façon dont les nouveaux rôles de professionnel-gestionnaires se constituent, et dont les rôles des administratifs sont questionnés, ce travail a pour avantage de rendre compte de la traduction concrète des réformes de la nouvelle gouvernance dans les centres hospitaliers de Douala.

Ainsi, les résultats de cette recherche pourront servir non seulement à améliorer les prestations, mais aussi à corriger la vision globale de la Stratégie Sectorielle de Santé telle qu'elle est implémentée au sein des CHD. De ce fait, des recommandations ont-elles été formulées dans la perspective de l'actualisation de cette stratégie, afin de l'aligner aux Objectifs du Millénaire pour le Développement et la porter à l'horizon 2030.

2.1. Recommandations pour la NGH au sein des CHD

Elles portent sur cinq axes principaux à savoir :

2.1.1. Amélioration et l'alignement de la politique sanitaire

- ✓ Identifier et hiérarchiser plus clairement les priorités spécifiques de chaque CHD.
- ✓ Traiter les aspects de gouvernance, de régulation et de bonnes pratiques comme autant de priorités.
- ✓ Revoir les nomenclatures figurant dans la stratégie, et notamment celles permettant de classifier les programmes, les sous programmes et les autres unités de ces rubriques, selon les principes de classification retenues au niveau international pour faciliter le suivi et l'évaluation.
- ✓ Aligner les objectifs de la SSS actualisée aux OMD et les porter à l'horizon 2030.
- ✓ Insérer dans le document de stratégie, un répertoire des programmes et sous-programmes devant être mis en œuvre avec la précision sur ses structures de gestion prévues pour son fonctionnement (coordination centrale et/ou supervisions régionales). Ce répertoire vise à faciliter le suivi, voire la supervision intégrée des programmes et sous-programmes.
- ✓ Actualiser la liste des indicateurs du cadre logique pour le suivi de la Stratégie sectorielle de la Santé et la mettre à la disposition des différentes administrations chargées de la production de ces indicateurs.

2.1.2. Viabilisation des Districts de Santé

❖ **S'agissant de l'offre des services et soins de santé**

- ✓ Améliorer les conditions de travail des personnels au sein des formations sanitaires, notamment les primes liées à la qualité des services aux usagers des CHD.
- ✓ Doter les formations sanitaires en matériels roulants.
- ✓ Mettre la priorité sur les ressources humaines en viabilisant leurs effectifs, leur formation, et leur rémunération.
- ✓ Mettre en place un système de complémentarité et de continuité des soins (références internes et externes).

❖ **S'agissant de Médicaments**

- ✓ Promouvoir et améliorer la disponibilité ainsi que la gestion des médicaments (y compris génériques), réactifs et dispositifs essentiels.
- ✓ Promouvoir la production locale, car de nos entretiens, il ressort que la principale plainte des usagers est relative au cout des médicaments, or ces coûts élevés sont dus à l'absence totale d'une production locale, et donc à une dépendance extérieure à 100%.
- ✓ Réduire également la vente frauduleuse des médicaments par le personnel médical (médecin, infirmier, sage-femme, etc.). Il y a en effet un véritable marché noir des médicalement dans toutes les structures sanitaires que nous avons couvertes par nos enquêtes.

2.1.3. A propos du financement

Voilà le véritable de la guerre qui entrave l'implémentation de la nouvelle gouvernance hospitalière au sein des Centres Hospitaliers de Douala. Nous proposons donc ceci :

- ✓ Améliorer l'exécution et le suivi budgétaires par les tutelles MINFI, MINSANTE (en lien avec DSRP, SSS, OMD).
- ✓ Rendre plus flexibles les procédures d'utilisation des recettes affectées.
- ✓ Renforcer la promotion du partage du risque maladie dans le financement des soins.
- ✓ Promouvoir les autres mécanismes de stimulation de la demande (vouchers, subventions directes, payement pour les services, etc.).

2.1.4. Au sujet de la collaboration entre partie prenantes

- ✓ Renforcer les capacités des acteurs du système de santé à tous les niveaux et créer les conditions leur permettant de réellement assumer leurs responsabilités dans le cadre des approches multi acteurs.
- ✓ Motiver les membres des structures de dialogue.
- ✓ Améliorer la communication entre les différentes parties prenantes.
- ✓ Clarifier les rôles des acteurs et renforcer leurs capacités.
- ✓ Formaliser la collaboration entre la médecine conventionnelle et la médecine traditionnelle.

2.1.5. Pour le Processus gestionnaire

- ✓ Accélérer les réformes en matière de qualité des services et soins de santé à travers la production des normes, standards et protocoles de soins.
- ✓ Revoir l'approche verticale des programmes de santé pour en pérenniser les résultats.
- ✓ Accélérer l'actualisation de la carte sanitaire.
- ✓ Accentuer les approches de programmation / gestion davantage décentralisée et concertée des ressources, constructions, équipements…

2.1.6. Pour la Gouvernance

- ✓ Réformer la gouvernance du système de santé à tous les niveaux afin que les mesures de management, gestion et contrôle des ressources, y compris les aspects de partenariats et d'information / communication, contribuent plus efficacement à l'atteinte des objectifs de la SSS à travers les approches modernes d'incitation à la performance.
- ✓ Accentuer l'opérationnalisation de la déconcentration et décentralisation en matière de santé.

2.2. Recommandations pour les ministères de tutelle/apparentes

- ✓ Augmenter la part du budget de la santé dans leurs budgets respectifs.
- ✓ Assouplir les procédures étatiques de mobilisation des fonds alloués à la santé.
- ✓ Accélérer la mise en place des mécanismes alternatifs de financement de la santé avec la pleine participation des clients.
- ✓ Améliorer le suivi et l'évaluation des programmes chargés des enquêtes lourdes (EDS, ECAM, MICS) et doter ces structures de budgets

conséquents pour leur permettre d'intégrer les indicateurs de santé dans les enquêtes lourdes.

- ✓ Accélérer la mise en œuvre de la politique de décentralisation.
- ✓ Amener l'Etat à jouer pleinement son rôle de régulation et contrôle du secteur santé.
- ✓ Outre les éléments qui précèdent, le comité ad hoc chargé de la validation des résultats de l'évaluation à mi-parcours de la mise en œuvre de la Stratégie Sectorielle de Santé (SSS) 2001-2010 a identifié d'autres points ayant retardé la mise en œuvre de ladite stratégie notamment : l'inadéquation entre la structuration des programmes et l'organigramme du 19 août 2002 du Ministère de la Santé Publique, la non réalisation de certains préalables contenus dans la Stratégie Sectorielle de Santé (SSS) 2001-2010 et la lourdeur des procédures de gestion financière.

En fin, toutes ces propositions doivent être formalisées pour un meilleur management de la performance au sein des CHD.

2.3. Vers le management de la performance des CHD pour une meilleure appropriation des soins aux usagers.

Nous proposons ici un outil de pilotage de la performance des CHD qui permettra sur une période de trois de définir des objectifs spécifiques de qualités des soins aux usagers et les réaliser selon un échéancier défini dans une tableau de bord que nous présentons en annexe du présent document (voire Document Annexe IV).

En sommes et aux vues de ce qui ressort de cette analyse, il est opportun préciser que ce chapitre aura été d'un apport exception dans la présente investigation. Tant il nous aura permis non seulement de présenter les trouvailles, mais aussi de les discuter afin que puissent s'en dégager les perspectives d'amélioration de la gouvernance des CHD et de la satisfaction de leurs usagers.

CONCLUSION PARTIELLE

Cette seconde articulation notre thèse a été consacrée à la mobilisation des outils d'analyse et aux résultats de recherche. D'une part, il a permis de présentes le cadre théorique de la recherche, en argumentant sur une approche managériale par l'agence dans le domaine de la santé. Il a fait ainsi de la théorie de l'agence le soubassement de l'analyse de la gouvernance hospitalière ici en question. D'autre part, il a permis de présenter le cadre méthodologique de la recherche, en abordant la méthode de recherche, les outils de collecte des données, le modèle d'analyse, etc.

Enfin, le dernier moment de ce travail a été consacré aux résultats de la recherche, présentant d'une part les résultats de recherche, aussi bien en son aspect qualitatif qu'en celui quantitatif. D'autre part, il a permis de procéder à l'interprétation desdits résultats et aux discussions.

En conclusion, nous pouvons dire que cette partie a été une partie clé dans l'architecture du présent travail. Montrant clairement, grâce à nos outils de collecte et d'analyse des données, que les mécanismes de gouvernance hospitalière appliquée aux centres hospitaliers de Douala amènent le personnel médico-sanitaire à une plus grande efficacité dans l'appropriation des services aux usagers.

CONCLUSION GÉNÉRALE

La gouvernance ne contribue à expliquer la performance des organisations que si les dirigeants disposent d'une certaine latitude (Charreaux, 2008). Cette influence reste très discutée en matière de GE alors que les systèmes de gouvernance sont beaucoup moins contraignants que dans le domaine hospitalier. On peut donc s'interroger sur la capacité de la gouvernance à expliquer les différences de performance entre les différents hôpitaux dans une perspective microéconomique. En revanche, il est plus vraisemblable qu'elle puisse être un facteur explicatif important, si on compare les performances des différents systèmes nationaux de GH, dans une perspective internationale. L'examen de cette question, qui fait l'objet de débats très animés dans le domaine de la GE – par exemple, sur l'influence respective des systèmes juridiques opposant Civil Law et Common Law –, se situe, cependant, à un niveau de complexité supérieur.

Par ailleurs, le levier disciplinaire qui est le seul pris en compte par l'approche traditionnelle de la GE n'est qu'un des facteurs qui déterminent la performance organisationnelle. La performance des hôpitaux dépend également, au-delà de la résolution des conflits d'intérêts et de la réduction des coûts d'agence, des compétences qui constituent la dimension centrale dans le courant « cognitif » de la gouvernance (Charreaux et Wirtz, 2006). Cette dimension apparaît très clairement, par exemple, dans la critique adressée par Coriat (2009, p. 26) à l'avant-projet de la dernière réforme hospitalière « […] en voulant donner tout le pouvoir au directeur, il ignorait totalement les lignes hiérarchiques parfaitement claires existant au sein de l'hôpital et fondées sur la *connaissance*, la *notoriété médicale* et *l'expérience* ». Ce propos, au-delà de la dimension cognitive qu'il souligne, montre également que ce qui importe le plus pour expliquer la performance (individuelle) des hôpitaux se situe bien davantage dans les questions d'architecture organisationnelle, c'est-à-dire les questions « internes » de management faisant intervenir l'allocation des décisions – les lignes hiérarchiques, notamment –, les systèmes d'incitation et d'évaluation de la performance que dans la gouvernance (des dirigeants) stricto sensu, même si ces deux types de question ne sont pas indépendants. La gouvernance n'est pas le management… y compris dans le domaine hospitalier, mais une véritable théorie de la GH reste à construire.

C'est dans cette perspective que la présente recherche s'est interrogée sur les incidences de la gouvernance hospitalière sur l'appropriation des soins aux usagers des centres hospitaliers de Douala. Présentant globalement le bilan négatif de la situation sanitaire au Cameroun sur lequel s'accordent tous les observateurs, pour convenir d'une crise profonde du système de santé camerounais, elle ressort une interrogation qui a constitué le fil conducteur de cette recherche : Comment et en quoi la gouvernance hospitalière impacte-t-elle l'appropriation par le personnel médico-social des services aux usagers des centres hospitaliers de Douala ?

Pour répondre à ce questionnement, le travail a été organisé autour de deux parties comprenant deux chapitre chacune. La première partie a été consacrée à l'introduction dans le système de santé camerounais des mécanismes de gouvernance, comme gage d'une meilleure appropriation par le personnel médico-social des services aux usagers des centres hospitaliers de Douala. Sa première articulation (Chapitre1) a analysé le Cadre conceptuel de la nouvelle gouvernance hospitalière, les mécanismes d'adoption de la gouvernance hospitalière et les transformations organisationnelles subséquentes dans les centres hospitaliers de Douala. Ce chapitre a permis de développer dans ce sens quelques éléments de réflexion, ainsi après avoir précisé dans une première section la particularité que présente l'organisation hospitalière, une deuxième section présente les problèmes de gestion au sein des centres hospitaliers de Douala afin de montrer comment se mettent en place les mécanismes de gouvernance dans ce secteur. Nous y avons également précisé le contexte dans lequel les hôpitaux publics camerounais s'insèrent, pour mieux de comprendre le cadre dans lequel s'inscrivent les réformes de la gouvernance hospitalière vont se situer. Celles-ci permettant de réduire les coûts dans le but d'améliorer la performance hospitalière camerounaise. Nous avons par ailleurs examiné quels sont les facteurs ayant amené les centres hospitaliers de Douala à s'ouvrir au modèle de la nouvelle gouvernance hospitalière, à savoir notamment, que l'émergence de la Nouvelle Gouvernance hospitalière est légitimée par nécessaire adaptation de l'hôpital à un contexte en plein bouleversement et le besoin de corriger les dysfonctionnements de la bureaucratie professionnelle qui constituait le modèle de référence de l'organisation hospitalière.

Le second chapitre a permis d'analyser l'impact théorique de la gouvernance hospitalière sur l'amélioration des services aux usagers des centres hospitaliers. Pour cela il a mobilisé une revue de la littérature permettant de mettre en exergue les relations théoriques entre la gouvernance hospitalière et l'amélioration de la qualité des services hospitaliers, tout en gardant en perspective le rôle du personnel médical dans cette dynamique.

Nous l'avons articulé autour de deux principaux points : Le premier a permis de présenter la dynamique d'appropriation des services par le personnel médical et le second a abordé la problématique de l'impact mitigé de la gouvernance hospitalière sur l'amélioration des services aux usagers. Ce chapitre a ensuite permis de ce fait l'analyse de la bureaucratie professionnelle puisque l'hôpital est considéré comme un modèle type de la bureaucratie professionnelle (Mintzberg, 1982 ; Cremadez, 1992), afin de nous pencher sur le modèle Agent – Principal, cadre théorique de la théorie d'agence, qui a favorisé l'émergence d'une théorie néo-libérale de la gouvernance hospitalière pour remplacer les approches néo-classiques originelles (Domin, 2015).

La deuxième partie de cette thèse a été consacrée à la mobilisation des outils d'analyse et aux résultats de recherche. En son premier moment (chapitre 3), a présenté d'une part, le cadre théorique de la recherche, en argumentant sur une approche managériale par l'agence dans le domaine de la santé. Il a fait ainsi de la théorie de l'agence le soubassement de l'analyse de la gouvernance hospitalière ici en question.

Il s'est de ce fait inscrit dans la même perspective de rendre compte des processus et mécanismes par lesquels la gouvernance hospitalière appliquée aux centres hospitaliers de Douala amène le personnel médico-sanitaire à une plus grande efficacité dans l'appropriation des services aux usagers. Ainsi, il a permis d'encastrer le travail dans une armature paradigmatique et théorique qui soit en mesure de rendre compte de façon intelligible le réel hospitalier ici en étude. Au nombre des théories des sciences de gestion applicable à cette problématiques, deux théories ont semblé mieux se prêter à cet exercice, ce qui a poussé à les examiner succinctement pour évaluer l'apport qu'elles sont susceptibles de fournir à ces travaux. Un premier moment a donc mobilisé la théorie de l'agence comme grille d'analyse des réformes hospitalière à Douala, et le second quant à lui a fait de la participation la lunette heuristique pour mieux saisir l'implication du personnel médicosocial dans l'appropriation des services aux usagers.

D'autre part, ce même chapitre a présenté le cadre méthodologique de la recherche, en abordant la méthode de recherche, les outils de collecte des données, le modèle d'analyse, etc. Il a permis d'éviter le double piège du scientisme naïf et du scientisme sceptique pour s'inscrire dans une logique du réalisme scientifique. En effet, penser qu'il faut établir des vérités définitives et que pour cela il faut adopter une rigueur analogue à celle des physiciens ou des biologistes, relève tout simplement du scientisme naïf, tandis qu'à l'opposé, le refus de croire en la possibilité d'une connaissance scientifique, c'est être partisan du scientisme sceptique. Pourtant, dans une perspective constructiviste, cette recherche s'est évertuée à construire un ensemble de connaissances scientifiques relatives à la gouvernance hospitalière, qui fassent sens dans une communauté de sens (scientifique) de taille humaine afin de déterminer dans la mesure du possible les actions des acteurs du jeu social dans ce champ hospitalier. De même, si nous nous gardons de tout extrémisme méthodologique, il n'a été guère question pour nous de nous livrer au simplisme scientifique, c'est-à-dire à des certitudes toutes faites bâties sur le champ en question.

Bref, notons que la clé de toute recherche scientifique réside inévitablement dans la définition théorique et méthodologique de la recherche, une sorte de lunettes heuristiques à travers lesquelles la réalité étudiée est saisie en son essence même. Il s'agit certes des lunettes de vision, mais des lunettes qui se veulent les plus transparentes possibles. En effet, la vision de la réalité doit être neutre, pour dire qu'il faut regarder la réalité sans lunette. Pourtant, il s'avère, selon la nature même des choses, aussi bien de l'objet regardé que celui qui le regarde, qu'il est impossible de voir sans lunettes. Le processus de vision exigeant le port de lunettes, en raison de la cécité ontologique des regardants. Or, les choses ont une tendance habituelle à offrir leurs lunettes propres à travers lesquelles il faudrait les regarder ; autant que chaque société en opposition, en concurrence ou en complicité avec les choses offre des lunettes sociales, c'est-à-dire des grilles sociales de lecture de la réalité. La nécessité de fabrication et d'usage des lunettes heuristiques transparentes s'impose dès lors pour cerner les réalités sociales et les saisir dans toute leur nudité, tout en les arrachant aux idées premières qui en sont livrées. Ledit chapitre s'est donné pour ambition de produire des lunettes sociologiques nécessaires à l'analyse et à la compréhension du processus de gouvernance extractive au Cameroun. Il a ainsi préconisé et procédé à la production de lunettes paradigmatiques enracinées dans les sociologies interactionnistes et constructivistes. Par ailleurs, il a retenu comme voix d'accès au réel extractif, les méthodes quali-quantitatives, à prédominance qualitatives, tout en définissant un ensemble d'acteurs extractifs et institutions comme échantillon de la population ciblée par cette recherche.

Enfin, le dernier moment de ce travail (chapitre 4), a été consacré aux résultats de la recherche. Il a présenté d'une part les résultats de recherche, aussi bien en son aspect qualitatif qu'en celui quantitatif. D'autre part, il procède à l'interprétation desdits résultats et aux discussions. L'analyse des résultats s'est donc faite en une double articulation : un moment qualitatif et un moment quantitatif.

A partir des nouveaux mécanismes de la gouvernance hospitalière, l'émancipation croissante des usagers et l'adoption des nouvelles normes de qualité participent à l'amélioration des services aux usagers des centres hospitaliers ici analysés. Telle est l'hypothèse phare qui a orienté dès la fondation l'élaboration de nos outils de collecte des données. Autrement dit, nous envisagions de dresser un lien entre la correction des insuffisances des modèles qui ont marqué la gouvernance des hôpitaux publics au Cameroun et les pratiques managériales novatrices des CHD. De même nous gardons en ligne de mire l'analyse des impacts du management participatif sur le niveau d'engagement du personnel médico-sanitaire dans le processus d'appropriation des services aux usagers des centres hospitaliers de Douala.

Ce chapitre a ainsi cerné le concept « Hôpital – Entreprise » qui préconise le développement d'une nouvelle vision managériale dans le milieu hospitalier à travers l'application des règles de jeu du secteur privé dans les hôpitaux publics, notamment à travers l'adoption des problématiques de la participation (Grimaldi et al., 2017). Consacré ce chapitre à nos trouvailles a été un acte fort significatif tant il a permis à la fois de présenter l'essentiel des investigations et de couronner le présent travail. Il s'est organisé autour de deux principales sections : l'analyse et l'interprétation des résultats et la discussion formulée dans une perspective d'amélioration de la gouvernance hospitalière en vue d'une meilleure prise en charge des patients des Centres Hospitaliers de Douala.

Au terme de ce travail, il est de notre point de vue nécessaire de rappeler les grandes tendances qui se dégagent pour une meilleure compréhension des résultats que nous présentons de notre recherche. L'analyse et l'interprétation des données collectés nous a permis de parvenir aux résultats suivants :

- De nos entretiens avec la vingtaine des cadres de l'administration hospitalière à Douala, l'on relève plusieurs aspects abordés dans tous les réformes hospitalières enclenchées dans la décennie 2010. Comme abordé dans les chapitres qui ont précédés, et particulièrement dans la problématique, l'hôpital public camerounais souffrait de plusieurs maux auxquels la nouvelle gouvernance hospitalière est venue apporter plusieurs solutions.
- Avec la dynamique des réformes hospitalière impulsées au Cameroun, la

cartographie de l'organisation administrative de l'hôpital public s'est considérablement modifiée. Sur le plan juridique, les textes ont progressivement mis en place des structures d'administration et de gestion plus étoffées que naguère, capables de contrôler étroitement et quotidiennement l'ensemble de la marche des établissements publics hospitaliers. Sur le plan de la pratique administrative, des services proprement dits se sont développés et multipliés accroissant ainsi notablement la complexité de l'organisation administrative des hôpitaux publics. Tout ceci a également nécessité la mise en place de techniques de management adaptées aux impératifs d'une gestion moderne.

- En ce qui concerne la structuration des services sur le plan pratique, la transformation des hôpitaux publics a provoqué ces deux dernières décennies de grands changements par rapport aux petits établissements de jadis. C'est essentiellement cela qui traduit la dynamique de la nouvelle gouvernance hospitalière ici en examen. Alors que dans le passé, les établissements de soins pouvaient être administrés par une superstructure administrative légère, réunissant quelques employés, les organigrammes actuels des centres hospitaliers de Douala présentent des hôpitaux dotés d'une administration en tous points comparable aux grands établissements de l'industrie ou du commerce. Dans les moyens et grands établissements hospitaliers tels l'Hôpital général et l'Hôpital Laquintinie, les services, sont divisés en deux catégories. Il y a d'une part, les services fonctionnels et d'autre part, les services opérationnels.
- L'autonomie de gestion financière accordée aux CH leur posera un réel problème d'harmonisation des prix, ce qui participe à réduire considérablement la satisfaction des usagers lorsque le coût de prise en charge est abordé.

- La prise en compte des usagers dans le système de santé camerounais découle de l'évolution sociojuridique de la relation médecin-patient d'un côté et de la modernisation des rapports entre l'administration publique et ses administrés de l'autre côté.

- Le personnel de santé travaille dans des conditions qui se situe à six niveaux allant de très bonnes à très mauvaises ; de notre analyse les niveaux les plus en vus sont passables, bonnes, très bonnes et mauvaises avec un pourcentage cumulé de 87,2% pour les trois premiers niveaux ce qui vient montrer l'existence des conditions de travail favorables.

- Le rançonnement des patients a pris fin dans la plupart des services ceci permet ainsi au personnel d'être plus présent auprès des patients et par conséquent à l'écoute de leurs différents besoins; ces propos peuvent être vérifiés par les indications sur le graphe qui montre que 66,8% du personnel révèlent que ces actions qui entachaient les offres de service sont en train d'être éradiqué des centres hospitaliers de la ville de Douala.
- L'exigence des patients à augmenter et ceci permet ainsi au personnel d'être plus présent auprès des patients dans le but d'assister ces derniers dans le but de poursuivre la vision de la hiérarchie qui est l'amélioration de la qualité des services par le personnel des centres hospitaliers de la ville de Douala ; ces propos peuvent être vérifiés par les indications sur le graphe qui montre que près de 50% du personnel révèlent que la majorité des patients des patients reflètent un caractère insupportable pendant leur prise en charge.
- Le coût de la prise en charge des patients a augmenté et ceci permet ainsi au personnel d'être plus présent auprès des patients et par conséquent sera observé la qualité des services être améliorée par le personnel des centres hospitaliers de la ville de Douala ; ces propos peuvent être vérifiés par les indications sur le graphe qui montre que 68% du personnel révèlent que la qualité de service a une incidence sur le cout de la prise en charge des patients.
- Le personnel reconnait la place du contrôle hiérarchique dans l'amélioration de la qualité de service dans les centres hospitaliers ; ces propos peuvent être vérifiés par les informations sur le graphe qui montre que 74% du personnel est en accords avec les mesures d'amélioration mises en place par la hiérarchie.
- Quatre périodes sont représentées dans le schéma de la NGH :
  - L'impulsion de nouvelles politiques publiques hospitalières ;
  - L'adoption des nouveaux mécanismes de gouvernance au sein des CHD ;
  - Les évolutions du système de santé
  - L'amélioration de la qualité des soins aux usagers.
- Tous les enquêtés sont unanimes à reconnaître les avancées du système à travers les améliorations en matière d'offre de soins et services de santé liées à la mise en œuvre de la nouvelle gouvernance des CHD.
- Les programmes retenus dans la nouvelle gouvernance hospitalière sont globalement pertinents. Leur mise en œuvre nationale et les résultats ont été jugés satisfaisants par la quasi-totalité de nos enquêtés ; toutefois la

durabilité de ces acquis reste fragilisée par la verticalité de la mise en œuvre desdits programmes, approche préjudiciable au processus de viabilisation du District de Santé, comme la CDMA de Bépanda, ou encore de Bonamoussadi, comme le révèlent nos entretiens.

- Les nombreuses opportunités recensées et les forces inhérentes au système, mises en exergue par le contrôle hiérarchique, n'ont pas été suffisamment exploitées, du fait du manque de coordination, de planification et de suivi/évaluation intégrés dans la mise en œuvre de la nouvelle gouvernance des CHD.
- Les processus de gouvernance hospitalière appliquée aux centres hospitaliers de Douala amène le personnel médico-sanitaire à une plus grande efficacité dans l'appropriation des services aux usagers. Cela est ressorti aussi bien des entretiens réalisés avec les cadres hospitaliers que des résultats quantitatifs des questionnaires soumis au personnel médical et aux usagers.
- Les mécanismes d'adoption de la gouvernance hospitalière et les transformations organisationnelles subséquentes dans les centres hospitaliers de Douala intègrent à la fois l'ouverture managériale, la prise en compte de toutes les parties prenantes, l'effectivité des conseils d'administration, la redevance des hôpitaux, la responsabilité du personnel devant l'usager, les droits inaliénables des patients, etc.
- L'émancipation croissante des usagers et l'adoption des nouvelles normes de qualité dans le secteur sanitaire, participent à l'amélioration des services dans les centres hospitaliers de Douala.
- Ce mode de management participatif mis en place au sein des CHD a eu une incidence notoire sur l'engagement du personnel médico-sanitaire dans le processus d'appropriation des services aux usagers des centres hospitaliers de Douala.
- De ce fait, l'impact du contrôle hiérarchique sur l'amélioration de la qualité des services aux usagers des centres hospitaliers de Douala n'est plus à démontrer.

En ce qui concerne les limites observées, nous sommes partis du constat des difficultés auxquelles sont confrontés les hôpitaux publics camerounais. Nous avons relevé que ces difficultés sont liées notamment à la mise en œuvre d'outils de management, à la tarification des actes médicaux et des soins hospitaliers et au management de la performance. Nous nous sommes interrogés sur l'existence d'un système de gestion mis en place dans les hôpitaux publics à

Douala permettant la réduction des coûts, sur les facteurs susceptibles d'influencer la performance de ces hôpitaux et enfin sur le comment sont tarifés les actes médicaux et les soins hospitaliers. Il s'est agi plus particulièrement d'analyser les systèmes de gouvernance mis en œuvre pour répondre à la complexité et à l'incertitude qui caractérisent l'hôpital public camerounais, de préciser le contexte dans lequel les hôpitaux publics camerounais s'insèrent afin de comprendre le cadre dans lequel le contrôle va se situer; et enfin de proposer des moyens permettant de réduire les coûts dans le but d'améliorer la performance hospitalière camerounaise.

Les limites de cette recherche sont d'ordre méthodologique. Elles sont tout d'abord liées à la taille et à la nature de l'échantillon. Un échantillon plus important nous aurait certes donné plus d'informations, et nous aurait permis de généraliser plus facilement les résultats obtenus. Sur le plan de la représentativité, l'échantillon constitué de quelques hôpitaux publics ne peut être considéré comme étant véritablement représentatif de la population de toutes formations sanitaires de Douala. Les limites découlent aussi du fait qu'une partie de l'information que nous avons collectée se limite exclusivement dans les hôpitaux visités. Nous avons eu un accès limité à une certaine catégorie de cadres administratifs, notamment les directeurs de ces hôpitaux. Des entrevues au niveau de la tutelle des hôpitaux nous aurait permis de mesurer certains phénomènes comme la perception de la performance hospitalière ou encore les méthodes utilisées aux fins de tarification des actes médicaux et des soins hospitaliers. Une telle approche pourrait donner lieu à des études ultérieures et enrichirait sans doute nos résultats.

REFERENCES BIBLIOGRAPHIQUES

Abbott A. (1988). *The System of Profession. An Essay on the Division of Expert Labour.* Chicago-Londres: Universtity of Chicago Press.

Abbott P. et Mirabeau L. (1998). *The Sociology of the Caring Professions.* Londres: Taylor and Francis.

Abid L., (2012), « La greffe des outils de gestion dans les hôpitaux publics tunisiens », Revue Management & Avenir, N°54, Management Prospective Ed., Paris.

Accountability in State Welfare Administration». *Social Service Review*, vol. 31, n°3, pp. 1-33.

Ackroyd S. (1995). «The New Management and the Professionnals: Assessing the Impact of Thatcherism on the British Public Services». Working paper. n° 24. Stockholm: Stockholm University.

Ackroyd S. (1996). «Traditional and new management in the NHS hospital service and their effects on nursing» in Soothill K., Henry C. et Kendrick K. Themes and Perspectives in Nursing. London: Chapman and Hall.

Ackroyd S. (1998). «Nursing» in Laffin M. Beyond Bureaucracy: The Professions in the Contemporary Public Sector. Aldershot: Ashgate Publishing, pp. 38-55.

Afchain J., (1999), « Dépasser les clivages traditionnels », in F. Bloch-Lainé (Eds.) Faire société, les associations au coeur du social, Paris: Syros, p.171-194.

Aiach P. et Delanoë J.-Y. (1989), « La politique économique du gouvernement socialiste en matière de santé : bilan de cinq années de pouvoir en France 1981-86 », *Social Science and Medecine*, vol. 28, n° 6, p. 539-550.

Akerlof G., (1982), Labor Contracts as Partial Gift Exchange, *The Quarterly Journal of Economics* 97 (4)

Akerlof G., (2003), Writing the "The Market for Lemons"': A Personal and Interpretive Essay, *The Official Web Site of The Nobel Foundation*

Alain (1985), *Propos sur les pouvoirs*, Gallimard, Folio, Essais, 1985, pp. 192-265.

Albertini J.-M., Silem A. (2001), *Comprendre les théories économiques, Petit guide des grands courants*, 3e édition, Seuil, Paris, pp. 9-81 (644p).

Albertini L. (2009), « Associations et participation des usagers du système de santé », Actualité et Dossier en Santé Publique n°68 , pp. 14-17.

Alchian A., DEMSETZ H. (1972), « Production, Information, Costs and Economic Organization », *American Economic Review*, vol. 62-5, pp.777-795.

Alderson M. (2001). Analyse psychodynamique du travail infirmier en unité de soins de longue durée : entre plaisir et souffrance. Faculté des Sciences Infirmières, Université de Montréal.

Alter N. (2000). *L'innovation ordinaire.* Paris: PUF.

Alter N. (2012). *Sociologie du monde du travail.* Paris: PUF.

Ambland H., Bernoux P., Herreros G., Livian J-F. (1996), *Les nouvelles approches sociologiques des organisations*, Seuil, Paris, 144p.

Amourous C. (2004), *Que faire à l'hôpital ?*, L'Harmattan, Paris, 369p.

André C. (1995), « État-providence et compromis institutionnalisé. Des origines à la crise contemporaine », in *Théorie de la régulation, l'état des savoirs*, Boyer R. et Saillard Y., Paris, éditions la Découverte, p. 144-152.

Ankri J., Henrard JC. (1996), *Systèmes et Politiques de santé*, Editions ENSP, 223 p.

Annandale E. (1996). «Working on the front-line: risk culture and nursing in the new NHS». *The Sociological Review,* vol. 44, n° 3, pp. 416-451.

Arborio F. (2001). *Un personnel invisible. Les aides-soignantes à l'hôpital.* Paris: Anthropos.

Aubenque P. (1963). *La prudence chez Aristote.* Paris: PUF.

Aubert I., Flügel O., (2007), « Procéduralisme et plotique délibérative, la philosophie politique de Jürgen Habermas », *Philonsorbonne* n°2, août, pp.31-45.

Auby J.-M. (1976), « La responsabilité médicale en France (aspects de droit public) », *Revue internationale de droit comparé* n°3 , vol.28, pp. 511-529.

Audouin L., Orlewski M. (2000), *Du patient au client. L'art de fidéliser la clientèle médicale*, MMI Editions, 149p.

Autissier D., Johnson K. et Moutot J.M., (2015), « De la conduite du changement instrumentalisée au changement agile », Questions de Management, N°10, Ed. EMS, France.

Autret J. (2002), *Le monde des personnels de l'hôpital : ce que soigner veut dire...*, Editions de l'Harmattan, Paris, 237p.

B. Dantier, R. Boudon, dans « *Holisme et individualisme méthodologiques.* » Paris, PUF, 1982, PP.12-23.

Bacjque M.-H. (2005), « L'intraduisible notion d'*empowerment* vue au fil des politiques urbaines américaines », *Territoires* n°460 , pp. 32-35.

Bahli B., Rivard S. (2003), The information technology outsourcing risk : a transaction cost and agency theory-based perspective, *Journal of Information Technology* 18
Barberye R. (2003), « La crise de l'hôpital public », *Revue Hospitalière de France, n°495*, novembre-décembre, pp. 36-43.

Barbier J.M. (1996). «De l'usage de la notion d'identité en recherche». *Education permanente*, n° 28, pp. 11-26.

Barbot J. (2002), *Les malades en mouvements. La médecine et la science à l'épreuve du Sida*, Balland, coll. « Voix et regards », 307p.

Barouch G., (2017), « Le management de la qualité à l'usage des dirigeants : Un état de l'art académique et professionnel », Edition AFNOR, France.

Bartoli A. (2002), *Le management dans les organisations publiques*, Dunod, Paris, 300p.

Bartoli A., Blatrix C. (2015), « Management dans les organisations publiques : Défis et logiques d'action », Edition Dunod, 4ième Edition, Paris.

Béjean S. (1994), *Économie du système de santé. Du marché à l'organisation*, Paris, Economica.

Béjean S. et Gadreau M. (1992), « Asymétrie d'information et régulation en médecine ambulatoire », *Revue d'économie politique*, vol. 102, n° 2, p. 207-227.

Béjean S. et Gadreau M., (1992), « Nouvelles approches théoriques des organisations publiques : leurs implications pour la politique hospitalière », Revue Politiques et management public, Vol. 10, N°03.

Béjean S., (1999), « De nouvelles théories en économie de la santé : fondements, oppositions et complémentarités », Politiques et management public, vol. 17, N°01.

Bejean S., Gadreau M. (1992), « Nouvelles approches théoriques des organisations publiques : leurs implications pour la politique hospitalière », *Politique et management public*, vol.3, n°10 , pp. 23-35.

Belorgey N. (2010). *L'hôpital sous pression: enquête sur le nouveau management public*. Paris: La Découverte.

Benallah M. et Domin J.P., (2017), « Réformes à l'hôpital. Quels enjeux en termes de travail et de santé pour les personnels », Revue de l'Ires, N°91-92.

Benamouzig D. (2005), *La santé au miroir de l'économie*, Paris, PUF. DOI : 10.3917/puf.benam.2005.01

Benézé, (1954), *La méthode expérimentale*, Paris, PUF, pp 1-4.

Bérard E. , (2011), « L'appropriation du dispositif de contractualisation interne à l'hôpital de V. : Evolution conjointe de la stratégie et du contrôle de gestion », Comptabilités, économie et société, Montpellier, France, Mai 2011.

Bergeron P., Turgeon J. (2003), « La santé malade de son système, trente ans de thérapies », *Télescope vol.10, n°2*, mars, pp.18-23.

Berle A. et Means G. (1932), *The modern corporation and private property*, New York, Transaction Pub.

Berle A. et Means G., (1932), The Modern Corporation and Private Property, Harcourt, Brace & World, nouvelle edition: New Brunswick NJ, Transaction Publishers, 1991. Budet JM.,

(2003), « Les clés de la gouvernance hospitalière », Gestions Hospitalières, n°430, novembre, cahier 181.

Bertrand A., Burnier J-P. (2003), « Les leçons de la canicule », *Revue Hospitalière de France*, n°494 ,septembre-octobre, pp. 44-45.

Bezes P., et al. (2011). «*New Public Management* et professions dans l'Etat: au-delà des oppositions, quelles recompositions?». *Sociologie du travail,* vol. 53, n°3, pp. 293-348.

Blau P. M. (1955). *Dynamics of Bureaucracy*. Chicago: University of Chicago Press.

Bolgiani I. (2002). *L'application des nouvelles méthodes de gestion publique dans les secteurs sanitaires et hospitaliers: risque et opportunité.* Muri: Cahier d'études de la Société suisse pour la politique de la santé.

Bolton S. (2004). «A Simple Matters of Controls? NHS Hospital Nurses and New Management». *Journal of Management Studies*, vol. 41, n°2, pp. 317-333.

Bonnafous-Boucher M., Martinet A-C., Mercier S., Mesure H. (2005), « La théorie des parties prenantes au centre du management stratégique. Vers un programme de recherche », XIVième Conférence Internationale de Management Stratégique, Angers, 16p, http://www.strategie-aims.com.

Bonnafous-Boucher Maria, Pesqueux Yvon, (2006), *Décider avec les parties prenantes, Approches d'une nouvelle société civile*, La Découverte, Paris, 268 p.

Bouglet J. (2005), « La gestion des attentes comme contribution à la théorie des parties prenantes », XIVième Conférence Internationale de Management Stratégique, Angers, 2p, http://www.strategie-aims.com.

Boumendil A., Hanslik T., Garcia A., Dorleans Y. et alii. (2003), « Enquête du réseau sentinelles sur les conséquences sanitaires liées à la canicule de l'été 2003 en France », Inserm, Faculté de Médecine Saint-Antoine.

Bourguignon T., (2018), « Entreprises : vers l'excellence, une méthodologie de la performance par le management agile », Edition Dunod, Coll. : Stratégie d'entreprise, Paris.

Bourret P. (2006). *Les cadres de la santé à l'hôpital. Un travail de lien invisible*. Paris: Arslan.

Bouvier A., (2004), Management et sciences cognitives. Paris, PUF.

Bovens M. (1998). *The Quest for Responsability : Accountability and*

Bovens M. (2007). «Analysing and Assessing Accountability : A Conceptuel Framework». *European Law Journal*, vol. 13, n°4, pp. 447-468.

Boy D., (2003), « l'expert citoyen, le citoyen expert », *Cahiers français*, dossier « les nouvelles dimensions de la citoyenneté », n° 316, sept -oct 2003, pp.20-24.

Brachet P., Niquet A., « Santé publique, service public : le rôle du maladeusager-citoyen », http://www.globenet.org.

Bremond M., Claveranne Jp., Teil A. (2000), « Organisation, décision et financement du système de soins », *Actualité et dossier en santé publique n°33*, décembre, pp. 19-20.

Brodkin E. Z. (1997). «Inside the Welfare Contract : Discretion and

Brodkin E. Z. (2012). «Reflections on Street-Level Bureaucracy: Past, Present and Future». *Public Administration Review*. Vol. 72, n°6, pp. 940-949.

Brousseau E., Glachant J-M (2000), Introduction : Économie des contrats et renouvellements de l'analyse économique, *Revue d'économie industrielle*, vol. 92

Brücker G., Caniard E. (1999), « Etats généraux de la santé : une démarche innovante pour plus de démocratie sanitaire », *Actualité et dossier en santé publique* n°27 , Juin, pp.6- 9.

Brunetiere J-.R. (2005), « Comment donner la parole au « client-citoyen ? », dossier « Qu'est-ce qu'un « bon gouvernement ? », *Sociétal* n° 47, pp. 92-95.

Bubien Y., Nerbard G. (2004), « L'exception sanitaire française », *Revue Hospitalière de France* n°500 , septembre-octobre, pp. 26-36.

Budet J.-M., (2003), « Les clés de la gouvernance hospitalière », *Gestions hospitalières* n°430 , novembre, cahier 181, pp. 708-731.

Buffat A. (2011). *Pouvoir discrétionnaire et redevabilité de la bureaucratie de guichet. Les taxateurs de la caisse de chômage comme acteurs de mise en œuvre*. Thèse de doctorat. Lausanne : Université de la Lausanne.

Burlone N., Giroux D. (2006), « La part de l'intérêt public dans le bien commun », *Revue Gouvernance*, vol.2, n°2, janvier, 50p, http://www.revuegouvernance.ca.

Burns T., Stalker GM., (1961), The Management of Innovation, Tavistock, London. Charreaux G., (2005), « Pour une gouvernance d'entreprise comportementale », Revue Française de Gestion, Jul/Aug, 31, 157.

Caillet R., Crie D. (2004), « Organisation par pôles de l'hôpital public. Réflexions pour l'hôpital 2007 », *Gestions Hospitalières n°439*, octobre, pp. 596-602.

Caillet R., Lejeune H. (2009), « Les acteurs de la gouvernance hospitalière », *Regards sur l'actualité n°352*, La documentation française, juin-juillet, pp.6-8.

Caillie D. V., (2014), « l'hôpital, une entreprise comme les autres ? », Centre d'Etude de la Performance des Entreprises (CEPE), HEC Ecole de Gestion, Université de Liège.

Callon M. (1986), « Éléments pour une sociologie de la traduction. La domestication des coquilles Saint-Jacques et des marins-pêcheurs de la baie de Saint-Brieuc », *L'année sociologique*, n° 36, p. 169-208.

Callu M-F., (2000), « L'émergence d'un droit des patients. Ou comment se construit le droit ? », Colloque du 21 avril,. Groupement Scientifique Santé, IFROSS, Faculté de Droit, Université Jean Moulin Lyon 3, 15p.

Calvez C., (2016), « La loi HPST : Hôpita, Patients, Santé et Territoires 2009 », Dossier documentaire, École des Hautes Etudes en Santé Publique, Rennes – France.

Caniard E. (1999), « Etats généraux de la santé : une démarche innovante pour plus de démocratie sanitaire », *Actualité et dossier en santé publique* n°27, juin, pp.6-9.

Caniard E. (2000), « La place des usagers dans le système de santé », *Actualité et dossier en santé publique* n°31 , juin, pp. 12-14.

Caniard E., Ghadi V. (2009), « Associations et représentation des usagers », *Actualité et dossier en santé publique* n° 68, septembre, p.13-54.

Capron M. (1999), « Grandes et petites manœuvres autour de l'éthique de l'entreprise », *cadres-CFDT* n°390 , pp. 41-46.

Carpentier-Roy M.-C. (1995). *Corps et âme. Psychopathologie du travail infirmier*. Montréal : Editions Liber.

Castra M. (2008). «L'usage de l'analyse psychologique comme support à la gestion de la mort en unité de soins palliatifs» in Buscatto M., Loriol M. et Weller J.-M. (sous la direction de). *Au-delà du stress au travail: Une sociologie des agents publics au contact des usagers*. Ramonville Saint-Agne: Editions Erès.

Catrice-Lorey A. et L'huillier M.-C. (1992), « Construction des politiques de régulation du secteur hospitalier », *Politiques et management public*, vol. 10, n° 2, p. 132-183. DOI : 10.3406/pomap.1992.3055

Cauvin C., Joly K. (2003), « La gouvernance : de l'entreprise à l'hôpital, Graph 2003 : les clés de la gouvernance hospitalière », Cahiers hospitaliers n°181, *Gestions Hospitalières n°430*, novembre, pp. 709-712.

Cauvin, (1999), Les habits neufs du contrôle de gestion, Questions de contrôle, Collins ed., PUF

Cazal D. (2011), RSE et théorie des parties prenantes : les impasses du contrat, *Revue de la régulation* 1er semestre

Chabaud D., Germain O. (2006), « La réutilisation des données qualitatives en sciences de gestion : un second choix ? », *M@n@gement*, vol.9, n°3 , pp 191-213.

Chaize J. (1992), *La porte du changement s'ouvre de l'intérieur, Les trois mutations de l'entreprise*, Edition Calmann-Levy, 258p.

Champy F. (2009). *La sociologie des professions*, 2e édition. Paris: PUF.

Chappoz Y., et Tobin I., (2017), « Les nouvelles frontières du management public », Revue Management international, N°02, Vol. 21.

Charreaux G. (1987), « La théorie positive de l'agence : Une synthèse de la littérature », in *De nouvelles théories pour gérer l'entreprise*, Charreaux G., Couret A., Joffre P., Kœnig G. et Montmorillon B. de, Paris, Economica, p. 19-55.

Charreaux G. (1996), « Pour une véritable théorie de la latitude managériale et du gouvernement des entreprises », GRECO / LATEC, juin, 26p.

Charreaux G. (1997), « Gouvernement de l'entreprise », in *Encyclopédie de gestion*, Simon Y. et Joffre P., Paris, Économica, p. 1652-1662.

Charreaux G. (1999), La théorie positive de l'agence : positionnement et apports, document de travail

Charreaux G. (2000), « La théorie positive de l'agence : positionnements et apports », *Revue d'économie industrielle*, n° 92, p. 193-214. DOI : 10.3406/rei.2000.1046

Charreaux G. (2004), « Les grands auteurs en théorie des organisations : Michael JENSEN, la théorie positive de l'agence et ses applications à l'architecture et à la gouvernance des organisations », *Cahier du FARGO* n° 1041203, décembre, 33 p.

Charreaux G. (2006), « Quelle théorie pour la gouvernance ? De la gouvernance actionnariale à la gouvernance cognitive », Cahier du FARGO, 25p.

Charreaux G. (2011), « La gouvernance hospitalière : quelques réflexions à partir de la gouvernance d'entreprise », in *Santé et politiques sociales : entre efficacité et justice. Autour des travaux de Maryse Gadreau*, Batifoulier P., Buttard A. et Domin J.-P., Paris, Éditions Eska, p. 210-221.

Charreaux G., Desbrieres P. (1998), « Gouvernance des entreprises : valeur partenariale contrevaleur actionnariale », *Finance, Contrôle, Stratégie*, vol.1, n°2, juin, pp.57-62.

Charreaux G., Pitol-Belin JP. (1992), *Les théories des organisations, Encyclopédie du Management*, tome 2, Edition Vuibert, Paris, pp. 258-269.

Charreaux G., WIRTZ P. (2006), *Gouvernance des entreprises, Nouvelles perspectives*, Economica, Paris, 394p.

Charreire S et Durieux F. (2007): Explorer et tester: deux voies de la recherche, Chapitre 3, In Thiétart R (Dir.), A., Méthodes de recherche en management, 3ème édition, Dunod.

Chatelin C., Trebucq S. (2003), « Stabilité et évolution du cadre conceptuel en gouvernance d'entreprise : un essai de synthèse », IX è Journées d'Histoire de la Comptabilité et du Management, CREFIGE, Université Paris-Dauphine, mars.

Chauviere M., Godbout JT. (2004), *Les usagers entre marché et citoyenneté*, L'Harmattan, Logiques sociales, 332p.

Chouam B. et Benchikha F.Z., (2018), « Le contrôle de gestion hospitalier : cas d'hôpital Algérien », Revue du Contrôle de la Comptabilité et de l'Audit, N°05, Maroc.

Christensen T. (2012). «Post-NPM and changing public governance» in *Meiji Journal of Political Science and Economic,* vol. 1.

Christensen T. et Fan Y., (2016), « Post-New Public Management : A new administrative paradigm of China ? », International Review of Administrative Sciences, N°01, Pub. SAGE.

Christian Defélix : Diagnostic organisationnel, Université Pierre Mendès-France, Grenoble, HEG ARC, 2007.

Citizenship in Complex Organizations. Cambridge: Cambridge University Press.

Clarke J., Gewirtz S. McLaughlin E. (2000). *New Managerialism: New Welfare?* London: Sage Publications Ltd.

Claudette Lafaye : Sociologie des organisations, Armand Colin, 2009.

Claveranne J. P., Pascal C. et Piovesan D., (2009), « La gouvernance hospitalière à la croisée des chemins », Collection : « Traité d'économie et de gestion de la santé », Edition de la Santé, Presse de Sciences Po, France.

Claveranne J.-P. (1996), « Le management par projet à l'hôpital », *Revue française de gestion*, n° 109, p. 103-113.

Claveranne J.-P. (2003), « L'hôpital en chantier : du ménagement au management », *Revue française de gestion*, vol.29, n° 146, septembre-octobre, pp.125-129.

Claveranne J.-P., Bremond M., Teil A. (2000), « Organisation, décision et financement du système de soins », *Actualité et dossier en santé publique* n°33, décembre, pp. 19-20.

Claveranne J.-P., Larrasquet J.-M., et alii. (2008), « Consultance, recherche et responsabilité sociale. Quelques réflexions éthiques, épistémologiques et méthodologiques », *Revue internationale de projectique*, janvier, pp. 27-39.

Claveranne J.-P., Pascal C. (2004), *Repenser les processus à l'hôpital*, éditions Médica, Paris, 262p.

Claveranne J.-P., Vinot D. (2004), « L'émergence des droits des patients dans le système de santé occidentaux : anciens problèmes et nouveaux défis », *Revue générale de droit médical*, n° 13, pp.17-25.

Claveranne J.-P., Vinot D., Rousset G., Mbouna N. et alii. (2006), « Respect des droits des usagers du système de santé : Outils pour l'élaboration du rapport annuel sur le respect des droits des usagers dans le cadre des conférences de santé », Graphos, 56p.

Clement J.-M. (1995), *Les pouvoirs à l'hôpital*, Berger-Levrault, Paris, 191p.

Clement J-M. (2004), *Réflexions pour l'hôpital : proximité, coopération, pouvoirs*, Les Etudes Hospitalières, Bordeaux, 2004, 137p.

Clot Y. (2010). *Le travail à cœur. Pour en finir avec les risques psychosociaux.* Paris: La Découverte.

Coase R., (1988), La firme, le marché et le droit, Note de lecture des étudiants MIP du Cnam

Collectif Interassociatif Sur la Santé (2008), *Guide Ciss du représentant des usagers du système de santé*, 3e édition, 180p.

Collectif Interassociatif Sur la Santé en Rhône-Alpes, (2008), Rapport d'activité, 74p.

Combessie, *la méthode en sociologie*, Paris, La Découverte, 1999, P.194.

Commission de concertation sur les missions de l'hôpital (2007), « Rapport sur les missions de l'hôpital », (rapport Larcher), Ministère de la santé, de la jeunesse, des sports et de la vie associative, 102p.

Commission des affaires culturelles, familiales et sociales (2003), « Rapport d'information n°714 sur l'organisation interne de l'hôpital », (rapport Couanau), Assemblée Nationale, mars, 2003, 81p.

Commission des affaires culturelles, familiales et sociales (2008), « Rapport d'information n°697 en conclusion des travaux de la mission sur la création des agences régionales de santé », (rapport Bur), Assemblée nationale, février, 168p.

Conner KR., Prahalad CK., (1996), « A Resource-Based Theory of the Firm : Knowledge vs. Opportunism », Organization Science, vol. 7, n° 5, p.477-501.

Conseil d'Analyse Economique (1999), « Rapport sur le système de santé », La Documentation française, Paris, 202p.

Contandriopoulos A-P. (1999), « La régulation d'un système de soins sans murs », *in* Claveranne Jp., Lardy C., *La santé demain, vers un système de soins sans murs*, ed. Economica, pp. 87-102.

Coriat B., Weinstein O. (2010), Les théories de la firme entre contrats et compétences, *Revue d'économie industrielle* 129-130

Coriat P. (2009), « Le directeur, unique pilote... », *Regards sur l'actualité* n°352, La documentation française, juin-juillet, p.9.

Coutelle P. (2005), « Introduction aux méthodes qualitatives en sciences de gestion », cours du CEFAG- séminaire d'étude qualitatives 2005, 20p.

Couty E., (2002), « L'enjeu de la contractualisation interne pour les établissements de santé », Gestions Hospitalières, n°416.

Crémadez M., (1987), « Les clés de l'évolution du monde hospitalier », Revue de la Gestion hospitalière, N° 266, Paris.

Cremadez M., (2003), « Vers une nouvelle gouvernance hospitalière », Revue Gestion Hospitalière, N° 490, Paris.

Cremadez M., Grateau F., (1992) « le management stratégique hospitalier » édition Interéditions, p.21.

Cristofari J.-J. (2010), « Le vrai pouvoir est dans les ARS », http//www.pharmaceutiques.com.

Crowley J. (2003), « Usages de la gouvernance et de la gouvernabilité », *Critique internationale* n°21 , octobre, pp. 52-61.

Crozet P., Kaaniche A. Lienard J. (2008). «Nouvelle gouvernance à l'hôpital: recomposition de l'organisation et gestion des ressources humaines» in *Politiques et management public*, vol. 26, n°4, pp. 31-50.

Crozier M., (1963), « Le phénomène bureaucratique, essai sur les tendances bureaucratiques des systèmes d'organisation modernes et sur leurs relations en France avec le système social et culturel. », Edition Seuil, Paris.

Cultru C. (2004), « Patient ou consommateur ? », *Droit, Déontologie et Soin* n° 1, vol. 4, mars 2004, pp. 34-56.

Curatolo N., (2014), « Proposition d'une méthode Lean pour l'amélioration des processus métiers : application au processus de prise en charge médicamenteuse à l'hôpital », Thèse doctorale en Génie Industriel, Ecole Nationale Supérieure d'Arts et Métiers, Paris – France.

Cyert R. M. et March J. (1970), *Processus de décision dans l'entreprise*, Paris, Dunod.

Cyert RM., March JG., (1963), A behavioural Theory of the fi rm, Englewood Cliffs, Prentice Hall.

Damak-Ayadi S., Pesqeux Y. (2005), « Stakeholder Theory in perspective », *Corporate governance*, vol. 5, n°2 , pp. 5-21.

Darbon S. et Letourmy A. (1983), « La microéconomie des soins médicaux doit-elle être nécessairement d'inspiration néoclassique ? », *Sciences sociales et santé*, vol. 1, n° 2, p. 31-75.

David A., Hatchuel A., Laufer R. (2002), *Les Nouvelles fondations des sciences de gestion, Eléments d'épistémologie de la recherche en management*, Edition Vuibert, FNEGE 2002, 216p.

Davis, J., Schoorman, F., Donaldson, L. (1997). Toward a Stewardship Theory of Management. *The Academy of Management Review, 22*(1), 20-47.

Dayer A., (2015), « L'hôpital public sous l'ère de la nouvelle gouvernance hospitalière : Une camisole de force pour le personnel soignant ? », Cahier N°288, Université de Lausanne, Suisse.

De GaulejacV. (2011). *Travail, les raisons de la colère*. Paris: Editions Seuil.

De Pouvourville G. et Tedesco J. (2003). « La contractualisation interne dans les établissements hospitaliers publics» in *Revue française de gestion*, vol. 5, n°146, pp. 205-218.

Dechamp G. et Romeyer C. (2006), « Trajectoires d'appropriation des principes de la nouvelle gouvernance hospitalière par les médecins », Association Internationale de Management Stratégique, XVème Conférence Internationale de Management Stratégique, Genève – Suisse.

Deharo G., (2018), « Le droit, un outil de management agile ? Une perspective juridicogestionnaire », Revue française de gestion, N°272, Ed. Lavoisier, France.

Dehbi B., (2017), « La problématique de gouvernance sanitaire au nord de l'Afrique : Cas du Maroc, de l'Algérie et de la Tunisie », Afrique et Développement, N°01, Vol. XIII.

Dejours C. (1992). *Questions et méthodes d'évaluation interdisciplinaire des politiques publiques : la question de la souffrance*, Caesar, Université Paris X, Paris, janvier 1992.

Dejours C. (1998). *Souffrance en France. La banalisation de l'injustice sociale*. Paris: Editions Seuil.

Demailly L. (1998), « La restructuration des rapports de travail dans les métiers relationnels », *Travail et emploi*, n° 76, p. 3-24.

Demazière D. et Dubar C. (1997). *Analyser les entretiens biographiques. L'exemple des récits d'insertion*. Paris: Nathan.

Demazière D. et al. (2013). «Les effets de la Nouvelle Gestion Publique sur le travail des professionnels: transpositions, variations, ambivalences» in *Education et sociétés*, vol. 2, n°32, pp. 5-20.

Demazière D., Gadéa C. (2009), *Sociologie des groupes professionnels, Acquis récents et nouveaux défis*. Paris: La Découverte.

Dembinski O. (2000), « L'innovation à l'hôpital est-elle possible ? Le cas des démarches participatives de l'encadrement soignant », in *Professions et institutions de santé face à l'organisation du travail. Aspects sociologiques*, Cresson G. et Schweyer F.-X., Rennes, Éditions de l'ENSP, p. 47-57.

Demsetz H. (2005), la relation d'agence, revue électronique Confiance et gouvernance : des recherches et des analyses sur la gouvernance d'entreprise, 06 mars, 5p, http://gouvernance.canalblog.com.

Denzin N.K. et Lincoln Y.S.(2005): Introduction: The discipline and practice of qualitative research. In Denzin N.K. & Lincoln Y.S. (Eds.), The sage handbook of qualitative research (2nded.). Thousand Oaks, CA: Sage. (2004), *Dictionnaire des politiques publiques*, Science Po Les presses, Paris.

Dhal R. (1957), « The Concept of Power », *Behavioral Science*, 2, pp.201-215.

Dionne G. (1981). Le risque moral et la sélection adverse : une revue critique de la littérature. *L'Actualité économique*, 57(2)

Djelic M-L., Zarlowski P., « Entreprises et gouvernance en France : perspectives historiques et évolutions récentes », *Revue Sociologie du travail*, octobre-décembre 2005, vol.47, n°4 , pp. 451-469.

Docteurs B. (2013). «L'Hôpital malade de l'efficience» in *Revue du Mauss*, n°41, pp. 53-75.

Domain J. P., (2015), « Réformer l'hôpital comme une entreprise. Les errements de trente ans de la politique hospitalière 1983-3013 », Revue de la Régulation, N°17, France.

Domin J. P., (2008), « L'État et le marché au chevet de l'hôpital public », Revue Savoir/Agir, N°05

Domin J. P., (2010), « Les dispositifs de gestion dans les réformes hospitalières : l'impossible passage de l'hôpital bureaucratique à l'hôpital-entreprise (1980-2009) », Journées d'Histoire de la Comptabilité et du Management, Nantes - France.

Domin J. P., (2014), « La nouvelle gouvernance hospitalière : fondements théoriques et applications », Publié par le LAME, Université de Reims Champagne-Ardenne, URL : https:// www.researchgate.net/ publication/228847636, consulté le : 15/12/2018.

Domin J. P., (2016), « L'hôpital public : Un management sans ménagement », La Vie des idées, 05 Avril 2016. URL : https://laviedesidees.fr/La-reforme-de-l-hopital-public.html, consulté le : 10/12/2018.

Domin J. P., Batifoulier P. et Da Salva N., (2018), « Economie de la santé », Edition Armand Colin, Dunod, France.

Domin J.-P. (2000), « Évolution et croissance de longue période du système hospitalier français (1803-1993) », *Économies et sociétés, série AF*, vol. 34, n° 3, p. 71-133.

Domin J.-P. (2002a), « La planification sanitaire comme élément de la croissance économique. Une réflexion rétrospective sur le rôle du Commissariat général du Plan », *in* Dupuis J.-M. et El Moudden C., *Politiques sociales et croissance économique*, Paris, Éditions de L'Harmattan, p. 63-79.

Domin J.-P. (2002b), « Les assurances sociales et l'ouverture des hôpitaux à l'ensemble de la population : les prémices d'une politique globale de santé publique (1914-1941) », *Revue française des affaires sociales*, vol. 56, n° 1, p. 133-154. DOI : 10.3917/rfas.021.0131

Domin J.-P. (2006). «La nouvelle gouvernance ou le retour en force de l'hôpital-entreprise» in *Gestions hospitalières*, n°452, pp. 24-28.

Domin J.-P. (2008), *Une histoire économique de l'hôpital (xixe-xxe siècles). Une analyse rétrospective du développement hospitalier. Tome I (1803-1945)*, Paris, CHSS / La Documentation française.

Domin J.-P. (2013a), « Quand l'hôpital se moque de la charité, son compromis fondateur est rompu », *La revue du Mauss*, n° 41, p. 41-52. DOI : 10.3917/rdm.041.0041

Domin J.-P. (2013b), *Une histoire économique de l'hôpital (xixe-xxe siècles). Une analyse rétrospective du développement hospitalier. Tome II (1945-2009)*, Paris, CHSS, La Documentation française.

Domin J.-P. (2014), « Une mesure économique des changements en matière de politiques de socialisation de la santé (1890-1938) », *Économies et Sociétés, série HEQ*, n° 48, p. 247-273.

Donaldson T., Preston L. (1995), « The Stakeholder Theory of the Corporation : Concepts, Evidence, and Implications », *Academy of Management Review*, Vol.20, n°1 , pp. 65-91.

Donze P.-Y. (2003). *Bâtir, gérer, soigner. Histoire des établissements hospitaliers de Suisse romande.* Genève ; Georg Editeur.

Dubar C., Tripier P., Boussard V. (2011). *Sociologie des professions.* Paris: Armand Colin.

Dubois V. (2010). *La vie au guichet. Relation administrative et traitement de la misère.* Paris: Economica.

Dumesnil J. (2011), *Art médical et normalisation du soin*, Paris, Presses universitaires de France.
DOI : 10.3917/puf.dumes.2011.01

Durkheim, E. (1893). *De la division du travail sociale.* Paris:PUF. Edition 2007.

Duval A. C., (2017), « Ancrer le changement : Un défi des soignants lors de la démarche de certification, une étude qualitative », Revue francophone internationale de recherche infirmière, N°03, Vol.03.

Ehlinger S., (1998), « Les représentations partagées au sein des organisations : entre mythe et réalité », VII Conférence Internationale de l'AIMS, 1-17.

Eleuthère j. Manga zambo, (2015), Les transformations de la gestion hospitalière dans leurs modernes expressions juridiques et Administratives au Cameroun, Centre Africain de Formation et de Recherche Administratives pour le Développement, No. 56, pp. 124-145.

Emery Y. et Giauque D. (2012). *Motivations et valeurs des agents publics à l'épreuve des réformes.* Laval: Presse de l'Université de Laval.

Esper C. (1994), *Rapport au ministre en charge de la santé. Propositions d'expérimentation pour l'hôpital public*, Paris, ministère de la Santé.

Esper C. (2004), « La nouvelle gouvernance des hôpitaux publics : un texte entre continuité et modernité, encadrement et liberté », *Gestions Hospitalières, n°439*, octobre, pp.603-606.

Esper C. (2005), « La nouvelle gouvernance hospitalière : réel dynamisme ou évolution imposée ? A propos des ordonnances des 2 mai et 1er septembre 2005 », *Revue de droit sanitaire et social* n°5 , septembre, pp. 766-778.

Etzioni A. (1998), « A communication Note on Stakeholder Theory », *Business Ethics Quartely*, vol. 8, issue 4, pp.679-691.

Evetts J. (2009). «New Professionalism and New Public Management : Changes, Continuities and Consequences in *Comparative Sociology*, n°8, pp.247-266.

Evetts J. (2013). «Professionnalism: Value and Ideology» in *Current Sociology Review*, vol. 61, n°5-6, pp. 778-796.

Evin C. (2002), *Les droits des usagers du système de santé*, Berger-Levrault, coll. "Les indispensables", 575p.

Ezziadi A. et Gharrafi M., (2019) « Quelle configuration pour que le contrôle de gestion hospitalier réponde aux enjeux de gouvernance du secteur public ? » Revue Internationale des Sciences de Gestion (ISG), Numéro 03 : Avril 2019, Volume 2 : Numéro 2.

Fagermoen M. S. (1997). «Professional identity: values embedded in meaningful nursing practice» in *Journal of Advanced Nursing*, n°25, pp. 434-441.

Fainzang S. (2006), *La relation médecins- malades : Information et Mensonge*, PUF, 159p.

Fama EF., Jensen MC,, (1983), "Separation of Ownership and Control", Journal of Laws and Economies, 26, p.301-325.

Fauque N.-R. (2009), « La nouvelle gouvernance hospitalière », Les cahiers hospitaliers n°260 , Berger-Levrault, octobre, p. 11-14.

Faure A. (2006). «Nouvelle gouvernance: inquiétudes et espoirs des futurs acteurs», *Gestions hospitalières*, n°452, pp. 29-34.

Favereau O. (1989), « Marchés internes, marchés externes », *Revue économique*, vol. 40, n° 2, p. 273-328.
DOI : 10.2307/3502116

Favereau O. (2004), « Trois considérations critiques sur les rapports entre l'éthique et la théorie économique », in *Éthiques d'aujourd'hui*, Canto-Sperber M., Paris, PUF, p. 25-36.

Favereau O. (2006), « Objets de gestion et objet de la théorie économique », *Revue française de gestion*, n° 160, p. 67-79.
DOI : 10.3166/rfg.160.67-80

Fayn M-G. (2005), *La société du soin, Les nouvelles attentes du consommateur*, Editions Frison-Roche, Paris, 260p.

Fely J. (2001), « La réforme de l'Etat », *ceras*, Marché, acteurs et règles du jeu, n° 266, été, *La Revue Projet*, publications. http://www.ceras-projet.com.

Fermon B. (1991), « Application de la théorie de l'agence à l'analyse de la production de soins », thèse de sciences économiques, Paris, Université Paris-Dauphine.

Ferrero G. (1988), *Pouvoir : les génies invisibles de la cité,* Le livre de poche, biblio, essais, 315p.

Fouilleux È. (2000), « Entre production et institutionnalisation des idées. La réforme de la politique agricole commune », *Revue française de sciences politiques*, vol. 50, n° 2, p. 277-306.
DOI : 10.3406/rfsp.2000.395468

François P. et Pomey M. P., (2005), « Implantation de la gestion de la qualité dans les hôpitaux français : Jeux d'acteurs et transformations induites », Revue d'épidémiologie et de santé publique (RESP), N°53.

Fraselle N. (1996), *Du patient au consommateur, construction d'un combat social*, éditions Académia, 1996, 228p.

Fray A.-M. (2009), « Nouvelles pratiques de gouvernance dans le milieu hospitalier : conséquences managériales sur le secteur », *Revue management et avenir* n°28, août, pp. 142-159.

Fray AM., Saulquin JY., (2005), « Contribution à la mesure de la confi ance et de la reconnaissance comme facteurs de succès organisationnel : une application au secteur hospitalier », Gestion 2000, Juillet-Aout.

Freeman E.R, (1984), *Strategic Management : A stakeholder approach*, Pitman, Boston.

Freeman RE., Reed DL., (1983), « Stockholders and stakeholders : A new perspective on corporate governance », California Management Review, vol XXV, n°3, Spring, p.88-106.
Guerrero-Barney I., (1996), « Formalisation et contrôlabilité dans les hôpitaux publics : les causes de l'échec des réformes hospitalières en France », 3ème journée de recherche en Sciences Humaines et Sociales du CEREG, Annecy, Mars.

Freeman, R.E., Wicks A., Parmar, B. (2004), « Stakeholder Theory and The corporate Objective Revisited », *Organization Science,* May/June, Vol.15 Issue 3, p364-369.

Freidson E. (1970). *La profession médicale*. Paris: Payot.

Freidson E. (1971). *The Professions and their Prospects*. Beverly Hills et Londres: Sage.

Freidson E. (1985). «The reorganization of the medical profession» in *Medical Care Research and Review*, vol. 42 n°1, pp. 11-35.

Furbotn E.G., Pejovich S. (1972), "Property rights and Economic Theory: A Survey of Recent Litteraure", *Journal of Economic Litterature*, pp.1137-1162.

G. Bachelard, *La formation de l'esprit scientifique, Paris, Librairie philosophique Vrin, 1999*

Gallemand F. (1996), « La politique rocardienne de modernisation administrative », *La gouvernabilité*, Paris, PUF, p. 227-246.

Gauléjac V. de (2005), *La société malade de la gestion. Idéologie gestionnaire, pouvoir managerial et harcèlement social*, Paris, Éditions du Seuil.

Gavard-Perret M.-L., Gotteland D. et alii. (2008), *Méthodologie de la thèse, réussir son mémoire ou sa thèse en sciences de gestion*, Edition Pearson Education, 383 p.

Gayon V. (2009), « Un atelier d'écriture internationale : l'OCDE au travail. Éléments de sociologie de la forme "rapport" », *Sociologie du travail*, vol. 51, n° 3, p. 324-342. DOI : 10.1016/j.soctra.2009.06.005

Gayon V. (2013), « Homologie et condictivité internationale. L'État social aux prises avec l'OCDE, l'UE et les gouvernements », *Critique internationale*, n° 59, p. 47-67.

Genieys W. (2005), « La constitution d'une élite du Welfare dans la France des années 1990 », *Sociologie du travail*, vol. 47, n° 2, p. 205-222. DOI : 10.1016/j.soctra.2005.03.004

Ghigiglione, R. et Matalon P., (1995), *Les enquêtes sociologiques : Théories et pratiques*, Paris, Armand Colin, ,p.26.

Giauque D., Emery Y. (2008). *Repenser la gestion publique : Bilan et perspective en Suisse.* Lausanne: Presses polytechniques et universitaires romandes.

Giauque D., Resenterra F., Siggen M. (2013). « Stress et satisfaction au travail des cadres intermédiaires dans les hôpitaux de Suisse romande dans un contexte de réformes» in *@GRH*, vol. 4, n° 9, pp. 123-155, doi:10.3917/grh.134.0123.

Ginzburg C. (1980). «Signes, traces, pistes: racines d'un paradigme de l'indice». in *Le Débat*, n° 7, pp. 3-44.

Glouberman S. & Mintzberg H. (2001), «Managing the care of health and the cure of disease—Part I: Differentiation», Health Care Manage Review, Winter, Vol. 26, N°01.

Gobet P. (2002). *La construction sociale de l'activité soignante.* Lausanne: Réalités sociales.

Gomez P.-Y. (2003), « Jalons pour une histoire des théories du gouvernement des entreprises », *Finance Contrôle Stratégie*, vol. 6, n° 4, p. 183-208.

Gomez P-Y. (2001), *La république des actionnaires : le gouvernement d'entreprise entre démocratie et démagogie*, éditions SYROS Alternatives Economiques, Paris, 217 p.

Gonnet F., (2002), « Management hospitalier : un nouvel exercice du pouvoir » édition Masson, P125.

Got C. (2002), « La représentation institutionnelle des usagers à l'hôpital : introduction ou intrusion ? », *Actualités JuriSanté* n°38 , octobre.

Gouldner A. W. (1954). *Patterns of industrial bureaucracy. Glencoe: Free Press Reading.*

Granger B. et Pierru F., (2012), « L'Hôpital en sursis : idées reçues sur le système hospitalier », Editions Le Cavalier Bleu, Paris.

Granjou C. (2003), « Note de recherche sur l'expertise scientifique à destination politique », *Cahiers internationaux de sociologie* CXIV, pp.175-183.

Graphos, (2007), « recherche en sciences de gestion », Séminaire doctoral

Greffe X. (1981), *Analyse économique de la bureaucratie*, Paris, Economica.

Grevin A., (2011), « Les transformations du management des établissements de santé et leur impact sur la santé au travail : L'enjeu de la reconnaissance des dynamiques de don », Thèse doctorale en Sciences de Gestion, Université de Nantes, France.

Grimaldi A. et al. ,(2017), « Faut-il changer le statut de l'hôpital public ? Question à la Fédération hospitalière de France », Revue mt (Médecine Thérapeutique), Vol. 23, N°02.

Grimaldi A., (2005), « Réinventer l'hôpital public : contre l'hôpital entreprise », Edition Textuel, Paris.

Guerrero (1997), « Une lecture de l'hôpital public fondée sur une triple approche de la structure », Journal d'Economie Médicale, N°15, AGPA Editions, France

Guillemot D. et Jeannot G., (2013), « Modernisation et bureaucratie, l'administration d'État à l'aune du privé », Revue française de sociologie, N°01, Vol. 54.

Hall P. A. (1993), "Policy Paradigms, Social Learning and the State, the case of economic policy in Britain", *Comparative Politics*, vol. 25, n° 3, p. 275-296. DOI : 10.2307/422246

Hardy V., Towhill B. et Wolf A. (1990), « La responsabilisation comme stratégie de modernisation », *Politiques et management public*, vol. 8, n° 3, p. 87-123. DOI : 10.3406/pomap.1990.2956

Harris J. E. (1977), "The internal organization of hospital: some economic applications", *Bell Journal of Economics*, vol. 8, n° 2, p. 467-482.

HARRISON S.J., ST JOHN C.H. (1998), « Strategic Management of Organizations and Stakeholders, Concepts », South Westerne College Publishing, 2e édition.

HENRIQUES I., SARDOSKY P. (1999), « The Relationship between environmental commitment and managérial importance of stakeholder importance », *Academy Management Journal*, vol. 42, pp.97-99.

Hibou B. (2012). *La bureaucratisation du monde à l'ère néolibérale*. Paris : Editions La Découverte.

Hill M. (2005). *The Public policy Process*. Harlow: Pearson-Longman (4ème édition).

Hirschman A. (1970). *Exit, Voice and Loyalty: Responses to Decline in Firms, Organizations, and States*. Cambridge: Harvard University Press.

Hoggett P. (1996). New modes of control in public service» in *Public Administration*. vol. 75, n° 1, pp. 9-32.

Holcman R. (2006). *L'ordre sociologique, élément structurant de l'organisation du travail: l'exemple des bureaucraties professionnelles : ordre soignant contre ordre dirigeant à l'hôpital*. Thèse de doctorat, http://www.bdsp.ehesp.fr

Houssel (2003), La tarification à la pathologie en soins de suite et de réadaptation, Mémoire ENSP

Huard P. (1977), « L'hôpital comme organisation formelle », *Techniques hospitalières*, n° 377, p. 47-54.

Hupe P. (2007). «Governance and Performance at the Street-level : Towards a Theory of Functionnal Discretion» in *11ème International Research Symposium on Public Management*, Postdam, 2-4 avril 2007.

Hupe P. et Hill M. (2007). «Street-Level Bureaucracy and Public Accountability» in *Public Administration*, vol. 85, n° 2, pp. 279299.

J.L. Loubet Del Bayle, *Introduction aux méthodes des sciences sociales*, Toulouse, Priva, 1978, p.48

Jaafar D. (2005), « la nouvelle architecture institutionnelle née des ordonnances sur la gouvernance de l'hôpital : de nouveaux pouvoirs ? », *JuriSanté* n°51, octobre 2005 , pp. 7-14.

Jarnias S. (2006), « Gestion des compétences et restructuration : une analyse contextualiste du redéploiement des chefs d'établissement à la Poste », Thèse de doctorat s/dir de Defélix, Ecole doctorale de sciences de gestion, Université de Grenoble 2, 433p.

Jensen M. C. et Meckling W. H. (1976), "Theory of the firm: managerial behavior. Agency cost and ownership structure", *Journal of financial economics*, vol. 3, n° 4, p. 305-360. DOI : 10.1016/0304-405X(76)90026-X

Jensen M. et Meckling W., (1976), « Theories of the Firm: Managerial Behaviour, Agency Costs, and Ownership Structure », Journal of Financial Economics, Vol. 03, N°04.

Jensen MC., Meckling WH., (1976), "Theory of the Firm : Managerial Behavior, Agency Costs and Ownership Structure", Journal of Financial Economics, vol. 3-4, p.305-360.

Jimenez A. M. (2004). « La pertinence de la perspective des intéressés dans la gestion stratégique des ressources humaines (GSRH) : leçons d'une étude de cas. », Actes de colloque du XVème Conférence de l'AGRH à Montréal, septembre 1 -3, pages 401-424.

Jobert B. (1994), « Introduction. Le retour du politique », in *Le tournant néo-libéral en Europe*, Jobert B., Paris, Éditions de L'Harmattan, p. 9-20.

Jobert B. et Théret B. (1994), « France : La consécration républicaine du néo-libéralisme », in *Le tournant néo-libéral en France*, Jobert B., Paris, Éditions de L'Harmattan, p. 21-85.

Johnson G., (1988), "Re-Thinking Incrementalism", Strategic Management Journal, 9 : 1, 75-91.

Jolly C., Jolly D. (1993), *Malade ou client ?*, Edtions Economica, 164p.

Joncour Y. (1987), « La régulation du service public hospitalier : une greffe des techniques du management privé ? », *Politiques et management public*, vol. 5, n° 3, p. 117-132. DOI : 10.3406/pomap.1987.1962

Joncour Y. (1996), « Évolution budgétaire et financière des établissements hospitaliers », in *L'hôpital stratège, dynamiques locales et offre de soins*, Contandriopoulos A. P. et Souteyrand Y., Paris, John Libbey Eurotext, p. 65-82.

Jones T.M. (1995), « Instrumental stakeholder Theory : A synthesis of Ethics and Economics », *Academy of Management Review*, vol.20, n°2 , pp. 404-437.

Jourjon Y. (2001), « Emergence de la démocratie sanitaire dans le système de santé en France. Quelles perspectives ? », Actes du colloque Chabrol, Lyon, Octobre, Y:/jourjon/word/colloque des 25 ans/actes du colloque chabrol.doc-2.

Jouvenel B. (1998), *Du pouvoir, histoire de sa croissance*, Hachette Littératures, 607 p.

Juan T. (2003), Les associations d'usagers et le service public hospitalier, Thèse de doctorat en droit, Université d'Aix-Marseille III,

Juven P.-A. (2013), « Codage de la performance ou performance du codage : mise en chiffre et optimisation de l'information médicale », *Journal de gestion et d'économie médicales*, vol. 31, n° 2-3, p. 75-91.
DOI : 10.3917/jgem.132.0075

Juven P.-A. (2014), « Une santé qui compte ? Coûts et tarifs dans la politique hospitalière française », thèse de sociologie, Écoles des Mînes, Paris.

Juvin H. (2005), « La gouvernance, piège pour les organisations ? », *L'expansion Management Review n°116*, mars, pp.63-69.

Kahneman D., Slovic P., Tversky A., (1982), Judgement under uncertainty: heuristics and biases, Cambridge University.

Keiser R., Mueser P. Seung-Whan C. (2004). «Race, Bureaucratic Discretion, and the Implementation of Welfare Reform» in *American Journalof Political Science,* vol. 48, n° 2, pp. 314-327.

Kennedy C. (2003), *Toutes les théories du management. Les idées essentielles des auteurs les plus fréquemment cités*, Ed. Maxima (Laurent du Mesnil), 362p.

Kervasdoué (1987), « Directeur d'administration centrale : Gestionnaire, tampon ou bouc émissaire ? », Revue française d'administration publique, N°43, Edition de l'ENA, France.

Kervasdoué (2004), « L'hôpital », Coll. « Que sais-je ? », Presses universitaires de France.

Kervasdoué J. de (1987), « Directeur d'administration centrale. Gestionnaire, tampon ou bouc émissaire ? », *Revue française d'administration publique*, n° 43, p. 517-522.

Kervasdoue J., Pellet R. (2006), *Carnet de santé de la France 2006*, Dunod, Paris, 273p.

Khun T. (1972), *La structure des révolutions scientifiques*, Flammarion, Paris.

Kirmi B., (2009), « La gestion de la qualité », Edition Imp. Spartel, 1ière édition, Maroc.

Klijn, E.H. (2012). «Public Management and Governance: a comparison of two paradigms to deal with modern complex problems» in D.

Knauf E.B., Berger R., Gray S.T., (1991), Profi les of Excellece : Achieving Success in the Nonprofi t Sector, San Francisco, Jossey-Bass Publishers.

Koenig G. (1999), *De nouvelles Théories pour gérer l'entreprise* du XXIè siècle, Economica, Paris, 255p.

Kowalczyk R. (2002). «The effect of new public management on intensive care unit staff» in *The International Journal of Public Sector Management*, vol. 15, n° 2, pp. 118-128.

Kuhn T. (1983): "Rationality and Theory Choice", The Journal of Philosophy, Vol.80, N°10, pp. 563570.

Lallement M. et al. (2011). «Maux du travail : dégradation, recomposition ou illusion?» in *Sociologie du travail*, n° 45, pp. 3-36.

Lamothe L., (1999), « La reconfiguration des hôpitaux : un défi d'ordre professionnel », Ruptures / Politiques de santé, revue transdisciplinaire en santé, vol. 06, N°02.

Lascoumes P. (2001), « Les usagers, acteurs du système de santé ? », *Informations sociales* n°90 /91, pp. 86-95.

Laugier S. (2010). « L'éthique du care trois subversions » in *Multitudes*, vol. 3, n° 42, pp. 112-125.

Launois R. (1981), « La théorie de la bureaucratie à l'hôpital », in *Conceptions, mesures et actions en santé publique*, Deschamps J.-P., Paris, éditions de l'INSERM, p. 625-652.

Lauriol J., (1995), « Approches cognitives de la décision et concepts de représentation sociale », in A. Noël, P. Véry et M. Wissler, Perspectives en management stratégique, tome III, Economica, Paris, 425-454.

Lawrence et Lorsh, (1973), Adapter les structures de l'entreprise, Editions d'Organisation

Le Gales P., (1995), « Du gouvernement local à la gouvernance urbaine », Revue Française de Science Politique, n°1, p.57-95

Le Garrec M.-A., Koubi M. et Fenina A. (2013), « 60 années de dépenses de santé. Une rétropolation des comptes de la santé de 1950 à 2010 », *Études et résultats*, n° 831.

Le Moigne, (1994) : *Le constructivisme*, t. 1: Les fondements, Paris, Ed. ESF, 256 p.

Le Pen C. (2009), « Patient » ou « Personne malade » ? Les nouvelles figures du consommateur de soins, *Revue économique*, vol.60, n°2, mars, pp. 257-272.

Le Tian, C., Venard, B. (2012). Pour une approche contingente de la gouvernance. *Management international* 16 (2), 25–38

Lecomte C. (2010). «Un ouvrage qui tombe à pic» in *Bulletin de psychologie*, vol. 6 n° 510, pp. 492-499.

Lee M. L. (1971), "A conspicuous production theory of hospital behavior", *Southern economic journal*, vol. 38, n° 1, p. 45-58. DOI : 10.2307/1056067

Leibenstein H. (1976a), *Beyond economic man*, Cambridge, Harvard University Press.

Leibenstein H. (1976b), *Beyond Economic Man. a New Foundation for Microeconomics*, Cambridge (Massachusetts) and London, Harvard Business Press.

Leibenstein H. (1978), *General X-efficiency theory and economic development*, New York, Oxford University Press.

Leteurtre H., Mallea P. (2005), *Performance et gouvernance hospitalières*, Berger-levrault, Les indispensables, Paris, juin, 256p.

Letourmy A. (2009), « La participation des usagers, ou la démocratie sanitaire en marche », *Actualité et dossier en santé publique* n°68 , septembre, p. 2.

Levi Faur (ed) *The handbook of governance, Oxford*: Oxford University Press: pp. 201-214.

Lévy É. (1976), « L'hôpital est-il une entreprise ? », *Revue française de gestion*, n° 4, p. 9-24.

Lévy E. , (1976), « L'hôpital est-il une entreprise ? », Revue française de gestion, N°04, Edition Lavoisier, France.

Limpens J.-M. (2003), « La gestion d'un hôpital sous l'angle de la *corporate governance* », Graph 2003 : les clés de la gouvernance hospitalière, Cahiers hospitaliers n°181, *Gestions Hospitalières n°430*, novembre, pp.708-731.

Limpens J.M. (2003), « La gestion d'un hôpital sous l'angle de la corporate governance », Gestions Hospitalières, n°430.

Lin Daubech, (2000), « Le malade à l'hôpital, droits, garanties et obligation » action santé ères ,2000, p

Lipsky M. (1980). *Street-level Bureaucracy: the Dilemmas of the Individual in Public Service*. New-York: Russell Sage Foundation.

Louart P. (1997), « Structures organisationnelles : vers un continuum publicprivé », *Revue française de gestion*, numéro spécial Public Privé, n°115, septembreoctobre, pp.14-25.

M. Weber, *L'Ethique protestante et l'esprit du capitalisme*, Paris, 2002

Maati J. (1999), *Le gouvernement d'entreprise*, éditions De Boeck Université, Bruxelles, 293p.

Madison K. (2003), Agency Theory and Stewardship Theory Integrated, Expanded, and Bounded by Context. PhD University of Tennessee

Magnan J. de Bornier (2004), La théorie de l'agence et les contrats optimaux, document de travail

Makhloufi I., Saadi J., El Hiki L. et El Hassani A., (2012), « Analyse organisationnelle de l'hôpital à travers le modèle de Mintzberg : cas de l'Hôpital Universitaire Cheikh Zaid », Revue Santé Publique, Vol. 24.

Martinet A.-C. (1990), *Epistémologie et sciences de gestion*, Economica, Paris.

Mathy C. (2000), *La régulation hospitalière*, Editions Medica, Paris, 282p.

Maynard-Moody. S. et Musheno. M. (2003). *Cops, Teachers, Counselors: Narratives of Street-level Judgment*. An Arbor: University of Michigan Press.

Maynard-Moody. S., Musheno. M. (2000). «State Agent or Citizen Agent: two narratives of discretion» in *Journal of Public Administration Research and Theory*, vol. 10, n° 2, pp. 329-358.

McKee M., Healy J., (2000) Le rôle de l'hôpital dans un environnement en mutation, *Bulletion de l'Organisation Mondiale de la Santé, Recueil d'articles* n°3, pp.176-183.

Melbouci L. et al. (2015), « La gestion de la ressource humaine hospitalière : entre contraintes et impératifs de modernisation, cas du CHU de Tizi Ouzou », Cahiers CREAD, N°111, Alger.

Mercier S. (1999), *L'éthique dans les entreprises*, La découverte, Paris, 123p.

Mercier S. (2001), « L'apport de la théorie des parties prenantes au management stratégique : une synthèse de la littérature », Xième Conférence de l'Association Internationale de Management Stratégique, juin, 24p.

Mercier S. (2006), « La théorie des parties prenantes : une synthèse de la littérature », in Bonnafous-Boucher M. et Pesqueux Y., *Décider avec les parties prenantes, approches d'une nouvelle théorie de la société civile*, pp.157-172.

Mercklé P. (2004). *Sociologie des réseaux sociaux*. Paris : La Découverte.

Merton R., Reader G., Kendall P. (1957). *The student-physician: Introductory studies in the sociology of medical education*. Cambridge: Harvard University Press.

Mias C. (1998). *L'implication professionnelle dans le travail social*. Paris: L'Harmattan.

Michel Arliaud, (1987), Les médecins, maison d'édition la découverte

Mintzberg H. (1984), *Structure et dynamique des organisations*, Les éditions d'Organisation, Paris, 544p.

Mintzberg H. (1990), *Le management : voyage au centre des organisations*, Les éditions d'Organisation, Paris, 1990, 570p.

Mintzberg H., (1982), « Structure et dynamique des organisations », Edition D'organisation, AYROLLES, Paris – France.

Mitchell R. K., Agle B. R., Wood. D. J. (1997), « Toward a Theory of Stakeholder Identification and Salience: Defining the Principle of Who and What Really Counts », *Academic Management Revue*, vol. 22, n° 4, p. 853-886.

Moisdon J.-C. (1997), « Les contrats dans le nouveau système hospitalier : naissance d'une instrumentation », *Droit social*, vol. 60, n° 9-10, p. 872-876.

Moisdon J.-C. (2008), « Gouvernance clinique et organisation des processus de soins : Un chainon manquant ? », Pratiques et organisation des soins volume 39 numéro 3, juillet-septembre, p. 175-181.

Molinari C., Morlock L., Alexander J.., (1993), « Hospital Board Effectiveness : Relationships between Governing Board Composition and Hospital Financial Viability », Health Services Research, vol. 28, 3, p.357-377.

Molinier P. (2005). «Le care à l'épreuve du travail. Vulnérabilités croisées et savoir-faire discret» in P. Paperman et S. Laugier

Moquet-Anger M-L. (1998), *De l'hôpital à l'établissement de santé*, L'Harmattan, Logiques juridiques, Paris, 477p.

Mordelet P. (2006), *Gouvernance de l'hôpital et crise des systèmes de santé*, éditions ENSP, Rennes, 368p.

Moreau Defarges P., (2003), La Gouvernance, Paris, PUF.

Mossé P. (1997), *Le lit de Procuste. L'hôpital : impératifs économiques et missions sociales*, Ramonville Saint-Agne, Erès.

Mossé P. et Pierru F. (2002), « Entre savoirs économiques et décisions politiques : les restructurations hospitalières », in *Santé, règles et rationnalités*, Béjean S. et Peyron C., Paris, Économica, p. 235-268.

Mougeot M. (1986a), *Le système de santé, centralisation ou décentralisation ?*, Économica, Paris.

Mougeot M. (1986b), « Régulation des dépenses de santé et décentralisation des décisions », *Revue d'économie politique*, vol. 96, n° 4, p. 359-383.

Mougeot M. (1993), « Concurrence et incitations dans le système hospitalier », *Revue française d'économie*, vol. 8, n° 2, p. 109-131. DOI : 10.3406/rfeco.1993.930

Mougeot M. et Naegelen F. (2014), « La tarification à l'activité : une réforme dénaturée du financement des hôpitaux », *Revue française d'économie*, vol. 29, n° 3, p. 111-141. DOI : 10.3917/rfe.143.0111

Moumjid N., Nguyen F., Bremond A., et alii. (2008), « Préférences des patients et prise de décision : état des lieux et retour d'expérience en cancérologie », *Revue d'Epidémiologie et de Santé publique*, Dossier « l'implication de l'usager », Actes de la 7ème Journée de recherche de la HAS du 21 nov 2006 (Paris), n° 3, vol. 56, juillet, pp. 231-238.

Muller P. (2003), *Les politiques publiques*, Paris, PUF.

Nabarette H. (2000), « Les services Internet orientés vers les patients : vers de nouvelles relations d'agence en santé »., http://www-eco.enst.bretagne.fr .

Nabarette H. (2008), « Nobel d'économie et asymétries d'information en santé », http://www.medicost.org .

Newhouse J. P. (1970), "Toward a theory of non profit institutions. An economic model of an hospital", *American economic review*, vol. 60, n° 1, p. 64-74.

Newhouse J. P. (2003), "Reimbursing for health care service", *Économie publique*, n° 13, p. 3-31.
DOI : 10.4000/economiepublique.259

Nielsen V. (2006). «Are Street level bureaucrats compelled or enticed to cope» in *Public Administration*, vol. 84, n° 4, pp. 861-889.

Niskanen W. A. (1971), *Bureaucraty and representative government*, Chicago, Adline Atherton.

Noblet A. et Rodwell J. (2009a). «Supervisors are Central to Work Characteristics Affecting Nurse Outcomes» in *Journal of Nursing Scholarship*, vol. 41, n° 3, pp. 310-319.

Noblet A. et Rodwell J. (2009b). «Identifying the Predictors of employee Health and Satisfaction in an NPM Environment» in *Public Management Review*, vol. 11, n° 5, pp. 663-683.

Nobre T., (1999), « Le modèle de la bureaucratie professionnelle revisité à partir de l'analyse du coût des dysfonctionnements », 20ième Congrès de l'Association Française de Chirurgie, Paris - France.

North D. (1990), *Institutions, institutional change and economic performance*, Cambridge, Cambridge University press. DOI : 10.1017/CBO9780511808678

Ogien A. (1995), *L'esprit gestionnaire. Une analyse de l'air du temps*, Paris, Éditions de l'EHESS.

Ogien A. (2000a), « La volonté de quantifier. Conception de la mesure de l'activité médicale », *Annales, histoire, sciences sociales*, vol. 55, n° 2, p. 283-312.

Ogien A. (2000b), « Médecine, santé et gestion », in *Professions et institutions de santé face à l'organisation du travail. Aspects sociologiques*, Cresson G. et Schweyer F.-X., Rennes, Éditions de l'ENSP, p. 133-148.

Ogien A. (2013), *Désacraliser le chiffre dans l'évaluation du secteur public*, Versailles, Éditions Quæ.

Ordonnance n°2005-406 du 2 mai 2005 simplifiant le régime juridique des établissements de santé, www.legifrance.gouv.fr .

Organisation Internationale de Normalisation - ISO (2015), « La norme ISO 9001 V 2015 : Système de management de la qualité – Exigences », 5ième Edition, Genève – Suisse.

Organisation mondiale de la Santé – OMS (2017), « Stratégie de coopération OMS / Maroc 2017-2021 », Publications de l'OMS / BRMO, Caire, Egypte.

Osborne S. (2006). «The New Public Governance ?», *Public Administration Review*, vol. 8, n° 3, pp. 377-387.

Osborne S. (2010). *The New Public Governance? Emerging Perspectives on the Theory and Practice.* London: Routledge.

Osborne S., Mc Laughlin K. (2002). «The New Public Management in context» in *The New Public Management: Current Trends and future Prospects*, Osborne S., Mc Laughlin K. et Ferlie E. Londres: Routledge.

Padioleau J.-G. (1982), *L'État au concret*, Paris, PUF.

Palier B. (2008), « De la demande à l'offre, les réformes de la protection sociale en France », in *Où va la protection sociale ?*, Guillemard A.-M., Paris, Puf, p. 119-138.

Paquet G. (2011). *Gouvernance collaborative*. Montréal: Liber.

Parrat F. (2003), *Le gouvernent d'entreprise*, Dunod, 126p.

Paugam S. (2010). *L'enquête sociologique*. Paris: PUF. (2e édition, 2012).

Pauly et Redisch, (1973), The not-for-profit Hospital as a Physician's cooperative, American Economic Review

Paye O. (2005), « La gouvernance, d'une notion polysémique à un concept politologique », *Revue Etudes internationales*, volume XXXVI, n°1 , mars, pp. 13-40.

Peneff J. (1992). *L'Hôpital en urgence*. Paris: Editions Métailé.

Penrose E. G. (1959), The Theory of the Growth of the Firm, New York, Wiley.

Perez R. (2003), *La gouvernance de l'entreprise*, éd. La Découverte, coll. Repères, Paris, 124p.

Pérez R. (2009), *La gouvernance de l'entreprise*, Paris, Éditions de la Découverte.

Perret V., Seville M. (2007), « Fondements épistémologiques de la recherche », pp.13-33, *in* Thietart R-A 2007, *Méthodes de recherche en management*, Dunod, pp.13-33.

Pesqueux Y. (2002), *Organisations : modèles et représentations*, PUF, 396p.

Petitat A. (1994). «La profession infirmière» in *Les métiers de la santé: enjeux de pouvoir et quête de légitimité.* (sous la direction de Aïach P. et Fassin D.). Paris: Anthropos, pp. 227-259.

Peyre P., (2006), « La fonction cadre de santé : entre apprentissage de la gouvernance et complexité des relations à autrui », Congrès de l'Association Française des Sciences du Système, Pau.

Phelps C. E. (1995), *Les fondements de l'économie de la santé*, Paris, Publi-Union Éditions.

Pierru F. (1999), « L'hôpital-entreprise, une *self-fulfilling prophetcy* avortée », *Politix* n° 46, *Revue des sciences sociales du politique*, Editions de l'Harmattan, Paris, pp. 7-47.

Pierru F. (1999), « L'hôpital entreprise. Une *Self-fulfiling prophecy* avortée », *Politix*, n° 46, p. 7-47.

Pierru F. (2005), « Genèse et usages d'un problème public : la crise du système de santé (1980-2004) », thèse de science politique, université de Picardie-Jules Verne, Amiens.

Pierru F. (2007), *Hippocrate malade de ses réformes*, Bellecombe-en-Bauges, Éditions du Croquant.

Pierru F. (2011), « Les agences régionales de santé : une bonne idée au service d'une mauvaise politique », in *L'hôpital en réanimation,* Mas B., Pierru F., Smolski N. et Torrielli R., Bellescombes-en-Bauges, Éditions du Croquant, p. 113-125.

Pierru F., (1999), « L'hôpital-entreprise : Une self-fulfilling prophecy avortée », Revue Politix, Vol.12, N°46.

Piovesan D. (2003), *Les restructurations des cliniques privées, adaptations, évolution ou métamorphose ?*, Thèse de doctorat en sciences de gestion, s/dir Claveranne J.-P., Université Jean Moulin Lyon 3.

Plane J.-M. (2007), *Théorie des organisations*, 2e édition, Dunod, Paris, 126p.

Plihon D., Ponssard J-P., Zarlowski P. (2001), « Quel scénario pour le gouvernement d'entreprise ? Une hypothèse de double convergence », *Cahier* n° 2001-008, Laboratoire d'économétrie, Ecole Polytechnique, CNRS, Paris, août, 15p.

Ploix H. (2003), *Le dirigeant et le gouvernement d'entreprise, Village Mondial,* Pearson Education France, juin 2003, 150 p.

Pollitt C. et Bouckaert G. (2011). *Public Management Reform, A Comparative Analysis - New Public Management, Governance and the Neo-Weberian State.* Oxford : 3e édition, Oxford University Press.

Popper K R. (1999): *La connaissance objective*, Flammarion, 578 p.

Pourette D. (2002), "Janine Barbot, les malades en mouvements. La médecine et la science à l'épreuve des du Sida", *L'homme, Revue française d'anthropologie* n°164 , oct-dec, pp. 188-190.

Prahalad C.K., V. Ramaswamy V., (2004), *The Future of Competition : Cocreating Unique Value with customers*, Harvard Business School Press, Boston, 256 p.

Preker A. et Harding A. (2003), *Innovation in health service delivery. The corporatization of public hospitals*, The world bank, Washington DC.

Prottas J.-M. (1978). «The Power of Street-Level Bureaucrats in Public service Bureaucracies» in *Urban Affairs Review*, vol. 13, n° 3, pp. 285-312.

Quivy R. et al., *Manuel de recherche en sciences sociales*, Paris, Dunod, 1995, P. 145.

Rapport au Président de la République relatif à l'ordonnance n° 2005-1112 du 1er septembre 2005 portant diverses dispositions relatives aux établissements de santé et à certains personnels de la fonction publique hospitalière.

Rapport d'activité Cissra (2008), p.

Rapport Viénot II (1999), Medef.

Riccucci N.M. (2005) *How management Matters. Street-level Bureaucrats and Welfare Reform.* Washington D.C.: Georgetown University Press.

Rice D. (2012). «Street-Level Bureaucrats and the Welfare State: Toward a Micro-Institutionalist Theory of Policy Implementation» in *Administration & Society*, vol. 45, n° 9, pp. 1038-1062.

Rice R. G. (1966), « Analysis of the hospital as an economic organism », *Modern hospital*, vol. 106, n° 4, p. 87-91.

Ricœur P. (1990). *Soi-même comme un autre*. Paris: Editions Seuil.

Ritter P. (2008), « Rapport sur la création des agences régionales de santé », (rapport Ritter, Ministère de la santé, de la jeunesse et des sports, 58p.

Rivero J., Waline J. (2002), *Droit administratif*, Dalloz, 624p.

Robelet M., Vinot M., Mbouna N. (2006), « Respect des droits des usagers : résultats de l'enquête auprès des associations du Ciss Rhône-Alpes », rapport d'étude, Graphos, 64p.

Rochaix L. (1997), Asymétries d'information et incertitude en santé : les apports de la théorie des contrats, *Économie & prévision*, 3-4

Rorive Feytmans B., Rosset N., Peyrot Perdrizet I. et Gruson B. (2012). «Gouvernance et gestion décentralisée: L'expérience genevoise» in *Le Management des pôles à l'hôpital: Regards croisés, enjeux et défis*. (sous la direction de T. Nobre et P. Lambert). Paris: Dunod, pp. 269-287.

Ross S.-A. (1973), "The economic theory of agency: the principal's problem", *American economic review*, vol. 63, n° 2, p. 134-139.

Royaume du Maroc, Ministère de la Santé (2018), « Plan Santé 2025 », Rabat - Maroc.

Ruano-Borbalan Jc., Wemaêre J. (2004), « A quoi sert la gouvernance ? » in « Décider, Gérer, réformer. Les voies de la gouvernance ». *Sciences humaines n°44*, Hors série, mars, 87 p.

Rubinstein M. (2000), « Gouvernement d'entreprise, Aspects théorique et empirique de la gouvernance d'entreprise en France », *Problèmes économiques n°2.784*, 13 novembre, pp.1-7.

Sainsaulieu I. (2003). *Le malaise des soignants. Le travail sous pression à l'hôpital*. Paris: L'Harmattan.

Sainsaulieu I. (2006). «Les appartenances collectives à l'hôpital» in *Sociologie du travail*, n° 48, pp. 72-81.

Sainsaulieu, I. (2007). *L'hôpital et ses acteurs. Appartenance et égalité*. Paris: Belin.

Sarin E. (2003), *Introduction conceptuelle à la science des organisations*, éditions de l'Harmattan, Paris, 346p.

Savage G.T, Nix T.W., Whitehead C.J., Blair J.D. (1991), « Strategies for assessing and managing organizationnal stakeholders », *Academy of Management Executive*, vol.5 (2) : 61-75.

Scanlon W. J. (2006), "The future of medical hospital payment. Modest proposal in light of medicare's challenge", *Health affairs*, vol. 25, n° 1, p. 70-80.

Schier G., Meier O., (2008), « Les spécifi cités de la gouvernance hospitalière : synthèse et perspectives », Revue Française de Gouvernance d'Entreprise, n°3, p.77-90, Semestre 1.

Schleifer A., Vishny R.W. (1989), « Manager Entrenchment : The case of Manager Specific Invesstment », *Journal of Financial Economics*, vol.25, pp.33-49.

Schwenk C.R., (1984), "Cognitive simplifi cation processes in strategic decision making", Strategic Management Journal, 5, 111-128.

Schweyer F.-X. (2006), « Une profession de l'État providence, les directeurs d'hôpital », *Revue européenne des sciences sociales*, vol. 44, n° 135, p. 45-60. DOI : 10.4000/ress.251

Schweyer F.-X. (2009). «Santé, contrat social et marché: la fonction publique hospitalière en réformes». *Revue française d'administration publique*. vol. 4, n° 132, pp. 727-744.

Scott P. (1997). «Assessing Determinants of Bureaucratic Discretion: An Experiment in Street-Level Decision Making». *Journal of Public Administration Research and Theory*, vol. 7 n° 1, pp. 35-57.

Sebai J., (2016), « Une analyse théorique de la coordination dans le domaine des soins : application aux systèmes de soins coordonnés », Revue Santé Publique, Vol. 28, N°02.

SHARMA S. (2001), « L'organisation durable et ses stakeholders », *Revue française de gestion* n° 136, novembre-décembre, pp.154-167.

Shleifer A., Vishny R., (1997), « A Survey of Corporate Governance », Journal of Finance, vol. 52, p.737-783.

Silverman E. et Skinner J. (2004), "Medicare upcoding and hospitals ownership", *Journal of Health economics*, vol. 23, n° 2, p. 369-389. DOI : 10.1016/j.jhealeco.2003.09.007

Simon H. A. (1979), "Rational decision making in business organizations", *American economic review*, vol. 69, n° 4, p. 493-513.

Slimani R. et Boukrif M. (2016), « Le Système de Management de la Qualité et e changement organisationnel : Cas de l'entreprise ALCOST – Bejaia », Al-Bahith Review, Vol. 16, N°16.

Soparnot R., Fray A.M., (2008), « Le rôle des représentations dans les processus de changement : une étude de l'adoption d'outils de gestion innovants par les acteurs du secteur social », Gestion 2000, n°3, Mai-Juin.

Star S. et Strauss A. L. (1999). «Layers of silence, Arenas of Voice: The ecology of visible and invisible work» *Computer Supported Cooperative Work*, n° 8, pp. 9-30.

Steudler F. (1973), « Hôpital, profession médicale et politique hospitalière », *Revue française de sociologie*, vol. 14, n° spécial, p. 13-40. DOI : 10.2307/3320176

Steudler S. (2004), « Le management hospitalier de demain : approche sociologique », *Revue Hospitalière de France, n°495*, mars.2004, pp. 43-52.

Stingre D. (2010), *Le service public hospitalier*, Paris, PUF.

Strauss A. L. (1959). *Miroirs et masques. Une introduction à l'interactionnisme*. Paris: Métailié.

Strauss A. L. (1966). «Structure and ideology of the nursing profession» in Davis Fred (ed), *The Nursing Profession*. New-York: Wiley, pp. 60-104.

Strauss A. L. (1992). *La trame de la négociation. Sociologie qualitative et interactionnisme*. Paris: L'Harmattan.

Strong P. et Robinson J. (1990). *The NHS: Under New Management*. London: Oxford University Press.

T. Nobre (1999), « Le modèle de la bureaucratie professionnelle revisité à partir de l'analyse du coût des dysfonctionnements », 20ième Congrès de l'Association Française de Chirurgie, Paris-France

Tabuteau D. (2010), « Loi "hôpital, patients, santé et territoires" (HPST) : des interrogations pour demain », *Santé publique*, vol. 22, n° 1, p. 78-90. DOI : 10.3917/spub.101.0078

Tavernier N. (1994), *La gestion des ressources humaines dans les hôpitaux*, ministère de la Santé, Paris.

Teece D.J., Pisano G., Shuen A., (1997), « Dynamic Capabilities and Strategic Management », Strategic Management Journal, vol. 18, n° 7, p.509-533.

Thietart R A., et coll., (2007), Méthodes de recherche en management, Dunod, 3ème édition, 586 p.

Tocqueville A. (1986), *De la démocratie en Amérique*, Tome I, Gallimard, coll. "Folio Histoire", 640p.

Trebucq S. (2003), « La gouvernance d'entreprise contemporaine, héritière de conflits historiques, d'essence idéologique et philosophique », IXè Journées d'Histoire de la Comptabilité et du Management, CREFIGE, Université ParisDauphine, mars, 21p.

Ulrich D., Barney J.B., (1984), "Perspectives in Organizations: Resource Dependence, Effi ciency, and Population", Academy of Management Review, 9 (3), p.471–481.

Valaskakis K. (1998), « Mondialisation et Gouvernance, le défi de la gouvernance publique planétaire », *Futuribles* n° 230, avril, pp.5-28.

Valéau P., (2003), « Différentes manières de gérer les associations », Revue Française de Gestion, 29-146, Septembre-Octobre, p.9-22.

Valérie Boussard, Sylvie Craipeau, Eric Drais, Olivier Guillaume, Jean-Luc Metzger, (2004) : Le SocioManager, sociologie pour une pratique managériale, Dunod.

Vallejo J. (2018), « L'impact d'un changement de structure organisationnelle sur la prise de décision : Le cas de l'introduction des pôles à l'hôpital public », Thèse doctorale en Sciences de Gestion, Université Aix-Marseille, France.

Vallejo J., (2013), « La modernisation des services RH hospitaliers : un enjeu stratégique ? », Publications DUMAS, Marseille – France.

Vallejo J., Sampieri-Teissier N. et Baret C., (2018), « La mise en place des pôles d'activité médicale à l'hôpital public : Quel est l'impact d'un changement de structure organisationnelle sur le processus de décision ? », 6ième congrès de l'ARAMOS, Paris.

Vallejo J., Sampieri-Teissier N. et Christophe B., (2015), « Comprendre les difficultés de la mise en œuvre de la délégation de gestion à l'hôpital. Une lecture par le concept d'anarchie organisée », 3ième congrès de l'association de recherche appliquée au management desorganisations de santé (ARAMOS), Marseille.

Vallet G., (2012), « Management de pôles à l'hôpital : regards croisés, enjeux et défis », Edition DUNOD, Paris - France.

Vallon S. (2002), « Les quatre visages de l'usager », *Revue Vie sociale et Traitements* n° 76, avril, p.20-23.

Vezinat N. (2010). «Une nouvelle étape dans la sociologie des professions en France. Bilan critique autour des ouvrages de Didier Demazière, Charles Gadéa (2009) et Florent Champy (2009)» in *Sociologie*, vol. 1, n° 3, pp. 413-420.

Vincent G. (2005), « Les réformes hospitalières », *Revue d'administration publique* n°113 , pp. 49-64.

Vinot D., (1999), « Le projet d'établissement à l'hôpital : De la formalisation du concept à son instrumentalisation », Thèse doctorale en sciences de gestion, Université Jean Moulin-Lyon 03.

Vinot D., Mbouna N., Courtais E. (2007), « Aide à l'élaboration d'un modèle type de rapport des Commissions des relations avec les usagers et de la qualité de la prise en charge », rapport d'étude, Graphos, 18p.

Vinot D., Rousset G., Mbouna N. (2008), « Respect des droits des usagers : résultats de l'enquête auprès des associations du Ciss Rhône-Alpes », rapport d'étude, Graphos, 71p.

Vinzant J.C. et Crothers L. (1998). *Street-Level Leadership: Discretion and Legitimacy in Front-Line Public Service.* Washington D.C.: Georgetown University Press.

Walsh J.P., (1995), "Managerial and Organizational Cognition: Notes from a Trip Down Memory Lane", Organization Science, 6: 3, 280-321.

Watzlawick, (1988), invention de la réalité, contribution au constructivisme, trad. Seuil

Winckler M. (2003), « La canicule, révélateur d'une santé malade », Le mode diplomatique, 6p, htt//www.mode-diplomatique.fr/2003/09/Winckler/10432.

WIRTZ P. (2006), *Les pratiques de bonne gouvernance*, Que-sais-je ?, PUF, 127p.

Wirtz P., (2005), « Meilleures pratiques de gouvernance et création de valeur : une appréciation critique des codes de bonne conduite », Comptabilité Contrôle Audit, Mai, p.141-159.

Zeghni S., (2014), « Espoirs et déceptions du pilotage managérial à l'hôpital », Revue Soins Cadres, N°91, Publiée par Elsevier Masson SAS, Paris – France.

Zoukoua E-A. (2006), « Associations : un défi pour les théories de la gouvernance ? » Journée de recherche « Quel management pour les associations ? », Tours, janvier, 32p.

LES ANNEXES

ANNEXE I : GUIDE D'ENTRETIEN DE RECHERCHE UNIVERSITAIRE

****

Thème : « Gouvernance hospitalière et appropriation par le personnel médico-social des services aux usagers : cas des centres hospitaliers de douala. »

Nous sollicitons votre collaboration dans le but de comprendre les processus par lesquels la gouvernance hospitalière appliquée aux centres hospitaliers amène le personnel médico-sanitaire à une plus grande efficacité dans l'appropriation des services aux usagers. Pour cela nous vous prions de bien voir répondre à ces questions. Nous vous garantissons de la confidentialité de vos réponses. Merci d'avance !

Nom de l'hôpital : ……………………………………….. Nbre d'employés : ……..…
Fonction du répondant : ………………………………… Ancienneté : ………………

Sexe du répondant : ☐ F ☐ H

Partie 1 : Les mécanismes et les processus d'adoption de la gouvernance hospitalière à Douala.

1. Parlez-nous des problèmes que votre centre hospitalier a rencontré par le passé et qui selon vous ont été résolus.
2. Des dynamiques d'amélioration de l'organisation et de la gestion hospitalière ont été impulsées par le Ministère de la Santé Publique ces dernières années. Comment ces mesures sont-elles implémentées dans votre centre ?
3. Quels sont les impacts de ces changements dans votre structure hospitalière ?

Partie 2 : Les aspirations des usagers des centres hospitaliers de Douala face à la nouvelle dynamique de gouvernance hospitalière.

1. L'amélioration de la gouvernance hospitalière semble faire suite à des plaintes croissantes des usagers. Qu'en est-il dans votre centre ?
2. Parlez-nous de la gestion des boites à suggestion dans votre centre hospitalier.

Partie 3 : La dynamique d'appropriation des services usagers par le personnel médico-social.

1. Parlez-nous de votre consultation ou implication par l'administration de votre hôpital.
2. Personnellement, quels impacts la nouvelle gestion hospitalière a eu sur vos conditions de travail ?
3. Comment évaluez-vous votre degré d'implication dans les soins et services rendus aux usagers de votre centre hospitalier et la satisfaction de ceux-ci ?
4. Quelles sont vos attentes et aspirations vis-à-vis de votre hiérarchie administrative ?

Partie 4 : L'amélioration de la qualité des services destinés aux usagers.

1. Parlez-nous du contrôle de votre hiérarchie sur votre activité au quotidien.
2. A votre avis, quelles impact ce contrôle hiérarchique a-t-il sur votre rendement au travail ?
3. Parlez-nous des changements de coût des services aux usagers suite aux réformes hospitalières de ces dernières années.
4. Comment jugez-vous la qualité des soins et des services donnés aux usagers de votre centre ?

ANNEXE II : QUESTIONNAIRE AU PERSONNEL DES HOPITAUX PUBLICS A DOUALA

Bonjour, nous sollicitons votre collaboration pour mieux comprendre votre implication dans l'amélioration des services aux usagers des centres hospitaliers de Douala. Vos réponses sont très importantes pour nous. Elles contribueront à l'amélioration de la gouvernance hospitalière. Nous vous rassurons de votre anonymat. Merci.

I. Identification du répondant

1. **Nom de l'hôpital :** .... Nombre d'employés : ....
2. **Fonction du répondant :**

1= Médecin ☐ 2= Infirmier ☐ 3= Pharmacien ☐= AS : Aide-soignant ☐ 5= SF : Sage-Femme ☐ 6= ATMS : Agent Technique Médico-sanitaire 7=TMS : Technicien Médico-Sanitaire ☐ 7= Autre : ☐

3. Sexe du répondant : 1= F ☐ 2= H ☐
4. Quel est votre âge ? 1= < 15 ☐ 2= 25-35☐ 3= 35-45 ☐ 4= 45-65 ☐ 5= 65 et plus☐
5. Ancienneté dans la fonction (par ans) : 1= < 1 ☐ 2= ☐ 2 -5 3= 5-10☐ 4 >10☐.

II. Hiérarchie hospitalière et appropriation des services usagers par le personnel médico-social.

4. Sentez-vous que votre avis compte lorsqu'il faut prendre des décisions dans votre service ?
   1= jamais 2= parfois 3=très souvent 4= toujours
   Pourquoi ?...
   ......
5. La direction de votre hôpital implique-t-elle tout le monde dans le management de l'hôpital ?
   1= jamais 2= parfois 3=très souvent 4= toujours
   Pourquoi ?...
   ......

6. Comment jugez-vous les conditions dans lesquelles vous travaillez à l'hôpital ?
   1= très mauvaises 2= mauvaises 3=bonnes 4 = très bonnes 5= excellentes
7. Comment trouvez-vous le contrôle de votre hiérarchie sur vos activités ?
   1= absent 2= souple 3= rigoureux

5- Quel est l'impact de ce contrôle sur votre activité au quotidien?
   1= très mauvais 2= mauvais 3= bon 4 = très bon 5= excellent

6- Avez-vous déjà été blâmé ou sanctionné par votre hiérarchie
   1=Jamais 2=rarement 3=souvent 4=très souvent

7- Comment jugez-vous les services donnés aux usagers de votre hôpital ?

1= très mauvais 2= mauvais 3= passables 4= bons 5 = très bons 6= excellents

8- Comment évaluez-vous votre degré d'implication dans la satisfaction des usagers de votre hôpital ?

1= très mauvais 2= mauvais 3= passables 4= bons 5 = très bons 6= excellents

III. L'amélioration de la qualité des services destinés aux usagers.

Etes-vous d'accord avec les affirmations suivantes?

	Pas du tout d'accord	Pas d'accord	Indécis	D'accord	Très d'accord
1. Le délai d'attente des patients est de plus en plus réduits chez nous	☐	☐	☐	☐	☐
2. Les patients en hospitalisation sont bien suivis dans notre hôpital	☐	☐	☐	☐	☐
3. Le contrôle hiérarchique a amélioré la qualité du travail du personnel médico-sanitaire	☐	☐	☐	☐	☐
4. Le personnel de notre hôpital est à l'écoute des patients	☐	☐	☐	☐	☐
5. Les patients sont trop exigeants et agaçants	☐	☐	☐	☐	☐
6. La gestion des boites à suggestion et la ligne téléphonique de la hiérarchie dans notre hôpital ont permis d'amélioré beaucoup les services aux usagers.	☐	☐	☐	☐	☐
7. Votre hiérarchie est très satisfaite de votre rendement personnel	☐	☐	☐	☐	☐
8. Avec l'amélioration des services dans votre hôpital, le coût de la prise en charge a augmenté	☐	☐	☐	☐	☐
9. Le rançonnement des malades n'existe plus dans nos hôpitaux	☐	☐	☐	☐	☐

ANNEXE III : QUESTIONNAIRE SUR LA SATISFACTION DES USAGERS DES HOPITAUX PUBLICS A DOUALA

Bonjour, ce questionnaire vise à mesurer votre niveau de satisfaction dans l'hôpital public que vous avez fréquenté en 2021. Vos réponses sont très importantes pour nous. Elles contribueront à l'amélioration de la qualité des soins et des services de cet hôpital. Merci pour votre collaboration.

I. Identification du répondant

1. Quel est votre âge ? 1= < 15 ☐ 2= 25-35☐ 3= 35-45 ☐ 4= 45-65 ☐ 5= 65 et plus☐
2. Sexe : ☐ Homme ☐ Femme
3. Quel Hôpital public avez-vous le plus fréquenté en 2021 ?
   ……………………………..
4. A quelle fréquence avez-vous fréquenté cet hôpital ?
   ☐ 1 fois ☐ entre 2 et 4 fois ☐ Plus de 4 fois
5. Si vous préférez cet hôpital, c'est plus pour la raison suivante :

☐ L'accueil
☐ C'est moins cher là-bas
☐ Je connais personnellement quelqu'un là-bas.
☐ Cet hôpital a bonne réputation
☐ J'étais satisfait(e) d'une consultation antérieure la-bas.

II. Satisfaction de l'usager des services hospitaliers

Etes-vous d'accord avec les affirmations suivantes?

	Pas du tout d'accord	Pas d'accord	Indécis	D'accord	Très d'accord
1. Globalement, je suis satisfait (e) des services ou de mon séjour à l'hôpital	☐	☐	☐	☐	☐
2. A mon arrivé à l'hôpital, je trouve le personnel bien accueillant et bien serviable	☐	☐	☐	☐	☐
3. A l'hôpital, je suis bien informé des procédures et des prix par le personnel de l'hôpital	☐	☐	☐	☐	☐
4. Je trouve l'hôpital (chambres, salles d'attente, couloirs, toilettes, etc.) bien propre	☐	☐	☐	☐	☐
5. Je trouve que les soins médicaux sont de bonne qualité.	☐	☐	☐	☐	☐

6. Il y a moins de rançonnement (escroqueries) des patients par le personnel médico-social.	☐	☐	☐	☐	☐
7. Certains patients continuent à donner des pots de vin (rançon) pour être privilégié.	☐	☐	☐	☐	☐
8. Le temps d'attente dans cet hôpital n'est pas long	☐	☐	☐	☐	☐
9. Le personnel soignant est à l'écoute des patients	☐	☐	☐	☐	☐
10. Les requêtes et plaintes des patients sont prises en considérations	☐	☐	☐	☐	☐
11. Si je devais retourner à l'hôpital, je choisirais toujours cet hôpital	☐	☐	☐	☐	☐
12. L'hospitalisation est moins couteuse dans cet hôpital	☐	☐	☐	☐	☐
13. Les médicaments sont moins chers dans cet hôpital	☐	☐	☐	☐	☐
14. Le personnel de cet hôpital est poli et gentil	☐	☐	☐	☐	☐
15. Il y a toujours des spécialistes disponibles à dans cet hôpital pour la consultation.	☐	☐	☐	☐	☐
16. Les relations patients-soignants sont bonnes dans cet hôpital	☐	☐	☐	☐	☐

III. Besoin de proximité avec le corps médical

1. **Connaissez-vous la médecine à domicile ?**

☐ Oui ☐ Non

2. **Aimeriez-vous être consulté et suivi à domicile par des médecins de proximité ?**

☐ Pas du tout d'accord ☐ Pas d'accord ☐ Indécis ☐ D'accord ☐ Très d'accord

3. **Aimeriez-vous être prise en charge par le personnel soignant à domicile ?**

☐ Pas du tout d'accord ☐ Pas d'accord ☐ Indécis ☐ D'accord ☐ Très d'accord

Pourquoi?..

ANNEXE IV : ANALYSE FACTORIELLE

1- **Statistiques récapitulatives d'élément**							
	Moyenne	Minimum	Maximum	Intervalle	Maximum/Minimum	Variance	Nombre d'éléments
Moyenne des éléments	3,616	,477	13,240	12,763	27,737	5,617	25
Variance des éléments	3,538	,231	49,045	48,814	211,905	94,846	25
Corrélations entre éléments	,128	-,276	,875	1,151	-3,168	,054	25

2- **Statistiques de total des éléments**					
	Moyenne de l'échelle en cas de suppression d'un élément	Variance de l'échelle en cas de suppression d'un élément	Corrélation complète des éléments corrigés	Carré de la corrélation multiple	Alpha de Cronbach en cas de suppression de l'élément
age	87,84	173,059	,004	,069	,516
sexe	89,91	173,352	,039	,055	,513
hopital_frequente	77,15	139,905	-,090	,143	,750
hopital_frequence	88,40	173,073	,030	,122	,513
hopital_raison	87,74	174,285	-,055	,075	,524
satisfaction	86,94	156,782	,536	,639	,464
accueil	86,87	157,437	,509	,626	,467
procedure_prix_hopital	87,03	158,149	,461	,393	,470
proprete_hopital	86,61	162,417	,402	,334	,482
qualite_soin	86,67	160,589	,503	,483	,475
escroqueries	87,25	164,117	,275	,318	,490
pots_de_vin	87,03	177,308	-,158	,142	,529
temps_attente	87,50	159,316	,387	,387	,476
ecoute_patients	86,71	160,240	,514	,585	,474
consideration_plaintes	87,01	159,458	,492	,572	,472
choix_hopital	86,98	156,693	,540	,643	,464
cout_hopital	87,46	166,820	,169	,522	,501
cout_medicament_hopital	87,61	166,264	,193	,534	,498
politesse_personnel	86,90	159,609	,492	,604	,473
disponibilite_specialite_consultation	86,91	161,407	,395	,296	,480

relation_patients_soignants	86,82	161,165	,484	,579	,477
medecine_domicile	89,75	172,505	,109	,077	,510
consultation_domicile	86,76	169,373	,113	,776	,507
personnel_soignant_domicile	86,75	167,956	,157	,779	,503
Raison_soin_domicile	82,72	161,926	,001	,089	,552

3- **Statistiques descriptives**			
	Moyenne	Ecart-type	n analyse
Age	2,55	,980	750
Sexe	,48	,500	750
hopital_frequente	13,24	7,003	750
hopital_frequence	1,99	,706	750
hopital_raison	2,65	1,315	750
satisfaction	3,45	1,186	750
accueil	3,52	1,194	750
procedure_prix_hopital	3,36	1,243	750
proprete_hopital	3,78	1,038	750
qualite_soin	3,72	,985	750
escroqueries	3,13	1,210	750
pots_de_vin	3,36	,988	750
temps_attente	2,89	1,335	750
ecoute_patients	3,68	,992	750
consideration_plaintes	3,38	1,085	750
choix_hopital	3,41	1,186	750
cout_hopital	2,93	1,292	750
cout_medicament_hopital	2,77	1,259	750
politesse_personnel	3,48	1,074	750
disponibilite_specialite_consultation	3,48	1,138	750
relation_patients_soignants	3,57	,976	750
medecine_domicile	,64	,481	750
consultation_domicile	3,63	1,156	750
personnel_soignant_domicile	3,63	1,174	750
Raison_soin_domicile	7,67	3,485	750

4- Matrice des corrélations

Matrice de corrélation[a]				
		age	sexe	hopital_frequente
Corrélation	age	1,000	,023	,011
	sexe	,023	1,000	-,018
	hopital_frequente	,011	-,018	1,000

	hopital_frequence	,135	-,109	,060
	hopital_raison	-,002	,011	,132
	satisfaction	,033	,072	-,048
	accueil	,031	,096	-,069
	procedure_prix_hopital	,009	,025	-,060
	proprete_hopital	,048	,075	,042
	qualite_soin	-,029	,034	,006
	escroqueries	-,118	,059	-,142
	pots_de_vin	,049	-,044	,143
	temps_attente	-,023	,097	-,107
	ecoute_patients	,030	,072	-,041
	consideration_plaintes	,022	,101	-,053
	choix_hopital	,037	,076	-,069
	cout_hopital	-,119	-,039	-,218
	cout_medicament_hopital	-,075	-,005	-,241
	politesse_personnel	,025	,039	-,096
	disponibilite_specialite_consultation	,046	,027	,153
	relation_patients_soignants	-,001	,055	-,080
	medecine_domicile	-,007	-,018	-,076
	consultation_domicile	,049	-,024	,035
	personnel_soignant_domicile	,053	-,072	,063
	Raison_soin_domicile	-,045	-,010	-,069
Signification (unilatérale)	age		,267	,383
	sexe	,267		,309
	hopital_frequente	,383	,309	
	hopital_frequence	,000	,001	,049
	hopital_raison	,482	,378	,000
	satisfaction	,181	,024	,093

Matrice de corrélation[a]				
		hopital_frequence	hopital_raison	satisfaction
Corrélation	age	,135	-,002	,033
	sexe	-,109	,011	,072
	hopital_frequente	,060	,132	-,048
	hopital_frequence	1,000	-,039	,000
	hopital_raison	-,039	1,000	-,037
	satisfaction	,000	-,037	1,000
	accueil	-,043	-,131	,694
	procedure_prix_hopital	-,053	-,072	,476
	proprete_hopital	-,086	-,029	,387
	qualite_soin	-,018	-,017	,593

	escroqueries	,060	-,109	,294
	pots_de_vin	,008	,067	-,240
	temps_attente	-,105	-,116	,404
	ecoute_patients	-,055	-,106	,604
	consideration_plaintes	-,053	-,101	,597
	choix_hopital	,030	-,104	,694
	cout_hopital	-,032	-,163	,183
	cout_medicament_hopital	,062	-,116	,188
	politesse_personnel	-,045	-,085	,572
	disponibilite_specialite_consultation	,007	-,043	,356
	relation_patients_soignants	-,029	-,108	,522
	medecine_domicile	-,099	-,048	,071
	consultation_domicile	,047	-,014	-,071
	personnel_soignant_domicile	,099	,011	-,044
	Raison_soin_domicile	,060	-,028	-,001
Signification (unilatérale)	age	,000	,482	,181
	sexe	,001	,378	,024
	hopital_frequente	,049	,000	,093
	hopital_frequence		,143	,500
	hopital_raison	,143		,155
	satisfaction	,500	,155	

Matrice de corrélation[a]				
		accueil	procedure_prix_hopital	proprete_hopital
Corrélation	age	,031	,009	,048
	sexe	,096	,025	,075
	hopital_frequente	-,069	-,060	,042
	hopital_frequence	-,043	-,053	-,086
	hopital_raison	-,131	-,072	-,029
	satisfaction	,694	,476	,387
	accueil	1,000	,470	,357
	procedure_prix_hopital	,470	1,000	,315
	proprete_hopital	,357	,315	1,000
	qualite_soin	,524	,394	,442
	escroqueries	,315	,303	,215
	pots_de_vin	-,218	-,120	-,134
	temps_attente	,445	,420	,281
	ecoute_patients	,621	,457	,401

	consideration_plaintes	,600	,485	,380
	choix_hopital	,618	,478	,468
	cout_hopital	,199	,297	,021
	cout_medicament_hopital	,212	,280	,019
	politesse_personnel	,663	,458	,380
	disponibilite_specialite_consultation	,316	,311	,361
	relation_patients_soignants	,578	,475	,404
	medecine_domicile	,081	,106	,078
	consultation_domicile	-,084	-,025	,014
	personnel_soignant_domicile	-,058	-,012	,030
	Raison_soin_domicile	-,024	,024	-,026
Signification (unilatérale)	age	,201	,404	,096
	sexe	,004	,247	,020
	hopital_frequente	,029	,050	,128
	hopital_frequence	,118	,074	,009
	hopital_raison	,000	,025	,215
	satisfaction	,000	,000	,000

Matrice de corrélation[a]

		qualite_soin	escroqueries	pots_de_vin
Corrélation	age	-,029	-,118	,049
	sexe	,034	,059	-,044
	hopital_frequente	,006	-,142	,143
	hopital_frequence	-,018	,060	,008
	hopital_raison	-,017	-,109	,067
	satisfaction	,593	,294	-,240
	accueil	,524	,315	-,218
	procedure_prix_hopital	,394	,303	-,120
	proprete_hopital	,442	,215	-,134
	qualite_soin	1,000	,280	-,185
	escroqueries	,280	1,000	-,276
	pots_de_vin	-,185	-,276	1,000
	temps_attente	,330	,391	-,192
	ecoute_patients	,476	,259	-,223
	consideration_plaintes	,505	,289	-,220
	choix_hopital	,596	,306	-,260
	cout_hopital	,181	,353	-,110
	cout_medicament_hopital	,174	,369	-,145

	politesse_personnel	,486	,301	-,190
	disponibilite_specialite_consultation	,413	,133	-,102
	relation_patients_soignants	,471	,314	-,234
	medecine_domicile	,084	,047	,018
	consultation_domicile	-,068	,083	,008
	personnel_soignant_domicile	-,028	,059	,001
	Raison_soin_domicile	-,014	,011	-,001
Signification (unilatérale)	age	,214	,001	,092
	sexe	,174	,053	,112
	hopital_frequente	,439	,000	,000
	hopital_frequence	,308	,051	,412
	hopital_raison	,325	,001	,032
	satisfaction	,000	,000	,000

5- **Matrice factorielle**[a]

	Facteur				
	1	2	3	4	5
choix_hopital	,804				
accueil	,784				
satisfaction	,775				
politesse_personnel	,767				
consideration_plaintes	,761				
ecoute_patients	,760				
relation_patients_soignants	,751				
qualite_soin	,678				
procedure_prix_hopital	,625				
temps_attente	,575				
proprete_hopital	,516				
disponibilite_specialite_consultation					
escroqueries					
pots_de_vin					
hopital_raison					
personnel_soignant_domicile		,870			
consultation_domicile		,834			
Raison_soin_domicile					
medecine_domicile					
cout_hopital			-,649		
cout_medicament_hopital			-,635		

hopital_frequente					
age					
hopital_frequence				,903	
sexe					
Méthode d'extraction : Factorisation en axes principaux.					
a. Tentative d'extraction de 5 facteurs. Plus de 100 itérations requises. (Convergence=,002). L'extraction a été interrompue.					

6- **Matrice des types**[a]					
	Facteur				
	1	2	3	4	5
choix_hopital	,809				
accueil	,798				
ecoute_patients	,795				
satisfaction	,791				
politesse_personnel	,787				
consideration_plaintes	,784				
relation_patients_soignants	,761				
qualite_soin	,666				
procedure_prix_hopital	,569				
proprete_hopital	,542				
disponibilite_specialite_consultation					
temps_attente					
escroqueries					
pots_de_vin					
personnel_soignant_domicile		,970			
consultation_domicile		,929			
Raison_soin_domicile					
medecine_domicile					
cout_hopital			-,758		
cout_medicament_hopital			-,718		
age					
hopital_frequence				,918	
sexe					
hopital_frequente					
hopital_raison					
Méthode d'extraction : Factorisation en axes principaux. Méthode de rotation : Oblimin avec normalisation de Kaiser.					
a. La rotation a convergé en 13 itérations.					

7- **Matrice de structure**	
	Facteur

	1	2	3	4	5
choix_hopital	,809				
accueil	,794				
satisfaction	,785				
politesse_personnel	,779				
ecoute_patients	,778				
consideration_plaintes	,775				
relation_patients_soignants	,759				
qualite_soin	,678				
procedure_prix_hopital	,608				
temps_attente	,541				
proprete_hopital	,532				
disponibilite_specialite_consultation					
escroqueries					
pots_de_vin					
personnel_soignant_domicile		,940			
consultation_domicile		,896			
Raison_soin_domicile					
medecine_domicile					
cout_hopital			-,802		
cout_medicament_hopital			-,787		
age					
hopital_frequence				,914	
sexe					
hopital_frequente					
hopital_raison					
Méthode d'extraction : Factorisation en axes principaux. Méthode de rotation : Oblimin avec normalisation de Kaiser.					

8- **Matrice de corrélation factorielle**

Facteur	1	2	3	4	5
1	1,000	,010	-,207	-,081	-,039
2	,010	1,000	-,175	,113	-,029
3	-,207	-,175	1,000	,068	,243
4	-,081	,113	,068	1,000	,005
5	-,039	-,029	,243	,005	1,000
Méthode d'extraction : Factorisation en axes principaux. Méthode de rotation : Oblimin avec normalisation de Kaiser.					

9- **Corrélations**

		REGR factor score 1 for analysis 1	REGR factor score 2 for analysis 1	REGR factor score 3 for analysis 1	REGR factor score 4 for analysis 1	REGR factor score 5 for analysis 1
REGR factor score 1 for analysis 1	Corrélation de Pearson	1	,009	-,244**	-,086*	-,052
	Sig. (bilatérale)		,813	,000	,018	,153
	N	750	750	750	750	750
REGR factor score 2 for analysis 1	Corrélation de Pearson	,009	1	-,163**	,130**	-,023
	Sig. (bilatérale)	,813		,000	,000	,536
	N	750	750	750	750	750
REGR factor score 3 for analysis 1	Corrélation de Pearson	-,244**	-,163**	1	,075*	,414**
	Sig. (bilatérale)	,000	,000		,041	,000
	N	750	750	750	750	750
REGR factor score 4 for analysis 1	Corrélation de Pearson	-,086*	,130**	,075*	1	-,012
	Sig. (bilatérale)	,018	,000	,041		,733
	N	750	750	750	750	750
REGR factor score 5 for analysis 1	Corrélation de Pearson	-,052	-,023	,414**	-,012	1
	Sig. (bilatérale)	,153	,536	,000	,733	
	N	750	750	750	750	750
**. La corrélation est significative au niveau 0.01 (bilatéral).						
*. La corrélation est significative au niveau 0.05 (bilatéral).						

10- **Matrice des coordonnées factorielles**					
	Facteur				
	1	2	3	4	5
age	,004	-,011	,040	,002	,002
sexe	,008	,010	,012	-,011	-,019
hopital_frequente	-,004	-,024	,025	,007	,208
hopital_frequence	,004	-,009	,101	,891	-,050
hopital_raison	-,006	-,013	,017	-,001	,070
satisfaction	,121	,000	,014	,013	,039
accueil	,142	-,009	,049	-,015	-,167
procedure_prix_hopital	,058	,021	-,066	-,006	,060
proprete_hopital	,058	,011	-,010	-,013	,172
qualite_soin	,083	-,003	-,061	,006	,275
escroqueries	,039	,023	-,091	-,018	-,055

pots_de_vin	-,020	-,003	,017	-,006	,080
temps_attente	,056	,029	-,096	-,039	-,035
ecoute_patients	,136	-,002	,094	-,025	-,140
consideration_plaintes	,130	-,013	,058	-,033	-,104
choix_hopital	,157	-,011	-,013	,037	,131
cout_hopital	,003	,067	-,434	,028	-,077
cout_medicament_hopital	,010	,090	-,428	,047	-,182
politesse_personnel	,132	,007	,063	-,009	-,159
disponibilite_specialite_consultation	,052	-,003	-,026	,026	,330
relation_patients_soignants	,116	-,020	,020	-,023	-,056
medecine_domicile	,004	,022	-,038	-,018	,013
consultation_domicile	,001	,294	,000	-,032	-,076
personnel_soignant_domicile	,010	,674	,053	,088	,132
Raison_soin_domicile	-,004	,012	-,026	-,009	-,026

Méthode d'extraction : Factorisation en axes principaux.
Méthode de rotation : Oblimin avec normalisation de Kaiser.
Méthode des scores factoriels : Régression.

11- **Matrice de covariance factorielle**

Facteur	1	2	3	4	5
1	,860	-,110	1,677	-,538	-,215
2	-,110	1,014	-,325	-,182	1,694
3	1,677	-,325	2,648	-,689	,741
4	-,538	-,182	-,689	,846	-,695
5	-,215	1,694	,741	-,695	3,292

Méthode d'extraction : Factorisation en axes principaux.
Méthode de rotation : Oblimin avec normalisation de Kaiser.
Méthode des scores factoriels : Régression.

ANNEXE V : REGRESSION

Matrice des corrélations des variables du modèle économétrique

12- Correlation																
Probability	SATISF	ACCUEIL	CHOIX	POLITESSES	POTVIN	RAISON	PLAINTE	ECOUTE	PATSOIG	SOIN	PRIX_H	ATTENTE	PROPRET	COUTH	COUTMED	HFREQUE
SATISF	1,00															
ACCUEIL	0,69	1,00														
	0,00	-----														
CHOIX	0,69	0,62	1,00													
	0,00	0,00	-----													
POLITESS	0,57	0,66	0,59	1,00												
	0,00	0,00	0,00	-----												
POTSVIN	-0,24	-0,22	-0,26	-0,19	1,00											
	0,00	0,00	0,00	0,00	-----											
RAISON	-0,04	-0,13	-0,10	-0,08	0,07	1,00										
	0,31	0,00	0,00	0,02	0,07	-----										
PLAINTE	0,60	0,60	0,62	0,62	-0,22	-0,10	1,00									
	0,00	0,00	0,00	0,00	0,00	0,01	-----									
ECOUTE	0,60	0,62	0,61	0,63	-0,22	-0,11	0,64	1,00								

	0,00	0,00	0,00	0,00	0,00	0,00	0,00	-----								
PATSOIG	0,52	0,58	0,61	0,66	-0,23	-0,11	0,60	0,63	1,00							
	0,00	0,00	0,00	0,00	0,00	0,00	0,00	0,00	-----							
QUALITE	0,59	0,52	0,60	0,49	-0,18	-0,02	0,51	0,48	0,47	1,00						
	0,00	0,00	0,00	0,00	0,00	0,65	0,00	0,00	0,00	-----						
PRIXH	0,48	0,47	0,48	0,46	-0,12	-0,07	0,48	0,46	0,48	0,39	1,00					
	0,00	0,00	0,00	0,00	0,00	0,05	0,00	0,00	0,00	0,00	-----					
ATTENTE	0,40	0,44	0,39	0,42	-0,19	-0,12	0,41	0,40	0,38	0,33	0,42	1,00				
	0,00	0,00	0,00	0,00	0,00	0,00	0,00	0,00	0,00	0,00	0,00	-----				
PROPRET	0,39	0,36	0,47	0,38	-0,13	-0,03	0,38	0,40	0,40	0,44	0,32	0,28	1,00			
	0,00	0,00	0,00	0,00	0,00	0,43	0,00	0,00	0,00	0,00	0,00	0,00	-----			
COUT	0,18	0,20	0,23	0,18	-0,11	-0,16	0,17	0,17	0,21	0,18	0,30	0,36	0,02	1,00		
	0,00	0,00	0,00	0,00	0,00	0,00	0,00	0,00	0,00	0,00	0,00	0,00	0,57	-----		
COUTMED	0,19	0,21	0,24	0,21	-0,15	-0,12	0,18	0,16	0,21	0,17	0,28	0,38	0,02	0,69	1,00	
	0,00	0,00	0,00	0,00	0,00	0,00	0,00	0,00	0,00	0,00	0,00	0,00	0,61	0,00	-----	
HFREQUE	0,00	-0,04	0,03	-0,05	0,01	-0,04	-0,05	0,06	-0,03	-0,02	-0,05	-0,10	-0,09	-0,03	0,06	1,00
	1,00	0,24	0,42	0,22	0,82	0,29	0,14	0,13	0,43	0,62	0,15	0,00	0,02	0,39	0,09	-----

13- **Informations sur l'ajustement du modèle**					
Modèle	Critères d'ajustement du modèle			Tests des ratios de vraisemblance	
	AIC	BIC	-2 log vraisemblance	Khi-deux	degrés de liberté
Constante uniquement	2086,801	2105,281	2078,801		
Final	1361,713	2710,775	777,713	1301,088	288

14- **Informations sur l'ajustement du modèle**	
Modèle	Tests des ratios de vraisemblance
	Signif.
Constante uniquement	
Final	,000

15- **Qualité d'ajustement**			
	Khi-deux	degrés de liberté	Signif.
Pearson	3191,793	2604	,000
Déviance	773,554	2604	1,000

16- **Pseudo R-deux**	
Cox et Snell	,824
Nagelkerke	,878
McFadden	,625

17- **Tests des ratios de vraisemblance**				
Effet	Critères d'ajustement du modèle			Tests des ratios de vraisemblance
	AIC du modèle réduit	BIC du modèle réduit	-2 log-vraisemblance du modèle réduit	Khi-deux
Constante	1361,713	2710,775	777,713[a]	,000
Sexe	1356,759	2687,340	780,759	3,046
hopital_frequence	1374,369	2686,470	806,369	28,656
accueil	1452,010	2727,151	900,010	122,297
procedure_prix_hopital	1384,975	2660,115	832,975	55,261
proprete_hopital	1363,962	2639,103	811,962	34,249
qualite_soin	1386,102	2661,242	834,102	56,388
escroqueries	1388,323	2663,463	836,323	58,609
pots_de_vin	1360,399	2635,540	808,399	30,686

temps_attente	1376,394	2651,534	824,394	46,681
ecoute_patients	1392,589	2667,729	840,589	62,876
consideration_plaintes	1392,679	2667,820	840,679	62,966
choix_hopital	1422,530	2697,671	870,530	92,817
cout_hopital	1357,961	2633,101	805,961	28,247
cout_medicament_hopital	1354,485	2629,625	802,485	24,771
politesse_personnel	1357,752	2632,892	805,752	28,039
disponibilite_specialite_consultation	1381,578	2656,718	829,578	51,865
relation_patients_soignants	1380,540	2655,680	828,540	50,827
medecine_domicile	1354,718	2685,299	778,718	1,004
consultation_domicile	1378,377	2653,517	826,377	48,664
personnel_soignant_domicile	1376,785	2651,926	824,785	47,072

18- **Tests des ratios de vraisemblance**		
Effet	Tests des ratios de vraisemblance	
	degrés de liberté	Signif.
Constante	0	.
Sexe	4	,550
hopital_frequence	8	,000
accueil	16	,000
procedure_prix_hopital	16	,000
proprete_hopital	16	,005
qualite_soin	16	,000
escroqueries	16	,000
pots_de_vin	16	,015
temps_attente	16	,000
ecoute_patients	16	,000
consideration_plaintes	16	,000
choix_hopital	16	,000
cout_hopital	16	,030
cout_medicament_hopital	16	,074
politesse_personnel	16	,031
disponibilite_specialite_consultation	16	,000
relation_patients_soignants	16	,000
medecine_domicile	4	,909
consultation_domicile	16	,000
personnel_soignant_domicile	16	,000

La statistique Khi-deux est la différence dans les -2 log-vraisemblances entre le modèle final et un modèle réduit. Le modèle réduit est formé en omettant un effet du modèle final. L'hypothèse est nulle si tous les paramètres de cet effet sont égaux à zéro.

a. Ce modèle réduit est équivalent au modèle final car l'omission de l'effet n'augmente pas les degrés de liberté.

ANNEXE VI: Proposition d’un plan d’action pour l’amélioration de la Gouvernance des CHD de Douala

Dimensions	Objectifs	Activités	Pilotage	Participants	Responsabilités / Attributions	Indicateurs de résultats	Agenda		
							An 1	An 2	□ An 3
Adaptation / structure	Plus d’autonomie	□ Renforcer l’autonomie des établissements s de santé garant d’une meilleure souplesse de gestion	□ MSP et □ Directeurs	□ Chefs de services hospitaliers □ Cadres hospitaliers	□ Appliquer les dispositions de la loi sur l’organisation hospitalière et des différents textes consacrant l’autonomie hospitalière. □ Bien définir les tâches des responsabilités des acteurs et responsabilisation	□ Dispositions appliquées et mises à jour maintenu en fonction de l ’évolution du contexte hospitalier □ Fiches de tâches appliquées, respectées et mises à jour en fonction de l’évolution des pratiques professionnelles.	X X	□ X	X

	Renforcer l'intégration systémique	Fournir des soins appropriés et continus aux patients en toute coordination	□ MSP et □ Directeurs directeurs généraux	□ Directeurs □ Chefs de services hospitaliers □ Directeurs de soins ou directeurs médicaux. □ Responsables de contrôle de gestion.	□ Renforcer le système de communication inter et intraétablissements. □ Respecter les attributions et rôles de différentes lignes de santé tout en gardant la continuité des soins et services □ Encadrement de différents professionnelles entre les lignes de santé par les structures de santé universitaires et ultra spécialisées	□ Réductions du temps d'attentes et les discordances au niveau des prises de rendez-vous. □ Réductions des taux de réclamation □ Information concernant les patients et les activités disponibles en temps réels	X	XX X X	X X X
Atteinte des buts	Disponibilité des données	□ La mise en place d'un système fiable et solide sur la performance des hôpitaux	□ MSP de □ Directeurs □ Chefs services □ Directeurs médicaux de □ Responsable Contrôle gestion	- membres du conseil d´administration - membres du comité médical - DG et tous les responsables administratifs	□ Fournir des informations périodiques, continues et fiables sur la production médicale □ Mettre en place des études de coûts périodiques et continues permettant la comparaison et servant comme base de financement.	□ Rapports périodiques sur l'épidémiologie et les pathologies traitées au niveau de l'hôpital. □ Etudes sur les GHM réalisés. □ Etudes des coûts par pathologie et générales réalisés ;	X X X	X X X	X X X

						□ Indicateurs de qualité améliorés.	X	X	X
	Imbrication du système d'information	□ Mettre en place un système d'information homogène et intégré	□ MSP de □ Directeurs □ Chefs services □ Directeurs médicaux □ CIMSP	□ Directeurs □ Chefs de services hospitaliers □ Directeurs de soins ou directeurs médicaux. □ Ingénieurs informatiques. □ Cadres gestionnaires.	□ Homogénéiser les applicatifs locaux avec les besoins nationaux d'information □ Intégrer les différentes sources d'information de la production médicale et favoriser la fiabilité et la continuité de la production de l'information. □ Mise à jour périodique du système d'information en fonction de nouveaux besoins et nouvelles activités.	□ Applicatifs homogénéisés et réduction des informations isolées et peu pertinentes. □ SIH mis à jours et toutes les activités médicales informatisées.	X X	X X	X X

Maintien des valeurs	Mécanismes d'incitation	□ Allocation des ressources	□ MSP des □ Ministère finances □ Directeurs de □ Chefs services hospitaliers	□ membres du conseil d´administration ou conseil de santé □ membres du comité médical □ DG et tous les responsables administratifs □ Surveillants et chefs d´unité	□ Définir les axes de performances de l'établissement en fonctions des orientations nationales et des priorités sanitaires. □ Renforcement des axes performants dans la production médicale du service. □ Intégrer des mécanismes de correspondances entre production et performances hospitalières au niveau de l'analyse.	□ Axes de performances définis □ Axes de performance renforcée au niveau l'allocation budgétaires. □ Mécanismes d'analyse de performance budgétaires mis en place.	X	X X	X X
				□ Chefs de services médicaux.					

		Rémunérations (primes d'incitations)	□ 1° Ministère □ MSP	□ Directeurs d'hôpitaux. □ Chefs de services.	□ Renforcer et généraliser les mécanismes de budgétisation, contractualisation interne au niveau des hôpitaux basés sur la performance et introduire des modalités Bonus Malus pour motiver plus performants. □ Incorporer la culture de motivation individuelle par la récompense des agents les plus rentables par des primes et autres intéressements.	- Budgétisation interne mise en place et géré par l'unité de contrôle de gestion au CHU et par la direction financière dans les autres structures. - Primes et prix de meilleures institutions performantes et de personnels modèls.	X X	X X	X X
Production	Pratiques de gestion	Gestion stratégique et gestion du changement.	MSP Directeurs d'hôpitaux.	Chefs de services hospitaliers Surveillants des services Cadres gestionnaires.	□ Etudes des forces et des faiblesses de l´organisation d´un point de vue interne. □ Elaboration des plans stratégiques (projets d'établissements, contrats externes et internes).	- Etudes diagnostiques internes périodiques finalisées. et - Contrats performances finalisés - Pourcentage de participation personnel et services de du des hospitaliers.	X X	 X X	 X X

		Gestion des ressources humaines	□ 1er Ministère □ MSP □ Directeurs d'hôpitaux.	□ Directeurs d'hôpitaux. □ Chefs de services de hospitaliers □ Surveillants services.	- Doter les établissements de santé de plus d'autonomie au niveau de la gestion du personnel (médical, paramédical et administratif). - Doter les administrations des moyens logistiques et managériaux pour appliquer la GPEC dans le milieu hospitalier. - Appliquer progressivement la rémunération du personnel en fonction de la performance.	- Gestion des RH (recrutement, rémunération, formation, promotion, évaluation) à la charge des établissements de santé. - Tableau de bord de GRH tenu par les établissements de santé. - Pourcentage ou part du salaire basé sur la performance.	X	X X	X X X
		Gestion de la qualité	- MSP - Chefs de service. - Directeurs d'hôpitaux.	- Chefs de services hospitaliers. - Directeurs d'hôpitaux - Surveillants de services. - Contrôle de gestion et audit.	- Appliquer la politique nationale en matière de gestion de la qualité. - Maîtrise de l'infection hospitalière. - Sensibilisation et formation continue en matière de qualité. - Intégrer des processus de certification de la qualité des soins et services hospitaliers.	Guide ou manuel de procédures interne de la gestion de la qualité et des protocoles médicaux élaborés et mis en œuvre. Procédés de certifications engagés. Fiches de tâches des unités d'audits et de contrôle mises à jour	X	X	X X

					- Doter les unités et les tâches d'audit et de contrôle de gestion plus d'autonomie et				
					de prérogatives en matière de qualité.	et des rapports édités périodiquement et présents obligatoirement aux conseils d'administrations ou conseils de santé.	X	X	X

		La gestion de l'information et de la performance	MSP CIMSP Directeurs d'hôpitaux	Ingénieurs informatiques du CIMSP. Directeurs de soins ou directeurs médicaux. Chefs de services hospitaliers.	Mise en place d'un système d'information intégré et mis à jour. Informatisation du dossier médical et infirmier. Intégrer les indicateurs de performances dans le système d'information servant comme détecteur de non-qualité et de la non-performance pour agir a temps. Orienter les données fournies par le système d'information au financement par la performance.	Applications informatiques fonctionnelles et intégrées.	X	X	X
						Dossier médical et infirmier mis en place et fonctionnel.	X	X	X
						Indicateurs définies et intégrés dans le système d'information.	X	X	
						Activités de soins maintenues ou abandonnées en fonction de leurs performances.			X

TABLE DES MATIERES

www.ingramcontent.com/pod-product-compliance
Lightning Source LLC
LaVergne TN
LVHW011111300926
849160LV00008B/340